"红色商城"丛书
HONGSE SHANGCHENG CONGSHU

文化
WENHUA

涂健歌 廖家福 主编

杨允琪 丁伟 编著

河南人民出版社

图书在版编目(CIP)数据

红色商城文化 / 杨允琪,丁伟编著. — 郑州：河南人民出版社,2022.10
("红色商城"丛书 / 涂健歌,廖家福主编)
ISBN 978-7-215-13207-8

Ⅰ.①红… Ⅱ.①杨…②丁… Ⅲ.①新民主主义革命-革命史-文化史-史料-商城 Ⅳ.①K296.14

中国版本图书馆CIP数据核字(2022)第181376号

河南人民出版社 出版发行
(地址：郑州市郑东新区祥盛街27号 邮政编码：450016 电话：65788077)
新华书店经销　　河南省诚和印制有限公司印刷
开本　710毫米×1000毫米　1/16　印张　36
字数　416千字
2023年6月第1版　　　　2023年6月第1次印刷

定价：168.00元

"红色商城"丛书编纂委员会
（2023年5月）

主　　　任	胡培刚

常务副主任	鲁新建

副　主　任　余本军　涂健歌　吴炳辉　张贤玉　廖家福
　　　　　　何秋彦　张玉梅

成　　　员　苏　醒　李喜华　赵曾友　雷显锋　余培勇
　　　　　　余敦志　汪鹤清　张　锋　王志昌　林友森
　　　　　　梅德峰　朱明义　郭守彬　段芙菊　王江北
　　　　　　陈秀莹　李　敏

"红色商城"丛书编纂委员会
（2021年1月）

主　　　任　李高岭
常务副主任　周　哲
副　主　任　鲁新建　花少锋　涂健歌　陈　丽　廖家福
　　　　　　张玉梅

成　　　员　苏　醒　高官清　赵曾友　雷显会　刘旺明
　　　　　　汪　丽　王志昌　张日建　熊伟生　余敦志
　　　　　　何秋彦　胡方成　胡正乐　郭守彬　蒋晓钰
　　　　　　段芙菊　李代龙

"红色商城"丛书编辑部

主　　编　涂健歌　廖家福
编　　委　苏　醒　余培勇　王志昌　余敦志　杨允琪
　　　　　桂诗新　雷咸义　涂白松　柯大全
本卷编著　杨允琪　丁　伟

商城书社旧址　商城县文物管理局提供

穷人调填山伯访友腔

战鼓不要敲征锣不要筛听我唱个穷人调大家莫见笑 穷人真痛苦衣破无布补忍伽爱冻说不出瘦得皮包骨 禀告二爷娘去把爲担夯东逃西奔走忙忙只爲遠日光 爺娘不做声雨眼泪纷纷油盐柴米乾已净罄兒早回程 小姑叫大嫂米又買不倒方圻婆麵兒一鍋撿杯碗喝個饱 白髮老爹顏實在真可憐稀

《穷人调》歌词木刻印刷残本　杨琼提供

《八月桂花遍地开》曲谱　选自《商城县民歌集》第一卷

《放下你的鞭子》剧照　上海演剧第二队演出

1938年写有抗日文字的崇福寺塔　鄂豫皖革命纪念馆提供

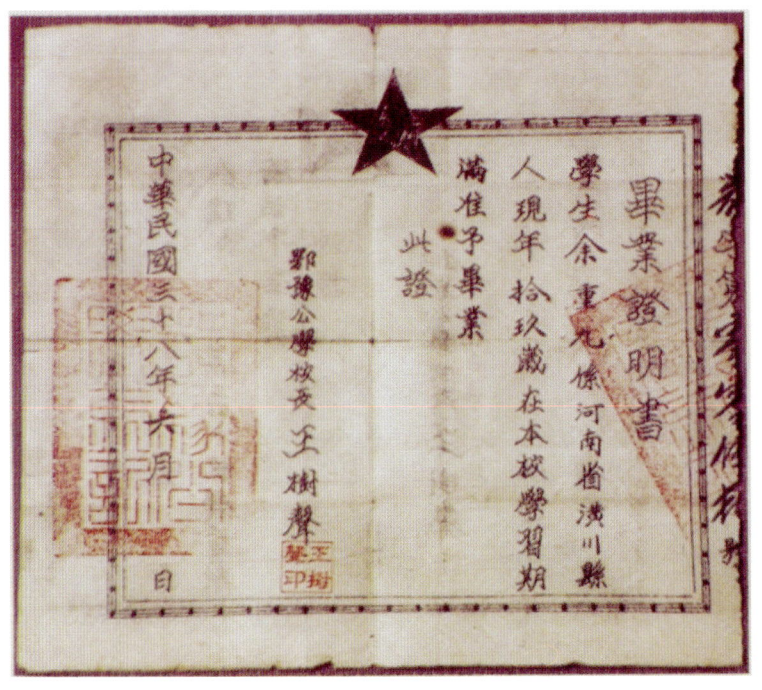

鄂豫公学毕业证明书　商城县文物管理局提供

鄂豫区党政军机关暨鄂豫公学旧址　第四批河南省文物保护单位

合唱《八月桂花遍地开》剧照 2010年中央电视台《民歌·中国》录制现场 杨允琪摄

总 序

为深入贯彻落实习近平总书记视察河南深入信阳革命老区重要讲话和指示精神,大力弘扬"大别山精神",奋力实现"两个更好",2020年9月,中共商城县委、商城县人民政府决定编撰出版"红色商城"丛书。

商城是革命老区、将军摇篮。大革命时期,早在1925年就成立了党团组织,是豫东南建立党组织较早的县。土地革命战争时期,爆发了河南省第一次成功的武装起义——商城起义,组建了河南省第一支工农红军——中国工农红军第十一军第三十二师,建立了河南省第一个县级苏维埃政权——商城县苏维埃,开辟了河南省第一块革命根据地——豫东南革命根据地,是红军解放的第一座河南县城,经典革命歌曲《八月桂花遍地开》在这里诞生并唱响全国。全面抗日战争时期,商城人民在中国共产党领导下,广泛开展抗日救亡运动,积极支援抗战前线,一大批英雄儿女血洒疆场,谱写了铁血抗日的悲壮诗篇。解放战争时期,商城是刘邓大军前方指挥所、鄂豫区党政军机关驻地,是鄂豫区革命斗争的指挥中心。革命战争年代,从商城这片红色土地上走出了洪学智、张祖谅等53位共和国开国将军,邓小平、

李先念、刘伯承、徐向前等党政军领导在商城留下了光辉的战斗足迹。

勤劳勇敢的商城人民在中国共产党领导下,前仆后继,英勇奋斗,以忠诚和热血诠释了"坚守信念、胸怀全局、团结奋进、勇当前锋"的大别山精神,为中国革命的胜利和民族解放做出了重要贡献,书写了新民主主义革命时期28年红旗不倒的光辉历史。

以史为鉴,开创未来。编撰出版"红色商城"丛书,就是为了展现波澜壮阔的商城革命历史画卷,弘扬英雄谱就的"大别山精神",建设富裕商城、活力商城、美丽商城、幸福商城。

"红色商城"丛书编撰出版工作,坚持以习近平新时代中国特色社会主义思想为指导,以中共中央《关于若干历史问题的决议》《关于建国以来党的若干历史问题的决议》《关于党的百年奋斗重大成就和历史经验的决议》为准绳,以讲好党的故事、革命的故事、根据地的故事、英雄和烈士的故事为主线,全面、系统、深入地对商城县革命历史事件、人物、史迹、文化、故事等进行再挖掘、再整理、再编撰,形成比较系统的商城革命历史丛书。"红色商城"丛书是商城红色历史全书,是商城红色历史和红色文化集成,代表着商城红色历史研究和红色文化建设的最新成果。

编撰出版"红色商城"丛书,是商城红色历史发掘和红色文化建设的系统工程。从2020年9月启动以来,县委、县政府高度重视,成立了以县委书记任主任、县长任常务副主任、有关县领导任副主任、相关县直单位负责人为成员的编纂委员会,确定县委常委、常务副县长和县政协党组副书记、副主席为丛书主编,集中全县党史、地方志专家、学者和专业研究人员组成丛书编辑部,聘请有关专业人员任各分卷主编(编著),从组织领导、人力和财力上保障丛书顺利编撰出版。

"红色商城"丛书分辑编撰出版。此次编撰出版的有关分卷系"红色商城"丛书第一辑,具有以下四个特点:

一是"大"。就是大视野。将商城革命历史放在鄂豫皖革命大背景下去写,将在1932年以后从商城划出的原属商城地域发生的革命活动纳入编撰范围,并不是孤立地就商城写商城。丛书各分卷都将笔触伸向历史上的商城,并将其拓展至相关联的鄂豫皖地区乃至全国范围,做到"跳出商城写商城"。

二是"全"。就是系统全面。编著者对商城革命事件、革命历史人物、革命史迹、革命文化和红色景点开展深入研究、系统发掘、全面整理,并分别形成专著,基本上达到了"商城红色历史全书和红色文化集成"这个编撰要求和标准。

三是"新"。就是新内容、新成果、新视角。编著者在编撰方式方法、编撰内容、研究成果运用等方面,付出了辛勤汗水,进行了大胆、全新探索,取得了丰硕的最新成果。

四是"专"。就是由专业人员编撰。为保证编撰质量,丛书编委会确定"由专业人员编撰"的编撰工作原则,决定由几位长期从事商城县党史研究的同志参与编撰。经过参编人员的共同努力,内容达到了"四个并重",即详实性与权威性并重、系统性与全面性并重、特色性与典型性并重、简明性与可读性并重。

"红色商城"丛书第一辑编撰出版历时两年多,主编和编著

者都付出了艰辛劳动,取得了丰硕成果。我相信,"红色商城"丛书第一辑的编撰出版,对于打造红色商城品牌,深化我县党史、革命史学习教育,推进大别山革命史研究和红色文化建设,必将发挥极其重要的作用。

谨以"红色商城"丛书第一辑向党的二十大献礼!

2022年7月1日

(作者系中共商城县委书记)

序

"红色商城"丛书《文化》分卷是以习近平新时代中国特色社会主义思想为指导,以中共中央《关于若干历史问题的决议》《关于建国以来党的若干历史问题的决议》《关于党的百年奋斗重大成就和历史经验的决议》为准绳,在对新民主主义革命时期的商城革命文化进行系统挖掘、整理、研究的基础上,编撰出版的商城县第一部革命文化专著。

《文化》分卷分上、下两编。上编专论,分为7个专题,介绍商城革命的文艺、报刊、出版、教育、宣传等内容。下编辑录,收录了224首商城革命歌谣和14首诗词、110联联语,并进行校释。

作为"红色商城"丛书的执行总主编,我耳闻目睹了《文化》分卷编撰的全过程,有幸参与了《文化》分卷编撰工作的组织、领导、协调、服务,十分欣慰地品尝了《文化》分卷编撰的丰硕成果。

应"红色商城"丛书编纂委员会的嘱托,让我为此书作序,我就把品读《文化》分卷的一些感想与大家分享。

综观"红色商城"丛书《文化》分卷,有三个突出特点:

一是突出革命歌谣的史诗地位。商城革命歌谣占据《文化》大量篇幅，编著者是把它作为商城革命史诗即歌谣版商城革命简史来撰写的。革命歌谣实际上分为两个部分——上编的《商城革命歌谣》为一部分，是总纲或总述；上编的《〈八月桂花遍地开〉歌曲》和下编的《商城革命歌谣辑录》为一部分，前者是总纲的延伸，后者是总纲所论的具体内容：以此构成一个结构合理、逻辑缜密的完整体系。

二是突出史料的证据价值。有一分史料说一分话，是《文化》分卷的编撰态度。重资料鉴别。如：红日报社、红日印刷厂和红日剧团迁往商南山区时间，实际关系到《红日》报在何时何地创刊、红日剧团在何时何地成立的关键问题。《文化》对有关资料进行比对、分析，认为《赤城红日社》关于1930年农历正月十八"红日社"迁往商南的说法不可靠，由此而得出的《红日》报、红日剧团在商南创刊、成立的观点不能成立。重举证分析。如：歌曲《八月桂花遍地开》的作者和产生地在很多革命老区一直存在着争议。《文化》分卷不是简单地举几个有利于"我"的证据下结论，而是通过遍举各家论据，进行比较、分析，在分析、比较的基础上得出结论，而不是定论，这样就比较客观、公允。重史实考证。《商城革命歌谣辑录》列有"记录历史事件"一类，对所录29首革命歌谣反映的革命历史事件进行钩沉考证，用功甚勤。

三是突出编撰的创新尝试。编著者注重把商城革命文化置于同时期鄂豫皖地区革命历史大背景下进行考察、比较、分析，创新思维，拓宽视野，以大视野，展大手笔。对商城革命文化的论述、论断,不仅客观,而且新颖,见解独到。如:商城县甲种农校与商城书社的关联,以往商城革命史料似乎没有论及,《文化》分卷首次提出,表现了难能可贵的发现精神。又如:"商城苏区革命歌谣是一部歌谣版商城苏区革命史……","商城苏区教育是中国新民主主义教育的试验田……"等一些论断、观点,具有一定的史学研究价值。

诚然,《文化》分卷鉴于手头资料的匮乏和研究深度的限制,没有对商城革命文化作总体勾勒,一些观点和结论也有待商榷。但瑕不掩瑜。《文化》分卷编撰历时一年多,数易其稿,编著者付出了艰辛劳动,尽到了应尽的责任,今将付梓,可喜可贺!

是为序!

2022 年 7 月 1 日

(作者系政协商城县委员会党组副书记、副主席)

目录

总序 /1
序 /5

上编：专论 /1

商城书社和商城县甲种农校 /3
商城书社的创办及其革命活动 /3
商城县甲种农校的创办及其革命活动 /17
商城书社与商城县甲种农校的作用和影响 /32

红日报社、红日印刷厂和红日剧团 /37
"三红"的成立及其地位和影响 /37
以"三红"为代表的革命文化宣传 /50

商城革命歌谣 /63
商城革命歌谣的产生和发展概况 /63

商城革命歌谣的内容和特色 /74

商城革命歌谣的作用、价值及整理成果 /100

《八月桂花遍地开》歌曲 /115

《八月桂花遍地开》的诞生和争议 /115

《八月桂花遍地开》的内容、特色和影响 /140

商城苏区学校 /155

商城苏区教育的兴起 /155

列宁小学的组织和教学 /174

商城苏区教育的作用和经验 /194

商城抗日救亡宣传 /202

商城抗日救亡宣传的兴起 /202

商城抗日救亡宣传的形式、特点和作用 /212

鄂豫公学和《鄂豫报》 /227

鄂豫公学的创办 /227

鄂豫公学的建制和师生 /244

鄂豫公学的教学和传统、经验 /255

《鄂豫报》的创办及其作用 /269

下编：辑录 /277

商城革命歌谣辑录 /279

揭露社会不公（52首）/281

　　穷人调(一)/281　穷人调(二)/289　穷人调(三)

/295　穷人歌（一）/296　穷人歌（二）/298　穷人叹 /300　农人歌（一）/300　农人歌（二）/301　农人苦（一）/302　农人苦（二）/302　卖柴禾 /303　长工歌 /307　财主家长工打不得 /309　狗撵耗子怨长工 /309　四宝上工 /310　日头当顶歇个晌 /313　你不放工我放工 /313　最苦要数挖煤哥 /313　讨饭人歌 /314　生路通在扁担上 /315　遇到大旱去要饭 /315　流浪人歌 /316　寡妇歌 /317　妇女苦处似海深 /320　放牛娃歌（一）/321　放牛娃歌（二）/321　放牛孩儿多伤心 /322　放牛孩子太可怜 /324　放牛孩子睡牛栏 /325　放牛娃子满山转 /325　清早放牛露水大 /326　// 民谣（一）/326　黑白黄红 /327　财主自白 /327　财主和长工 /329　保长下乡 /329　民谣（二）/330　民谣（三）/330　叹郎 /330　抬着穷人下油锅 /331　怒对老天三声喝 /331　逮住穷爷熬日头 /331　莫受财主的窝囊气 /332　我种他吃不公道 /332　砸断脖上四把锁 /333　// 叹五更 /333　壮丁五更 /336　五更恨 /338　拉壮丁（一）/341　拉壮丁（二）/343　抽丁怨 /343　骂保长拉丁 /345

记录历史事件（29 首）/346

商城起义歌 /346　初战告捷 /347　西庙卡枪

/348 反"会剿"歌 /349 挖煤工人当了家 /350 支援西镇起义 /351 红军打商城 /352 智取商城 /355 游击战歌打商城 /356 八月桂花遍地开 /357 可恨花尚之 /364 围灯词扒城墙 /364 雪夜歼敌 /365 大炮歌 /367 黄炳元拉网 /368 可恨团匪常二光 /370 反"围剿"歌 /374 红军胜利歌 /376 // 夜半火烧熊家寨 /377 誓守红色金刚台 /379 金刚台斗争永不忘 /379 处处有红军 /380 // 抗敌青年军团商城队歌 /380 来了个县长杨必声 /381 欢送杨必声县长 /382 // 四方洼民谣 /382 红山寨歼匪歌 /383 鄂豫公学开学歌 /384 鄂豫公学同学歌 /384

颂扬人民军队（39首）/385

劝郎当红军五更 /385 十劝 /387 送郎当红军 /388 十二月送郎当红军 /389 送郎参军 /392 // 要想翻身当红军 /392 怕苦不来当红军 /393 当兵就要当红军 /393 当兵要当红四军 /395 调兵歌 /395 红军一个连 /395 打骑兵歌 /396 红军来了 /396 红军一来 /397 红军一来亮了天 /398 红军来了晴了天 /398 红军来了百花开 /398 来了红军辎重营 /399 商城过来红四军 /399 红军队伍到处有 /400 红军越打越坚强 /401 大别山火种永不灭 /402 // 嫂嫂为啥

恁高兴 /402　石榴开花心里红 /403　去找红军莫迟延 /403　还妹一个苏维埃 /403　归来迎你大路旁 /404　俺为红军做军鞋 /404　欢迎红军进俺庄 /405　子弟兵就是好 /405　见了红军歌自来 /406　要唱就唱红四军 /406　红军战士就是我 /407　红军是咱救命人 /407　新四军来了救我 /407　// 大别山来了刘邓大军 /408　刘邓大军真勇敢 /409　刘邓大军似天神 /410　支援大军到江南 /411

宣传革命斗争（55首）/413

十二月宣传歌（一）/413　十二月宣传歌（二）/418　十二月欢迎 /420　十月小唱 /420　十月革命歌 /423　十杯酒 /424　庆祝胜利十杯酒 /427　十绣 /429　四季忙歌 /430　鸿雁 /432　// 斧头镰刀大红旗 /432　新小放牛歌 /432　穷人享福靠"共产" /433　唤醒广大群众歌 /434　农友觉醒歌 /435　叫声农友莫发呆 /435　放足歌 /436　妇女小唱 /438　妇女快觉醒 /438　男女平等歌 /439　工农兵学商歌 /440　工农兵和妇女解放歌 /442　工农兵联合起来 /444　革命歌 /445　革命潮流歌 /445　打倒劣绅歌 /446　反动派不打不低头 /447　老财不除世不平 /447　帝国主义要推翻 /448　打倒日本强盗 /449　// 反动派与白

匪士兵吵嘴 /449　白军叹（一）/457　白军叹（二）/459　致白军士兵歌 /460　瓦解敌军歌 /460　// 铁树总有一日会开花 /463　我的地，我的天 /463　冲锋战斗在革命最前线 /463　心字头上一把刀 /464　革命鲜花用血浇 /464　豁出命来闹翻身 /465　为闹革命上山来 /465　一颗红心染不白 /466　霜打树头根不死 /466　莫笑我这酒一盅 /466　刀枪林里出好汉 /467　革命成功永不忘 /467　烈士歌 /468　// 你知天上哪星明 /469　李玉莲迈大步 /469　打罢日本再把庙修 /473　日本鬼子都杀光 /474　抗日小调 /475　// 月光照正东 /476　月儿渐渐高 /478

歌唱苏区创建（49首）/480

共产党啊赶快来 /480　共产党一来天就亮 /480　雄鸡一叫大天光 /481　// 快跟董必武闹翻身 /481　英雄来到鄂豫皖 /482　英雄遍布鄂豫皖 /482　鄂豫皖边区暴动歌 /483　十月暴动歌 /484　暴动歌 /485　穷人盼 /486　同庆赤城苏维埃 /487　苏维埃我们的政府 /487　穷人拥护苏维埃 /488　建立赤色苏俄 /488　里外罗城闹革命 /489　如今建立乡政权 /489　工农大众把身翻 /490　// 山歌越唱越开怀 /490　齐心建设鄂豫皖 /491　鄂豫皖苏区发展了 /491　红旗插

遍大别山 /491　扬眉吐气做主人 /492　如今妇女真风流 /492　千年的铁树开了花 /493　苏区处处见太阳 /493　快到苏区来 /493　慰问伤员歌 /494　四季军歌 /495　紧握枪杆莫偷闲 /496　动员起来上前线 /497　欢送战士上前方 /498　// 红军三大任务歌 /498　红军纪律歌 /499　练兵歌 /500　兵操歌 /501　青年战士之歌 /501　少年先锋队队歌 /502　童子团团歌 /503　童子团歌 /504　花伞词 /504　儿童团 /505　站岗歌 /505　盘查哨 /506　工人俱乐部之歌 /507　读读文化课 /508　劝学歌 /508　四季读书歌 /509　贫民夜校灯火亮 /510　列宁学校歌 /511

商城革命诗词联语辑录 /512

诗词 /514

醉太平（王霁初）/514　鹧鸪天·剪发有感（王霁初）/514　过长春有感（王霁初）/515　咏菊（詹谷堂）/516　卜算子·民国十年在武汉喜见董必武同志（詹谷堂）/517　无题（詹谷堂）/517　风雷（漆禹原）/517　壬午冬倭寇陷城感时二首（宋海泉）/518　祝稺琴喆嗣殉国（二首）（武承谟）/519　王积昌挽歌 /520　国旗飘在雅雀尖（臧克家）/521　我们这十四个（臧克家）/526

联语 /530

家门 /530　合作社 /530　会议 /530　政界 /532　军界 /533　学校 /533　工厂 /534　伤兵医院 /534　理发店 /534　浴堂 /534　纸笔店 /535　伞店 /535　帽店 /535　鞋店 /535　金银首饰店 /536　香烟店 /536　照相馆 /536　冶铁店 /536　豆腐店 /537　裱褙店 /537　小食店 /537　酒楼 /537　茶庄 /538　旅馆 /538　戏台 /538　居家房门 /538　正厅 /539　会客室 /540　厨房 /540　春联 /541　汤泉池民众救亡室门联 /541　忠烈祠 /541　忠烈祠挽联 /542　附挽联 /543

附录：主要参考书目 /545

编后记 /553

上编：专论

商城书社和商城县甲种农校

商城书社的创办及其革命活动

创办背景和经过

创办背景 五四运动以后,特别是1921年中国共产党成立后,一些在外地读书的商城学生很快接受了新文化新思想和马克思主义,将《向导》《新青年》《共产党宣言》《湘江评论》等革命书刊不断传入商城。1923年后,在外地上学的黄秉耀、雷跻唐、吴靖宇等学生相继回到商城,进一步传播新文化新思想和马克思主义。1924年冬,袁汉铭自武汉中学毕业,受党组织派遣回商城

中共商城特别支部旧址(商城县第一中学校园内) 商城县文物管理局提供

进行建党建团活动。1925年5月,经请示中局(中共中央局),首批发展吴靖宇、雷承清、詹青岳等人加入中国共产党,成立商城党团支部(后改建为中共商城特别支部),袁汉铭任支部书记。商城党团支部的成立掀开商城历史新的一页,商城人民从此在中国共产党领导下走上争取解放的道路。

五卅运动爆发后,商城县立初级中学、第一小学等校学生走上街头,来到村镇,宣讲五卅惨案真相,揭露帝国主义侵华罪行,城关工人、市民自发成立工人救国会、贫民救国团,开展抵制日货英货活动,声援上海人民反帝爱国斗争。6月30日,商城党团支部组织上万人集会游行,沿途军警维护秩序,把商城反帝爱国斗争推向高潮。声援五卅运动是商城的一次思想解放运动,不仅促进了商城人民觉醒,也激发了商城人民的爱国热情,点燃了商城人民的反抗怒火,锻炼了商城人民的斗争意志。

如何运用和转化斗争成果,引导人民起来革命,是商城党团组织面临的问题。1925年7月初,在上海大学读书的董汉儒因参与五卅运动暴露了共产党员身份,受党组织派遣,携带一批革命书籍返回商城。《商城革命史》载:"董汉儒回到商城后,即与党团组织取得联系,报告了上海五卅运动情形和党的'四大'精神,指出'四大'讨论的中心是党如何加强对日益高涨的革命运动的领导,以及为了加强领导,党在组织上和群众工作上如何进行准备的问题。为此,商城党团支部依据'四大'精神和国内形势,对商城的政治形势进行了认真的分析,认为商城这座古老的山城,封建统治根深蒂固,统治阶级完全垄断了商城的政治、文化,压得平民百姓抬不起头来。进步的知识分子和社会青年饱受冷落和欺凌。加之连年军阀混战，劳动人民备受帝官封的残酷压迫和剥削，都渴望自由、解放。通过声援五卅运动，人民开始觉醒，为了尽快点燃起人民心中的反抗怒火，引导他们走上革命道路，必须大力宣传革命道理，传播马列主义。经过商讨，决定创建一个书社，定名为'商城书社'。"①

五四运动和五卅运动的洗礼，为创办商城书社铺垫了思想和群众基础，商城党团支部的成立和青年学生的返乡，为创办商城书社提供了组织和人才支持，革命迫切需要，青年热情渴望，创办商城书社的条件具备，董汉儒的到来无疑促成了商城书社的及早发起。

发起人 商城书社由吴靖宇、黄伯俊、黄秉耀、李静安、董汉儒、罗固城、汪昆源、袁汉铭、洪汝芬、雷跻唐、熊心诚、汪涤源、张心赤、胡寿岳（胡攻非）、陈晴朗、雷呈嵌、顾忠训、蔡庆海、刘经阁、黄楚伯20人发起。7月中旬②商城书社在租赁的北大街"李顺兴纸店"（今北大街新城医院北）三间店面开业，董汉儒任经理，吴靖宇任副经理。后董汉儒调至湖北省农民协会，吴靖宇继任经理，书社迁至南关扒字街吴家牌坊吴靖宇家。

商城书社发起人差不多是清一色中小学教员，多在本县任

---

① 中共商城县委党史资料征编委员会编：《商城革命史》，河南人民出版社1988年9月第1版，第18页。

② 据中共商城县委党史资料征编委员会《商城革命史》。中共商城县委党史资料征编委员会《中共商城县历史大事记》（1919年5月—1992年10月）修订为1925年10月，可能依据1925年10月30日《国民日报》附刊《觉悟》刊载《商城书社缘起》与《商城书社简章》的时间。

教,尤以县立初级中学居首,第一小学次之,个别为辍学和在读大学生。发起人相当一部分是共产党员,其中有的是商城党组织的创建人,有的成为革命文化战士,有的殉难为革命烈士,也有的后来脱离了革命队伍。

——时在办平民学校和辍学大学生,商城书社负责者。

吴靖宇(1900—1931),字述烈,商城南关扒字街人。早年赴北平求学,参加五四运动。1923年回商城,先在商城文中小学任教,后在家开办平民学校。1925年5月加入中国共产党,后以个人身份加入国民党,与董汉儒等人创办商城书社,任书社副经理、经理。1926年1月任国民党商城县党部书记长。1927年秋,因商城书社作为中共商城组织联络点被暴露而被捕,后经组织营救出狱。1929年12月任商城县苏维埃政府文化委员会主任,创办《红日》报、红日印刷厂和红日剧团。1931年秋在商城乐区汤家汇(今属安徽金寨)被错杀。吴靖宇较早接受新文化运动洗礼和马克思主义教育,在商城第一批加入中国共产党,开办商城第一个平民学校,联名发起商城第一个新文化书社,创办在鄂豫皖苏区享有盛誉的《红日》报、红日印刷厂和红日剧团,是商城早期革命文化的旗手和战士。

吴靖宇 商城县革命历史纪念馆提供

董汉儒（1904—1958），又名学舒，商城达权店黑河人。1922年在武汉中学加入中国社会主义青年团，后转入中国共产党。1924年任武汉中学团支部书记、团武昌地方执行委员会宣传员，与袁汉铭等人发起倡议，组织商城学会。1925年春考入上海大学，受袁汉铭委托，致信中局请示商城建立党团组织事宜；7月初回商城，与吴靖宇等人创办商城书社，任书社经理。后到湖北农民协会工作。1927年9月回商城后脱离党组织。1951年被捕，以"背叛革命"罪被判死缓。1958年在河南省长葛县监狱去世。董汉儒早期为创建商城党团组织和发起商城书社做出过贡献。

——时在商城县中、小学任教者仅知7人，教育工作管理者归并此类。

袁汉铭（1902—1931），谱名成耀，商城南乡南溪袁家塆（今属安徽金寨）人。1923年在武汉中学加入中国社会主义青年团，后转入中国共产党。1924年，与董汉儒等人发起倡议，组织"商城学会"；同年冬从武汉中学毕业后回到商城，以商城县立第一小学教员身份为掩护，开展革命宣传和建党活动。1925年5月，发展吴靖宇等人加入中国共产党，建立商城第一个党团支部，任支部书记；7月与董汉儒、吴靖宇等人发起商城书社；同年以个人身份加入国民党。

袁汉铭 商城县革命历史纪念馆提供

1926年1月任国民党商城县党部青运部长。1929年5月参加商城起义。后任商城县游击师师长兼政治委员、商城县总工会干事、中共商城县委委员、红军中央教导第二师政治部主任、红四军第十二师三十五团团委书记。1931年冬在湖北英山被错杀。袁汉铭是商城党团组织的创建人,是商城早期革命文化和马克思主义的传播者,在商城党史和商城革命史上占有重要地位。

胡攻非(1901—1932),原名孝仁,字寿岳,商城南乡汤家汇豹子岩(今属安徽金寨)人。1923年在河南省立第三师范学校参加驱逐督学学潮被开除,受聘至商城县立第一小学任教。1925年参与创办商城书社,主编《第一小刊》;同年加入中国共产党,以个人身份加入国民党。1926年1月任国民党商城县党部组织部长,后任中共商城特别支部书记。1927年4月领导商城四八学生运动,转至商城县立初级中学任教;11月任中共商城县委委员。1929年12月任商城县工人纠察队队长。后任皖西北特区苏维埃政府常委。1932年在苏家埠战斗中牺牲。

雷跻唐(1884—1932),谱名前尧,学名在印,曾用名承清,字放勋,号沛霖,外号跻唐(纪堂),商城余集胡冲人。1915年考入武昌中华大学,与恽代英同班。1919年参加武汉革命团体互助社。1920年受恽代英委托在信阳筹办柳林学校,成立互助社。1924年回商城,在商城县立初级中学任教。1925年加入中国共产党,参与发起商城书社,主持出版《曙光》校刊。1927年冬回家乡余集快活岭创办小学。1930年春创办余集列宁学校(后被评为商城列宁模范学校,是商城苏区教育的典范)并任校长。1932年被错杀。

黄秉耀,商城人。早年在信阳师范学校学习。1923年任商城县立第一小学校长。1925年8月任县立初级中学校长,参与发起商城书社,与雷跻唐主持出版校刊《曙光》。1928年任武桥勤勉小学校长。后曾任河南省教育厅视察员。

李静安,商城人。中共党员。国民党河南省党部委员。1925年受河南省党组织派遣回商城县立初级中学任教,发展国民党员,组建国民党商城县党部;参与发起商城书社。1926年任商城县立初级中学校长。

刘经阁(1900—1966),字承纶,商城城关人。1924年武昌高等师范数学系毕业,在商城县立初级中学任教。1925年参与发起商城书社。1926年至1927年受聘至固始中学、潢川中学任教。1927年商城四八学生运动后,复至商城县立初级中学任教。1930年至1944年,受聘到开封两河口中学、南阳战区中学、两豫中学任教。1949年底回商城,先后在商城育材中学、零娄高中、商城县师范学校任教。1953年后调至商城一中、商城高中任教,先后任两校副校长。是第一至四届商城县各界人民代表大会常务委员会委员、副主席,第四届河南省人民代表大会代表。1966年逝世。

张心赤,商城人。1925年参与发起商城书社。1926年2月加入中国共产党。在任商城县教育局长期间,宣传革命,支持商城四八学生运动。

汪昆源(1896—1974),别名汪昆,商城武桥街人。1925年

7月,江苏南通医科专门学校毕业后回商城,参与发起商城书社。1926年春受聘至河南省立第二小学任教,同年秋加入中国共产党,以个人身份加入国民党,任国民党开封市党部执行委员。1927年4月回商城,适逢商城四八学生运动,以国民党河南省党部巡视员身份敦促商城县政府支持学生行动,后出任商城县立初级中学校长;9月到武桥勤勉小学任教。1928年夏退出党组织。1929年初回到开封保康医院。1949年后任武汉市江汉卫生所所长、武汉市红十字医院第二门诊部内科医师。1974年5月去世。

——时在外地任教和上学者,仅知3人。

汪涤源(1900—1928),商城武桥街人。1923年在南京东南大学加入社会主义青年团。1924年因贫辍学,到长葛县甲种农业学校任教。1925年春转到杞县甲种农业学校任教,8月由团转入中国共产党;同年参与发起商城书社。1926年3月赴广州农民运动讲习所学习,后任湖北省农民协会特派员、中共汉川县委书记。1927年2月回商城,在武桥勤勉小学任教,建立中共武桥支部。1928年任中共商城县委委员、固始县委书记,在开展兵运中被捕,6月在潢川牺牲。

罗固城(1900—1960),原名宗强,商城南乡沙堰(今属安徽金寨)人。1923年考入武昌政法专门学校。1924年加入中国共产党。1925年参与发起商城书社;寒假与李梯云回家乡,同漆禹原等人在斑竹园创办共进小学,介绍漆禹原等人加入中国共产党,成立中共斑竹园支部。1928年后脱离党组织。1966年病逝。

陈晴朗,商城峡口人,在南通纺织专科学读书时与黄柏劲同班。1925年参与发起商城书社。

发起人不全等同创办人,汪涤源、罗固城在外地(暑假是否回商城不详),未必能参加实际创办活动,黄伯俊、洪汝芬等人,回忆资料鲜有提及,也未必能参加实际创办活动,但在当时能够参与发起,说明他们至少是新文化的同路人。我们遗憾不能对所有发起人作介绍,也不能都作比较完整的介绍,因为我们掌握的资料不够,更因为我们研究不够,实际上也缺少研究。

《商城书社缘起与简章》 为扩大影响,商城书社在1925年10月30日上海《民国日报》副刊《觉悟》、11月9日河南《新中州报》上两度刊载《商城书社缘起与简章》(《觉悟》刊载时分为《商城书社缘起》和《商城书社简章》)进行宣传。

"缘起"阐述为什么要发起商城书社:

> 我们为什么要发起这个书社?因见本县文化落伍,群众知识幼稚,愿就力之所及,将全

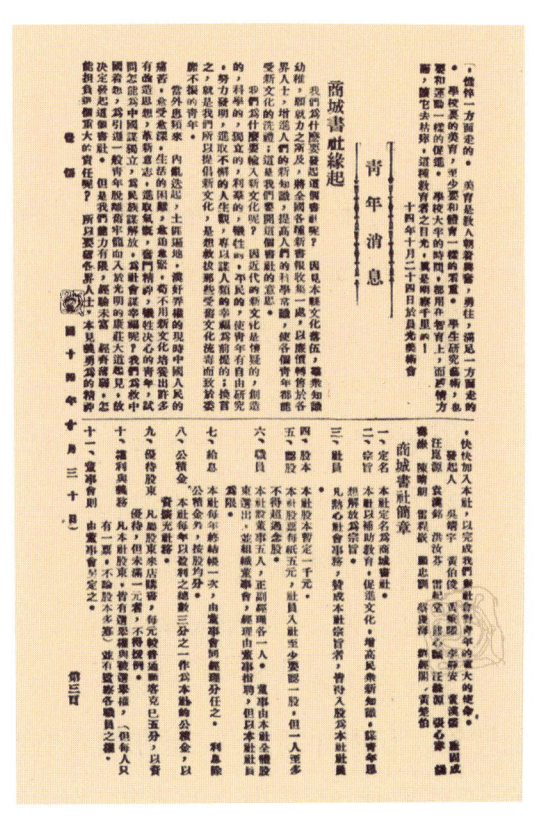

《觉悟》(民国十四年十月三十日第三页)刊载《商城书社缘起》 柯大全提供

国各种新书报收集一处,以廉价转售于各界人士,增进人们的新知识,提高人们的科学常识,使各个青年都能受新文化的洗礼,这是我们要开这个书社的意思。

我们为什么要输入新文化呢?因近代的新文化是怀疑的,创造的,科学的,独立的,利群的,牺牲的,平民的,使青年有自由研究,努力发明,进取不懈的人生观,专以谋人类的幸福为前提的;换言之,就是我们所以提倡新文化,是想救拔那些受旧文化流毒而致于萎靡不振的青年。

当外患袭来,内乱迭起,土匪遍地,汉奸专权的现实(《觉悟》"实"作"时")中国人民的痛苦,愈受愈深,生活的困难,愈迫愈紧,苟不用新文化培养出许多有改造思想,革新意志,进取气概,奋斗精神,牺牲决心的青年,试问怎能为中国谋独立,为民族谋解放,为社会谋幸福呢?我们为救中国着想,为引导一般青年脱离旧牢笼而入于光明的康庄大道起见,故决定发起这个书社。但是我们能力有限,经验未富,经济薄弱,怎能担负这个重大的责任呢?所以要望各界人士,本见义勇为的精神,快快加入本社,以完成我们对社会对青年的重大的使命。①

强调输入和倡导新文化,意在培育有改造思想、革新意志、进取气概、奋斗精神、牺牲决心的青年,为中国谋独立,为民族谋解放,为

---

① 《觉悟》民国十四年十月三十日,第3页。

社会谋幸福。这也是商城书社的宗旨。

"简章"14条,规定社名、宗旨、社员、认股、股本、职员、给息、公积金、优待股东、权利与义务、董事会则、转卖股票等内容。其中第二条明确"本社以补助教育,促进文化,增高民众新知识,谋青年思想解放为宗旨",第三条明确"凡热心社会事务,赞成本社宗旨者,皆得入股为本社社员",第六条明确"本社设董事五人,正副经理各一人。董事由本社全体股东选出,并组织董事会,经理由董事指聘,但以本社社员为限",第十条明确"凡本社股东,皆有选举权与被选举权,但每人只有一票,不论股本多寡,并有监察各职员之权"。附则2条,说明招股以年底为限和报名入股地点(南关吴家碑坊吴靖宇)。

《商城书社缘起与简章》是商城书社纲领性文件。

革命活动

经售新文化新思想书刊 商城书社经售的书刊有:马列主义著作和宣传读物《共产党宣言》《国家与革命》《辩证唯物主义》、《共产主义ABC》《帝国主义浅说》《资本论》《资本论入门》、《商品论》《社会进化论》;孙中山著作《三

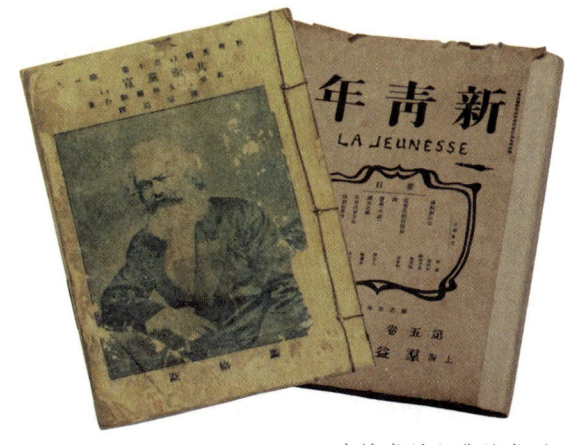

商城书社经售的书刊

民主义》《建国方略》《建国大纲》等;报刊《向导》《中国青年》等;新文学作品——蒋光慈《鸭绿江上》《少年漂泊者》,鲁迅《呐喊》,郭沫若《女神》《三个叛逆的女性》,高语罕《白话书信》等。

书刊主要来源于上海、武汉和开封等地,特别是和武汉长江书店联系上后,更多的革命书刊进来了。因为董汉儒、袁汉铭、雷跻唐等人与恽代英的关系,所以商城书社得到恽代英的关怀和指导。毛蔚秋回忆说"我只在当时的《中国青年》杂志中看到有恽代英同志给吴靖宇的信"[1],说明他们之间一直存在着联系。

商城书社主要面向中小学教师和青年学生以及知识分子。吴靖宇不愧出身在商人家庭,他的"工作方式是推荐新书,逐步扩大宣传范围,再从读者中重点培养对象,吸收其参加党团组织。例如,吴靖宇遇见了对象们就说:'社中现在到了许多新书,先睹为快,你可以去看看。'听了这话的人,不仅自己去,而且又照吴靖宇那样宣传其他人去,所以每天在商城书社看(原文"看"作"去看")新书的人是不少的。"[2]吴靖宇还"将各书内容作简单介绍贴在书社门口"[3],更方便读者选择。

成立商城学会 随着购买、阅读革命书刊人员的增多,为把学习、宣传引向深入,商城党团支部及时成立商城学会,凡是有志青年都可以报名参加。商城学会开展的活动主要有三项:读书

---

[1] 毛蔚秋:《商城书社的回忆》,载中共商城县委党史资料征编委员会编《商城革命史资料》(一九八九年三月)第四辑,第138页。

[2] 毛蔚秋:《商城书社的回忆》,载中共商城县委党史资料征编委员会编《商城革命史资料》(一九八九年三月)第四辑,第138—139页。

[3] 黄柏劲:《商城书社的成立和它在商城的作用与影响》,载中共信阳地委党史资料征编委员会编《丰碑》(一九八六年五月)第十二辑,第85页。

学习,创办报刊,发展党团员。

——读书学习。青年学会根据会员多少和分布情况,分成若干小组,指定负责人,定期开展活动。"当时县中、一小、平民夜校、女子小学的大部分学生均参加了学会的读书活动。学会定期集会,报告读书心得,讨论马克思主义、国共合作、救国救民等问题。袁汉铭、吴靖宇、雷跻唐、胡攻非、黄秉耀等都是学会的负责人。学会经常组织学生到城郊偏僻、隐蔽的场所学习、讨论。如黄秉耀常于夜间带领学生毛蔚秋、钟启泰、吴春宇、丁树勋等,到城郊铁佛寺一带山林里,组织学习,报告读书心得,并联系国内和本县实际问题进行讨论。"[①] 商城学会"尤其注意联系国内和本县的社会实际问题,进行理论的讲解和革命思想的启发"[②],参加学习的青年学生更能准确、深切地领悟革命道理。

——创办报刊。为帮助广大青年学生加深对学习的理解,1925年秋,商城县立初级中学在党员雷跻唐和教师黄秉耀主持下出版了校刊《曙光》,商城县立第一小学教师胡攻非主编出版了《第一小刊》。两个校刊都介绍革命真理,宣传革命思想,以及国内外时事政治,还以问答形式解释读书中遇到的疑难问题,受到读者的欢迎。

1926年1月,河南青年协社成立后,商城党团组织即领导商城青年学生成立河南青年协社商城分社(简称"商城协社"),作为党的外围组织,团结广大青年,参加革命活动。商城协社创办

---

① 中共商城县委党史资料征编委员会编:《商城革命史》,河南人民出版社1988年9月第1版,第20—21页。

② 董雷、刘心铭主编:《豫南革命史》,河南人民出版社1991年5月第1版,第40页。

自己的刊物《商城青年》,宣传马克思主义、共产党的奋斗纲领和青年团的工作任务,报道全国及本县青年运动的消息。《商城青年》是商城党团组织联系广大青年的纽带。

——发展党团员。商城书社创办以后,特别是商城学会成立以后,商城县党团组织积极引导县城中小学师生学习新文化新思想,逐步提高革命觉悟。1925年冬,商城党团组织开始在县立初级中学和师范班学生中发展党团员,后扩大到其他部门。教师胡玫非、梅子美、张心赤,邮工马石生,学生钟启泰、丁树勋等人,都在这一时期先后加入中国共产党和中国共产主义青年团。

商城县甲种农校的创办及其革命活动

创办背景和经过

创办背景 民国初年,西学东渐,国内不少有识之士倡导"实业救国",强调发展经济,富民强国。为普及实业,当时的民国政府积极倡导兴办实业学校,开展职业教育。在政府的倡导下,全国纷纷创办了一批职业学校。

商城为什么选择办蚕桑(专业)学校呢?

——商城有重教兴学的传统。商城"农勤稼穑,士尚诗书……士夫居乡,率以气节相高,以恬静为乐,以耕读之业遗子孙"[1];"其盛也,诗书之声达于巷牖"[2];"商之人敦诗说礼,彬彬君子,视他邑最盛"[3]。明以前有学馆、私塾。明成化十一年(1475年)建儒学,后又建花潭书院,嘉靖二十八年(1549年)建社学;清乾隆三十三年(1768年)建文峰书院,嘉庆七年(1802年)大建义学,当时义学多达43所(包括温泉书院),遍布各保。明万历年间,全

---

[1] 嘉靖《商城县志》卷一《邦土志·风俗》,中州古籍出版社1999年9月第1版(影印),第45—46页。

[2] 顺治《商城县志》卷之二《舆地下·风俗》,中州古籍出版社1999年9月第1版(影印),第104页。

[3] 〔明〕李长庚:《商城县重修儒学文庙碑记》,载康熙《商城县志》卷之八《艺文下·碑记》,中州古籍出版社1999年9月第1版(影印),第681页;嘉庆《商城县志》卷之十四《艺文志下·记》,中州古籍出版社1999年9月第1版(影印),第343页。

国 16 次会试，河南考取进士 438[①] 名，商城 26 名，在河南府、州、县中位居第一。从明永乐二十一年（1423 年）到清光绪三十年（1904 年）的 482 年间，商城共考中 99 名进士、288 名举人[②]，这当中不乏国家栋梁。商城城关后巷人周祖培（1794[③]—1867），历任清朝六部尚书，官至体仁阁大学士，民间叫他周宰相。商城城关杨巷人杨式谷（1805—1862），历任清朝兵部、礼部、吏部、刑部侍郎，国史馆副总裁。还有程国仁、易贞、蒋艮等人，都是一时俊彦。

——商城有植桑养蚕的传统。明嘉靖《商城县志》载"田赋"六项：田地、麦、粟、米（稻）、桑、茶。麦、粟、米是农作物，桑、茶是两项传统产业。嘉靖三十年（1551 年）前桑、茶税赋情况：

官民桑八十二万六千二十七株，起科[④]官民桑

---

① 顺治、康熙（三十四年）《河南通志》卷之第十七《选举》载，万历年间 16 次会试河南考中进士 439 人，其中癸未科朱诰（中护卫人，仕至员外）、丙戌科朱诰（中护卫人，仕至郎中）当重，朱保炯、谢沛霖编《明清进士题名碑录索引》只载丙戌科朱诰（籍贯河南南阳中护卫），故取 438 人。

② 明、清《商城县志》载：明正统十三年（1448 年）至崇祯十六年（1643 年），商城考中进士 42 人，其中 1 人非商城籍，实 41 人；清顺治三年（1646 年）至光绪三十年（1904 年），商城考中进士 61 人，其中 1 人误录，2 人非商城籍，实 58 人。明永乐二十一年（1423 年）至崇祯九年（1636 年），商城考中举人 97 人，其中 2 人名近似，是否为同一人不详，姑从 97 人；清顺治五年（1648 年）至光绪二十九年（1903 年），商城考中举人 194 人，其中 2 人重复，1 人非商城籍，2 人同名，是否为同一人不详，姑从 191 人（去掉重复计数和非商城籍计 3 人）。

③ 《周氏九修宗谱》卷之八上《世系考》载，周祖培"生于乾隆癸丑年十二月初二日子时，薨于同治丁卯年四月初五日丑时"。乾隆癸丑年即乾隆五十八年，该年十一月二十九日是公元 1793 年 12 月 31 日，故周祖培生于公元 1794 年 1 月，有关文献载周祖培生于 1793 年误。

④ 起科指对农田计亩征收钱粮。

二万二千四百三十八株。官桑一百七十七株，绵一十两六钱二分。民桑二万二千二百六十一株，征丝四十一斤一十一两八钱二分，共绵四十二斤六两四钱五分。不起科桑八十万三千五百八十九株。

起科官民茶三十三万四千二百七十三窠，抽茶三万三千四百二十七窠，该米四百七十石七升一合四勺六抄，折钞一千一百七十五贯一百七十文。官茶二千一百三十一窠，抽茶二百一十三窠，该米二石九斗九升六合七勺一抄八撮，折钞七贯四百九十文。民茶三十三万二千一百四十二窠，抽茶三万三千二百一十四窠，该米四百六十七石七升四合六勺六抄，（折）钞一千一百六十七贯六百八十文。①

起科官民桑22438株，占桑总量826027株的2.7%，起科民桑22261株，占起科桑总量22438株的99.61%。栽茶总量无载，起科民茶332142窠，占起科茶总量334273窠的99.36%。起科官桑、茶也就做做样子，基本可以忽略不计。

当时商城田地塘总计291390亩，起科田地塘144353亩，不起科田地147037亩。②金元以前只有树桑，树桑一般是与禾、豆等作物间种，不同时代、不同地区每亩植树桑大致从2.4株到

---

① 嘉靖《商城县志》卷三《图籍志·田赋》，中州古籍出版社1999年9月第1版（影印），第75—76页。

② 嘉靖《商城县志》卷三《图籍志·田赋》："官民田地塘二千九百一十三项九十亩三分一厘。起科一千四百四十三项五十三亩二厘。……不起科田地一千四百七十项三十七亩二分八厘。"文中按1市顷100亩折算。嘉靖《商城县志》，中州古籍出版社1999年9月第1版（影印），第74—75页。

15株不等。金元之际或稍早,始出现地桑,专业地桑桑园亩植桑约240株。明清时期,大体如此。按此折算,826027株合3441亩,占总田地塘291390亩的1.18%,占起科田地塘144353亩的2.38%。茶的情况如何呢?每亩栽茶约600窠(估算,不一定准确),则起科茶334273窠合553亩,占起科田地塘144353亩的0.38%。茶在田地塘的占比似乎比桑小很多,主要是因为我们不知茶栽种的总量。这里还有一个问题,起科田地塘是含水塘的,究竟水塘有多少亩,不得而知。如果去掉水塘面积,那么桑、茶占比更高。当时的粮食、桑、茶的价格和税赋总数也无记载,我们一时无法计算桑、茶在税赋的占比,单从种植面积占比还是可以看出来桑、茶在农业生产中的重要地位。

　　商城茶叶生产至少可以追溯到隋唐,蚕桑的生产恐怕更早。"女勤织纴男勤读,一盏寒灯剔木油"[1]就是古代商城生产生活的真实写照。晚清商城人黄铭先《商城竹枝词》回忆"缫丝织绢":

　　　　缫车乙乙茧丝声,几夜鸳机织得成。
　　　　嘱咐郎君城市去,五经五纬记分明。[2]
　　其子黄殿申《商城竹枝词》回忆"户户蚕桑":
　　　　绿树浓中夏日长,家家农妇已蚕桑。
　　　　取丝欲织商山绢,时有风来煮茧香。[3]

---

　　[1] 黄铭先:《商城竹枝词·女织男读》,载杨允琪、杨琼编著《诗画商城·历代吟咏》,长江文艺出版社2015年11月第1版,第197页。
　　[2] 杨允琪、杨琼编著:《诗画商城·历代吟咏》,长江文艺出版社2015年11月第1版,第195页。
　　[3] 杨允琪、杨琼编著:《诗画商城·历代吟咏》,长江文艺出版社2015年11月第1版,第198页。

户户蚕桑、家家缫丝,蚕桑生产在古代商城农业生产中是多么普遍和重要!

1915年巴拿马太平洋国际博览会上,商城的丝绢、茶叶参展并获奖。

这种生产生活方式一直持续到20世纪末。20世纪70年代,商城建有缫丝厂,创编有著名歌舞《缫丝舞》。八九十年代,县设立蚕业管理局,乡镇建有蚕茧站,书写了商城蚕桑生产的最后一页辉煌。

创办经过　笔架山又叫三峰山,因山形似笔架而得名,位于金刚台南麓汤家汇北部。"三峰叠翠半天横,无笔偏将笔架名"[①]即咏此山。山上有笔架山庙,俗称大庙,当建于清乾隆三十三年(1768年)以后、嘉庆八年(1803年)以前[②]。"庙内现存有一口石水缸,高八十公分,直径一百一十五公分,缸口边沿上刻有'嘉庆七年置'字样"[③],如果此说无误,可从下限印证我们对建庙时间的推断。晚清翰林蒋艮题有"独具上乘"匾额挂在庙门中间。据说过去商城知县上任都要去这座山庙朝拜,未必尽真,倒能说明人们对笔架山庙崇拜的程度。

笔架山庙环境清幽,有青砖瓦房七八十间,庙课数百石,庙门

---

① 〔清〕周作鸿:《笔架山》,载杨允琪、杨琼编著《诗画商城·历代吟咏》,长江文艺出版社2015年11月第1版,第52页。

② 笔架山庙最早见载嘉庆《商城县志》卷之二《地理志下·寺观》:"笔架山庙,在城南九十里溪上保。"康熙《商城县志》无载。嘉庆《商城县志》修成于嘉庆八年(1803年)。康熙《商城县志》(中州古籍出版社1999年9月第1版影印本)实为乾隆朝续修本,刊行时间当在乾隆二十七年(1762年)以后、乾隆三十三年(1768年)以前。

③ 志兵、子怀:《笔架山与笔架山农校》,载中国人民政治协商会议安徽省金寨县委员会《金寨文史》(一至十辑合订本),第75页。

商城县甲种农业学校旧址　金寨县革命博物馆提供

前一口清塘宛如砚台,是办学佳地。

当地流传"一双绣鞋案"驱逐和尚的故事。笔架山庙当年规模大,香火盛,和尚们饱食终日,不事稼穑,地方百姓很是不满。一天,有一妇女前来进香,和尚留她在庙里住宿。天明后,这位妇女自缢于庙前凉亭上。消息一传开,人们痛骂和尚出家不守寺规,一面派人身揣一双绣花鞋前往大庙,趁其不备,塞进和尚床草里,一面派人写状子上告县衙。县知事梁玉书接到诉状,立即派人前来查证。和尚拒不承认,查证的人便进行搜查,果然搜出了绣花鞋,和尚目瞪口呆。梁知事立即下令驱逐和尚。笔架山庙有一定的自卫能力,第一次驱逐和尚未成功。后来梁知事亲自率兵前来,经过一昼夜激战,和尚死的死,逃的逃,剩下的被关进县大牢,终于被驱逐干净。

故事中的县知事梁玉书,民国《商城县志》无载。从民国三年(1914年)到民国七年(1918年),商城历张翊宸、桑魁卯、潘鸣球三任知事。商城有一个知事许中书,早在民国三年(1914年)元月白朗破商城时战死,梁玉书断非许中书之误。故事未必真,但故事透露了一个重要信息,即当年驱逐和尚必定经过一番周折。

民国七年(1918年),将笔架山庙宇改为校舍,将庙产改为学产,创办商城县乙种蚕桑学校。随着学校规模不断扩大,民国十年(1921年),商城县乙种蚕桑学校改为商城县甲种农业学校(简称"商城农校"或通称"笔架山农校")。

学校举行开学典礼,社会名流、学者为学校写了许多楹联和匾额,其中学校大厅一副对联写道:

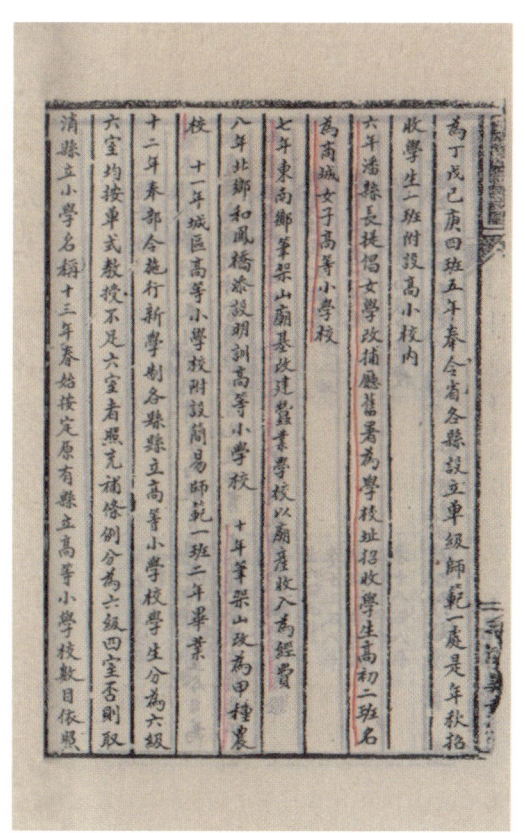

民国《商城县志》卷十一《教育志·新学制》

仍培植桑麻，方不负洞天福地；

为教育英才，依然是暮鼓晨钟。

对联传为商城县知事撰写，如果不假，县知事当为潘鸣球而非梁玉书。对联揭示了学校的办学宗旨——培养桑麻人才，发展桑麻生产。

这里有必要补充说明一下学校创办的时间和名称。

民国《商城县志》："七年，东南乡笔架山庙基改建蚕业学校……。十年，笔架山改为甲种农校。"① 新编《商城县志》："民国4年（1915），成立'商城县乙种蚕桑学校'……。民国6年（1917），改名为'商城县笔架山甲种蚕科学校'……。"② 《金寨县志》："笔架山蚕科学堂为县境最早的中等职业学校，前身是清光绪三十四年（1908）开办的自强小学堂，清宣统元年（1909）改为笔架山乙种蚕科学堂……。民国7年（1918）改为笔架山甲种蚕科学堂……。"③ 《商城县教育志》："于1918年正式成立'商城县乙种蚕桑学校'……。于1921年改为'商城县甲种蚕桑学校'。"④ 杨琼《商城楹联辑注》："1915年，商城县知事梁玉书驱逐僧众，利用梵宇庙产创办'商城县乙种蚕桑学校'……1921年学校改称'商城县

---

① 民国《商城县志》卷之十一《教育志·新学制》，中州古籍出版社1999年9月第1版（影印），第304页。

② 商城县志编纂委员会：《商城县志》卷十六《教育·笔架山蚕桑学校》，中州古籍出版社1991年3月第1版（影印），第326页。

③ 金寨县地方志编纂委员会编：《金寨县志》第二十四章《教育·农业技术专业学校》，上海人民出版社1992年4月第1版，第594页。

④ 商城县教育志编纂委员会：《商城县教育志》第八章《职业教育·笔架山蚕桑学校》，第282—283页。

甲种农业学校',习称笔架山农校。"①李宏茂《笔架山农校史话》:"笔架山农校初建于1915年,时称'商城县乙种蚕桑学校'。……1921年改称为'商城县甲种农业学校'。"②杭建华《商城县革命史稿》:"1918年成立商城县乙种蚕桑学校(简称'笔架山蚕桑学校')……于1921年改名为商城县笔架山甲种农业学校。"③

创办时间主要有四说:1909年(宣统元年)创办,1918年(民国七年)更名(《金寨县志》);1915年(民国四年)创办,1917年(民国六年)更名(新编《商城县志》);1915年创办,1921年(民国十年)更名(《商城楹联辑注》、《笔架山农校史话》);1918年创办,1921年更名(民国《商城县志》、《商城县教育志》、《商城县革命史稿》)。名称主要有六说:初名"笔架山蚕业学校"(笔架山蚕桑学校),更名"笔架山甲种农校"(民国《商城县志》);初名"商城县乙种蚕桑学校",更名"商城县笔架山甲种蚕科学校"(新编《商城县志》、);初名"商城县乙种蚕桑学校",更名"商城县甲种蚕桑学校"(《商城县教育志》);初名"商城县乙种蚕桑学校",更名"商城县甲种农业学校"(《商城楹联辑注》、《笔架山农校史话》);初名"商城县乙种蚕桑学校",更名"商城县笔架山甲种农业学校"(《商城县革命史稿》);初名"笔架山乙种蚕科学堂",更名"笔架山甲种蚕科学堂"(《金寨县志》)。

---

① 中国人民政治协商会议河南省商城县委员会编:《商城文史资料》(一九九八年十二月)第四辑,第176页。

② 中国人民政治协商会议河南省商城县委员会编:《商城文史资料》(一九九一年十月)第二辑,第15页。

③ 杭建华编著:《商城县革命史稿·"笔架山甲种农业学校"学潮》,第27页。

《金寨县志》载"笔架山甲种蚕科学堂"误。民国元年实行新学制,学堂改为学校,民国七年怎么可能还叫学堂?民国《商城县志》载光绪三十四年(1908年)城关添设5所初级小学堂和1所旅商两湖小学堂①,宣统元年(1909年),各区乡创办4所高等小学堂②(《商城县教育志》载5所③),其中有东南乡明强高等小学堂,但都未言及自强小学堂。光绪三十四年开办自强小学堂缺少文献依据。笔架山学校师生回忆,驱逐笔架山庙和尚在民国初;民国初笔架山庙还有和尚,怎么可能办学?驱逐笔架山庙和尚未必如前面故事所讲,但也未必全是空穴来风,故事至少透露了这样一个信息,即至迟民国初笔架山庙还不是学堂。《金寨县志》载"清宣统元年(1909)改为笔架山乙种蚕科学堂"可能依据民国《商城县志》载《商城县教育改革之原始与教育发达之现状》(简称《现状》):"直隶通永道张观察孝谦于光绪三十四年归里,扩充教育,出售学田若干石,得洋数万元,就县城西北隅守备旧署地址修筑大楼一座,围以边房约数千楹,年余落成,设立预备中学一班,

---

① 民国《商城县志》卷之十一《教育志·新学制》:"三(原'三'误作'二')十四年,第一高等小学堂改为中学预科,第一、第二两高等归并。城关添设初级小学堂五处:一设东门双忠祠,一设南门小义学,一设西门城隍庙,一设南关十方院,一设北关火神庙。南关人烟稠密,又由两湖会馆创设旅商两湖(原'湖'误作'等')小学堂,招收学生高初两班,以辅助公立之不足。"民国《商城县志》,中州古籍出版社1999年9月第1版(影印),第304页。

② 民国《商城县志》卷之十一《教育志·新学制》:"宣统元年(1909年),各乡区创办高等小学堂四处,一东南乡南溪林氏祠创设明强高等小学堂,一西南乡打船店创设明达高等小学堂,一西乡观庙铺创设明德高等小学堂,一东北乡武家桥创设勤勉高等小学堂。"民国《商城县志》,中州古籍出版社1999年9月第1版(影印),第304页。

③ 其中4所高等小学堂与民国《商城县志》记载相同,另"一在双河大庙,为'明新高等小学堂'"。商城县教育志编纂委员会:《商城县教育志》,第131页。

简易师范一班,乙丙高小学生两班。县南乡一带同时办学者有笔架山蚕桑学校,明强、明达各学校,是为商城开办中学之始。"①这段记载,一是时间交代不清。光绪三十四年(1908年)是张孝谦归里时间,不是创办中学堂时间。民国《商城县志》载宋鋆采辑《商城县学校沿革概略》(简称《概略》):"宣统二年秋,教育会长张绅孝谦联合地方士绅创办中学堂,将武署改建为校址,宣统三年落成,招生中学一班,师范讲习科一班,乙丙高小二班。"②武署即《现状》所说县城西北隅守备旧署(今商城县第一中学所在地)。《概略》记述甚明,宣统二年(1910年)改建中学堂(《现状》所说大楼),次年(1911年)落成,开始招生。《现状》载创办中学时间既已不清,"同时办学者"的"同时"便亦随之不清,如果没有其他文献参校,就极易造成误解或被混淆。二是明强、明达各学校为高等小学,并非中学,《现状》连同前面统说"是为商城开办中学之始"并不准确。《金寨县志》只看《现状》载张孝谦归里时间是光绪三十四年(1908年),就依据"年余落成"、"同时办学者有笔架山蚕桑学校"认定改为蚕科学堂在宣统元年(1909年),殊非。

《商城楹联辑注》载1915年创办,是依据驱逐笔架山庙和尚时间。《笔架山农校史话》、新编《商城县志》载1915年创办,难说没有参考驱逐笔架山庙和尚时间。新编《商城县志》载1917年更名,则不知其所据。

---

① 民国《商城县志》卷之十一《教育志·新学制》,中州古籍出版社1999年9月第1版(影印),第306页。

② 民国《商城县志》卷之十一《教育志·新学制》,中州古籍出版社1999年9月第1版(影印),第304页。

名称差异集中两点：一是域名有"笔架山"与"商城县"或"商城县笔架山"之分，二是校称有"蚕桑学校"（蚕业学校、蚕科学校）与"农业学校"（农校为简称）之别。抛开域名不说，初名的差异实在于有无"乙种"二字。可能当初并无"乙种"二字，后来更名有"甲种"二字，于是就加上了"乙种"二字；也可能当初有"乙种"二字，民国《商城县志》给省称了——旧志省称也是惯例。民国《商城县志》未经通纂定稿，"蚕业学校"、"蚕桑学校"未能统一，不足为奇。同样抛开域名不说，更名的差异实在于"蚕桑"与"农业"不同。民国《商城县志》既称"农校"，当从"农业学校"似更有据。至于域名，不妨理解为冠"商城县"是规范名称，冠"笔架山"是习称或通称（通称乙种、甲种学校）。

师资、课程与教学　校长先后为易应生、郑养吾。学监为贡礼门。董事长为廖石甫。事务为李汉甫。教务为林静琪。教师有罗志刚、刘宪章、周榕斋、毛象可、詹甫堂、余仲勉、梁洞明、王华亭等。学生除来自商城本籍外，还来自大别山周边的麻城、罗田、六安、霍邱、固始、潢川、光山等县。

学制4年，其中预科1年，本科3年。每年招收1个班，最多时4个班。学生毕业后可直接报考高等专科学校或大学。汪涤源1921年考入南京东南大学，罗固城1923年考入湖北政法专门学校，李梯云1924年考入武昌中华大学。

课程分为专业课和基础课。专业课讲授养蚕、栽桑、制种、缫丝、蚕病理、蚕生理等。基础课设有国文、修身、历史、地理、物理、化学、英文、体育、音乐等。

教学有两大变化：一是注重传授科学思想。废除尊孔读经，不搞书院式教学。二是注重理论联系实际。学校教学设施比较完善，设有实验室、催青制种室、缲丝间等，开有桑园20多亩，用作学生教学实验基地，兼为学校养蚕提供桑叶。为推广新品种，扩大蚕丝产量，学校从日本引进优良蚕种，每年可制新蚕种100多张出售给当地群众。改良的蚕茧是白色的，茧层厚，产量高，蚕农受益。"徐秉扬同学在笔架山蚕校毕业回家，自养蚕，自配种，仿照学校认真检查，以免病菌遗传下一代。所制之种，群众争相购买。"①

1929年5月商城起义后，国民党发动"鄂豫会剿"，烧毁了校舍，学校停办。

笔架山学校从1918年创办到1929年停办，历时11年，开近代商城职业（实业）教育的先河。

革命活动

建党活动 1925年，共产党员罗志刚、刘宪章等老师来到学校。罗志刚"待人和蔼可亲，很有学问，同学们都爱听他讲课。每到下课前，他总留几分钟时间向学生讲述革命道理，揭露军阀政府的腐败和黑暗，逐步提高学生们的思想觉悟"②。当时学校聘请的教师大都有名望、有学历，学校开设课程齐全，教学质量好，学

---

① 吕自煌：《笔架山甲种蚕科学校》，载中国人民政治协商会议安徽省金寨县委员会《金寨文史》（一至十辑合订本），第74页。
② 蒋星甫：《笔架山农校党组织的建立和发展》，载中共商城县委党史资料征编委员会编《商城革命史资料》（一九九一年六月）第五辑，第42页。

生毕业后直接考入大学的比较多,在鄂豫皖边颇有影响,鄂豫皖边等县青年学生慕名而至的很多。罗志刚、刘宪章等教师以研究英语、数学为名,成立"英数研究会"、"青年读书会",秘密传播马克思主义,发展党团员。《共产党宣言》《列宁文集》《帝国主义论》《共产主义ABC》《胡适文存》《独秀文存》《孟和文存》《向导》《新青年》《创造月刊》等书籍,是读书会的主要读物。研究会、读书会成立后,又成立学生宣传队、演剧社等文艺团体,将革命宣传进一步推向农村和社会。

1926年2月,周维炯、漆德玮、杜连等学生被首批发展入党,随即成立笔架山农校党团支部。下半年,袁汉铭、詹谷堂等人来到学校调研、指导工作,发展蒋星甫、漆先科等学生入党,党团员发展到20多人,党小组发展到3个。

学潮运动 学生们的革命活动引起校董事长廖石甫的恐惧和不满。廖石甫指责罗志刚等人是过激派,行为不轨,败坏了校风,干扰了教学。廖石甫的行为激起教师的愤怒,罗志刚等6名教师集体辞职,不少班级被迫停课。学生一怒之下,扭住廖石甫要求老师上课。廖石甫一怒之下,挂牌开除一部分"闹事"的学生。公告牌刚挂出,就被周维炯等学生砸碎了。周维炯组织学生到县政府告状,要求撤换校董事长,挽留辞职教师,若不答应,就组织全校学生来县城请愿。县长怕事情闹大,撤销了廖石甫的校董事长职务,责令学校出面向罗志刚等6名老师道歉。学潮以辞职教师复职,学校复课告终。此后,学生们的思想觉悟、读书会的威望都越来越高。

笔架山学潮是学生第一次公开与封建统治势力作政治斗争，开启商城县立初级中学四八学生运动的先声。

宣传活动 五卅惨案发生后，罗志刚、刘宪章等教师组织学生宣传队到附近的汤家汇、丁家埠、李家集等地白天宣传，夜间贴标语，撒传单，揭露帝国主义的罪行，号召农民一致起来抵制日货。

1926年农历三月二十八双河庙庙会，人山人海，是集中宣传的好时机，农校党团支部借此机会组织学生宣传队和演剧队到双河庙化装演出，其中有这样一个场面：一个土豪向一家佃户逼债，强占佃户的姑娘做小老婆，姑娘誓死不从。土豪又耍花招，逼迫姑娘改做佣人，以抵债务。姑娘跳塘反抗，被一个长工救起来。后来姑娘和长工相爱逃跑，又被土豪家的狗腿子抓回来，受尽了非人的摧残，最后被逼悬梁自缢。① 演到此处，台下观众发出一片哭泣声和谴责声，周维炯等同学带头高呼"打倒封建主义"、"废除封建礼教"、"铲除剥削制度"等口号，场面震撼。

这样的宣传形式为农民所喜闻乐见，最有鼓动性。农民接受教育，迅速觉醒，纷纷参加农民协会，很快掀起商城农民运动热潮。

---

① 节目据李宏茂《笔架山农校史话》，载中国人民政治协商会议河南省商城县委员会编《商城文史资料》（一九九一年十月）第二辑，第18页。

商城书社与商城县甲种农校的作用和影响

关联点

商城书社和商城农校表面上看起来并没有直接关系——既不是上下级机构,也不存在业务上指导,过去似也没有论及过。但仔细研究,两者还是存在着关联点,这个关联点就是革命书刊,换句话说,就是新文化新思想和马克思主义的传播,而本质的关联,就是党员发展和党组织创建活动。

商城书社是新文化新思想的宣传阵地,平台和载体是革命书刊和商城学会。新文化新思想靠革命书刊传播,但推进则是靠商城学会。商城学会的部分负责人本身就是商城党团组织的创建者和领导人,部分会员是党团员和积极分子,实际上商城学会是商城党团组织领导下的青年革命团体,在一定程度上代行党团组织的职责。

商城书社是大革命时期鄂豫皖边区为数不多的新文化书店之一。在豫东南,1920年罗山县罗山青年学社设有图书馆,藏有革命书刊,但不对外销售,只"供学社成员学习和研究"[①]。1922年信阳县实现生活社筹资建立豫南图书馆,"经销中、小学课本和

---

① 董雷、刘心铭主编:《豫南革命史》,河南人民出版社1991年5月第1版,第12页。

进步书刊"[1],但到1925年五卅运动时已经停办。不论是罗山青年学社图书馆,还是豫南图书馆,都不是严格意义上的新文化书店。在皖西,1927年霍邱县才"利用'开明书店'推销马列书籍和革命刊物"[2],但那时已经进入土地革命战争时期了。商城书社从1925年7月创办至1927年秋停办,历时两年多,在大革命中后期的豫皖边区即使不是"一枝独秀",也是"风景这边独好"。

商城农校的革命书刊一部分是外地老师带过来的,而另一部分当来自商城书社。学校的师生读着革命书刊成长,将新文化新思想和马克思主义传播到偏僻的山村,唤醒广大农民投身革命。

商城党团特别支部是信阳成立较早的两个基层支部之一。笔架山农校党团支部看起来与商城党团特别支部并无隶属关系,但在发展党团员、建立党团组织的过程中,得到了商城党团组织创建人袁汉铭和共产党员詹谷堂的指导,其发展与商城党团特别支部的关心和指导分不开。

作用和影响

传播新文化新思想 商城书社和商城农校传播新文化新思想,宣传马克思主义,在知识分子尤其是在青年学生中影响巨大,作用深远,为开展革命打下了一定的思想基础。

---

[1] 董雷、刘心铭主编:《豫南革命史》,河南人民出版社1991年5月第1版,第13页。

[2] 安徽省文化厅革命文化史料征编室、安徽省六安行署文化局编印:《皖西苏区文化史》,第59页。

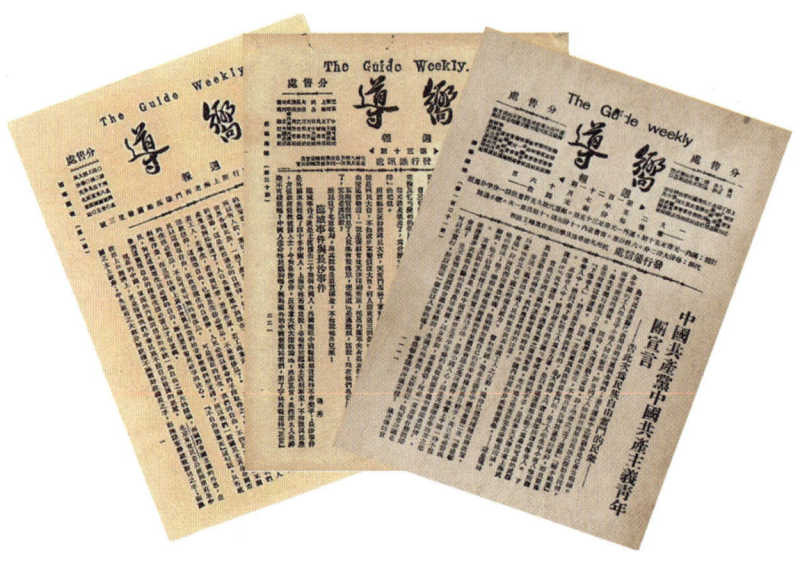

传入商城县甲种农校的革命书刊

商城书社创办后,"不仅县城内的学生和青年经常到书社购买新书刊,就连城郊及四乡学校的进步师生也纷纷涌进这家书社,选购自己所最喜爱的书籍。书社就像一块磁石,把城乡进步知识分子和青年紧紧团结在自己的周围"①。商城农校学生在"英数研究会"、"青年读书会"阅读革命书刊,接受新文化新思想和马克思主义的洗礼。广大青年和知识分子通过阅读革命书刊,启迪了心灵,明确了方向,鼓舞了热情,坚定了信念,逐步走上革命道路。

开展建党活动 商城书社和商城农校是商城建党阵地,通过这块阵地发展共产党员和青年团员,成立党团支部,为开展革命打下了一定的组织基础。

---

① 中共商城县委党史资料征编委员会编:《商城革命史》,河南人民出版社1988年9月第1版,第20页。

在商城书社开办期间,胡攻非、丁树勋等人先后加入中国共产党和中国共产主义青年团,胡攻非不久当上中共商城特别支部书记,丁树勋也成为四八学生运动商城县立初级中学学生自治会负责人。在笔架山学校"英数研究会"、"青年读书会"成立后,周维炯、漆德玮、杜连、蒋星甫、漆先科等20多人加入中国共产党。

商城书社还为党组织提供了较为安全的通信保障。"书社成立以前,省委向商城通信是寄到私人手中,不大方便。自书社成立后,省委向商城通信(原文"信"作"讯")直接用开封书店名义直寄商城书社,既安全又方便……"①商城书社实际上还担负起中共地下联络站的职责。

培养革命力量 商城农校是鄂豫皖边区革命后备干部成长的摇篮,培养了一批党员、领导和骨干,为开展革命打下了一定的干部基础。

——商城农校为鄂豫边区农民运动兴起输送了组织者和骨干。为适应革命形势迅猛发展的需要,1926年笔架山农校党团支部派出党员和学生回乡宣传,开展农民运动:"农校学生蔡兴芳、林正刚、李白全等在康区发动农民,成立了香炉石、周氏祠、墩子塘农民协会;李声武、陈秀峰、王静波等在和区成立了佛堂坳、牛食畈、小河农民协会;何慕习、陈兴朗、汪耀如等在平区成立了南司、观音山等农民协会。据1927年6月2日汉口《民国日报》报道,截至4月上旬,仅商城南乡就有农会会员1万余人,县农协

---

① 黄柏劲:《商城书社的成立和它在商城的作用与影响》,载中共信阳地委党史资料征编委员会编《丰碑》(一九八六年五月)第十二辑,第85页。

筹备处也在南乡斑竹园成立。商城南乡农民运动发展之盛,是与笔架山农校党组织的领导分不开的。"①

——商城农校为商城起义、中国工农红军第十一军第三十二师(简称"红三十二师")成立和鄂豫皖革命根据地创建,培养了组织者、领导者和骨干。周维炯、漆德玮、李梯云、漆禹原等,不仅是商城起义的组织者,也是红三十二师的领导人和缔造者。漆先科、汪涤源、陈慕尧、胡秉衡等,都为鄂豫皖革命根据地创建作出了贡献。

商城书社是大革命时期商城最早创办的革命书店。笔架山学校是近代商城第一所职业学校,也是大革命时期商城第一个革命后备干部摇篮。商城书社和商城农校在鄂豫皖边特别是豫东南颇有影响,是大革命时期商城革命宣传和教育阵地的双璧。

---

① 李宏茂:《笔架山农校史话》,载中国人民政治协商会议河南省商城县委员会编《商城文史资料》(一九九一年十月)第二辑,第18—19页。

红日报社、红日印刷厂和红日剧团

"三红"的成立及其地位和影响

成立背景和原因

1929年5月6日,商城起义爆发,成立了红三十二师。红三十二师是河南省第一支红军队伍,是鄂豫皖边第二支红军队伍。红三十二师成立后,广泛开展游击战争,出击四周民团和地方武装,粉碎"鄂豫会剿",东进皖西支援六霍起义。1929年12月25日,红三十二师攻克商城县城。12月27日,成立商城县苏维埃政府。商城县苏维埃政府是在县城成立的河南省第一个县级苏维埃政权,标志着商城革命斗争进入一个新的发展阶段。

革命形势迅猛发展,必然要求革命宣传与之相适应。

商城县苏维埃政府下设文化教育委员会,负责苏区文化教育工作,吴靖宇任主任。吴靖宇此前与董汉儒、袁汉铭等人创办商城书社,对报刊出版新闻宣传工作的作用和意义有深刻的认识。他担任文化教育委员会主任后,就将眼睛瞄向报刊和文艺宣传,而结果就是成立被后来合称为"三红"的红日报社、红日印刷厂和红日剧团。

"三红"犹如三兄弟,就这样携手登上革命历史舞台。

为什么是"三红"而不是别的什么?除了悠久深厚的商城歌

舞文化背景(详见本书《商城革命歌谣》第一部分)这个因素外，"三红"的成立还有两个现成的直接的条件：文明石印馆和王霁初。

文明石印馆无需多说，那是现成的印刷厂，势必进入文化教育委员会的视野。而王霁初的出现既偶然，也必然。偶然，是因为机缘巧合——王霁初因为出身地主被关而编写《打商城》，因为《打商城》而被红军和苏维埃"碰上"；必然，是因为商城从来不乏歌舞人才，没有王霁初，也会有周霁初、熊霁初、杨霁初。红日报社和红日印刷厂一起上红名单不必置疑，红日剧团可能要打个问号。王霁初即使不是点燃成立红日剧团灵感的那星火花，也是撬动红日剧团适时成立的那根杠杆。

"三红"的成立是革命使命、文化背景和现实条件综合的结果——革命使命决定为什么成立，文化背景和现实条件决定成立什么。

成立和发展经过

在商城县城成立 1930年1月，红日报社、红日印刷厂和红日剧团在商城县城成立，隶属于商城县苏维埃政府文化教育委员会。红日报社和红日印刷厂设在商城县蔡巷西口文明印石馆(今商城县北大街68号)，陈世鸿任报社总编辑，顾醒吾、吴月芳、钟启泰等人任报社编辑兼记者，文明印石馆老板周雁宾在红军进城之初就为红军印刷宣传品，倾向革命，任印刷厂厂长。红日剧团团址不详,王霁初任团长。同月,中共商城县委机关报《红日》《咆哮》创刊,共青团商城县委机关报《少年先锋》《赤色曙光》(从第十一期改名为《共产儿童》)问世。

红日报社暨红日印刷厂旧址(商城县北大街68号)
第一批商城县文物保护单位　商城县文物管理局提供

这里有必要讨论一下与"三红"有关的几个问题。

——红日社。《商城革命史》载:"商城苏区最有影响的文化宣传阵地是红日社,负责人是县苏维埃文化教育委员会主任吴靖宇。红日社成立于1930年春,下设红日报社、红日印刷厂和红日剧团三个单位。"①《商城革命史》的主要依据是吴冠宾《赤城红日社》(易以群整理)。《赤城红日社》载:"商城一解放,石印馆便立即归革命政府所有,成为传播革命舆论的工具。不久,中共赤城县委根据革命斗争的需要,决定以石印馆为基础,成立了赤城红日社,创办县委机关报,加强党的宣传工作。红日社的社长就是我爸爸吴靖宇。"②这段话其实说得再明白不过,事实上《赤城红

---

① 中共商城县委党史资料征编委员会编:《商城革命史》,河南人民出版社1988年9月第1版,第137页。

② 中共商城县委会编:《大别山烽火》,河南人民出版社1981年2月第1版,第446页。

日社》通篇讲的都是红日报社和红日印刷厂的活动,除在讲"红日社"调整、充实和分工时说到"红日社下设社长办公室、红日报社、红日印刷厂和红日剧团等机构"①外,只字未提红日剧团。不论从上面所引那段话来理解,还是从文章内容来解读,所谓"红日社"指的就是红日报社(包括红日印刷厂),是红日报社的省称或红日报社和红日印刷厂的合称。

——"三红"成立时间和红日剧团成立地点。"红日社成立于1930年春"(包括"红日剧团成立于1930年春"②)的说法有些含糊。1930年1月30日是春节,2月4日立春,2月至4月才是春季。按以上说法,"三红"成立在2月至4月,但实际上没有必要说得这样含糊。《鄂豫皖革命根据地史》载"中共商城县委于1930年1月出版《红日报》日报、《咆哮》旬刊"③,《皖西苏区文化史》亦载《红日》报"1930年1月创办"④,至少红日报社和红日印刷厂成立的时间是明确的。新编《商城县志》卷二《大事记》载"民国18年(1929)……县苏维埃政府成立'红日社',下辖《红日报》社、'红日印刷厂'和'红日剧团'"⑤,1929年12月27日商城县

---

① 中共商城县委会编:《大别山烽火》,河南人民出版社1981年2月第1版,第446页。

② 中共商城县委党史资料征编委员会编:《商城革命史》,河南人民出版社1988年9月第1版,第138页。

③ 中共河南省委党史研究室、中共安徽省委党史研究室编:《鄂豫皖革命根据地史》,安徽人民出版社1998年12月第1版,第468—469页。

④ 安徽省文化厅革命文化史料征编室、安徽省六安行署文化局编印:《皖西苏区文化史》,第80页。

⑤ 商城县志编纂委员会:《商城县志》,中州古籍出版社1991年3月第1版,第22页。

苏维埃政府才成立,红日剧团也不可能成立那么早。

那么,红日剧团是什么时候、在什么地方成立的呢?

《赤城红日社》载"一九三〇年正月十八"(公历2月16日)这天"红日社"转移商南固然不可靠(见后),但"正月十八"这个时间倒是透露了一个信息,即红日剧团早在此前就已经成立。首先,正月十八这个日子如此确定——别的时间不敢说,这天是元宵节过后第三天,有元宵节参照,当不会记错。其次,能记住这个日子,说明这天可能发生过什么。虽然不能说发生的事就是"红日社"包括红日剧团撤往商南山区,但也应该与"红日社"包括红日剧团有关;既然有关,那就说明"红日社"包括红日剧团早在2月16日前已经成立。《河南省志》载《红日》报"创刊于1930年2月16日"[1],当是受此影响。

华庄是较早认定《打商城》、《八月桂花遍地开》的作者是王霁初的人之一。其《〈八月桂花遍地开〉的作者王霁初》载:"一九二九年十二月二十五日,红三十二师夺取了商城……。王霁初却被红军'请'去关了起来。因为他家是地主,名单早就列好了。……王霁初根据四句头民歌的句式,五五七五的字数,一夜之间编了《取商城》的歌子,送交红军司令部。……打开商城以后,要建立县苏维埃,红军希望编支歌子在大会上演唱,可是没人会编。恰在这时,收到了王霁初的《取商城》,知道他有音乐知识和才能,一了解,他家已成破落户,就动员他参加了革命。随

---

[1] 河南省地方史志编纂委员会编纂:《河南省志》第五十四卷《新闻报刊志》,河南人民出版社1994年8月第1版,第19页。

即,王霁初便编了《八月桂花遍地开》这首歌曲。"①罗高松、桂诗新《党忠诚的革命文化战士——王霁初》所载跟上文基本相同,区别在于王霁初不是被关,而是因九弟被传讯,自动到红军司令部答复问题。抛开《八月桂花遍地开》是否在这时创作不谈,王霁初12月25日被关,因编写《取商城》(即《打商城》)而被放出来,后任红日剧团团长一事,大都无异议,王霁初的反对派(反对王霁初是《八月桂花遍地开》的作者)也认同。王霁初出来的时间未必如华庄所说在12月27日前,但也不会晚到哪儿去——不会晚于12月底。王霁初出来至除夕还有一个月的时间,这一个月在做什么?成立剧团,排演节目。《中共商城县历史大事记》载1930年"1月商城县红日剧团成立"②是对的。

《金寨革命史》载"1930年春,在六安六区金家寨成立了新剧团……;在汤家汇建有商城县红日剧团"③,《皖西苏区文化史》载红日剧团"1930年春,在商南汤家汇成立"④,都认为红日剧团在汤家汇成立。《河南省志》载:"1929年10月,中国红军第11军32师司令部、中共赤城(今商城)县委、赤城县苏维埃政府批准,由县苏维埃文化委员会筹建红日剧社,赤城县苏维埃迁至商南后正式成立,有演员20余人。"⑤抛开史实有误不说,同样认为

---

① 《星火燎原》(双月刊)1984年第1期,战士出版社出版,第86页。
② 中共商城县委党史资料征编委员会:《中共商城县历史大事记》(1919年5月—1992年10月),河南大学出版社1993年3月第1版,第38页。
③ 《金寨县革命史》编委会:《金寨县革命史》,安徽人民出版社1991年3月第1版,第160页。
④ 安徽省文化厅革命文化史料征编室、安徽省六安行署文化局编印:《皖西苏区文化史》,第76页。
⑤ 河南省地方史志编纂委员会编纂:《河南省志》第五十三卷《文化志》,河南人

红日剧团(《河南省志》将"红日剧社"、"红日剧团"混用)在商南成立。《金寨县志》载:"民国18年(1929)冬,在七邻湾成立金家寨剧团,初属少共六安六区区委,后直属中共皖西北特委,演员30多人。民国20年2月,县境汤家汇有红日新剧团,属商城县委领导,演员20余人。其后合并到金家寨剧团,民国21年剧团随红军西征。"①金家寨剧团是否在1929年冬成立(成立时间与《金寨县革命史》记载不符)暂且不说,红日剧团与金家寨剧团既不同省,也不同县,怎么可能合并?金家寨剧团"后直属中共皖西北特委",也不确切;红日剧团"其后合并到金家寨剧团,民国21年剧团随红军西征",基本史实有误。真实的历史如《皖西苏区文化史》所载,金家寨剧团"1930年4月,六安县六区召开苏维埃大会时成立","1931年秋,红日剧团和金家寨剧团合并,成立'皖西北特区苏维埃剧团'"②。以上诸说之所以认为红日剧团在汤家汇或商南成立,是因为认为红日剧团成立于"红日社"迁往商南以后,即所谓"正月十八"以后。

——《红日》报创刊时间和创刊地点。《豫南革命史》载"1930年初,套红石印的《红日报》正式发行"③,比较含糊。《鄂豫皖苏区革命文化史略》载"1930年初,……《红日社》、《红日报》、《红

民出版社1994年11月第1版,第249—250页。

① 金寨县地方志编纂委员会编:《金寨县志》,上海人民出版社1992年4月第1版,第622页。

② 安徽省文化厅革命文化史料征编室、安徽省六安行署文化局编印:《皖西苏区文化史》,第77页。

③ 董雷、刘心铭主编:《豫南革命史》,河南人民出版社1991年5月第1版,第176页。

日半月刊》、《红日漫画》、《红日画刊》、《咆哮》、《少年先锋》、《共产儿童》相继出版"①,同样比较含糊,而且"红日社"也不是报刊。《皖西苏区文化史》既承认《红日》报"1930年1月创办……社址开始在商城县城内蔡巷口文明石印馆老板周雁宾家",又说"1930(原文误作"1931")年2月在南溪出版,创刊号四开四版"②,显然自相矛盾。以上诸说依据仍是吴冠宾《赤城红日社》;刊载最早的商城县委党史办公室撰《赤城红日社》,也完全采纳了吴冠宾《赤城红日社》的说法。吴文载:"红日社刚刚成立,就遇上了国民党反动派对商城的疯狂反扑。一九三〇年正月十八这天,爸爸和工人们全部购买了城关几家文具店的纸张、油墨,拆开机器,挑的挑,抬的抬,转移到商南南溪吴家湾吴家祠堂。一到达目的地,爸爸便根据县委指示,对红日社进行调整、充实和分工",之后"红日社全体同志立即投入了战斗","第一期报纸问世了"③。李克邦部暂编第二旅攻占商城是1930年2月9日(农历正月十一),2月16日(农历正月十八)李克邦部因肖之楚部进攻潢川而从商城撤军回防,当天夜里红军开进县城,"红日社"怎么可能在这一天转移?"红日社"转移时间,要么在2月9日前,要么在3月16日前(见下),绝非在2月16日。2月16日与3月16日相差整一个月,就算《红日》报2月才创刊,那也是在商城县城而非在南溪。这

---

① 鄂豫皖苏区革命文化史料征集协作组编:《鄂豫皖苏区革命文化史略》(一九九六年十月),第62页。

② 以上安徽省文化厅革命文化史料征编室、安徽省六安行署文化局编印:《皖西苏区文化史》,第80—81页。

③ 以上吴冠宾:《赤城红日社》(易以群整理),载中共商城县委会编《大别山烽火》,河南人民出版社1981年2月第1版,第446页。

也是《鄂豫皖革命根据地史》摈弃"正月十八"说法的原因。

迁往商南山区 1930年3月16日,国民党军戴民权部进占商城,"三红"随商城县委、商城县苏维埃政府转移至商南山区,先在南溪吴氏祠,后迁至汤家汇禅堂庙。这以后,《红日》报分为《红日》五日刊、《红日》半月刊、《红日画报》三种。

红日印刷厂用过的字丁　商城县文物管理局提供

在"三红"迁往商南山区的同时,为解决印刷出版和办公用纸困难,商城县苏维埃政府在苏仙石西河创办了造纸厂。1931年6月,西河造纸厂被鄂豫皖省苏维埃政府接管。

1931年秋,红日剧团调往皖西北特区,不久商城重建红日剧团,吴月芳继任团长。为加强红日剧团业务力量,又调回原来随红日剧团一起调走的吴赤慎和岳赤荣两位演员。

迁回商城县城与再次迁往商南山区 1932年2月10日,商潢战役取得胜利,红军第三次攻克商城,商城县委、商城县苏维埃政府随后进驻县城,红日报社和红日印刷厂迁回原址,红日剧团也迁回县城。同年10月,第四次反"围剿"失败,红日报社和红日印刷厂再次迁往商南山区。

1933年春,红日报社和红日印刷厂解体,原石印版和木刻字丁沉入水塘,红日剧团也停止活动。

1951年3月,王树声大将率领中央人民政府南方老根据地慰问团来到商城,征集到打捞上来的部分木刻字丁和一些当年的报刊,后带回北京,移送中国革命军事博物馆陈展。红日报社、红日印刷厂和红日剧团从1930年1月创办至1933年春解体,历时三年,上演华彩的一幕后,淡出历史舞台。

地位和影响

红日报 商城《红日》报是豫东南和皖西北苏区创办最早的中共县委机关报,"也是河南苏区第一份报纸"[①]。

《红日》和《咆哮》创刊前,在豫东南和皖西北,只有1927年10月中共怀宁中心县委秘密出版的机关刊物《新生活》,次年3月中共怀宁县委改出《血光报》。《新生活》虽然名义上是中共怀宁县委机关刊物,却承担着指导潜山、太湖等地革命活动的任务,实际上超出了县级党刊的级次。在鄂东北,也只有1928年2月中共黄蕲罗特委出版的《黄冈通讯》,1928年11月中共鄂东特委出版的《血潮》(次月改名《英特纳雄耐尔》),1928年7月红

---

① 河南省地方史志编纂委员会编纂:《河南省志》第五十四卷《新闻报刊志》,河南人民出版社1994年8月第1版,第19页。

三十一师政治部出版的《红旗》杂志,1929年9月中共鄂东北特委出版的《鄂东北通讯》等几种。

《红日》和《咆哮》创刊后,在整个鄂豫皖苏区,1930年冬中共鄂豫皖临时特委才创办《列宁周报》(1931年5月改为中共鄂豫皖中央分局机关报《列宁报》),1931年2月中共鄂豫皖特委才创办《党内生活》,鄂豫皖特区苏维埃政府才创办《工农兵》(5月改名《苏维埃》三日刊);而在豫东南和皖西北苏区,1931年3月中共合肥中心县委才创办《合肥红旗》。从1931年5月起,中共皖西北特委机关报《火花》、《红旗》,皖西北特区苏维埃政府机关报《苏维埃周报》,中共霍邱县委机关报《雪花报》、《红光日报》,以及共青团鄂豫皖中央分局主办的《少年先锋》、《赤色儿童》,少共皖西北特委主办的《赤色先锋》,皖西北特区苏维埃政府妇女委员会主办的《卢森堡》,中共长淮特委军委主办的《士兵生活》等报刊才陆续创办。中共太和县委机关报《太和红旗周刊》,中共寿县中心县委机关报《皖西北布尔什维克》的创办则在1932年以后了。

《鄂豫皖革命根据地史》载:"据现有资料,到1931年底已有七个县及直属区编辑出版报纸或杂志。其中以黄安、商城两县种类最多。"① 这是就整个鄂豫皖苏区县和直属区一级说的,而在豫东南和皖西北苏区,无论创刊之早,还是刊物种类之多,《红日》和《咆哮》都名列前茅。

---

① 中共河南省委党史研究室、中共安徽省委党史研究室编:《鄂豫皖革命根据地史》,安徽人民出版社1998年12月第1版,第468页。

红日印刷厂 商城红日印刷厂是鄂豫皖苏区最早成立的红色印刷厂。《中共皖西北特委报告之四》载:"党特委、团特委共用一架油印机,特苏有时还来印东西,而且油墨已完,腊〔蜡〕纸不能多印(普通印二百份),各县委仅有一架油印机,有一些破不能用。商城虽有石印机三架,但材料已完,其他各级苏维埃、各区委均无印刷机。"[①]截至1931年6月,整个皖西北、豫东南苏区党政机关除商城外,只有油印机,有一些还"破不能用"。商城红日印刷厂成立一年零五个月后即1931年5月,皖西北苏区才在麻埠"建立大规模的石印公司"[②]。西河造纸厂是鄂豫皖苏区较早创办的造纸厂。西河造纸厂创办一年多后即1931年7月,鄂豫皖省苏维埃才指示皖西北特区"恢复并扩大铁厂、纸棚,改造其技术"[③],9月,又指示"特苏政府拟即调一部工人,到黄麻开厂自造"[④]西河造纸厂正是这之前被鄂豫皖省苏维埃政府接管的。商城红日印刷厂、西河造纸厂是诞生在鄂豫皖苏区印刷出版业的星空最早的双子星座。

[①] 《中共皖西北特委关于各部门工作情况给中央的报告·中共皖西北特委报告之四——宣传工作报告》(一九三一年六月),载《鄂豫皖革命根据地》编委会编《鄂豫皖革命根据地》第三册,河南人民出版社1990年9月第1版,第445—446页。

[②] 《方英关于红四军和皖西北苏维埃政权建设问题给中央的报告》(一九三一年七月一日),载《鄂豫皖革命根据地》编委会编《鄂豫皖革命根据地》第三册,河南人民出版社1990年9月第1版,第505页。

[③] 《鄂豫皖区第二次苏维埃代表大会文件·给皖西北特苏的指示信》(一九三一年七月一日—×日),载《鄂豫皖革命根据地》编委会编《鄂豫皖革命根据地》第二册,河南人民出版社1990年9月第1版,第447页。

[④] 《中共鄂豫皖中央分局通知第二十九号——关于收集废物废纸以供自造纸张》(一九三一年九月),载《鄂豫皖革命根据地》编委会编《鄂豫皖革命根据地》第一册,河南人民出版社1990年9月第1版,第376页。

红日剧团 商城红日剧团是鄂豫皖苏区成立最早、活动时间最长、影响最大的红色歌舞演艺剧团。商城红日剧团成立三个月后即1930年4月,六安县六区金家寨剧团才成立;一年多后即1931年5月,霍山县新剧团才组建;1931年秋,鄂豫皖省才成立鄂豫皖省苏维埃新剧团,皖西北特区才在商城红日剧团和六安金家寨剧团的基础上组建皖西北特区苏维埃剧团(简称"特区剧团")。特区剧团的团长和主要班底来自商城红日剧团,从这个意义上讲,特区剧团可以看作是"皖西北特区红日剧团"。我们说,豫东南和皖西北苏区有两个红日剧团——一个是豫东南商城红日剧团,一个是皖西北特区红日剧团。1932年2月特区剧团到商城与赤城(此时商城改名为赤城)红日剧团联合演出,便是两个红日剧团的空前盛会。商城红日剧团——一支最有活力和生命力的土地革命文艺轻骑兵,在鄂豫皖边区纵横驰骋,一路开花结果,基因播撒至皖西北乃至鄂豫皖省苏维埃新剧团,不能不说是一个革命传奇。

以"三红"为代表的革命文化宣传

新闻出版宣传

红日报社等办报宣传 红日报社编辑出版的是《红日》报,与《红日》报同时创办和并存的报刊,还有《咆哮》《少年先锋》、《赤色曙光》。

《红日》日刊,1930年1月创刊。创刊号四开四版,报头"红日"二字套红。一版刊载党的方针、政策和重要新闻;二版报道苏区军民战斗和生产劳动的英雄模范事迹,群众送亲人参加红军,支援前线活动等内容;三版揭露敌人骚扰苏区,残害军民等罪行;四版为文艺副刊,刊载小品文、诗歌、漫画、革命歌曲等。随着革命形势的发展,为适应读者的文化层次,《红日》报又分出《红日》五日刊、《红日》半月刊和《红日》画报(不定期),亦即《中共皖西北特委报告之四》说的"外群众性的有《红日》半月刊《红日》五日刊(单张)《红日》画报三种"[1],均为单张四开石印。"报纸由报社采访、撰写、排版,呈领导审查后交印刷厂印刷。"[2]

---

[1] 《中共皖西北特委关于各部门工作情况给中央的报告·中共皖西北特委报告之四——宣传工作报告》(一九三一年六月),载《鄂豫皖革命根据地》编委会编《鄂豫皖革命根据地》第三册,河南人民出版社1990年9月第1版,第445页。

[2] 吴冠宾:《赤城红日社》(易以群整理),载中共商城县委会编《大别山烽火》,河南人民出版社1981年2月第1版,第446页。

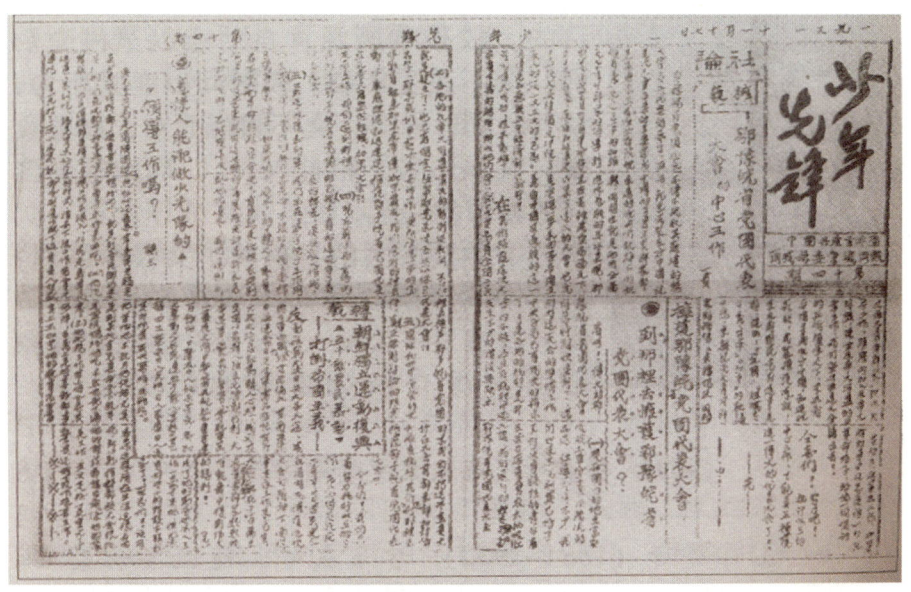

《少年先锋》第四十期（一九三一年十一月十七日）　共青团商城县委机关报
商城县文物管理局提供

《咆哮》旬刊，中共商城县委机关报，单张两版，油印。

《少年先锋》，共青团商城县委机关报，单张八开二版，油印。第四十期（一九三一年十一月十七日）一版刊载"社论"、时事报道，另一版刊载撰写和转载的文章。文章跨版，版面划分不是很严格。

《共产儿童》周刊，少共商城县委儿童局出版，原名《赤色曙光》，从第十一期更名（第十一期《本报启事》）。前十期版面不详；第十一期单张八开整版，油印，刊载的文章有《怎样来纪念十月革命》、《同志的！我这样迷信吧？》、《重男轻女》、《太死气了》和《本报启事》。文章大都短小，内容结合儿童特点，宣讲革命道理，反对封建迷信、重男轻女，维护苏维埃法令，鼓励歌唱革命歌曲。《太死气了》讲："革命的小朋友们，你们的各种工作都比较不错，一切

51

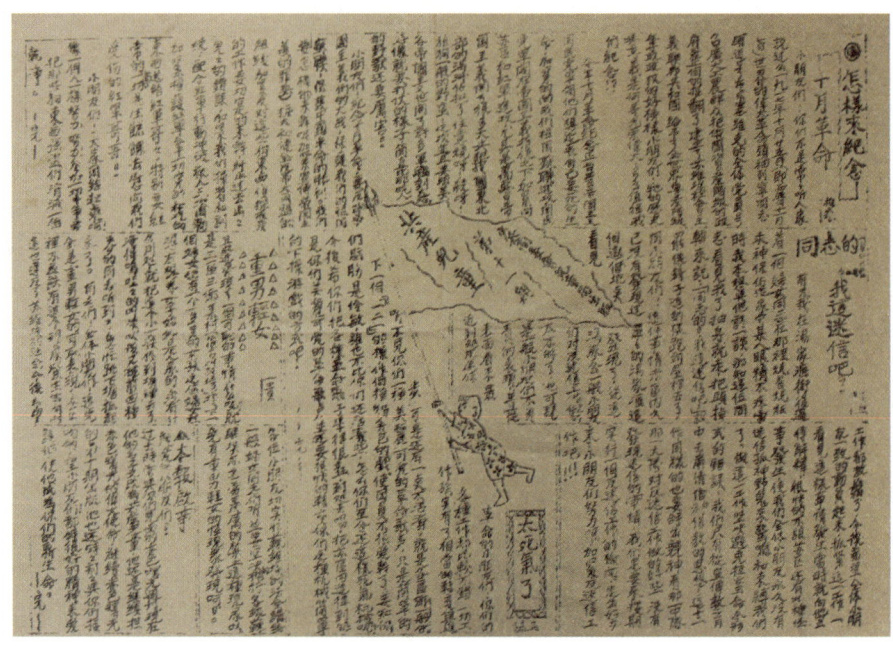

《共产儿童》第十一期 少共商城县委儿童局出版 商城县文物管理局提供

工作确实有了相当的转变与进步,可是还有一点不活泼,就是各区乡一般的听不见你们一种美丽可爱的革命歌声,只是简单的下个'一二一'的操,作个摸猫丢包的戏,使团员不很爱干了。要知你们脑筋是灵(原"灵"作"伶")敏,谁不比你们还活泼些,怎么你们至今还这样死气机械呢?今后希你们把各种革命歌子学得很熟,到处去唱,把苏区内造得到处是你们美丽可爱的革命歌声,并还要很快的转变你们这种机械简单的下操游戏的方式吧!"

1931年春,商城县苏维埃政府创建赤色邮政,县建立赤色邮政局,各区建立支局,报刊开始在苏区订阅发行。1931年5月,《中共皖西北特委组织工作决议案》说:"商城的《红日》《咆哮》两刊物及十二师师团各种报纸,已经有了普及,销路逐渐增加,内容逐渐改善。"①《红日》《咆哮》虽说"文字较深,错误颇多"②,但那在当时也是难免的,并没有怎么影响到销量和阅读面。

红日印刷厂及西河造纸厂的活动 红日印刷厂只有20多名

赤城邮政分局邮戳 商城县文物管理局提供

工人和3台石印机,而印刷量却非常大,除要印刷定期出版的报刊外,还要印刷党政机关和红军的文件、宣传品和列宁小学课本。石印工序既多且慢,四人一台机子,昼夜换班,闲人不闲机子,也难满足印刷需要。后来老工人在民间访得一些印家谱的木刻字丁,缺字由工人现刻,增设了活字拼版印刷。活字拼版印刷比起石印来既快且好,不仅提高了工作效率,而且降低了劳动强度,是一大进步。

---

① 《鄂豫皖革命根据地》编委会编:《鄂豫皖革命根据地》第三册,河南人民出版社1990年9月第1版,第408页。

② 《中共皖西北特委关于各部门工作情况给中央的报告·中共皖西北特委报告之四——宣传工作报告》(一九三一年六月),载《鄂豫皖革命根据地》编委会编《鄂豫皖革命根据地》第三册,河南人民出版社1990年9月第1版,第445页。

当时国民党对苏区"军事进攻与经济封锁双管齐下"①，再加上"奸商的抬价"②，"纸张困难，价既奇高（光连每刀二元八角），而且买不着"，"商城虽有石印机三架，但材料已完"③，编辑们写稿，甚至县委、苏维埃政府起草文件都用废纸，省下的纸交给红日报社和红日印刷厂，想尽一切办法保证报刊的印刷。为到白区买纸，甚至付出生命的代价。

  为解决苏区用纸问题，1930年春，商城县苏维埃政府派共产党员李干、彭松庭等四人到苏仙石西河湾利用民间造纸作坊建造纸厂。西河湾是一个依山傍水的小山村，十来户村民祖祖辈辈半农耕半捞纸为生。李干、彭松庭等人走家串户，集中两架纸棚和其他捞纸工具，借用民房12间，就近挑选工人近60人（其中女工20多人），办起商城县苏维埃造纸厂——习称西河造纸厂。1931年6月鄂豫皖省接管造纸厂后，造纸厂更名"鄂豫皖省造纸厂"，直属鄂豫皖省苏维埃政府领导。

  造纸厂一开始沿袭老方法，就地取材，以稻草为主要原料，掺兑少量竹子，生产出来的纸张暗黄粗糙。捞纸师傅建议，在草纸浆里兑些废纸，再加适量的山碱漂白，纸张就会变细变白。但造

---

  ① 《鄂豫皖区第二次苏维埃代表大会文件·给皖西北特苏的指示信》（一九三一年七月一日—×日），载《鄂豫皖革命根据地》编委会编《鄂豫皖革命根据地》第二册，河南人民出版社1990年9月第1版，第446页。

  ② 《中共鄂豫皖中央分局通知第二十九号——关于收集废物废纸以供自造纸张》（一九三一年九月），载《鄂豫皖革命根据地》编委会编《鄂豫皖革命根据地》第一册，河南人民出版社1990年9月第1版，第376页。

  ③ 以上《中共皖西北特委关于各部门工作情况给中央的报告·中共皖西北特委报告之四——宣传工作报告》（一九三一年六月），载《鄂豫皖革命根据地》编委会编《鄂豫皖革命根据地》第三册，河南人民出版社1990年9月第1版，第446页。

纸原料也成问题,1931年9月,中共鄂豫皖中央分局专为此下发了《关于收集废物废纸以供自造纸张》的第29号通知:"各县党须即动员苏维埃收集废物、废纸、报纸以及各机关不要或已经用过的信封、残纸,统交由各县县苏保存,再由特苏将来提用。"①鄂豫皖区苏维埃政府从各地调运来旧书废纸,解决原

图 鄂豫皖省西河造纸厂旧址 柯大全摄

料问题。造纸厂每天能生产出4.2尺长、1.8尺宽的抬帘毛边纸32刀(每刀100张)。工人又摸索将毛边纸染红、绿颜料,烘干便成彩纸,可以写标语,装饰会场。生产的纸张直接运往鄂豫皖首脑机关驻地新集(今属河南新县),省委再统一分配给红军和苏维埃机关。1932年9月14日,国民党军七十五师宋天才部进占商城,造纸厂停办。西河造纸厂历时两年多,生产毛边纸两万多刀,支援了鄂豫皖苏区革命。

1931年6月鄂豫皖省接管造纸厂前,红日印刷厂应该能用

---

① 《中共鄂豫皖中央分局通知第二十九号——关于收集废物废纸以供自造纸张》(一九三一年九月),载《鄂豫皖革命根据地》编委会编《鄂豫皖革命根据地》第一册,河南人民出版社1990年9月第1版,第376页。

到生产的纸张,接管后分配权归鄂豫皖省,能否用到、用多少,不得而知。

文艺宣传

红日剧团的演出 红日剧团从演员、服装、道具到节目的编创、排练、演出,都体现了较强的专业性,是准专业歌舞演艺剧团。红日剧团为革命宣传而创建,充分发挥了土地革命文艺轻骑兵的作用。

——演员与道具。红日剧团创建时有演员20余人,多是年轻人,以女性为主,大的十八九岁,小的只有十四五岁。廖赤见参加红日剧团时只有15岁,吴赤慎参加红日剧团时也才16岁左右。演员们名字中间都有一个"赤"字,据说是王霁初给改的,以示赤胆忠心,当一个红色演员。廖赤见、吴赤慎、曾赤萍、桂赤建、岳赤荣、张赤原、廖赤月,这些演员的名字后来一直沿用。

廖赤见(1915—1936),原名肇见,商城乐区汤家汇人。1930年春参加红日剧团,改名赤见,也作赤健。同年底参加红军。1932年春加入中国共产主义青年团,1933年5月加入中国共产党。历任红一军政治部宣传队队长、红四方面军政治部妇女宣传队队长、少共川陕省委青妇部副部长、少共省委常委、川陕省苏维埃政府工农剧团第一团政治指导员、红四方面军政治部前进剧团政治指导员兼党支部书记。参加二万五千里长征。1936年11月25日,廖赤见随前进剧团在甘肃永昌二十里铺遭遇马步芳骑兵营包围,在战斗中牺牲。吴赤慎(1916—？),原名淑慎,吴靖宇的妹妹,商城城关人。1930年春参加红日剧团,改名赤慎。《大别山烽火》载有其回忆文章《红日剧团》。

红日剧团的道具、服装,一部分是王霁初带来的,一部分是后来添做的。"乐器有一架手风琴、一套锣鼓、一根喇叭、两只洋鼓、三把洋号、两把二胡和几支箫管竹笛等等。"[①]道具有大幕。剧团里的杨白茹50多岁,专门搞布景设计和制作道具。

——节目。红日剧团的节目来源主要有两类,一类是流行的革命歌曲,一类是剧团包括王霁初编创的歌、舞、剧。我们不能确定哪些节目是红日剧团或王霁初编创的,但是我们相信"红军的战斗,苏区人民生活中一朵斗争的浪花,都能信手拈来,变为宣传演唱的材料"[②]。《红军打商城》、《八月桂花遍地开》、《穷人调》、《兵变歌》、《反动派吵嘴》、《十杯酒》、《十二月宣传歌》、《送郎当红军》、《空树枝》、《乌鸦》、《杜鹃》等,都是红日剧团经常演出的节目。《唱响〈八月桂花遍地开〉的红军女歌手》说:"这支歌曲,开始只是由廖赤见一人独唱,后发展为由她领唱的女声小合唱,最后形成了边歌边舞的表演节目。"[③]开始只由廖赤见一人独唱未必是,但由独唱、合唱发展到歌舞的演艺形式大致不错。《八月桂花遍地开》得以迅速传唱和传播,红日剧团功不可没。红日剧团以

---

① 吴淑慎:《红日剧团》(易以群整理),载中共商城县委会编《大别山烽火》,河南人民出版社1981年2月第1版,第457页。

② 中共商城县委党史资料征编委员会编:《商城革命史》,河南人民出版社1988年9月第1版,第138页。

③ 《党史博览》2012年第5期,第25页。

歌舞《送郎当红军》 2009年开源弄潮唱大风——信阳市迎新年文艺晚会 李波摄

排演歌舞节目和歌舞剧为主,有时也排演戏剧。排演戏剧人手不够,就从红日报社抽调,演员演出后再回报社。

　　王霁初是视艺术为生命、对艺术严格要求的人。排练节目非常认真、严格、勤苦,哪怕是一个微小动作,只要稍不准确,王霁初都要手把手不厌其烦地纠正。开始演员们不习惯,一个个都练得臂红腿肿,浑身酸疼。王霁初语重心长地教育演员们说:"别以为我们演戏,蹦蹦跳跳,唱唱闹闹,觉得怪好玩的。党办剧团,叫我们来,是要叫我们成为不拿枪的红军部队。一个战士若是枪法不准,功夫不硬,他在战场上就不能够多杀敌人。我们练功也和战士练瞄准、刺杀一样,如果基本功不练好,就完不成党交给我们的演出任务。"① 演员们感到身上职责光荣,拿出战士练瞄准、刺杀的

---

① 吴淑慎:《红日剧团》(易以群整理),载中共商城县委会编《大别山烽火》,河

劲头,苦练本领。

——演出。红日剧团演出实际肩负配合革命中心工作进行宣传的任务,红军打了胜仗,区、乡成立苏维埃政府,欢送子弟兵,搞土地分配,欢迎白军士兵起义投诚等,都去演出慰问,不仅苏区要去演出,刚打开的白区更要去演出。跋山涉水,风餐露宿,甚至冒着枪林弹雨,足迹几乎遍布鄂豫皖边区。红日剧团走到哪里,就把革命歌曲唱到哪里。剧团不搞特殊化,群众吃什么,演员就吃什么,不给当地增加负担,群众欢迎红日剧团,称红日剧团是"咱们的剧团"①。1931年6月,《中共皖西北特委报告之四——宣传工作报告》称赞说:"商城红日新剧团,有经常的组织和按期的演习,成绩尚好。"②

1931年,红军攻克梅山附近的漆寺万家沟,要在那里建立苏维埃政权,上级安排红日剧团去进行宣传。剧团挑选《穷人调》、《八月桂花遍地开》等几个有针对性的节目演出。一阵急骤的开场乐器声戛然而止,会场上顿时鸦雀无声。一个满脸皱纹、头戴破布巾、身穿烂衣服的贫苦老农妇流着泪水,拧着鼻涕刚刚演唱了两段《穷人调》,"台下的观众就被辛酸的词曲、逼真的表演深深感动了。老爷爷们有的连连点头,有的捋须叹息;老奶奶们有

南人民出版社1981年2月第1版,第455页。

① 吴淑慎:《红日剧团》(易以群整理),载中共商城县委会编《大别山烽火》,河南人民出版社1981年2月第1版,第458页。

② 《中共皖西北特委关于各部门工作情况给中央的报告·中共皖西北特委报告之四——宣传工作报告》(一九三一年六月),载《鄂豫皖革命根据地》编委会编《鄂豫皖革命根据地》第三册,河南人民出版社1990年9月第1版,第442—443页。

的低头抽泣,有的抹着眼泪"①。

1932年2月,红军第三次攻克商城县城,王霁初带领皖西北特区苏维埃剧团来到商城慰问,在县政府大操场、城隍庙、南河湾搭了几个大戏台,与赤城红日剧团联合演出数日。那阵子,几个大戏场整天挤满了观看的人群,街道巷口人流源源不断,一时盛况空前,"城区革命歌声响不绝耳,更增添了人民翻身当家作主的欢乐气氛"②。

宣传队的演出 宣传队是精干的群众性文艺团体,每队多则十几人,少则三五人,多是党员担任队长。商城区、乡、村普遍组建了宣传队,红军也有宣传队。宣传队早期只在纪念重大节日、召开群众大会时临时组织,过后就解散,1931年10月以后才逐渐成为常设宣传组织。宣传队以发表演说、教唱革命歌曲和演出节目为主要形式,宣传党的方针政策和红军战士、赤卫队员的英勇事迹,讴歌苏区的新气象,揭露国民党的腐败统治。锣鼓一响,载歌载舞,这种生动活泼、联系实际、寓教于乐的宣传形式,深得工农群众的普遍欢迎。夏立之回忆她当时所在的"宣传队一共十来个人,张大姐是队长,任务就是搞文艺宣传和政治鼓动。如果乡里开大会,我们就拿出一些文艺节目。平常日子,分成小组到各村去搞宣传"③。后来区苏维埃决定组织"模范宣传队",将

---

① 吴淑慎:《红日剧团》(易以群整理),载中共商城县委会编《大别山烽火》,河南人民出版社1981年2月第1版,第458页。

② 罗高松、桂诗新:《党忠诚的文化战士——王霁初》,载河南省商城县民政局、中共商城县委党史资料征编委员会编《商城英烈》(一九八六年八月),第229页。

③ 夏立之:《模范宣传队》(胡伟、周百义整理),载中共商城县委会编《大别山烽火》,河南人民出版社1981年2月第1版,第435页。

政治宣传向亲区(长竹园、达权店一带)推进,夏立之参加了这个模范宣传队。

宣传队有时还冒着生命危险到白区两军阵前宣传。夏立之回忆她去周大垯宣传的危险经历。早上她突然患疟疾,模范宣传队把她留下来先出发了。晌午烧退,趁区上的人没注意,她就从后门溜出来,朝周大垯跑去。走进夹沟里,有三个砍柴模样的人尾随而来,夏立之心知他们是坏人,于是急中生智,对着山头高喊:"刘排长——,连长叫慢些走,别拖得太远了!"这才吓走那三个人。中午饭刚煮熟,遭到民团的袭击,幸亏站岗的同志鸣枪报警,她们才得以逃脱,而那位站岗的同志牺牲了。晚上回到宿营地开会讨论,决定改变宣传方法,不能再开会搞笼统的演讲,应分散到各家各户,摸清群众思想状况,再做细致的宣传工作。区里派来了两个武装班加强保卫。第二天吃罢早饭,又来到周大垯。张队长派一个班在后山顶上警戒,另一个班在村内巡逻。夏立之走到半路上,突然从草垛后面走出一个二十多岁的妇女神色紧张、语言急促地对她说:"同志,那家去不得呀!"夏立之愣了一下,还是向那家走去。开门的是一个恶声恶气的老太婆。原来屋里藏着两个大汉,他们是团防局头子顾敬之的人。一个把夏立之双手反绑住,另一个拉开方桌后面通向后山的小门,正准备把夏立之带走,这时武装班的王班长和张队长赶到,才救下夏立之。晚上,从那个二十多岁的妇女叫张晓春的口中得知,那两个大汉叫黄大、黄二,连本村人都坑害,昨天民团就是他俩勾引来的。①

---

① 以上据夏立之《模范宣传队》(胡伟、周百义整理),载中共商城县委会编《大

此外,俱乐部(亦称列宁室)备有报刊、图画和娱乐器材,也是群众文化娱乐、宣传学习和集会的重要场所。

商城苏区革命文化宣传工作丰富了军民的文化精神生活,对于唤醒民众觉悟、鼓舞士气、瓦解敌人、推动革命发展,起到不可替代的作用。

别山烽火》,河南人民出版社1981年2月第1版,第437—443页。

商城革命歌谣

商城革命歌谣的产生和发展概况

产生背景

文化背景　"河南民歌看信阳,信阳民歌看商城",商城自古就是歌舞之乡。文化部命名商城为"中国民间文化艺术之乡"[①],代表性项目就是民歌。现已经收集整理出来的商城歌谣[②]多达1000首,种类比较齐全,有号子、山歌、田歌、小调、灯歌、经调、叙事歌等。小调是商城民歌的第一大类,约占商城民歌总量的1/3。商城民间舞种有40多个,现在民间流行的还有龙灯舞、狮子舞、杈伞舞(又叫火绫子)、花伞舞、花挑舞、红灯舞、放蝴蝶、赶春牛、划旱船、抬花轿等10多种。截至2020年,商城共有46个非物质文化遗产代表性项目被列入省、市非物质文化遗产名录,其中19个是歌舞戏曲类,占总数的41.3%,几乎占一半;而7个省级非物质文化遗产代表性项目中,6个是歌舞戏曲类——商城民歌、火绫子(商城杈伞舞)、花伞舞、放蝶舞、丝弦锣鼓、商城花篮戏,占总数的85.7%,差不多是清一色的歌舞类。民间歌舞和大鼓书、皮

---

① 2011年11月文化部首次命名,2014年12月、2019年1月连续命名。
② 本书通称时使用"歌谣",专称时使用"民歌"。

花伞舞 1958年演出 杨琼提供

影戏、花篮戏在商城一直盛行,至今仍是农村节庆和做红白事的偏爱选项。

  民间文艺不被旧史志家青睐,但从县志的只言片语和古人的诗文中仍能发现一些信息。明嘉靖《商城县志》载:"元宵,作灯市,自十三日起至十六日止,街市之民各结棚张灯,放花游街,鼓乐达旦。"① 这里提到"鼓乐",既然"鼓乐"通宵达旦,总不

---

  ① 嘉靖《商城县志》卷之六《典礼志·节序》,中州古籍出版社1999年9月第1版(影印),第166页。

能单是"鼓乐",总有一些民间表演吧?清乾隆《光州志》就说得明确:"上元,张灯演杂剧,自十四日至十六日,凡三昼夜。"①时商城属光州,民间演出盛况于此可见一斑。清康熙时商城知县、康熙《商城县志》纂修许传学所作《重建商城县署记》载县衙大堂落成时的欢庆场景:"斯时也,有歌诗以颂者,有舞抃以庆

十字街口走龙灯(1948年) 张长立画

① 乾隆(三十五年修)《光州志》卷三十《风俗志》。

者,山农野叟莫不扶杖而至,乐观其有成。"①这里提到"舞抃以庆",意思是说,人们拍手而舞,以相庆贺。清康熙时商城人周召臣(1662—1732年)《城东车水歌声》说"农灌畦田趁晚风,挽流歌发彻城东"②,车水歌的产生和流行应该远在那个时代之前!

晚清商城人黄铭先(1807—1871年)、黄殿申(1830—1861年)父子各写了24首咏家乡风物的《商城竹枝词》,其中多处写到歌舞和戏曲曲艺。黄铭先竹枝词说"田鼓声声人影密,分秧齐让大庄家"③,插秧田鼓应该是流行于插秧季节的一种民间器乐,至今商城还有"开秧门"敲锣打鼓、载歌载舞的习俗。黄殿申竹枝词所说"竞渡龙舟彩纸糊,行来陆地倩人扶"④的"陆地行舟",实际上就是民间舞蹈旱龙船或划旱船,这种民间舞蹈一直延续至今。黄殿申竹枝词说"记取青松棚子下,有人坐听瞽儿词"⑤,瞽儿词大概就是鼓书或弹唱之词,属曲艺一类,应该早在他那个时代以前就在商城盛行开了。黄铭先竹枝词说"半夜樵歌出白云,深山落叶已纷纷"⑥,黄殿申竹枝词说"南山霜落醉枫林,一曲樵

---

① 康熙《商城县志》卷之八《艺文志下·碑记》,中州古籍出版社1999年9月第1版(影印),第650页。

② 杨允琪、杨琼编著:《诗画商城·历代吟咏》,长江文艺出版社2015年11月第1版,第205页。

③ 杨允琪、杨琼编著:《诗画商城·历代吟咏》,长江文艺出版社2015年11月第1版,第195页。

④ 杨允琪、杨琼编著:《诗画商城·历代吟咏》,长江文艺出版社2015年11月第1版,第199页。

⑤ 杨允琪、杨琼编著:《诗画商城·历代吟咏》,长江文艺出版社2015年11月第1版,第216页。

⑥ 杨允琪、杨琼编著:《诗画商城·历代吟咏》,长江文艺出版社2015年11月第1版,第196页。

歌出古岑"①,樵歌为樵夫所唱之歌,属山歌一类。黄殿申竹枝词说到"中秋皓月照天涯,箫鼓沿街尽夜哗"②,跟上元夜"鼓乐达旦"情形极似。那时民歌流行之盛,山农樵夫平时劳作都唱——车水唱,插秧唱,砍柴唱,更不必说节令庙会一类民俗活动了,那该是多么丰富多彩!

考察歌舞传承、流变史,更能看出商城歌舞渊源的久远。商城权伞中的"老杆儿"与宋宫廷队舞中的"竹竿子"极为相似,都是起着领舞、念白、指挥舞队的作用;尤其是"竹竿子"念韵白,舞队回答,这种一念众和的演唱形式,商城权伞几乎与之没有区别。宋宫廷队舞中有叫"花心"的独舞演员,商城权伞等民间舞蹈中也有叫"灯心子"亦称"小花"的女角,所起的作用大致一样。商城权伞表演形式与宋宫廷队舞有相似之处显而易见,或从宋宫廷队舞演变而来,也未可知。

《诗画商城·瑰丽歌舞》一书辟专章《只在此山中:歌舞探因》对商城歌舞的特色及成因进行了探讨和分析,概括为"文化的主体性、地域的独特性、形式的多样性、风格的多元性、内容的原创性、传承的持续性"③六个方面。简单说,文化的主体性就是商城历史上曾属"吴头楚尾",商城歌舞以吴楚文化风格为主,中原文化风格为辅。地域的独特性就是商城兼具豫南山区特点和南国水乡情调,表现在歌舞上亦兼具山区的清新刚健和水乡的温婉灵

---

①② 杨允琪、杨琼编著:《诗画商城·历代吟咏》,长江文艺出版社 2015 年 11 月第 1 版,第 199 页。

③ 杨允琪著:《诗画商城·瑰丽歌舞》,长江文艺出版社 2015 年 11 月第 1 版,第 22 页。

动。形式的多样性就是商城特别是南部山区分散的聚落导致小片、分散的生产生活方式,表现在歌舞上就是小型多样、活泼别致的歌舞形式。风格的多元性就是商城历史上人口迁徙频仍,促使商城成为南北经济文化的交汇地和连接点,催生了经济、文化在商城的大交融、大繁荣,促使商城歌舞从形式到内容都具有多元性。内容的原创性就是商城的歌舞具有原创因素。传承的持续性就是商城歌舞传承从未间断。要保持传承的持续性,一是必须要有自己独特的文化资源,二是必须要有一批代表性艺人,三是必须要有深厚的社会基础(或文化氛围),四是必须要有执政者一贯的倡导和重视,而这些商城都具备。

正如人类繁衍,基因决定生出什么样的孩子。文化背景是文化生产中的那个"基因"。没有商城歌舞文化的沃土,断不会产生数以千计的商城歌谣,更不会出现商城革命歌谣的繁盛景象。

时代背景　五四运动后,特别是1921年中国共产党成立后,新文化新思想和马克思主义迅速在商城传播,给商城这块古老沉寂的土地注入蓬勃生机。无论是青年学生、知识分子,还是工农大众,都会自觉和不自觉地接受新文化新思想和大革命风暴的洗礼。

1929年商城起义爆发。随着革命的深入推进,苏维埃政权在县、乡、村陆续建立。苏维埃政权的建立彻底摧毁了旧政府的统治根基,工农大众翻身做了主人,这是一个翻天覆地的变化,是一场旷古未有的革命性的变化。在土地革命战争时期,商城工农大众衷心拥护苏维埃政权,拥护共产党,拥护红军,憎恨旧社会的腐朽、黑暗，他们积极参加革命，创立、建设和捍卫苏维埃政权，那种火热的革命激情、热情、豪情和坚定的革命理想、信念、信仰需要充分表达，而最为人们所喜闻乐见的表达方式之一，就是歌唱。商城军民经受血与火的考验，坚持敌后游击战争，誓死捍卫革命果实，赢得"红旗不倒"赞誉，这种革命理想高于天的豪情、艰苦卓绝的战斗生活和前仆后继、一往无前的革命乐观主义精神，同样需要表达，而最简捷适宜的表达方式，也是歌唱。因此，这一时期大量的革命歌谣就如泉喷涌，应运而生。从搜集整理的革命歌谣来看，大都产生在这一时期，有少量歌谣即使是后来产生的，歌唱的内容也是这一时期的。

抗日救亡宣传运动是全民族的宣传运动，商城人民同全国人民一样，投入到这场伟大的宣传运动之中。这一时期最普遍最富于感染力的宣传形式，就是演唱抗日歌曲和演出抗日戏剧。这一时期的歌舞戏剧演出的密集度不比土地革命战争时期小，参演团体的数量之多、层次之高、来去之快，是土地革命战争时期不能比拟的。正因为演出团体来自各地，所以这一时期歌曲也好，戏剧也罢，大都是各演出团体带来的即全国流行的，商城自己原创的反而极少。

解放战争时期，商城是刘邓大军的立足地和前方指挥所驻地，是鄂豫首府所在地。刘邓大军在商城组织了河凤桥战斗和钟铺战斗，恢复重建解放区，最后解放商城全境。这一时期的革命歌谣主要是歌颂刘邓大军和支援解放军南下。

发展概况

一般说来,每种文化都有其产生、发展、繁荣、衰落的过程,但是商城革命歌谣似乎发育特别快,跳过萌芽期,一下子就进入了繁盛期。当然,我们知道事实上这是不可能的。出现这种现象的主要原因:一是某一时期产生的革命歌谣本来就多;二是一部分革命歌谣很难分辨出是哪个时期产生的,即便划入某一时期的革命歌谣,也未必就产生在那一时期,有可能是后来产生的,因为反映的内容属于那一时期就归入了。这是资料整理和研究不够导致的问题,暂时还没有时间和精力来解决,我们只能依据现有资料来勾画轮廓。

从现有资料看,商城革命歌谣的产生及发展各个时期并不平衡,绝大部分歌谣产生在大革命至土地革命战争时期,尤以土地革命战争商城苏区创建至鼎盛期间最多,抗日战争和解放战争时期较少。我们重点介绍土地革命战争时期商城革命歌谣的概况,但为让读者窥见商城革命歌谣全貌,对抗日战争和解放战争时期的商城革命歌谣也略作介绍。

大革命至土地革命战争时期的革命歌谣　　大革命时期应该是商城革命歌谣的萌芽期,不可能没有革命歌谣产生,但我们很难把它们区分出来。从反映的内容看,《快跟董必武闹翻身》应该是这一时期的革命歌谣。

土地革命战争时期以1932年10月第四次反"围剿"为界,可以分为两个阶段。前一阶段相当于商城苏区从创立、发展到全盛的时期,《八月桂花遍地开》《红军打商城》《十二月宣传歌》、《送郎当红军》《穷人调》《鄂豫皖边区暴动歌》等革命歌谣汇集成流,演绎着商城最为辉煌的红色乐章,是商城革命歌谣的繁盛期、黄金期。后一阶段相当于商城军民坚持两年敌后斗争至金刚台三年游击战争时期,产生了《金刚台斗争永不忘》《誓死守卫金刚台》等不多的革命歌谣,题材是歌唱红军在极度严峻的政治、军事、经济环境和极端恶劣的生存环境下,坚持游击战争的革命豪迈气概和革命乐观主义精神,是商城革命歌谣繁盛期的余响。

商城革命歌谣繁盛期的重要标志是革命歌谣数量众多,题材广泛,内容丰富,有经典作品和代表作品,有专门演出团体。

标志一——革命歌谣数量众多。下编《商城革命歌谣辑录》收录商城革命歌谣224首(不含附诗),其中大革命至土地革命战争时期197首,占总数的87.9%。当然,这个《辑录》不能算完备,删去了重复的、有问题的和编者存疑的革命歌谣,但绝大部分革命歌谣都收录进来了。

标志二——革命歌谣题材广泛,内容丰富。我们不好作精确统计,只能大致分类介绍。(一)揭露社会不公,控诉剥削压迫。《穷人调》《长工歌》《卖柴禾》《最苦要数挖煤哥》《讨饭人歌》《寡妇歌》《放牛娃歌》《财主和长工》《民谣》等歌谣都是这一类。反映面极广,有农民、长工、樵夫、矿工、商贩、乞丐、寡妇、放牛娃等贫困群体。(二)歌颂共产党和红军。《共产党一来天就亮》《劝郎当红军五更》《十二月送郎当红军》《嫂嫂为啥恁高兴》等歌谣都是这一类。(三)记录重要革命事件。《商城起义歌》《红军打商城》《八月桂花遍地开》《反"围剿"歌》《挖煤工人当了家》、《夜半火烧熊家寨》等歌谣都是这一类。(四)宣传革命,瓦解敌人。《十二月宣传歌》《庆祝胜利十杯酒》《工农兵学商歌》《工农兵和妇女解放歌》《革命歌》《反动派与白匪士兵吵嘴》《瓦解敌军歌》等一批歌谣都是这一类。(五)反映苏区创立和各项建设。《同庆赤城苏维埃》《苏区处处见太阳》《快到苏区来》《红军纪律歌》《少年先锋队队歌》《童子团团歌》《工人俱乐部之歌》《列宁学校歌》等歌谣都是这一类。

标志三——革命歌谣产生了经典作品和一批广为传唱的作品。《八月桂花遍地开》是革命经典歌曲,是土地革命时期的音乐形象。《穷人调》《红军打商城》《十二月宣传歌》《劝郎当红军五更》《放牛孩儿多伤心》等一大批革命歌谣广为传唱,影响至今。

标志四——革命歌谣有专门演出剧团。红日剧团是商城苏维埃政府文化委员会的下设单位,活动时间主要在 1930 年至 1932 年。红日剧团编创、演出的《穷人调》《红军打商城》《八月桂花遍地开》《送郎当红军》《十二月宣传歌》《十杯酒》《反动派与白匪士兵吵嘴》《兵变歌》等一批革命歌舞节目影响大,效果好,受到中共皖西北特委的表扬。

抗日战争至解放战争时期的革命歌谣 抗日战争时期的商城革命歌谣搜集到的不多,题材和内容主要集中在抗日和拉壮丁两方面。《打罢日本再把庙修》《日本鬼子都杀光》是抗日歌谣,特别是《日本鬼子都杀光》,我们仿佛从中看到了包括少年儿童在内"男女老少齐参战"的抗日画面。拉壮丁题材的歌谣能够确定产生在这一时期的只有《五更恨》一首,歌词说"民国三十年,蒋匪下通令",是1941年或稍后的歌谣。《叹五更》《壮丁五更》《拉壮丁》《骂保长》等歌谣中可能有这前后产生的,也可能有解放战争时期产生的,不能确定。我们分析,随着全民族抗日救亡宣传运动兴起,大批抗日歌曲在全国各地广泛传唱,商城学生战时服务团就石印了一本载有《义勇军进行曲》《热血歌》《打回东北去》《保卫黄河》《流亡三部曲》《大刀进行曲》《牺牲已到最后关头》等100余首抗日流行歌曲的《抗日歌曲选》,再加上抗日剧的流行,改变了过去比较单一的歌舞宣传形式,这可能是这一时期商城革命歌谣产量不高的一个原因。

解放战争时期的商城革命歌谣以歌颂刘邓大军和支援解放军南下为主要内容,《大别山来了刘邓大军》《刘邓大军真勇敢》、《刘邓大军似天神》《支援大军到江南》都是这方面的歌谣。

商城革命歌谣的内容和特色

内容

商城革命歌谣题材广泛、内容丰富,特别是土地革命战争时期的革命歌谣,内容几乎涉及苏区的创立、发展和建设的各个方面。这些革命歌谣,是研究这一时期商城革命的发生、发展,解读这一时期商城社会现状和人民心态、情感、信念的重要史料。如果说商城苏区革命歌谣是一部歌谣版商城苏区革命史,是一部选编的歌谣版商城二十世纪二三十年代社会百科全书,那么由以上内容组成的"大事记"、"生活图"、"军民轴"、"建设册",即是最基本的华彩篇章。

大事记——记录革命历史事件 商城起义在商城革命史和中国革命史上都占有重要地位。从商城起义爆发到商城县苏维埃政府成立,是一个完整的革命进程。这一进程大致可以分为三个阶段:爆发商城起义,成立红三十二师;消灭四周民团,粉碎"鄂豫会剿",支援六霍起义;攻克商城县城,成立商城县苏维埃政府,创建商城苏区和豫东南革命根据地。商城革命民歌完整地反映了这一革命进程。

〔1〕[1] 大别山区峰连峰,出了个英雄周维炯,打入民

---

① 〔1〕为该首民歌段数,后同。

团搞暴动,一心闹革命,闹得满天红。〔2〕三月二十七,周维炯定巧计,火神庙里摆宴席,民团起了义,红军来建立。

——《商城起义歌》

《商城起义歌》截取商城起义两个代表性片段,展现两个镜头:远景,周维炯打入民团,发展党员,策划民团暴动;特写,1929年5月6日(农历三月二十七)周维炯在丁家埠火神庙摆宴席,智擒民团副队长,首举义旗,成功组织民团起义,成立红军队伍。

〔1〕春风一步到天涯,挖煤工人当了家,收回矿山我所有,革命把印拿。〔2〕春风一步到天涯,挖煤工人当了家,一切权力归工会,红旗遍天下。

——《挖煤工人当了家》

商城起义之后,商城东部、西部矿工和农民暴动、北部农民暴动相继爆发,革命呈燎原之势。1929年10月5日,为贯彻中共信阳中心县委23条指示,商东杨山(今属河南固始)煤矿工人在中共商城县委领导下举行暴动,成立杨山煤矿工人纠察队。随后召开工人代表大会,成立商城县东煤窑总工会,宣布矿山的一切权力归工会,设立生产指挥部,负责管理生产和收入分配,工人成为矿山的主人。《挖煤工人当了家》即编唱此事。1929年6月11日(端阳节)夜,商北农民武装100多人一举端掉南司西庙民团,击毙民团队长秘书,缴枪20多支、子弹1000余发。《西庙卡枪》就是以此为题材编唱。消灭南司西庙民团是南司农民暴动、开辟商固特区的前奏。

〔6〕六月是炎天,土劣把兵搬,搬来夏斗寅两个团,南流河,斑竹园,又扎关庙前。〔7〕七月初六七,夏匪猖狂极,红军外出打游击,到光山,到麻城,到处把敌歼。〔8〕八月是中秋,红军转回头,只杀得夏逆丢盔弃甲忙逃走,吓得土劣屁滚尿流。

——《反"会剿"歌》

1929年8月10日(农历七月初六),夏斗寅第十三师三十九旅七十八团和师补充团从商南松子关、长岭关和铜锣关向北进击,暂编第二旅李克邦部和商城顾敬之民团在北面堵截,正式发起"鄂豫会剿",红三十二师和农民赤卫队全力阻击,歼灭十三师补充团一部。8月17日,红三十二师由斑竹园向光山转移。9月12日(农历八月初十),红三十二师返回商南,消灭地主武装编练队和18个联保办事处,镇压还乡团豪绅,青壮年积极要求参军,红三十二师扩大到500余人,取得反"鄂豫会剿"胜利。《反"会剿"歌》仅存三段歌词,从作战的时间、地点到参战的敌军及其兵力都讲到了,与历史记载符合,是少见的比较完整的反映反"鄂豫会剿"的歌谣。

1929年5月16日,红三十二师进至南溪余富山,歼灭王继亚民团40余人,缴获枪48支。《初战告捷》就是以此为题材编唱。《支援西镇起义》是西镇群众感谢1929年11月19日红三十二师支援西镇起义编唱的歌谣。西镇起义成功后成立西镇革命委员会和游击大队,游击大队是皖西三大主力之一,是后来红三十三师的重要组成部分。

〔1〕民国十八春,红军打商城。打得土豪乱纷纷,

喜坏我穷人。〔2〕二十五清早,红军计划好。手提油条挑柴草,混进城来了。〔3〕打开县牢门,救出我穷人。反动机关除干净,不留害命根。〔4〕打尽土豪绅,人人喜盈盈。多亏来了救命人,大家享太平。

——《红军打商城》

《红军打商城》通过艺术的手法,对1929年12月25日红军智取商城这一重大事件作了生动、翔实的描述,特别是对智取商城的具体时间、行动计划、行动方式、行动对象、行动目的、行动结果,都交代得十分清楚,与历史记载吻合。歌谣中"民国十八春"的"春"指年,但暗喻革命春天来临,是双关词。红军攻克商城后,成立商城县苏维埃政府。为庆祝新生的苏维埃政权,商城王霁初等人编创了《八月桂花遍地开》这首革命歌曲。

《围灯词扒城墙》讲到"红军进了城,城墙扒干净"一事。红

《八月桂花·攻城》剧照　2014年音乐舞蹈史诗《诗画商城》　廖煜摄

三十二师攻克商城后带领群众拆除城墙,是"为了不便于敌人固守"①,"适应流动作战的特点和彻底摧毁这座反动势力的堡垒"②的需要。《雪夜歼敌》编唱:"腊月二十雪花飘"(己巳年腊月二十即公历1930年1月19日),商城军民打退商城县长宋慎带领的夜袭商城县城民团300多人,"留下俘虏六七十,送来钢枪百多条"。漆远渥称这次战斗是"红军占领县城以后的一次激烈战斗,无论在商城、金寨和皖西革命史料中还没有人写过"③。两首歌谣补《商城革命史》之缺,史料价值较高。

红四军在商城成立后连续发起磨角楼战斗、新集战斗和双桥战斗,编入红四方面军后连续参加黄安战役、商潢战役、苏家埠战役和潢光战役。这段历史同样在商城革命歌谣中得到展现。

〔4〕大战双桥镇,红四军得胜,活捉师长岳维峻,敌人大吃惊。〔9〕英勇红四军,先攻黄安城,歼灭敌人三千多,活捉赵冠英。〔10〕转战苏家埠,歼敌三万零,捉住敌人总指挥,他叫厉式鼎。

——《反"围剿"歌》

《反"围剿"歌》先从国民党发动"围剿"写起,接着写三次反"围剿"情况,重点写到双桥镇、黄安和苏家埠三次战斗,最后以三次反"围剿"取得重大的胜利果实作结。

---

①③ 漆远渥:《红军首克商城以后的一次战斗》,载中共商城县委党史资料征编委员会编《商城革命史资料》(一九八六年十月)第二辑,第61页。

② 杨元鲁:《雪夜歼敌》,载中共商城县委编《大别山烽火》,河南人民出版社1981年2月第1版,第355页。

〔1〕红四方面军十万,光复黄安,克复商南,打通商光的路线,成一片,广大苏区造成鄂豫皖。红军的血汗。
〔2〕红军乘胜向北征,北上胜利第一声,得商城,杜甫店缴枪一万根,扩大我红军。

——《红军胜利歌》

为打击北线国民党军,夺取商城,将鄂豫皖苏区东西两部连成一片,红四方面军继黄安战役后发起商潢战役。商潢战役从1932年1月19日始至2月9日止,历时22天,红军以12个团击退国民党军19个团多次进攻,毙伤俘张钫等部4000余人,缴获枪2000余支,蒋介石嫡系第二师遭受歼灭性打击,师长汤恩伯被撤职。战役期间,红十二师在杜甫店构筑阵地,担任正面阻击,给敌以重大杀伤。经过商潢战役,红军第三次解放商城,改商城县为赤城县,商城苏区进入全盛时期。《红军胜利歌》第一段"光复黄安,克复商南",指黄安战役、商潢战役,第二段以"杜甫店缴枪一万根"的战果代指商潢战役取得重大胜利。

金刚台三年游击战争赢得"红旗不倒"的赞誉,红军坚守信念、坚忍不拔、勇挑重担的革命精神是大别山精神形成的源头之一。

为了穷人不受害,再苦再难也愉快,誓守红色金刚台,保证山在人也在。

——《誓守红色金刚台》

天当被子地当床,野菜野果是食粮,牵着敌人满山转,精神饱满把歌唱。金刚台斗争永不忘!

——《金刚台斗争永不忘》

两首歌谣都歌唱在金刚台三年游击战争期间,红军战士不为艰苦环境所困,坚守理想信念,同敌人进行顽强斗争所表现出来的革命豪迈气概和乐观主义精神。

生活图——揭露社会不公 商城革命歌谣描绘了挣扎在生死线上的社会底层群体画像,他们有农民、矿工、长工、樵夫、商贩、乞丐、流浪汉、寡妇、放牛娃等,几乎涵盖了当时所有的贫困人群和特殊人群。这些歌谣,揭露黑暗统治,控诉贫富不均,反对剥削压迫,是研究当时社会状况的重要资料。

〔2〕穷人真痛苦,衣破无布补,忍饥受冻说不出,瘦得皮包骨。〔6〕出门做小贩,到处军阀占,遇兵遇匪都完蛋,白流一身汗。〔8〕做工时间加,还把工钱塌,身体卖给老板家,任他刮和杀。〔9〕去了两三春,到处难存身,无奈去当军阀兵,死里去求生。〔14〕嫂把小姑叫,锅肚无柴烧,这顿稀饭怎么熬,扯把床铺草。〔17〕帮人拉鞋底,替人把衣洗,还向土豪去讨米,受尽肮脏气。〔22〕穷人有儿孙,穷人常离分,穷人到处无路走,穷人快革命。

——《穷人调》(一)

土坯泥巴垒个窝,野菜糠皮煮汤喝;高楼财主一席酒,抵上俺吃二年多。

——《穷人叹》

《穷人调》(一)诉说穷人"衣破无布补"、"锅肚无柴烧",儿子只好外出挣钱,做小贩,当苦工,甚至去军阀部队当兵,妇女只好在家帮人做鞋洗衣,养蚕纺棉,然而辛苦所得血汗钱最后还是被老板、地主盘剥去。歌曲结尾发出"穷人快革命"的呼声,革命才是穷人的出路。《穷人叹》在愤恨财主一席酒抵上穷人吃两年多的贫富不均的同时,进一步揭露地主的奢侈,更深刻犀利。

〔1〕寡妇叹一声,自叹自苦情,小奴家的八字不如人。〔5〕妈家要衣穿,婆家要银元,小奴家就好比畜牲一般。

——《寡妇歌》

〔1〕放牛孩儿多伤心,家中无吃去帮人,父母亲也不忍心。〔2〕年纪只有七八岁,一天到晚拉牛绳,不管天阴和天晴。〔3〕放罢牛儿回家来,又担水来又洗菜,粪桶儿还叫俺抬。

——《放牛孩儿多伤心》

寡妇、放牛娃是那个时代弱势群体中的弱势者。寡妇遭受娘婆二家的歧视和索取,遇事无人商量,生活无人帮助,活得如畜牲一般,只能归结为自己"八字不如人"(命不如人)。七八岁本该是上学的时光,但放牛娃却在这个年龄帮人放牛,放完牛还要担水洗菜抬粪桶!

……两间破草房,四面露天光,晚上伴着星星睡,下雨水顺床沿淌。一个小破锅,疤子几十个;三个"莲花碗",一圈都有豁;三双竹筷子,根根拉嘴角。想俺挖煤哥,不反该如何?!

——《最苦要数挖煤哥》

比起寡妇和放牛娃,挖煤哥也好不到哪里去。

被盘剥压榨的还有长工、卖柴人。《长工歌》诉说:"十月满一年,掌柜把账算,工价用了一大半,空手转回还。"长工辛辛苦苦一年,本指望拿钱回去养家糊口,结果算账工钱被扣了一大半,等于白干了。《卖柴禾》诉说卖柴人遇上匪兵、团丁,本来"正价一串三",但"他把六百钱",所谓"不管大担和小担,随便他把钱",实际上就是明抢豪夺。乡下人老实不敢争价——要是争价,恐怕连"六百钱"也没有了。这里的匪兵、团丁只是恶势力的一个代名词而已,没有匪兵、团丁,也会有其他恶势力。

〔3〕含愧离家庭,带关两扇门,还是五更天未明,天上布满星。〔4〕东湾到西村,处处无人问,恶狗咬得痛人心,血染脚后跟。〔5〕前村要一点,后村要半碗,大爷大娘喊千遍,白眼和剩饭。〔8〕穷人好伤心,苦处说不尽,这个世道不平等,何日得翻身?

——《讨饭人歌》

乞丐是最特殊的群体。沦为乞丐的原因不可一概而论,但天灾人祸和被剥削被压迫无疑是最主要的原因。《讨饭人歌》诉说乞丐起早贪黑从东村到西村、从前村到后村讨饭,不仅连剩饭都吃不饱,还要蒙受狗咬、白眼,真是"一把辛酸泪"。

人们不禁要问,为什么社会上有这么多穷人?造成社会如此不公、贫富如此不均的原因到底是什么?根源究竟在哪里?根源是"官家、土劣加匪祸",这是《抬着穷人下油锅》给出的回答;直接原因是"租重,债多,利息高",这是《民谣》(一)给出的回答。

〔1〕鼓打一更月往东升,奴在房中脱衣襟,长叹两三声。可恨世界不太平,硬拉我郎去当兵,真正气煞人!
〔2〕鼓打二更月明亮,奴在房中泪汪汪,可怜小才郎!不知你到何方去,几时才得回故乡,叫奴受凄凉。〔3〕鼓打三更月正明,奴在房中伴孤灯,思想奴夫君。你是青春少年人,怎能受得这苦辛,小奴不忍心。〔4〕鼓打四更月西沉,奴在房中闷沉沉,两眼泪淋淋。倘若我郎有长短,绝了你家后代根,小奴靠何人?〔5〕鼓打五更天又明,不知何人来叫门,小奴吃一惊。开开门来仔细看,原来是我郎转回程,赶快进家门!

——《叹五更》

壮丁和兵士是特殊群体的一类。抽壮丁给家庭造成的痛苦,给社会带来的影响,都是巨大的。《叹五更》采用传统民歌"五更"的表现手法,刻画女子从一更到五更辗转不眠的心理活动,诉说离愁别恨和无尽的担忧。第五段最后三句"我郎转回程"是梦中景或恍惚中景,因极度思念和担忧而致。《歌谣选》这三句是"打开门来看,一个捎信人,送我一篇断肠文,痛怀断肠人",似觉不妥——如果夫君真战死了,就不是唱这种歌,而应该是挽歌了。《壮丁五更》《五更恨》也属于这一类。《抽丁怨》采用传统民歌"十二月"的表现手法,壮丁是主人公,临别时不厌其烦地一一告别并叮嘱爹、娘、哥、嫂、妹、妻,其中跟妻告别说"我今被迫当兵走,三年不归你拿主意",让人心酸无语。歌曲说到的"家中三子抽一人,家有五子一双派",是那时抽壮丁的一个原则。

〔3〕当兵当了两年半,上头发了两块钱,买双袜子都赊欠。〔5〕官长个个黑心肝,吃喝嫖赌样样全,外带抽大烟。〔6〕连长排长更野蛮,不打仗说你通"共产",不枪毙也要挨皮鞭。

——《白军叹》(一)

《白军叹》(兵变歌)揭露旧军队里黑暗丑恶现象。官长吃喝嫖赌抽大烟,克扣士兵粮饷;士兵两年半才发两块钱,连袜子都买不起;连长排长动不动皮鞭相加,甚至以"通共"罪名相威胁。这种腐烂的军队,不兵变才怪!所以最后士兵发出"倒不如弃暗投明归红军"的呐喊。

军民轴——歌颂共产党和红军 歌颂共产党和红军是土地革命战争时期歌唱的永恒主题。

黄秧田里等雨降,豆腐缸里等点浆,劳苦大众求解放,单盼恩人共产党。共产党一来天就亮。

——《共产党一来天就亮》

这首歌谣就用了黄秧田盼下雨、豆腐缸等点浆两个常识性的比喻,劳苦大众盼望恩人共产党的心情便跃然纸上。

"送郎当红军"最能集中表达翻身的农民对共产党和红军的热爱、忠诚,对苏维埃政权的拥护、支持,最能体现他们的革命热情。这类题材占据商城革命歌谣的相当地位,传唱也最普遍。

〔1〕一更里劝劝奴亲人,劝亲人出门当红军,做事要认真。不贪财不怕死,才算真革命。〔5〕五更里劝劝奴情哥,劝情哥工作要做好,家中莫惦着,共产党成了

功,都有日子过!

——《劝郎当红军五更》

〔1〕一劝我二爹娘,听我把话讲,我去参军你且莫悲伤,不要泪汪汪。〔2〕二劝我的哥,听我把话学,我去参军家中你管着,好好做生活。〔3〕三劝我的嫂,听我把话表,我去参军你要行孝道,孝敬二公婆。〔4〕四劝我的妹,比我小两岁,赶快参加妇女文工队,革命是对的。〔5〕五劝我的妻,听我说仔细,我去参军不要双流泪,拥护毛主席。

——《十劝》

《劝郎当红军五更》采用传统民歌"五更"的表现手法,劝,实际上是在叮嘱,宣传革命道理。《十二月劝郎当红军》同样采用传统民歌"十二月"的表现手法,第一月至第四月,从劝郎当红军写起,写到报名参加红军、送郎到红军军营、郎寄信回来。接着第五月至第十一月,每月写郎参加一次战斗——打花园,游击云梦、黄陂、光州、黄冈、商城和麻埠,转战麻城,第十二月以郎胜利归来,配戴红花作结。《报名当红军》《嫂嫂为啥恁高兴》《石榴开花心里红》等都属于"送郎当红军"类。《十劝》以参军的男子口吻,叮嘱爹娘"莫悲伤,不要泪汪汪",叮嘱哥"家中你管着,好好做生活",叮嘱嫂"要行孝道,孝敬二公婆",叮嘱妹"参加妇女文工队",叮嘱妻"不要双流泪",是这类歌谣另一种表现手法。

军民鱼水情是歌唱红军的又一内容。《欢迎红军进俺庄》先用"腊梅花开朵朵黄,敲锣打鼓闹嚷嚷"渲染,接着推出四组镜头:"小伙子推着慰问品,妇女们拿着军鞋和军装,老大爷捋着胡子笑,儿童团路旁拍手唱。"最后点明主题:"欢迎红军进俺庄"。《子弟兵就是好》歌唱红军帮助收割稻谷,不吃老乡的饭,不抽老乡的烟,是真正的子弟兵。

〔3〕针脚密来线路匀,军鞋缝进姐妹心。红军穿上俺的鞋,脚步更坚定。高山大河踏得平。

——《俺为红军做军鞋》

《俺为红军做军鞋》是同类歌谣中语言唯美的一首,把姐妹做军鞋时的心理活动刻画得细腻、生动、感人。《红军来了》《红军一来》《红军来了晴了天》等一批歌谣,通过红军来了与白匪来了对比,表达盼望红军之情。

建设册——反映苏区创立和各项建设 从纵向即"纲"讲,商城革命歌谣系统地展现了从董必武播种大别山革命火种,到商城起义和鄂豫皖边暴动,成立苏维埃政权,创建商城苏区和豫东南革命根据地,再到商城苏区的发展和各项建设的画卷。从横向即"目"讲,商城革命歌谣全方位地展现了商城苏区的政治宣传、武装建设、群团组织建设、文化教育建设等方方面面的场景。

——商城革命歌谣系统地展现了商城苏区创建历史。《商城起义歌》《红军打商城》《八月桂花遍地开》等民歌,真实地记录了商城起义,成立商城苏维埃政府,开创商城苏区和豫东南革命根据地的历史。

〔2〕一道道闪电裂长空,鄂豫皖边区齐暴动。消灭白匪和民团,向那反动派猛进攻。武装起义求解放,红

军的大旗舞东风。

——《鄂豫皖边区暴动歌》

《鄂豫皖边区暴动歌》那闪电裂空、红旗招展、千军万马的壮阔场景虽然是虚写,但透过场景看到的,却是真实的如火如荼、迅猛发展的"鄂豫皖边区齐暴动"的革命形势。从《英雄遍布鄂豫皖》中,可以看到"有心革命不怕死,死也跟着徐向前,打不败蒋匪不回还"的英雄。

千年铁树把花开,家家张灯又结彩。众人共唱《国际歌》,双双铁壁举起来。同庆赤城苏维埃。

——《同庆赤城苏维埃》

以《同庆赤城苏维埃》为代表的一批歌谣,讴歌了欢庆成立赤城苏维埃政权的热闹场景,表达了人民对苏维埃政权的拥护之情。

大别山,生得妙,南有长江流,北有淮河靠,西有平汉路,东有津浦道,纵横千余里,物产更丰饶。呀!这是什么地方?鄂豫皖苏区发展了。

——《鄂豫皖苏区发展了》

《鄂豫皖苏区发展了》描绘了一幅豫东南革命根据地"纵横千余里,物产更丰饶"的画面。

从以上可以看到,在通过商城革命歌谣展现出的商城苏区创建和发展的画卷中,有远景,有近景,有特写,是多角度、广镜头、众手法交织的历史长卷。

——商城革命歌谣全方位地展现了商城苏区建设历史。以

《十二月宣传歌》《反动派与白匪士兵吵嘴》为代表的一批富有特色的革命歌谣,反映了商城苏区政治宣传这场重头戏。

〔1〕正月是新春,苏维埃下命令,各处机关负责人你是听,宣传工作要抓紧。〔11〕冬月飘雪花,宣传土豪家,老老少少何必跑他咋,退经济一样参加。〔12〕腊月宣传完,赤区大团圆,各州府县都要过新年,到十五红灯来玩。

——《十二月宣传歌》(一)

《十二月宣传歌》采用的也是传统民歌"十二月"表现手法,除正月和腊月外,从二月至冬月一个月宣传一个对象——妇女、成年人、同志、工人、少年、反动派、"白色"(一作改组派)、灰色党、各阶层、土豪,对象不同,宣传内容也不同。《十二月宣传歌》有两个版本,这个版本有些对象的宣传内容显得模糊:比如对妇女宣传内容应该是消除封建思想,即另一版本所说的"'三从四德'坚决要破除";对少年宣传消除家庭观念,不如另一版本"站岗、送信样样争着干"。其他如对成年人宣传代耕劳苦群众田地,不妥,另一版本就改为"红军家属田地要代耕";对同志宣传,同志范围太广,另一版本改为对干部宣传。不过,这是最接近原貌的版本,另一版本明显加工修改过。

《反动派与白匪士兵吵嘴》借劣绅与白军之口,一方面通过他们相互讥讽、嘲弄、谩骂——劣绅养小老婆、抽大烟、搜刮地皮、做穷人的天老子,白军土匪化、长枪烟枪都一样、糊弄、拿大、上火线就缴枪,把他们丑恶的嘴脸和肮脏的内心揭露无余,另一方面通过白军与红军的对比，赞扬共产党和红军为穷苦人民奋斗，最后得出的结论，也是要达到的宣传效果，就是白军"投奔红军哗变打天下"。《反动派与白匪士兵吵嘴》带有讽刺喜剧性质，风格诙谐讽刺，语言通俗易懂，间有骂人语句，特色非常显著，是红日剧团经常演出的节目。

如果说《十二月宣传歌》《男女平等歌》《唤醒广大群众歌》《工农兵学商歌》等歌谣侧重的是宣传对象和范围，那么《十杯酒》《十绣》《十月小唱》等歌谣侧重的则是宣传事例和典型。

以《山歌越唱越开怀》《红旗插遍大别山》《快到苏区来》等为代表的一批歌谣，讴歌了商城苏区土地革命给群众带来的幸福快乐。

山歌越唱越开怀，东山唱到西山来，大别山里闹革命，工农群众都起来。打倒土豪和劣绅，田地房屋分

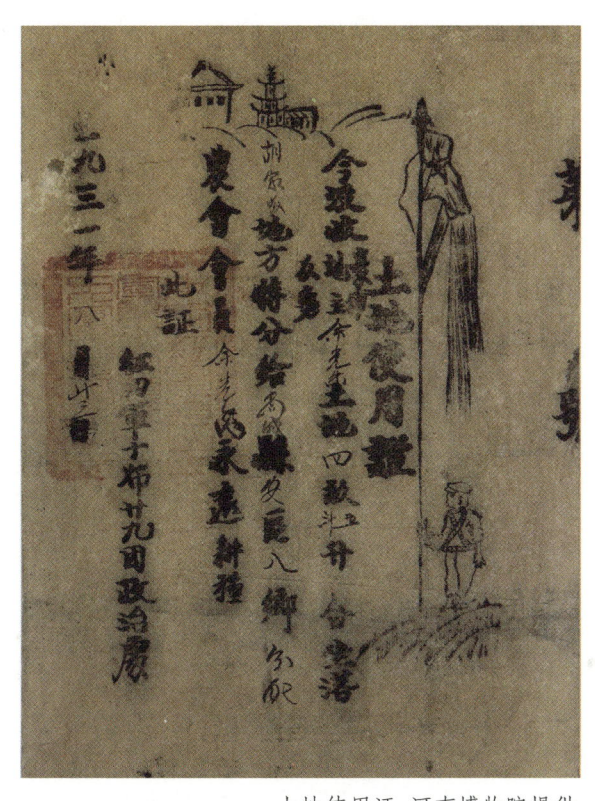

土地使用证 河南博物院提供

回来,苏维埃之花遍地开,红旗漫卷过山来。

——《山歌越唱越开怀》

胡琴拉起来,唱唱苏维埃,苏区天下人人爱,同胞们快到苏区来,发你土地证给你优待。

——《快到苏区来》

"1930年春天以后,随着豫东南革命根据地形成,区、乡苏维埃政权的陆续建立,商城苏区掀起了以分配土地为中心内容的轰轰烈烈的土地革命运动高潮。苏维埃政权建到哪里,土地分配就在哪里展开。"[①]《山歌越唱越开怀》和《快到苏区来》真实地反映了地主豪绅被打倒,农民分得土地,苏维埃政府颁发给"土地使用证"这一史实。

以《红军纪律歌》、《少年先锋队队歌》、《童子团团歌》、《工人俱乐部之歌》为代表的一批歌谣,展现了商城苏区武装建设和群团组织建设的画卷。

你会唱,我会玩,来了一班童子团。我说这话你不信,个个扛着大红棍。刀匪团匪往里进,一棍两棍赶干净。

——《花伞词》

《花伞词》像一幅画,生动地再现了童子团站岗放哨的情景,是童子团歌谣中的佳作。

俱乐部,真热闹,兄弟姊妹都来到,或讲故事或看

[①] 中共商城县委党史资料征编委员会编:《商城革命史》,河南人民出版社1988年9月第1版,第116页。

报,或奏琴笛或吹箫。奴隶们,出笼牢,精神振奋歌声高,重锤打出新世界,响锣开出光明道。

——《工人俱乐部之歌》

工会办有工人俱乐部,工会会员在这里读书学习、跳舞唱歌,文娱生活丰富多彩。

以《列宁学校歌》《贫民夜校灯火亮》《劝学歌》为代表的一批歌谣,展现了商城苏区教育发展的盛况。

〔1〕共产主义新,学校叫"列宁",青年姐妹穷苦儿童个个都欢迎。大家要读书,大家须革命,手拉手儿向前进,前进莫留停。求学切莫误了好光阴,上课要留心,学习列宁主义,做将来的主人。做主人,要各尽所能。

——《列宁学校歌》

贫民夜校灯火亮,穷苦大众上学堂。打开心头千年锁,唤起工农举刀枪。冲破地狱求解放。

——《贫民夜校灯火亮》

1932年商城苏区鼎盛时期,全县共办列宁学校703所,学生19070人,夜校、识字班360多处,学员6800多人。读书学习一时蔚然成风,与劝学的良好风气和环境密不可分。《列宁学校歌》是商城列宁学校蓬勃发展的见证。《贫民夜校灯火亮》反映的是农民上夜校的情景。

特色

商城革命歌谣主要是出于革命宣传和革命斗争的需要而创作,因为当时作曲在县城尚未起步,创作者文化程度偏低,所以商城革命歌谣的特色表现在曲调上是套用商城传统民歌曲调,表现在歌词上是使用商城传统民歌表现手法,语言比较质朴。

套用旧曲调 套用商城传统民歌曲调,是商城革命民歌曲调编创的基本特色。

——套用小调。《八月桂花遍地开》套用八段锦调,《红军打商城》《十二月宣传歌》《十月小唱》套用春秋四季调,《劝郎当红军五更》套用打柴调,《十二月送郎当红军》套用望郎调,《俺为红军做军鞋》套用大茉莉花调,《穷人调》(一)套用山伯访友调,《穷人调》(三)、《放牛孩儿多伤心》套用月亮一出照楼梢调,《农人歌》套用苏武牧羊调,《卖柴禾》套用十想调,《叹五更》套用山伯五更调,《五更恨》套用五更恨调,《壮丁五更》套用孟姜女调,《反动派与白匪士兵吵嘴》套用小放牛调,《四季读书歌》套用双玉美郎调,《大别山来了刘邓大军》套用送郎调,《刘邓大军似天神》套用李玉莲迈大步调。

——套用山歌。《石榴开花心里红》《去找红军莫迟延》《当兵要当红四军》《革命鲜花用血浇》《豁出命来闹翻身》《霜打树头根不死》《莫笑我这酒一盅》《刀枪林里出好汉》套用山歌调。

——套用灯歌。《子弟兵就是好》套用抢八句调,《嫂嫂为啥恁高兴》《还妹一个苏维埃》《归来迎你大路旁》套用花鼓唱调,

《齐心建设鄂豫皖》《红旗插遍大别山》套用锣鼓唱调。

采用"五更"、"十二月"、"十杯酒"等叙述形式跟套用曲调差不多，都是用旧酒瓶装新酒。前面已经引用了几首，这里就不举例了。

对比、讽刺和比兴　使用对比、讽刺和比兴表现手法，是商城革命歌谣歌词编创的显著特色。

——对比的使用。揭露贫富不均一类题材的作品，使用对比更突出。

〔2〕地主住的楼上楼，穷人住的茅庵头，进门来还要低头。〔3〕地主吃的是鱼和肉，穷人吃的是糠窝头，稀糊糊还要断流。〔4〕地主穿的绫罗绸，穷人穿的破袄头，补补丁还要露肉。

——《穷人调》（三）

……底下穿条灯笼裤，上头穿件破夹袄，脚套一双烂草鞋，趾头肿得红又高。财主老爷享清福，皮袍还把坎肩套，喝酒吃肉又划拳，坐在屋里炭火烤。左边放着肉包子，右边放着鸡蛋糕，脚下蹬着虎皮褥，手上烧着大烟泡。穷人心里似火燎，我种他吃不公道，团结起来搞"共产"，砸烂这个鬼世道。

——《我种他吃不公道》

《穷人调》（三）通过日常生活最基本的需求住、吃、穿的对比，揭露了贫富分化的严重不公。《我种他吃不公道》通过吃、穿对比，揭露"我种他吃不公道"的现实，自然地引出"团结起来搞'共产'，砸烂这个鬼世道"的呼吁。

——讽刺的使用。《初战告捷》用"王金牙不管打,一打就散花,〔哎哟哟〕缴枪四十八"寥寥几语,就讽刺了王金牙民团外强中干,不堪一击。

〔1〕(劣绅)实指望拼命替我们打,谁知道光吃不动身。〔2〕(白军)我们托枪城上坐,你们在家抱着小老婆。〔3〕(劣绅)为你们等给养天天不归家。东边刮尽又到西边刮,只刮得穷人泪巴巴。〔4〕(白军)花几个臭钱就叫我们死,打下了天下让你们抽大烟!〔5〕(劣绅)依我说长枪烟枪都一样,吹什么牛皮抬什么杠!〔6〕(劣绅)不肯打仗反说我们没出息,难道说你们专来拿大的!(白军)如今的事情就是要糊弄。你们是穷人的天老子,当兵的非做你们的活祖宗!〔9〕(劣绅)怪不得说白军个个土匪化!要不是有点怕红军,看起来除了老天就数你们大!〔11〕(劣绅)倘若让你上火线,这支枪保不住准向红军缴。(以上节录相关段落的有关句子)

——《反动派与白匪士兵吵嘴》

《反动派与白匪士兵吵嘴》通篇通过劣绅与白军士兵狗咬狗的"吵嘴",揭露、讥讽、嘲弄了劣绅养小老婆(嫖)、抽大烟(毒)、搜刮地皮(骗加抢)、做穷人的天老子(威)、白军土匪化(匪)、长枪烟枪都一样(蠹)、光吃不动(怠)、拿大的(伪)、上火线就缴枪(怯)等贪腐堕落、贪生怕死、鱼肉百姓的行径,真是嬉笑怒骂皆成文章。因其讽刺喜剧效果甚著,故有的地方改编后以小剧形式表演。

——比兴的使用。比喻就不必说了,它是民歌使用得最基本最普遍的辞格。兴往往本身就是比喻：

  樱桃越吃越甜心,山歌越唱越好听。翻身不把别的唱,要唱就唱红四军。

——《要唱就唱红四军》

"樱桃越吃越甜心"是有感而发,用来比喻"山歌越唱越好听",这种兴句与内容有关,兴句大多是这一种。广为传唱的革命歌曲《八月桂花遍地开》首句是受桂花启发引起思绪而信手拈来,只起押韵的作用,这种兴句与内容无关。有论者以这首歌曲创作时间与桂花开放季节不对为据,认定这首歌曲不是诞生在商城,就是因为不懂兴或刻意回避兴的表现手法而胶柱鼓瑟了。"五更"、"十二月"一类起句的都属于这一种。

方言和衬字衬句　方言（即土语）和衬字衬句是形成一个地方歌谣地域特色的两个重要因素,同样是形成商城革命歌谣地域特色的两个重要因素。方言体现的主要是语言特色,衬字衬句体现的主要是演唱特色。

——方言的运用。《卖柴禾》"穷人生得挨","挨"是差、窝囊的意思。《穷人调》（一）"还把工钱塌","塌"是欠的意思。《长工歌》"扛床行李打八万","打八万"指打长工。《抽丁怨》"哥在家中扛大砣","扛大砣"指担重任。《共产党啊赶快来》"眼睛巴巴望亲人","眼睛巴巴"形容急切盼望。《反动派与白匪士兵吵嘴》"早已干大干","干大干"也作"干打干",意思是穷透顶,什么也没有。熟悉商城的人一听就知是商城话,如果换用别的词,地域特色就没有了。

除了语汇外,方言还有一个隐形的语音问题易被忽略或不易被谈及。《红军打商城》"民国(guāi)二十(sī)春(qún),红军打商(sǎng)城(cēn)",国、十、春、商、城诸字,不用商城语音唱出来或不在歌词中注音,是不会被知道的。"演出方言记土风"[1]忽略了方言语音,语言的地域特色就要减去一半的光辉。

——衬字衬句的运用。衬字衬句多用乃、哎、呀、啊、哟、来、么等词。《八月桂花遍地开》"张灯又结彩〔呀那个〕,张灯又结彩〔呀〕",《红军打商城》"打得土豪〔乱呀么〕乱纷纷,喜坏〔咿么呀子喂哟〕我〔哎〕穷人〔哎哟〕",《放牛娃儿多伤心》"〔咿哟唉哟〕不管天阴和天晴",六角括号内的都是衬字,是虚词衬字。

〔2〕租种一块田〔唉呀哟〕,死活奔一年〔唉呀哟〕。
粒粒米粮血来换〔呀〕,〔农友们〕地主来吞占〔哎哟〕。
——《穷人调》(二)

"农友们"是实词衬句。这是虚词衬字和实词衬句综合使用的例子。

衬字衬句多是歌手按需要灵活自如加进去的,特别是虚词衬字往往本身并无一定语意,嵌入句中后起到烘托、渲染和变换句型、句意的作用,以收到文尽其意的效果。衬句民间叫"嵌字"或"嵌句",相当于曲艺、戏曲里的"加垛",曲调可按需要作重复或伸缩。本书下编中的《商城革命歌谣辑录》没有保留衬字、衬句,少量衬句用六角括号括住。

歌体和五句头 商城民歌最基本最常见的句式是七言、五言

---

[1] 张良皋:《除夕竹枝词五首》,载《横溪草堂诗钞》卷六《归田小草四》。

和杂言。以上句式经过组合,就形成了不同的体式即歌体。商城民歌歌体可以分为两类:一类是相对固定的体式,其句式、句数以及组合顺序不能变;另一类是相对自由的体式,其句式、句数以及组合顺序比较随意。商城革命歌谣也一样。这里只讨论第一类的几种基本歌体,也是代表性的歌体,复杂一些的歌体大致可以看作是由基本歌体的交叉组合或演变而来的。为叙述方便,我们用中文数字指代,每个数字指代某句为几言,有几个数字就是几句。

三句体的基本体式是七七七式、七七五式、五五七式。

〔2〕拉丁老娘双泪流,妻子拉着不松手,小孩急得直碰头。

——《白军叹》(一)

〔1〕半夜三更闷沉沉,忽听门外拉壮丁,我郎吓一惊。

——《拉壮丁》(一)

〔2〕鼓打二更月明亮,奴在房中泪汪汪,可怜小才郎!不知你到何方去,几时才得回故乡,叫奴受凄凉。

——《叹五更》

〔7〕七绣我工农,团结力无穷,拿起武器向前冲。

——《十绣》

《放牛娃歌》(一)、《放牛孩儿多伤心》、《男女平等歌》、《叹郎》等是七七七式;《拉壮丁》(一)、《送郎参军》(二)是七七五式,《叹五更》可视作七七五式叠体;《十绣》是五五七式。

四句体的基本体式是七七七七式、五五七五式、七七五五式。

〔1〕正月抽丁是新年,青年难逃这一关,纷纷流泪堂前站,满腹话儿口难言。

——《抽丁怨》

〔1〕正月长工叹,实在没法办,扛床行李打八万,辛苦整一年。

——《长工歌》

〔1〕正月里来正月正,我与我郎说分明。革命高潮起,你去当红军。

——《十二月送郎当红军》

《十杯酒》《穷人叹》《抽丁怨》《当兵就要当红四军》等是七七七七式;《穷人调》(战鼓不要敲)(穷人没田种)、《卖柴禾》《长工歌》《红军打商城》《送郎当红军》《十月颂红军歌》等是五五七五式;《十二月送郎当红军》(望郎调)、《叹郎》等是七七五五式,这种歌体的民歌较少,可以看作是五五七五式的变体。

五句七言体当地叫五句头,是大别山一带盛行的歌体。

吞了秤砣铁了心,豁出命来闹翻身。今生死了转下世,二十年后又成人,照旧去杀白匪军。

——《豁出命来闹翻身》

一般说来,五句头第一、二句大都极其自然而平易。第三、四句一般都具有对称性,或者具有因果关系;在艺术手法上,有的运用对偶、对比、比喻等辞格。第五句即结尾句普遍具有点题点睛的作用,但有一部分五句头实则在第四句已点题,这时结尾句异峰突起,起到升华主题,或对主题进行深化、补充、说明的作用。《同庆赤城苏维埃》《金刚台斗争永不忘》《来了红军辎重营》等都是五句头歌体。

有些句子的字数有变化,要么是因为加了衬字,要么是因为遣词造句欠推敲,或者是因为使用了特殊词和词组。

〔1〕穷人没田种,种田是贫农。贫农穷来穷人穷,〔农友们〕痛苦〔是〕一般疼。

——《穷人调》(二)

〔6〕开会多讨论,政治要认真,多多发言多批评,振奋革命的精神。

——《送郎当红军》

这两首歌都是"五五七五"式。第一首末句"是"是衬字,或者可视为衬字。第二首末句怎么看都不是五言句,这就是遣词造句的问题了。

体式只是一种基本的规范,因种种情况而有所突破,是允许的,突破的地方在乐句上可以作调整,并不影响歌唱。

商城革命歌谣的作用、价值及整理成果

作用和价值

作用 商城革命歌谣更多发挥的是宣传、鼓舞和战斗作用。

——革命歌谣是宣传革命的广播。20世纪上半叶的商城比较偏远、闭塞,当时劳苦大众基本没有文化,直接宣讲党的政策、方针和革命道理效果不一定很好。而歌谣这种形式老百姓喜闻乐见,革命歌谣的语言大都浅显、通俗,老百姓熟悉,一听就懂。在宣传革命道理、唤醒劳苦大众方面,没有比以革命歌谣为代表的文艺演唱更具有感染力,因而更容易被普遍接受的了。吴淑慎《红日剧团》讲到一次演出:

> 歌舞剧《穷人调》的最后一幕"逼租",当一个养得肥头大耳,头戴红疙瘩帽,耳挂金丝眼镜,身穿芝麻呢长袍、黑缎面马褂,手托青铜烟袋的地主,舒舒坦坦地坐在两个穷苦人抬着的躺椅小轿上,由几个狗腿子拥着出现在舞台时,人们一下子都瞪大了眼睛。满脸横肉的狗地主恶狠狠地向贫苦农妇催租要款。他一听老农妇说没有,乞求宽限几天,就惨无人道地指挥狗腿子用棍棒皮鞭把农妇打得死去活来。这时,整个会场都

泣不成声。①

接着台下出现了这样的场面：一个年迈的老奶奶双手不断地拍打地面哭喊着说："可怜哪！可怜哪！这哪里是演戏呀，这不就是俺嘛！"全场轰动起来，人们高喊："打倒吃人的旧社会！""打倒土豪劣绅！""建立工农政权！"唱一首革命歌谣远比讲几场报告效果要好、要直接，用事半功倍来形容，丝毫不为过。事实上，劳苦大众大都是唱着革命歌谣觉醒的，很多革命儿女大都是唱着革命歌谣走上革命道路的。这一点，只要看看那些送郎当红军的歌谣就不难明白。

——革命歌谣是瓦解敌军的利器。陈培仁《战地宣传》讲，他在红四军第十二师宣传队当宣传员。这个宣传队两女四男，总共六人。一次到战地前宣传，在战斗间隙，他们向白军唱《致白军士兵歌》，开始敌人还朝红军阵地开枪，渐渐地枪声息了。夜晚，红军在刺棵子、狗尾巴蒿里抓住一个叫上官宗田的临阵脱逃出来的白军，上官宗田说他听见了红军的歌声。上官宗田回到白军阵地，宣传队员又唱起《兵变歌》。开始白军士兵一齐伸头朝这边听，还有的探出半截身子朝这边张望，一会儿，真有一个白军提着枪朝红军这边跑。那晚，有二十几个白军投诚过来。黎明时分，红军向敌军阵地发起进攻，敌人那边先乱了起来，一阵激烈的枪声后，一个白军士兵站在土埂上朝红军招手——原来，上官宗田为干掉监视白军的中央军副连长留了下来。②这次战斗能够比较顺

---

① 中共商城县委会编：《大别山烽火》，河南人民出版社1981年2月第1版，第458—459页。

② 据中共商城县委会编《大别山烽火》，河南人民出版社1981年2月第1版，第

利地取得胜利,与阵地宣传不无关系。一首革命歌谣,有时甚至比一个营的战斗力还强。

——革命歌谣是鼓舞战斗的号角。在土地革命时期,劳苦大众歌唱"八月桂花遍地开,鲜红的旗帜竖起来",建立苏维埃政权,开辟革命根据地;在金刚台三年游击战争时期,红军战士歌唱"誓守红色金刚台,保证山在人也在"[1],同国民党军进行殊死的斗争;在抗日战争时期,英雄儿女歌唱"你一刀,我一枪,日本鬼子都杀光"[2],为民族独立而战;在解放战争时期,军民歌唱"刘邓大军真勇敢,突破封锁,分割敌人,转战在大别山"[3],解放军千里跃进大别山,揭开解放战争的序幕。

价值 商城歌舞是商城文化的名片,商城革命歌谣是商城革命文化的名片,凝结着丰富、厚重的价值。

——革命历史文化价值。在波澜壮阔的新民主主义革命时期,为了人民的解放、民族的独立,劳苦大众在中国共产党的领导下引吭高歌,一路前行,唱出了那个时代中国革命的最强音。从整体观照,商城革命歌谣是商城革命历史的"大事记"、"生活图"、"军民轴"、"建设册",由此组合,就是一部歌谣版新民主主义商城革命简史。从个体审视,每首革命歌谣都具体反映了革命的某个事件、某种现象以及从中折射出的革命文化光影。

——革命理想信念价值。革命歌谣产生在革命战争年代,劳

425—433 页。

[1] 《誓守红色金刚台》,见下编《商城革命歌谣辑录·记录历史事件》。
[2] 《日本鬼子都杀光》,见下编《商城革命歌谣辑录·宣传革命斗争》。
[3] 《刘邓大军真勇敢》,见下编《商城革命歌谣辑录·颂扬人民军队》。

苦大众怀着崇高的革命理想和坚定的革命信念,不怕牺牲,紧跟中国共产党前行,从胜利走向胜利。这种革命理想信念已经成为一种基因,流淌在人民的血液中。在社会主义革命和建设时期,革命理想信念鼓舞和激励着人民凝心聚力,为建设社会主义和中国特色社会主义贡献智慧和力量。在中国特色社会主义新时代,革命理想信念鼓舞和激励着人民"不忘初心、牢记使命",为实现中华民族伟大复兴的中国梦而奋斗。

——革命文艺源泉价值。商城革命歌谣是商城革命文艺创作"取之无禁,用之不竭"的源泉。商城革命斗争题材的电影(彩色故事片)《八月桂花遍地开》《杜鹃花飞》,商城红色歌舞的双璧《八月桂花》《血染杜鹃》,都从商城革命歌谣中汲取营养。商城革命历史题材的小说、诗歌、散文、绘画、雕塑、书法、叶雕、剪纸等文艺作品,有的直接取材于商城革命歌谣,有的引用商城革命歌谣,有的被商城革命歌谣点燃创作灵感,不一而足。

——革命音乐审美价值。一是体现对传统民歌曲调的继承和传承。革命民歌大都套用传统民歌的曲调,音乐原创成分基本没有,因此体现的是对传统民歌曲调的继承和传承。二是体现审美的大众趣味即雅俗共赏。第一,传统民歌经过千百年来人们口耳相传至今,虽然不能说是完全,但绝大部分是符合大众审美趣味的,是人们喜闻乐见的;不符合大众审美趣味,不为人们所喜闻乐见的民歌,也很难流传下来。第二,民歌的受众非常广泛。所谓"众口难调",曲高则和寡,曲俗则卑下,音乐太俗太雅都不行,雅俗共赏才能普遍为人所接受。商城革命歌曲出于革命宣传的需要，在套用曲调上必定要考虑是否为大众所熟知、所接受，这实际上是考虑了大众的审美趣味即追求雅俗共赏。有些曲调的风格不一定跟歌词内容相符合，但一定是人们喜闻乐见的。

整理成果

商城革命歌谣的挖掘整理抢救工作，从中华人民共和国成立起就开始启动。总体说来，挖掘整理成果大致可以归为两类：一类是内部结集印行的，一类是正式出版的。前者因印行较早较少，保管不善，有的已经散佚，其中相当一部分已经很难见到了。因此，我们只能就目前能见到和了解的几个版本略作介绍。

商城革命歌曲 商城县文化馆编辑的歌曲集如下：1953年油印本《革命民歌选集》的具体情况不得而知，但其开创意义不容忽视；1956年油印本《商城民间音乐资料》初辑（简称《资料初》），1957年油印本《商城民间音乐资料》二辑（简称《资料二》），是目前见到最早的商城民歌资料汇编；1982年油印本《商城县民歌集》第一卷（简称《民歌卷》），代表商城民歌搜集整理的基础性成果。杨允琪、刘宏奎主编，长江少年儿童出版社2014年版《商城民间歌曲集》（简称《民歌集》）是在《民歌卷》基础上参校其他版本编纂的，代表商城民歌整理研究的新成果。中共商城县委宣传部编，1959年铅印本《商城民歌选集》收录民歌17首，其中创作歌曲8首，民歌9首，是否有革命歌曲不得而知。民间组织"文革"期间油印本《革命历史歌曲》收录歌曲10首，分别是《工农一家人》《大刀进行曲》《毕业歌》《抗日战歌》《战斗进行曲》、《前进歌》《大路歌》《工农革命歌》《新的女性》《到敌人后方去》,多为全国传唱的歌曲。

此外,选录商城革命民歌的歌曲集还有《中国民间歌曲集成》全国编辑委员会、《中国民间歌曲集成·河南卷》编辑委员会编,中国ISBN中心1997年版《中国民间歌曲集成·河南卷》;中国民间歌曲集成(河南省)编辑小组编,1980年油印本《河南民歌选》;信阳地革委文化局编,河南人民出版社1977年版《大别山民间歌曲选》;信阳市非物质文化遗产中心编,河南大学出版社2010年版《信阳民歌》;《大别山民歌精选》编辑委员会编,中国文联出版社2012年版《大别山民歌精选》等数种。

——《商城民间音乐资料》。初辑编成于1956年12月,二辑编成于1957年4月,分别于编成当年油印。编辑人员不详,知道的有张德光、芮祚国、乔克仁等人,都是这方面的专家。两辑共收录民歌179首,按

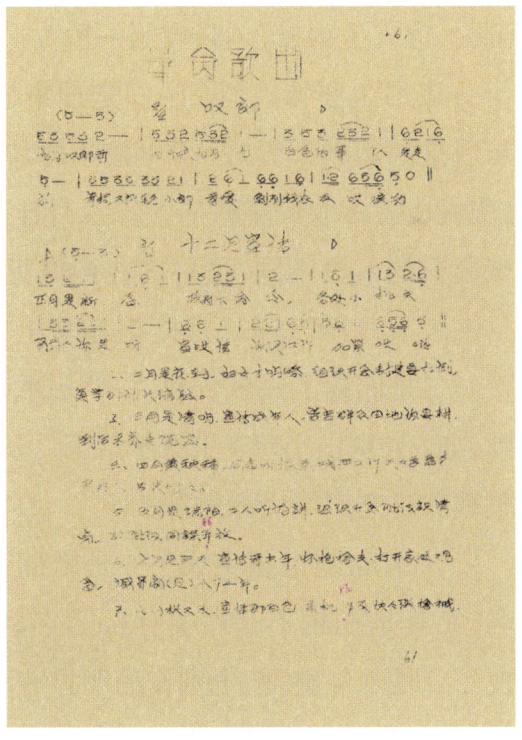

《商城民间音乐资料》(初辑)歌页
商城县人民文化馆1956年油印

生活、婚姻爱情、传说故事、山歌、其他、革命歌曲分为6类。初辑收录革命歌曲类12首,分别是《叹郎》《十二月宣传》(正月是新春,政府下命令)、《农人歌》(农人快快要觉醒)、《送郎参军》(奴在房中绣完萍)、《小寡妇》(《寡妇歌》)、《帝国主义要推翻》《佚名》(一心想混人上人)、《十杯酒》《穷人歌》(正月是新年)、《穷人调》(鼓儿不要打)、《庆祝成立工农民主政府》《抗日小调》。二辑收录革命歌曲类5首,分别是《打金稞》(送郎送到二里坡)、《拉壮丁》(正月里来正月正)、《大别山小唱》《佚名》(正月正月正)、《十劝》,收入生活类2首,分别是《拉壮丁》(半夜三更闷沉沉)、《穷人生得挨》(只有第一段)。

该书主要特点有二:一是搜集、编辑的时间较早,歌词普遍与后来的版本差异较大,更接近原貌,故研究价值最高。特别是《庆祝成立工农民主政府》(《八月桂花遍地开》),歌词9段,与后来通行的6段不同,是目前在商城见到的《八月桂花遍地开》最早的版本,对研究《八月桂花遍地开》的诞生、传唱及衍变弥足珍贵。二是储存了民歌资料,一些民歌赖以保存下来。少数革命民歌,如《大别山小唱》只见于该书。从这方面说,该书是截至目前整理和研究商城民歌的源头。

该书问题也很突出:一是歌曲只署演唱者名,未署搜集者名,尤其是初辑不是跟着作品署名,而是在目录里署名,很不规范。二是未经整理,个别作品明显有问题。《佚名》(正月正月正)第二段"只要大家团结紧,私通八路军","私通"二字明显不准确;第六段"六月热难当,士兵过长江,过了长江去,湖北也解放,八路军到汉口,武昌全解放",究竟是八路军还是解放军?既然湖北都解放了,武昌能没解放?让人如雾里看花。三是错别字、异体字多,特别是大量的不规范简化字,加上书写不规范,令人难以辨认。四是记谱不规范。

——《商城县民歌集》(第一卷)。该卷编成于1982年10月,同年油印。主要编辑人员有刘宏奎、芮祚国、张德光。收录民歌294首,分为革命历史歌曲、山歌、田歌、号子、小调、灯歌、淮调、其他8类。革命历史歌曲类收入民歌23首,收录数量比《商城民间音乐资料》多。

该书分类较规范,曲谱经过校订,歌词基本保持搜集时的原貌。无论从全部民歌看,还是单从革命民歌讲,该书都是对民歌进行系统整理的奠基之作,是后来歌谣集、民歌集的蓝本,具有重要的研究价值。

——《商城民间歌曲集》。该书是"中国民间文化艺术之乡商城丛书"的一种,2012年4月开始编辑,2013年4月完稿,2014年11月由长江少年儿童出版社出版。主编杨允琪、刘

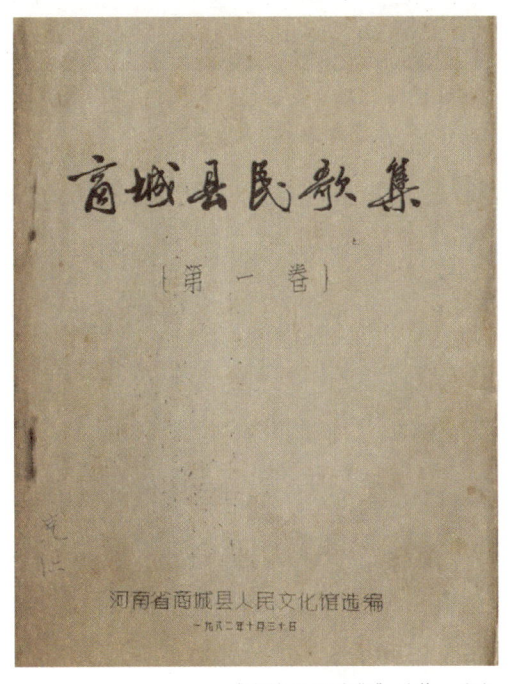

《商城县民歌集》(第一卷)
商城县人民文化馆1982年油印

《商城民间歌曲集》
长江少年儿童出版2014年版

宏奎,一位侧重歌词方面,另一位侧重曲谱方面。收录民歌350首(含6首民间音乐),分为号子、山歌、田歌、小调、灯歌、叙事歌、经调、其他8类。

该书中革命歌曲大都收入小调类,集中编排的有20首,特别编排的有1首(《八月桂花遍地开》),散入其他的有2首(《四宝上工》、《叹五更(一)》),跟《民歌卷》基本没什么区别,所不同的:一是"所录词曲,皆选择流传或刊行最早、最广、最善者,同时参校以他本,尽量保持原貌,这是最基本的原则"①;二是订正歌词舛误,补齐残缺歌词。如《四宝上工》,《资料初》、《民歌卷》用《四表哥上工》词,该书改用《中国歌谣集成河南商城县卷:歌谣》中《四宝上工》词(详见下编《商城革命歌谣辑录·四宝上工》)。现在看来,这样做未必完全合适:偏重了民歌的普及、推广、传唱即实用意义,却忽略了民歌的版本、源流、资料即学术价值。当然,这也与编纂时对该书的定位有关。该书舛误疏漏仍

---

① 杨允琪:《商城民间歌曲集·编后语》,载杨允琪、刘宏奎主编《商城民间歌曲集》,长江少年儿童出版社2014年11月第1版,第277页。

多,主要表现为歌词校对不精,错别字依然存在。《穷人调》(一)第四段"走来了两乘轿"的"乘"仍袭用"层",第七段"庄人笑融融"的"融融"仍袭用"容容"等,都没有订正过来;《反动派与白匪士兵吵嘴》第八段"头戴金箍帽就不能怕牺牲"的"戴"作"载",《大别山来了刘邓大军》第二段"金刚台上出金银"的"刚"作"岗",《骂保长》的演唱者"洪振声"的"声"作"生"等,是新产生的错误。《叹五更》《李玉莲迈大步》漏第一段后各段词,也没有校对出来。

商城革命歌谣　歌谣集主要有商城县民间文学集成编委会编,1990年铅印本《中国歌谣集成河南商城县卷:歌谣》(简称《歌谣卷》);中共商城县委党史资料征编委员会编,1991年铅印本《商城革命歌谣选》(简称《歌谣选》)。商城县非物质文化遗产普查办公室编,2009年打印本《商城县非物质文化遗产民间歌谣》搜集了一部分歌谣。

——《中国歌谣集成河南商城县卷:歌谣》。该书是按照国家文化部、民族事务委员会、民间文艺研究会〔1984〕第808号文件要求编纂的,1989年7月开始编纂,9月编成,1990年3月印刷。主编叶照青是诗人,副主编张德光、芮祚国是地方民歌、戏曲专家。收录歌谣600首,分为劳动歌、时

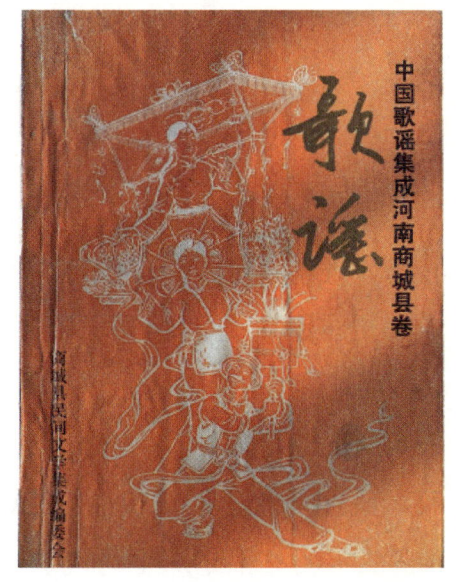

《中国歌谣集成河南商城县卷》
商城县印刷厂1990年印

政歌、仪式歌、情歌、生活歌、历史传说歌、儿歌、其他8类，后面附有少量民歌谱例以及演唱者、搜集者身份表和商城民歌手小传，有一定的广泛性和代表性，是一部较完整规范的歌谣集成，荣获1991年河南省"国家哲学社会科学重点科研项目"优秀成果一等奖。

该书中革命歌谣大都收入时政歌类——计68首，收入生活歌类的有10多首。每首歌谣都注明演唱者、搜集者姓名及搜集的时间和地点，是规范的搜集整理方法。最大的特点是，歌词经过修改和润色，语言比较优美，句式整齐、规范，没有以前那么多的语病和长短不齐，符合民歌歌体。从歌词角度讲，该书是最好最规范的版本。但也正因修改润色有些过，致使有的歌词离原貌较远，甚至失去了时代特色，故容易给人以错觉。

> 如今妇女真风流，走路踢破大石头。去掉裹脚放天足，好似洋船水中游。跟着共产党闹自由。
>
> ——《如今妇女真风流》

这首歌词当改自《放足歌》，只见录于《歌谣卷》和《歌谣选》，暂未发现其他本收录。《歌谣卷》时政歌按照时代顺序分类，这首歌编排在土地革命战争时期苏维埃成立和发展阶段，歌词反映的也是那个时期妇女翻身解放的内容。歌体是五句头，句式整齐，语言生动形象，一句"走路踢破大石头"就把妇女翻身解放后那股风风火火的劲儿，那种参加革命的情态展现得活灵活现。但"风流"二字明显不是那个时代歌谣用于妇女的词，很容易让人误认为是后来编创的作品。

《放牛孩子太可怜》有两个唱本,应该是出自同一底本:

> 《五句头》:小小麻雀遛房檐,放牛孩子太可怜,吃了多少冷饭菜,挨了多少打牛鞭,眼泪擦擦又上山。

> 《歌谣卷》:小麻雀,遛房檐,放牛孩子多可怜,吃了不少冷茶饭,挨了不少使牛鞭,忍气吞声又上山。

第三句"冷茶饭"和"冷饭菜"虽只一字之差,但意思就有些不同了。这一类歌谣多用"冷饭菜""冷菜饭",没见过用"茶"字,饭菜都吃不饱,哪来的茶?第四句"忍气吞声"有点像说成年人,"眼泪擦擦"更形象也更符合放牛娃特点。

《劝郎当红军五更》这首歌谣,《民歌卷》、《民歌集》、《歌谣卷》、《歌谣选》都收录了,《民歌集》、《歌谣选》同《民歌卷》:

> 《民歌卷》:〔1〕一更里劝劝奴亲人,劝亲人出门当红军,做事要认真。不贪财不怕死,才算真革命。〔2〕二更里劝劝奴郎君,劝郎君去捉土劣绅,切记莫惜情。捉住了土劣绅,斩草要除根。

> 《歌谣卷》:〔1〕一送奴亲人,出门当红军,革命事情要认真。不贪财不怕死,才算真革命。〔2〕二送奴郎君,去捉土豪劣绅,切记莫惜情。捉住了土劣绅,斩草要除根。

这首歌演唱者是不同的两人,搜集者是同一人。从歌词看,抛开每段"某更里劝劝"、"劝某某"不说,《歌谣卷》与《民歌卷》、《歌谣选》的差异仅限于个别字、词——这种在传唱过程中形成的改动很普遍,我们相信应该是基于同一版本。这首歌采用的是传统民歌"五更"的表现手法,第一段《歌谣卷》改第一句的"一更里劝劝"为"一送",删掉了第二句的"劝亲人"三字,句型变了,表现手法也就变了,改第三句"做事情"为"革命事情",未见得比原句好。第二段第一、二句改动同第一段,改"土劣绅"为"土豪劣绅",无多大意义。第三至五段改动大致同第一、二段。至于把歌名中的"劝郎"改为"送郎",自是因为歌词内容作了改动,但《民歌卷》《民歌集》《歌谣选》也这样改或沿用,就错了。

我们认为,在不改变歌词原意原貌的前提下,对有语病的、不规范的句子和不准确的用词进行修改,对史实的错误进行订正,是必要的,而对那些无关紧要的个别字词,就没有必要修改了,更不能改变原表现形式。修改的地方最好能出校释或说明。

——《商城革命歌谣选》。该书编成于1991年,同年3月商城县印刷厂印刷。歌谣主要来自征集的(由部分乡镇提供)歌谣(简称"歌谣稿"或原稿),少数录自革命回忆录等资料。参加搜集整理和编辑的人员有罗高松、李宏茂、刘引之、桂诗新、罗新厚、熊红书、左辉,都是党史工作者。收录革命歌谣143首,分为控诉、革命、歌颂3篇,是收录革命歌谣最多最全的本子。

该书的长处是歌词的史实错误少。《可恨团匪常二光》第四段第三

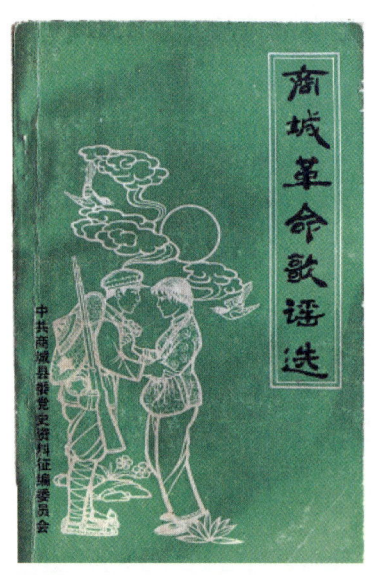

《商城革命歌谣选》
商城县印刷厂1991年印

句,原稿为"军民齐到常家寨",其实赤卫军攻打的是民团驻地鄢堆寨,而非常二光家所在地常家寨,故《歌谣选》改为"军民齐到鄢堆寨"。《十月小唱》第三段第四句,《资料初》为"打垮了蒋介石和那夏斗寅",《歌谣卷》为"打倒了蒋介石和那夏斗寅","歌谣稿"有的为"推翻蒋介石,打倒夏斗寅",有的为"推翻蒋介石,活捉夏斗寅",蒋介石扯得远了,故《歌谣选》改为"打垮了徐源泉和那夏斗寅"。《鄂豫皖边区暴动歌》第一段最后两句,《歌谣卷》为"大别山下烈火烧,播火人是咱毛委员",毛委员是井冈山的播火人,当然也是全中国的播火人,我们见到的"歌谣稿"缺这两句,《歌谣选》末句为"播火人是董必武",不知是作了改动,还是另有所本。从通篇看,作为第一段末句却不押韵,而整首是押韵的,这不符合整首押韵的规则,应该是订正遗留的问题。该书对歌词的整理也见特色。《财主自白》:

"歌谣稿":春季好时光悔之不尽:**悔不该只说是老坟地埋的好祖上有灵,谁知道共产党起了革命,打土豪杀劣绅性命难成**;悔不该**我**那时候压迫穷人;悔不该**我**用银钱买动衙门;悔不该放高利每月三分;悔不该**我**卖谷米**大小秤称**;……悔不该派**伙**款从中渔利,**坑百姓家破亡无处存身,卖妻儿卖天地我趁机吞并**。千万罪罪万千众怒难平。……我只有向群众低头认罪,**我只有大检举大揭发戴罪立功,我只有**乡亲**们**宽大我饶我活命。

《歌谣选》:1.33春季**来**好时光悔之不尽:悔不该那时候压迫穷人,悔不该用银钱买动衙门,悔不该放高

利每月三分,悔不该卖谷米**大斗小秤**……悔不该派夫款从中渔利,千万罪罪万千众怒难平。……我只有向群众低头认罪,**求**乡亲宽大我饶我活命。

《歌谣选》删去了"歌谣稿"加粗的文字,增补和修改了个别字(加粗字),不仅简明很多,而且主题更集中、更突出。

该书的主要问题是没有注明演唱者、搜集者的姓名和搜集的时间、地点,也没有注明歌谣的来源是哪——只在前言中说明歌谣是征集来的,因此无法跟《民歌卷》《歌谣卷》等版本作比较研究,可靠性难免让人产生怀疑。反映革命历史事件的歌谣没有介绍史实,也是瑕疵。个别歌谣,比如《大别山来了刘邓大军》,原稿《南下对歌》包括《大别山来了刘邓大军》、《支援大军到江南》两首,相当于歌曲联唱,是可以的,编者采用未予分开,直接更名为《大别山来了刘邓大军》,就有些不妥了。

《八月桂花遍地开》歌曲

《八月桂花遍地开》的诞生和争议

诞生地和作者

四川说和江西说 两说的共同点是只将此歌列为当地民歌，并不涉及具体的诞生地和作者。

——四川说。中国音乐研究所编选，1960年版《中国民歌》（简称中音版《中国民歌》）收录《八月桂花遍地开》，标注为"四川民歌"。《中国民歌》收录此歌据四川省文化局音乐工作组编、四川人民出版社1956年10月版《四川老革命根据地革命歌曲选》。该书扉页署"穆丁、邓永年收集整理　四川省文化局音乐工作组编"，曲谱前标注"通江"。

——江西说。上海人民出版社1971年版《中国人民解放军建军五十周年歌曲集》收录《八月桂花遍地开》，标注"江西民歌焕之曲"。人民音乐出版社1979年1月版《八月桂花遍地开》收录江西民歌五首，第五首《八月桂花遍地开》（第14页），曲谱前标注"陈良运等编词　李焕之编曲并配伴奏"。该歌是改编版。宋大能编著、人民音乐出版社1979年4月版《民间歌曲概论》收录《八月桂花遍地开》（第203页），曲谱前标注"江西民歌　江

西省文化组整理、改编"。

李庆丰《关于〈八月桂花遍地开〉的几个问题》辩驳说:"四川有关此歌的最早记载则是1933年夏天,四川旺仓史家的史群英在《八月的桂花》中回忆说,当时她第一次听到女红军战士唱起了《八月桂花遍地开》。鄂豫皖苏区的红四军主力是1932年10月开始撤离苏区,1932年12月抵达川陕地区,1933年2月正式成立中共川陕省委和川陕省苏维埃政府,形成了以通江、南江和巴中为中心的川陕边革命根据地,而江西中央苏区是1934年10月正式开始长征。所以,此歌不可能是四川民歌,只能是由鄂豫皖苏区传出。"该文批评《中国民歌》编辑工作中这种缺乏调查研究、片面采取'先入为主'的做法",并且说:"廖家骅先生曾于'文革'前向编纂者书信反映,并要求更正,中国音乐研究所当时即复信,表示再版时考虑订正。"该文对《战地新歌》"前言"也进行了批评:"特别是在《战地新歌》(第3集)中,他们不调查研究,不实事求是,在'前言'中把它定为江西革命歌曲。这种粗暴的做法,不仅割断了半个多世纪我国革命斗争的历史,而且连建国十七年来我国音乐工作者对此歌所做的大量搜集整理成果(包括李焕之等同志的改编)都一笔抹煞。"[①] 中国艺术研究院音乐研究所编,上海文艺出版社1982年5月版《中国民歌》第二卷四川部分"革命历史民歌"未再收录此歌。

湖北红安说 该说认为《八月桂花遍地开》产生地是红安,时间是1929年4月,作者是七里坪附近的一个小学教师。

---

① 以上《音乐研究》2007年6月第2期,第49页。

代表说——出版的革命歌谣选。《红安革命歌谣选》载："一九二九年六月,中共鄂东北特委召开各县和红军第二次联席会议,通过了《苏维埃问题决议案》,决定建立苏维埃政权。七月,黄安县紫云区苏维埃政府首先成立。接着,七里、仙居、城区、桃花、高桥等区(乡),亦先后成立了苏维埃政府。这是自'黄麻起义'后第一次普遍建立基层政权。为了庆祝这一伟大胜利,创作了这首歌。"①

依据——访谈回忆资料。成仿吾1982年4月访问红安时说："这首歌的歌词是七里坪附近的一位小学教员创作的,开始在檀树岗一带传唱,后流传全县,以后又流传整个鄂豫皖苏区。"②也有记载成仿吾说"这首歌是由七里坪镇附近一位姓王的小学教员为庆祝苏维埃政权建立而编写的"③。

辅证——出版的歌曲集。中国艺术研究院音乐研究所编、上海文艺出版社1982年5月版《中国民歌》(简称上文版《中国民歌》)第二卷 湖北部分"革命历史民歌"收录《八月桂花遍地开》(第405页):歌词10段;歌名下括注"小调·八段锦调";曲谱前标注"湖北红安 汉族";曲谱后括注"江传菊、方思勉演唱 红安县文化馆、博物馆记录";脚注称"此歌在一九二九年十月大别山根据地的红、麻两县为庆祝成立苏维埃政府时开始歌唱的。之后湖北其他根据地成立苏维埃政府时也歌唱这首民歌。"《中国

---

①② 红安县革命史编写领导小组办公室编著:《红安革命歌谣选》,武汉大学出版社1986年2月第1版,第47页。

③ 黄解林:《两首经典红色歌曲,同出一个故乡》,载《书摘》2007年2月,第77页。《书摘》该文后括注"摘自《湘潮》2006.11期"。

民间歌曲集成》全国编辑委员会编、人民音乐出版社 1988 年 12 月版《中国民间歌曲集成·湖北卷》上卷"鄂东北区民歌"收录《八月桂花遍地开》(第 289 页):歌词 10 段;歌序〔0230〕;歌名下括注"小调·八段锦调";曲谱前标注"鄂东北·红安县";曲谱后括注"方思勉、郑波清唱　张忽填、占仲凯记";脚注称"此歌在一九二九年十月大别山根据地的红麻暴动成功为庆祝成立苏维埃政府时开始歌唱的。之后,湖北其他根据地成立苏维埃时也歌唱这首民歌。歌词中有'一切工厂工农来没收'及'尽所能、取所需消费生产'的句子,反映了当时'左'的思想影响。"

　　《中国民歌》不只在第二卷湖北"革命历史民歌"部分收录了此歌,在第三、四卷安徽、河南"革命历史民歌"部分也收录了此歌,《中国民间歌曲集成》也分别在湖北卷、河南卷收录了此歌。《中国民歌》虽署文化部文化艺术研究院音乐研究所(只有第二卷署中国艺术研究院音乐研究所)编[1],但音乐研究所只是主编者或组织单位,实则由各省文化局组织的民歌编写组编,至于音乐研究所负起了什么责任,就不得而知了。《中国民间歌曲集成》也是如此,全国编委会不过是一个组织者,各卷由各省组织的编委会编。既然由各省组织编写,那么入选歌曲自然也由各省编写组或编委会定。因此,这两本书不能作为此歌产生地的依据——这一点后面不再重述。成仿吾在红安所说与在新县所说有所不同(见后)。《红安县革命史》未言及《八月桂花遍地开》创作地和

---

[1]　上海文艺出版社版《中国民歌》共四卷,第一、三、四卷署"文化部文学艺术研究院音乐研究所编",第二卷署"中国艺术研究院音乐研究所编"。

作者。

持此说的立论依据大都不出以上所述。

安徽金寨说 该说认为《八月桂花遍地开》诞生地是金寨佛堂坳(1932年10月前属商城县和区),时间是1929年农历八九月间,作者是佛堂坳小学教师罗银青。

代表说——出版的革命史和县志。《金寨县革命史》载:"苏维埃建设期间,正是桂子飘香的金秋时节,又是谁种谁收的丰收季节,人民群众欢欣鼓舞,玩灯唱戏,庆祝人民政权的诞生。共产党员、共进小学教师罗银青创作了以歌颂苏维埃建设为内容的《八月桂花遍地开》的歌词,配以当地流传的欢乐明快的《八段锦》民歌曲调,在苏区广为传唱,后来流传到全国各根据地。"①文中所说"苏维埃建设期间",指从1929年"9月底,在南溪林氏祠即建立了商城县工农革命委员会……不到半个月时间,商南地区一、二、三、四、五区区、乡苏维埃政权相继建立起来"②这段时间。《金寨县志》载:"民国18年9月间,商南地区建立苏维埃政权,罗银青为纪念'穷人政权建立日',用当地群众喜爱的《八段锦》民歌曲调,创作了《八月桂花遍地开》的歌词。"③《鄂豫皖革命根据地史》载:"为了表达广大劳苦群众翻身得解放和庆祝苏维埃政府成立时的喜悦心情,共产党员、佛堂坳小学校长罗银青于10月(农历八九月间),在商城县工农革命委员会成立时创作的著名革命

---

①② 《金寨县革命史》编委会:《金寨县革命史》,安徽人民出版社1991年8月第1版,第87、86页。

③ 金寨县地方志编纂委员会:《金寨县志》编委会编《金寨县革命史》,上海人民出版社1992年4月第1版,第761页。

歌曲《八月桂花遍地开》，开始在豫东南革命根据地广为流传。"①此节文字紧接前面记述1929年12月27日红三十二师解放商城后成立商城县苏维埃政府一节，似不妥，不知道要表达什么。

依据——访谈回忆资料。主要是漆远渥、漆先棣、方子翼将军和罗银青亲属的回忆资料。漆远渥回忆："《八月桂花遍地开》的作者是罗银青。我1929年在佛堂坳小学读书时，学的第一首歌子就是《八月桂花遍地开》。教我们唱歌的是青年教师陈觉民（即陈绍禹〔王明〕的妹妹）。罗银青当时在佛堂坳小学担任我们的校长兼语文教师，因为门牙少了一颗，有一次教这支歌子时，罗银青老师说：'这首歌是我写的，我的牙不关风，不然我要亲自教你们。'他还风趣地说：'陈老师教你们唱比我教得好，她是女的，声音比我好听……同学中还有方子翼（空军少将）……'"②方子翼回忆："罗银青老师教我们唱这支歌子时，就说这是他写的歌词，我记得很清楚。"③漆先棣回忆："自红军由鄂东、豫南等地粉碎敌人两次'会剿'后，我和县委书记李梯云、宣传部长漆禹原两同志在花堰白莲宫研究要作一首建设苏维埃的歌，当时想了好半天叫谁动笔呢？最后决定让出口成章的罗银青起稿。大约未到半个月的工夫，罗银青便将《八月桂花遍地开》的歌词带给李梯云审议。我当时是少共县委组织部长，定稿后，配上《八段锦》民歌曲，请少共县委书记徐乾和少共宣传部长漆先平，将这支歌子

---

① 中共河南省委党史研究室、中共安徽省委党史研究室编：《鄂豫皖革命根据地史》，安徽人民出版社1998年12月第1版，第133页。

②③ 转引自台运行编著《金寨红色经典故事》，中共党史出版社2018年6月第1版，第33页。

油印发给各团支部,各区、乡苏维埃,要大家学唱。"①

罗延厘回忆:"民国十八年(1929年),我在佛堂坳小学读书,罗银青是我叔祖父,他作了《八月桂花遍地开》要我们学唱……"②罗宗礼回忆:"《八月桂花遍地开》这支歌,我们本地人都会唱,都知道是我叔父罗银青作的。我记得我叔父银青用毛笔写的日记上面有《八月桂花遍地开》,可惜这日记本子在'文化大革命'时,被我弟弟罗宗敦烧了。"③

漆远渥、方子翼都是罗银青的学生,两人所说并非"完全一致"④:漆远渥说教唱歌的是陈觉民而非罗银青,因为罗银青少了一颗门牙,不关风;方子翼则说是罗银青教唱。漆先棣说是他和李梯云、漆禹原安排罗银青"起稿",也没有旁证,而且1929年李梯云并不是县委书记,而是县委委员,漆禹原也不是县委宣传部长,"那么,漆先棣就与这种说法存在一定的利害关系,他的说法是否真实客观,也要打上一个问号"⑤。罗银青的亲属罗延厘没有举出证据;罗宗礼提到罗银青日记"被烧了"也有疑点:罗银青的日记怎么会交给侄子保管?就算日记里有毛笔书写的歌词,也不能证明歌词就是罗银青创作的。

辅证——出版的歌曲集。文化部文学艺术研究院音乐研究所编、上海文艺出版社1982年9月版《中国民歌》第三卷安徽部

---

①②③ 转引自台运行编著《金寨红色经典故事》,中共党史出版社2018年6月第1版,第33—34页。

④ 台运行:"我们曾两次访问方子翼将军,他说的情况和漆远渥将军完全一致。"台运行编著:《金寨红色经典故事》,中共党史出版社2018年6月第1版,第33页。

⑤ 李庆丰:《关于〈八月桂花遍地开〉的几个问题》,载《音乐研究》(季刊)2007年第2期,第48页。

分《革命历史歌曲》收录《八月桂花遍地开》(第552页):歌词2段;曲谱前标注"安徽金寨 汉族"。

持此说的立论依据大都不出以上所述。

河南新县说 该说认为《八月桂花遍地开》产生地是柴山保(今新县陈店),时间是1929年8月。

代表说——出版的革命史。《新县革命史》载:"一九二九年八月,光山县苏维埃政府在我县大朱家宣告成立,参加大会的代表共一百二十多人……柴山保人民热情欢唱各级苏维埃的成立……。据戴季英、张池明、邓永言、成仿吾等几位老人回忆,《八月桂花遍地开》这支著名的歌曲,开始就是在柴山保地区建立县苏维埃政权时编唱出来的。"①

依据——访谈回忆资料。主要是戴季英、成仿吾、邓永言等人的访谈资料。戴季英1980年5月接受新县采编组访谈时说:"《八月桂花遍地开》是柴山保当地人作的。是谁作的,不知道,不是从外地传来的。那时因为要复写、油印搜来的歌,我们特委几个人都亲自看看改改。我和曹学楷、戴克敏、郑位三都参加修改过。"②戴季英时任中共鄂东特委委员,中共鄂豫边特委候补委员。

成仿吾1982年5月10日在新县革命纪念馆"政权、经济、文化部分参观时"说:"当时是一个姓王的小学教员自己编的。他

---

① 新县文管会、河南大学编写组:《新县革命史》,河南人民出版社1985年9月第1版,第80页。

② 转引自胡光明《〈八月桂花遍地开〉诞生于新县》,载政协新县委员会《红色记忆》(政协文史资料第六辑),第696页。该段话后括注:"根据1980年5月新县县史采编组录音整理材料,该材料现保存在新县文管会档案室。"

是外地人,是地主资本家的儿子,一九二八年二九年到苏区来的,后来在皖西列宁小学还当过教员。一九三二年因为他想逃跑,被我们捉回杀了。"① 这段话有另一种记录,也是普遍引用的记录:"记得当时是一个姓王的列宁小学教员写的。叫什么名字,忘记了,是商南或是皖西人,听说是地主资本家的儿子,思想进步,喜爱文艺。"② 既然是记录,就会有文字出入,但关键要素不能丢失或改变。成仿吾时任中共鄂豫皖省委宣传部部长、鄂豫皖省苏维埃政府文化委员会主任。

邓永言1979年4月9日在卡房公社古店大队三畈(即山背畈)接受陈士农、李积菊访问时说:"到成立弦西区乡苏时,菩萨已经打了,就在正殿里开会。……参加会的除了本地代表以外,还有红安、罗山、弦南区的人,演戏的是弦南区的宣传队,唱了很多歌,有'少年先锋队歌',国际歌,八月桂花遍地开,鲜红的旗帜扯起来歌等。……另外,成立区苏时,唱的是'八月桂花遍地开',没唱'三月桃花遍地开'。"③ 一些论者转述邓永言说,当时对《八月桂花遍地开》第一句歌词作了修改,唱的是"三月桃花遍地开",

---

① 《成仿吾回忆鄂豫皖的几个问题》(一九八二年五月八日至十一日),陈士农记录整理,载新县文物管理局《新县革命斗争史资料汇编》(送审稿)下册,第1279页。

② 转引自胡光明《〈八月桂花遍地开〉诞生于新县》,载政协新县委员会《红色记忆》(政协文史资料第六辑),第697页;胡良友《经典民歌〈八月桂花遍地开〉诞生地及作者之争初探》,载《新校园理论》2011年总第230期,第9页;周其玮《一段鲜为人知的红色民歌轶事——〈八月桂花遍地开〉诞生始末》,载《广播歌选》2010年第2期(总第335期),第29页。按:胡光明文该段话后括注"据当年访问者记录材料";周文引文个别文字和语句顺序与二胡文略有出入,但意思完全一致。

③ 《弦西苏区的成立(之一)》(一九七九年四月九日),陈士农整理,载新县文物管理局《新县革命斗争史资料汇编》(送审稿)下册,第440—441页。

未免不负责任。

戴季英只说此歌是柴山保当地人作的,并未说明作者是谁。或说一些老红军回忆歌词作者是一个叫岱觉先的私塾先生,既没明说说者为谁,也没交代资料来源,权作姑妄言之。成仿吾只说此歌是一个小学教员(或者是姓王的小学教员)编的,这个教员是外地人(或者是商南或是皖西人),是在新县编的还是在其他地方编的,没有说,不能作为此歌产生地的依据。成仿吾访问红安在先,前后所说虽然不多一致——而且两县对成仿吾所说也各有不同记录,但有一点是相同的,就是歌词作者是一个小学教员。问题是,成仿吾的原话究竟是怎么说的?这很重要,不同的记录会导致不同的结论。邓永言只说在成立弦西区苏维埃会上(1930年小满前)演唱《八月桂花遍地开》,不存在产生地和作者问题,即便真改唱过"三月桃花遍地开",也不能用来证明1929年8月就已在柴山保传唱。

辅证——出版的歌曲集。文化部文学艺术研究院音乐研究所编、上海文艺出版1985年7月版《中国民歌》第四卷河南部分《革命历史歌曲》收录《八月桂花遍地开》(第130页):歌词5段;歌名下括注"小调·八段锦调";曲谱前采集地"河南新县汉族";曲谱后唱记人"瞿汉民演唱 王致安记录"。《中国民间歌曲集成》全国编辑委员会、《中国民间歌曲集成·河南卷》编辑委员会编,中国ISBN中心1997年版《中国民间歌曲集成·河南卷》"小调"收录《八月桂花遍地开》(第764页):歌词10段;歌序599;歌名下括注"八段锦调";曲谱前采集地"新县";曲谱后括注"徐朝刚唱 王致安记";脚注"此歌又名《庆祝成立工农政府》"。

持此说的立论依据大都不出以上所述。

河南商城说　该说认为《八月桂花遍地开》产生地是商城县城,时间是1929年底,创作者是王霁初。

代表说——出版的革命史和县志。《商城革命史》载:"1929年12月27日,全城张灯结彩,四门挂彩,工农商学兵各界群众,从四面八方涌到官井沿大操场,举行庆祝大会……会后,各街市民和四乡农民玩龙灯,舞狮子,热烈庆祝苏维埃的诞生。民间艺人王霁初创作了《八月桂花遍地开》一歌,赞颂苏维埃……"①《中共商城县历史大事记》载:"12月27日……全城张灯结彩,县委召集各界群众在官井沿大操场举行庆祝大会。大会宣布成立商城县苏维埃政府,主席张德山(后叛变)。为庆祝县苏维埃政府的成立,城关艺人王霁初创作了著名革命歌曲《八月桂花遍地开》。"②《商城县志》载:"12月27日,为庆祝县苏维埃政府成立,他(指王霁初)根据商城民歌《小小鲤鱼压红腮》曲调改编填词,创作了著名革命歌曲《八月桂花遍地开》。"③

依据——访谈回忆资料。主要是吴冠宾《一曲颂歌传天下——〈八月桂花遍地开〉产生的由来》,徐光友、徐兴华《八月

---

① 中共商城县委党史资料征编委员会编:《商城革命史》,河南人民出版社1988年9月第1版,第85页。

② 中共商城县委党史资料征编委员会:《中共商城县历史大事记》(1919年5月—1992年10月),河南大学出版社1993年3月第1版,第36页。

③ 商城县志编纂委员会:《商城县志》卷二《大事记》,中州古籍出版社1991年3月第1版,第769—770页。

桂花遍地开》。红日剧团演员吴淑慎《红日剧团》和访谈资料,程启文、张兰亭等人访谈资料。

鄂豫皖大别山区说 中国艺术研究院音乐研究所《中国音乐词典》编辑部编,1992年6月版《中国音乐词典》(续编)"八月桂花遍地开"条(第5页)载:"革命民歌。流传于安徽、河南、湖北等省的大别山地区。系土地革命时期有些县、区成立苏维埃政府时,据民歌《八段锦》填词传唱而成。各地词、曲大同小异,内容为庆祝苏维埃政权成立,鼓舞工农革命斗志。曲谱见《中国民歌》第三卷(文化部文学艺术研究院音乐研究所编,上海文艺出版社·1982)。"文中说"曲谱见《中国民歌》第三卷"并不准确,前面说过,上文版《中国民歌》第二、四卷也收录了《八月桂花遍地开》曲谱。音乐舞蹈史诗《东方红》导演团编、人民音乐出版社1977年6月版《音乐舞蹈史诗东方红歌曲集》收录《八月桂花遍地开》(第15页),曲谱前标注"革命民歌 焕之编曲",未标注产生地。《党建》2001年第2期刊载音乐舞蹈史诗《东方红》选曲《八月桂花遍地开》(第48页)时,简介"这首歌是1929年鄂、豫、皖革命根据地人民用当地的民歌《八段锦》填词改编而成"。

诞生在商城

"红金新"说疑点 四川说和江西说已被党史界基本否定。红安说、新县说没有可靠的证据,而且新县说与"史实有误"(见后)。剩下的就是金寨说与商城说了。金寨说与商城说,从诞生地县属上说是一致的,都是商城县——当时金寨佛堂坳属商城县和区,1932年10月才划出去,只是诞生的具体地点和时间不同而已,真正的焦点是作者。

金寨说的主要问题:一是依据主要是与罗银青有特殊关系的人士提供的资料——学生和亲属的回忆资料,有的存在史实错误,都没有举出有说服力的证据,是否客观,正如李庆丰所说"也要打上一个问号";也有其他人员的回忆,但不是立论的主要依据。二是罗银青是否还创作有其他歌曲?换句话说,"罗银青的创作佐证比较简单,仅就看出其政治面貌是共产党员、文化水平是小学教师"[①],如果仅创作《八月桂花遍地开》一首,而没有创作其他歌曲——有说他在商城起义后任佛堂坳小学校长期间创作了《兵变歌》《穷人歌》《小放牛》《妇女歌》等歌曲,则不知其所据——那么他是否有创作歌曲的才能,同样需要打上一个问号。三是没有作者的手稿、文章、自传、自述等直接证据,缺乏当事人或亲历者的证言。四是紧扣桂花开放的时节而认定歌曲产生在农历八九月间,未免胶柱鼓瑟了,殊不知,中国民歌最基本的表现手法就是比兴(或者论者在回避比兴),而"兴"可以与民歌内容有关,也可以与民歌内容无关,"八月桂花遍地开"只是一个兴句而已。"文艺创作是社会生活的反映,客观地考证《八月桂花遍地开》的创作时间,并不能简单地以桂花开放的时间来确定,而必须依据所反映的特定历史情况来辨认。'唱一曲国际歌庆祝苏维

---

① 姬少华:《颂歌传天下,音乐铸丰碑——〈八月桂花遍地开〉创作之考证》,载政协新县委员会《红色记忆》(政协文史资料第六辑),2010年10月第1版,第704页。

埃'有它特定的历史内涵和发生时间,循此考察才能得出符合历史实际的认识。"①五是与农历八九月(桂花开放的季节)相关联,也是最重要的,偏离史实。姬少华《颂歌传天下,音乐镌丰碑——〈八月桂花遍地开〉创作之考证》着眼"这首歌的创作背景是苏区人民热烈庆祝县苏维埃政府成立","从建立县苏维埃政府史实上考证:'新县说'与史实有误,1929年8月在朱大湾成立的是光山县工农民主政府(主席程炳煌),而光山县苏维埃政府于1930年春成立(主席朱合云);'商南说'与史实偏离,1929年8月至9月,以商城南溪、吴家店为中心的豫东南革命根据地遭到敌军摧残,商城县临时办事处负责人詹谷堂壮烈牺牲,9月下旬才取得第二次反'会剿'斗争胜利,恢复根据地后于10月重建了商城县工农革命委员会(主席廖炳国),故'于9月下旬歌颂苏维埃'的说法难以成立……"②

商城说依据相对可靠　商城县人民文化馆编,1956年油印本《商城民间音乐资料》初辑"革命历史歌曲"类收录《庆祝成立工农民主政府》即《八月桂花遍地开》,载歌词9段,目录中该歌名后标注"综合收集"。1956年还没有出现《八月桂花遍地开》诞生地和作者之争,编辑者也没有诞生地和作者权属意识,收录此歌为商城革命历史歌曲是可信的。但这本资料不被商城党史工作者所知道,因此也从未被商城党史工作者提起。假如这本资料不是油印本,而是正式出版物,出版的时间又是那么早,那么影响

---

① 姬少华:《颂歌传天下,音乐镌丰碑——〈八月桂花遍地开〉创作之考证》,载政协新县委员会《红色记忆》(政协文史资料第六辑),第703页。
② 政协新县委员会:《红色记忆》(政协文史资料第六辑),第703—704页。

可能就大不一样,中音版《中国民歌》收录的《八月桂花遍地开》就可能标注"商城民歌"或"河南民歌"而非"四川民歌",或者作出相关说明,而上文版《中国民歌》就会标注"河南商城"而绝非"河南新县"。

吴冠宾《一曲颂歌传天下——〈八月桂花遍地开〉是怎样产生的》(叶先青整理)载:

> 到了一九二九年,商城大暴动成了功;十二月二十五日,红军又打开了县城;接着,赤城县苏维埃又要召开第一次代表大会。陈世鸿他们忙着搞宣传,写传单,贴告示,还编写了一大些子顺口溜、快板书、文言诗、白话文等。……为了庆祝县苏维埃代表大会的召开,他们却犯愁了。那时,还没电影,也没有能说会唱的洋喇叭,大会要是冷冷清清的,搞宣传的可该怎么说呢?
>
> "俺们编个歌,唱唱苏维埃吧。"有人想了个鲜点子。
>
> 咋编呀?人人白瞪了眼,谁也不会那个宫商角徵羽。想来想去,决定去搬个师傅。
>
> 那时,商城有个叫王霁(原文"霁"作"继")初的,可能啦。商城素称歌舞之乡,民歌、民间舞蹈多得赛牛毛。王霁初见啥学啥,学啥会啥,还能谱个曲调儿。城里头每次闹灯会,都是他拿主角儿。一听到请他帮忙搞文艺,歌颂苏维埃,二话没说,就把一肚子歌都倒了

出来,让大家挑支好曲子。《淮调》吧？悲了;《砍柴调》呢？软了;《手扶栏杆》怎么样？又太俗了……挑来选去,相中了《八段锦》。大伙叫他重唱一遍,他一张嘴,歌声又像流水似的涌出来:

小小鲤鱼压红鳃,上江游到下呀嘛江来……

行得！欢欢快快的调子,配得上歌颂苏维埃。于是就让陈世鸿填词。可他一提笔却作了难。民歌不仅要押韵,还要讲究什么比兴手法,要以此类彼,提起这个引出来那个,满有名堂哩。韵辙好办,《八段锦》里的"小小鲤鱼压红鳃"用的是"怀来"韵,要歌唱苏维埃的"埃"字,正好也是这条韵。只是开头难,写啥呢？他顺着"怀来"的韵脚摸,忽然想起来王霁初唱的"八月十五桂花开"这句歌词,干脆照搬过来就是。一开了头,全词很快就写成了。经我父亲吴靖宇修改后,交王霁初配上了《八段锦》的曲子,定名为《八月桂花遍地开》。商城新编的第一支革命民歌就这样产生了。[①]

文中详细地介绍了《八月桂花遍地开》创作的起因和创作过程,特别是对选曲、作词细节描写得生动、形象、鲜活,如亲历一般。吴冠宾是吴靖宇的长子、陈世鸿的外甥,时年10岁,读列宁小学,不去揣度他是否聆听过父辈们讨论歌曲创作,也不去探究他如何知悉创作细节,说他知情当不为错。徐光友、徐兴华《八

[①] 中共商城县委编:《大别山烽火》,河南人民出版社1981年2月第1版,第421—422页。该文删节用省略号表示。

月桂花遍地开》(简称"二徐文")跟吴文大同小异,特别是对选曲、作词的过程介绍,几乎没有区别。但徐光友《革命歌曲威力大》(北京军区红四方面军回忆录写作组协助整理,简称"徐文")又说《庆祝工农政府》(《八段锦》调)是1930年春为庆祝在麻埠成立的道苏维埃政府而编写的①,并完整录歌词10段。吴文刊载在1981年2月版《大别山烽火》,二徐文发表在1982年8月1日《光明日报》第四版,徐文成文时间不晚于1990年《鄂豫皖苏区文化史料选编》征编期间,只会更早。抛开二徐文与吴文的关系,二徐曾经是认同王霁初创作《八月桂花遍地开》的。

原红日剧团演员吴淑慎《红日剧团》载:"戏剧脚本、歌词舞曲主要靠王霁(原文"霁"作"继")初和红日报社总编辑陈世鸿二人编写创作,由我大哥吴靖宇最后修改定稿。王霁初编写的剧本歌词,文辞优雅,韵脚严密,着笔细腻,独具风格,念起来清脆宜口,贴心贴体,给人一种快慰的享受。如《八月桂花遍地开》《打商城》《穷人调》《反动派吵嘴》《空树枝》《乌鸦》《杜鹃》等许多土地革命时期流行的民歌、舞剧,都是出于他的手笔。"② 时隔八九年,吴淑慎在商城官井沿家接受桂诗新采访时说:"《八月桂花遍地开》确实是他编的,早在打商城后不久,编后就叫俺们

---

① 徐光友《革命歌曲威力大》:"一九三〇年初,六安农民暴动以后,在麻埠成立了道苏维埃政府,召开了成立大会,人民群众欢庆解放,载歌载舞,兴高采烈,盛况空前,人们又编了《庆祝工农政府》(《八段锦》调)……"载河南省革命文化史料征编室《鄂豫皖苏区文化史料选编》(一九九一年三月),第232页(原页码误作132)。

② 吴淑慎:《红日剧团》(易以群整理),载中共商城县委编《大别山烽火》,河南人民出版社1981年2月第1版,第457页。

演。"① 吴淑慎两次说到《八月桂花遍地开》是王霁初编写的,并非空穴来风。至于是王霁初作词还是编曲(套用民歌曲调),一般演员可能不会太关注,混淆了也属正常,这有点像我们现在听歌,多半只知道演唱的歌手,没几人知道作词作曲者是谁。

王霁初的妹妹王心惠《忆胞兄王霁初》载:"在红日剧团一年多里,他创编出演了一些文艺节目,如《八月桂花遍地开》《打商城》《穷人调》《反动派吵嘴》《空树枝》《乌鸦》《杜鹃》等,许多土地革命时期流行的歌曲、短剧,都出自他的手笔。"② 此文写于1990年12月,王心惠时年87岁。

原红十一师二十一团政治处文书程启文(退休前任湖南省军区副司令员)1984年9月1日、3日在新县招待所会客室接受陈士农采访时说:

> 一九三二年五月,苏家埠战斗胜利后,新集的蓝衫剧团到前方去进行慰问演出,我当时在红十一师三十一团政治处当文书搞宣传,我看到剧团有个人约四十来岁,很会唱会演,男的,女的,老的,少的他都扮,特别使我印象深刻的是他在台上轧风琴,脚又是踩,手又是捺,嘴里还在唱,大家都很新奇。我们就问剧团里的负责人,是在哪里搞来的这个人?蓝衫剧团里的负责人就告诉我们:这个人姓王,名叫王信芝,是商城人。……后来成立苏维埃,《八月桂花遍地开》《红

---

① 桂诗新1988年1月4日在商城官井沿11号附1号吴淑慎家采访吴淑慎笔记手稿,吴淑慎时年72岁,手稿有"吴淑慎88年4号"的签字。

② 河南省革命文化史料征编室:《鄂豫皖苏区文化史料选编》(一九九一年三月),第265页。

四军南下胜利歌》《扩大红军十劝夫》歌都是他作的。"九一八"事变后他还写了一个话剧叫《联合起来反对日本帝国主义》,在新集街头演出过。……《八月桂花遍地开》是他作的,这没有问题,因为在郭家河时,我还问过他,他说是他作的。至于什么时间,什么地方我就弄不清了。①

程启文还专门讲道:"这回我到商城也对他们讲(原文'讲'误作'访')了,并把《扩大红军十劝夫》唱了几段让他们录了。"②程启文到商城,目的是找王霁初(王信芝)。他在商城跟商城党史工作者说:"在部队中我们经常看剧团演戏,认识团长兼导演王霁初,这人确实多才多艺,很会编节目,《八月桂花遍地开》就是他编的,我还亲眼看他编过这么一首歌:'红四方面军十万,光复黄安,克服商南……'"③程启文与王霁初结识,又当面问过王霁初创作《八月桂花遍地开》一事,当不会错。

原鄂豫皖省剧团演员兼伴奏张兰亭(退休前任北海舰队巡防区主任)给商城写信说:"红军攻打商城后,成立了赤城县苏维埃政府,王霁初在红军和一些学生的动员下参加革命,搞红日剧团工作。他会弹会唱会编,《穷人调》《八月桂花遍地开》《打商城》等歌都是他编的。在新集省苏维埃红日剧团里,我们在一起。我是演员兼伴奏,他是指导老师。当时有些同志还将所演节目抄

---

①② 《〈八月桂花遍地开〉作者问题专访》(一九八四年九月一号上午、三号早晨),载新县文物管理局《新县革命斗争史资料汇编》(送审稿)上册,第459—460页。
③ 转引自桂诗新《〈八月桂花遍地开〉歌词作者究竟是谁?》,载《河南党史研究》1986年第2—3期,第172页。

成歌本(笔者注:河南省博物馆陈展有一份)。以便传唱。"① 张兰亭跟王霁初曾是同事,所说当有依据。

　　现在探讨成仿吾1982年在新县说的那段话。成仿吾作为当时鄂豫皖省委和省苏维埃政府主管文化宣传工作的负责人,对像《八月桂花遍地开》这样有名的作品,像王霁初这样的文艺人才,不可能不有所了解,最起码有耳闻。前面说过,成仿吾所说有不同记录,我们不知道原话究竟是怎么说的。顺着"姓王","他是商南或是皖西人","是地主资本家的儿子,思想进步,喜爱文艺"等线索来查证,王霁初无疑是最合适的人选。如何看待"一九三二年因为他想逃跑,被我们捉回杀了"这句话？如果不是记录问题,就有三种可能:一是作歌的小学教员不是王霁初,而是另外一人;二是捉回来杀的不是王霁初,而是另外一人;三是捉回来杀的是作歌的王霁初,"逃跑"只是为杀而捏造的理由。不过,第三种可能牵涉到王霁初的下落,此不讨论。毕竟过去了半个多世纪,成仿吾的回忆难说没有搞错或弄混淆的地方。成仿吾所说只能作为确定歌作者的参考,不能作为依据。

　　王霁初、陈世鸿究竟是怎样

王霁初 商城县文物管理局提供

---

① 转引自桂诗新《〈八月桂花遍地开〉歌词作者究竟是谁？》,载《河南党史研究》1986年第2—3期,第172页。引文中的括注为原文,"笔者"是桂诗新自指。

的人呢？

王霁初(1893[①]—1933?)，谱名心锐，曾用名信芝，字汝果，号砺初，又号霁初。姊妹9人，下有4个弟弟、4个妹妹，其中二妹年幼时就夭折了。王家过去是商城名门望族。商城县第一对父子进士就是王霁初的六世祖王浙(嘉靖五年1562年进士)、七世祖王莛(隆庆五年1571年进士)。他的六世祖王俠做到明朝的巡按。王家一门出了4个进士、14个举人。到了清朝，王家开始衰落。晚清到民国年间，他的大伯父王顺存(王礼堂)在东北做官，当过知县、知府、警备处长、清乡督办、道尹。他的父亲王预存是湖北候补知县。王霁初就出生在这样一个家庭。

王霁初自幼酷爱戏曲艺术，早年就读于天津南开中学，毕业后曾去东北王礼堂他大伯父那里，后回家学唱京剧。1924年，王霁初变卖部分田课，创办戏班，商城歇后语"王霁初卖课——玩戏"，即由此而来。王礼堂见王霁初在家不务正业，就招他去东北，想给他谋个一官半职，哪知王霁初无心官场，又跑回家乡。后来还写了一篇《艺术论》说："人爱吃白米，就是不愿儿孙种田；人爱吃鱼肉，就是不愿让儿孙渔猎；人都爱娱乐，就是不愿让儿孙唱戏。儿知大父也爱看戏，如果天下父母都不让子女演戏，大地之上锣鼓住点，四海之内丝断竹绝，大父能不感到寂寞吗？"[②]1930

[①] 《王氏宗谱》载王霁初"生于光绪壬辰年十二月二十八日戌时"，光绪壬辰年(光绪十八年)十一月十三日为公元1892年12月31日，故王霁初生于公元1893年2月。有关资料载王霁初生于"一八九三年十二月二十八日辰时(农历)"表述不准确，1893年农历十一月二十四日是公元1893年12月31日，该年农历十一月二十五日进入公元1894年了。

[②] 转引自罗高松、桂诗新《党忠诚的文化战士——王霁初》，载河南省商城县民

年1月,商城县苏维埃政府成立红日剧团,王霁初任团长。1931年秋,王霁初随红日剧团调到皖西北特区苏维埃新剧团任团长,后又在鄂豫皖省苏维埃新剧团兼任指导老师。在红日剧团和新剧团期间,王霁初编创和排演了大量文艺节目,歌曲《红军打商城》、《八月桂花遍地开》、《穷人调》,表演唱《反动派吵嘴》,活报剧《打倒日本强盗》等,影响很大。1932年秋,王霁初随红四方面军西征,后在入川的一次战斗中牺牲①。1959年,河南省人民政府追认王霁初为革命烈士。

陈世鸿,学名陈正燮,吴靖宇的妻弟,商城城关人。幼读私塾,喜欢国学。1926年考入县立初级中学读书,加入中国共产主义青年团,参加商城书社工作。1930年1月任红日报社总编辑。在担任总编辑期间,编写过歌词。后下落不明。

商城是诞生地 商城是诞生地有两层含义:一是商城是《八月桂花遍地开》的诞生地。当时佛堂坳、南溪也好,城关也罢,都属商城,罗银青也好,王霁初、陈世鸿也罢,都是商城人。如果商南十四个半保不从商城划走,可能就没有这多争议,至少争议的前提是在商城县内。二是今天的商城是《八月桂花遍地开》的诞生地。我们认为,为歌颂新生的商城县苏维埃政权,1929年12

政局、中共商城县委党史资料征编委员会编《商城英烈》(一九八六年八月),第225页。

① 关于王霁初下落有不同说法,此据罗高松、桂诗新《党忠诚的文化战士——王霁初》。该文载:"全国解放后,听回家探亲的老红军说:'他在红军入川后的一次战斗中牺牲了。本来已经冲过了封锁线,可是他发现材料袋子丢了,就是装的那些歌呀,戏呀,论呀的大袋子,终日扛在身上,他要回去找,大家说有危险,他说那是他的心血,他的命,是党的财富,坚持去了……'"河南省商城县民政局、中共商城县委党史资料征编委员会编:《商城英烈》(一九八六年八月),第230页。

上编：专论 《八月桂花遍地开》歌曲

舞蹈《八月桂花·创作》剧照 2014年音乐舞蹈史诗《诗画商城》 蔡大为摄

月下旬或稍晚（晚不过1930年1月），陈世鸿创作歌词初稿，经吴靖宇等人修改，王霁初套用商城民歌小调《八段锦》曲调，编创了《八月桂花遍地开》，编创地在商城县城。我们这样说，主要基于两点：

——商城的依据比其他县可靠。一方面，商城的依据都是王霁初的身边人和同事亦即当事人或亲历者所述，是第一手资料，重要的是有情节，有细节，不是干巴巴的那几句话，在没有直接证据的情况下，第一手资料总比转述资料可信。另一方面，商城的依据不是孤证，有最早的《商城民间音乐资料》支撑，自相矛盾的地方少。可能有人会问，《商城民间音乐资料》所载歌名叫《庆祝成立工农民主政府》，与庆祝苏维埃政府不符合。是的，看起来似乎不符合。但是，歌名开始并不统一，也叫《庆祝苏维埃》。既然是"综合收集",版本当不止一个,歌名当也不止一个,搜集者未必能弄清楚工农民主政府与苏维埃政府有什么区别,用哪个歌名更贴切未必在他们注意范围之内,难说歌名不是"综合"的结果。这种情况,在以往民歌搜集整理中是存在的。不能因为歌名叫《庆祝成立工农民主政府》,就否定歌曲为庆祝成立苏维埃政府而创作;歌词毕竟是主要的,"唱一曲《国际歌》庆祝苏维埃"说得再明确不过。

——商城具备编创的实力和条件。《八月桂花遍地开》歌词强烈的战斗性、革命性、鼓动性和雅俗共赏性,不是谁只要有文化、有写作能力甚至有才华就能写出来的,更不是所谓才子、私塾老先能写出来的,不是,绝对不是那样!没有亲历革命,没有对革命的深刻认识,没有革命火一般的激情、磐石一样的信念,是断然写不出来的。陈世鸿具备这样的条件:一方面,他是红日报社的总编辑,了解革命工作更多更及时,认识革命道理更深刻更敏锐,站位识见自然也就更高更远;另一方面他有较深厚的文字功底,不然怎担总编辑之任?王霁初的音乐才能就无需赘述了。

一般论者,特别是支持金寨说者批评商城说时就提到三点:一是1929年12月25日王霁初还关在县监狱里,到12月27日成立商城县苏维埃政府不过两天,从创作到演唱的时间上说,创作出这首歌曲难以成立;二是王霁初参加革命在1929年12月25日以后,从他的革命思想觉悟和当时政治水平分析,难以写出这样作品,换句话说,就是不具备写出此歌的条件;三是写作革命诗歌要与当时自然情景相吻合,解放商城是天寒地冻、大雪纷飞的冬季,不是丹桂飘香的金秋,情、景不符合,不可能想到用"八月桂花遍地开"作为歌名。我们认为,王霁初只是编曲者,不是作词者,第一、二两点虽然言之凿凿,但不成立。至于第三点:首先,"八月桂花遍地开"用的是传统"兴"的表现手法,拘泥于具体季节是不懂或刻意回避民歌的"兴",重要的是"客观地考证《八月桂花遍地开》的创作时间,并不能简单地以桂花开放的时间来确定,而必须依据所反映的特定历史情况来辨认"(见前);其次,陈世鸿是在突然想到王霁初唱的"八月十五桂花开"这句歌词,亦即受到这句歌词启发才开始进入创作状态的,"八月桂花遍地开"是典型的"兴"句;再次,这首歌曲的歌名并非一个,《八月桂花遍地开》是,《庆祝成立工农民主政府》是,《庆祝苏维埃》还是。更何况用歌词第一句作为歌名的例子在《诗经》中屡见不鲜,没有什么好怀疑的。

得出商城是歌曲《八月桂花遍地开》诞生地的结论,是建立在现有资料的基础上,是目前的结论,当然可以并欢迎继续深入研究。

《八月桂花遍地开》的内容、特色和影响

内容

歌词内容 《八月桂花遍地开》是为庆祝成立苏维埃政府而创作的,表达了工农大众对新生的革命政权的拥护、爱戴,洋溢着翻身得解放的喜悦、欢快,号召工农大众在中国共产党的领导下团结向前,为革命努力奋斗,主题鲜明,感情充沛,有强烈的革命性、鼓动性、战斗性和雅俗共赏性。歌词共9段。

〔1〕八月桂花遍地开,鲜红旗帜竖起来。张灯又结彩,张灯又结彩,光华灿烂创出新世界。亲爱的工友们,亲爱的农友们,唱一曲《国际歌》庆祝苏维埃。

〔2〕站在革命最前线,不怕牺牲冲上前。为的是政权,为的是政权,工农专政如今已实现。亲爱的工友们,亲爱的农友们,今日里是你的解放第一天。

这两段歌唱庆祝成立苏维埃政权。第一段通过红旗飘扬,张灯结彩,高唱《国际歌》,把热烈欢庆的场面一下子展现在人们眼前。第二段承接第一段歌唱"工农专政如今已经实现",成功来之不易,是革命者前仆后继、用生命换来的,深化人民翻身得解放的喜悦心情。

〔3〕人民政府保护人民,人民把政府当家庭。人人

有家庭,人人有家庭,鱼帮水水帮鱼相依为命。亲爱的工友们,亲爱的农友们,爱政府就好比爱自己的眼睛!

〔4〕不爱家庭身无依,不爱政府被人欺。政府是自己的,政府是自己的,你爱政府就好比爱自己。亲爱的工友们,亲爱的农友们,这一点希望你特别注意!

第三至四段歌唱人民政府和人民亲如一家。歌词用"鱼帮水水帮鱼相依为命"、"爱政府就好比爱自己的眼睛"作比,表达对人民政府的爱戴和珍惜。

〔5〕巍巍政府

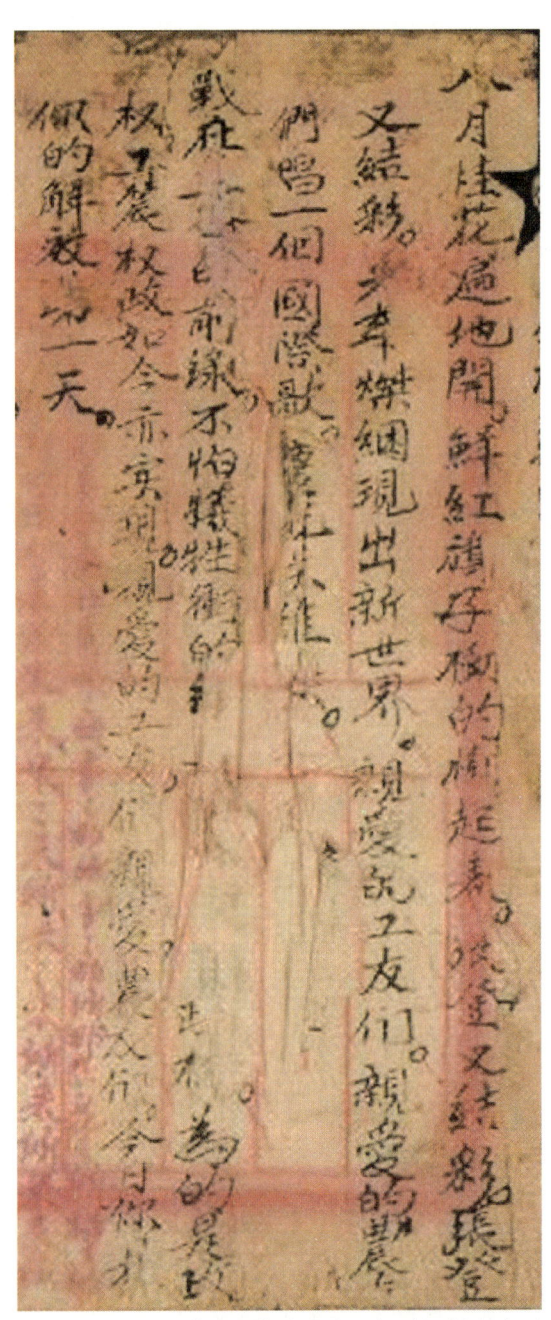

《八月桂花遍地开》歌词刻印残页

谁造成,就是工人和农民。胜利大元勋,胜利大元勋,士兵也是工农的化身。亲爱的工友们,亲爱的农友们,自己的地位特别要认清!

第五段歌唱工人和农民以及工人和农民化身的红军,是建立人民政府的"大元勋"。

〔6〕代表群众的意志,由你罢免或选举。不是讲威武,不是讲威武,人民都能监督这政府。亲爱的工友们,亲爱的农友们,这政府靠咱们一致来拥护。

第六段歌唱人民政权的选举、监督,即民主制度。

〔7〕完成民主革命,反动势力要肃清。团结向前进,团结向前进,政府就是船行的指针。亲爱的工友们,亲爱的农友们,把反动消灭尽才能享太平。

〔8〕领导群众数千万,跳出地狱鬼门关。再不受摧残,再不受摧残,封建制度彻底要推翻。亲爱的工友们,亲爱的农友们,手拉手肩靠肩建设豫鄂皖。

〔9〕任凭中途有风浪,坚决斗争不调和。共产党掌舵,共产党掌舵,才有今天这个好结果。亲爱的工友们,亲爱的农友们,庆祝工农民主政府努力做工作。

第七至九段歌唱跟着共产党继续革命,彻底推翻封建制度和反动派,人民才能真正过上幸福生活,要为人民政府努力工作。

歌词版本　《八月桂花遍地开》在传唱的不同的地方,不同的时期,又经过众人修改,歌词存在一些差异,形成不同的传唱本,是正常的事。我们不能对所有歌词的异同进行考辨,这样做没有多少意义,我们只就在商城看到的两个版本作一比较,这两个版本基本可以作为代表。

目前商城有两个歌词版本:一是《民歌卷》、《歌谣卷》等歌曲、歌谣集收录的歌名为《八月桂花遍地开》的六段本,这是目前流行的版本,歌曲改编大都以此本为蓝本,我们称之为六段本或通行本;一是《资料初》收录的歌名为《庆祝成立工农民主政府》的九段本,这是目前在商城看到的最早的,也是最接近歌词原貌的版本,我们称之为九段本或足本。

那么,这两个版本有什么不同呢?

——从段数上看,九段本比六段本多出三段,实际上两个版本只有五段歌词基本相同,即前六段的第一、二、三、五、六段。

——从歌词上看,又可分为三类,我们略加分析。为了简便起见,我们用六角括号括注段序数(据下编该歌的段序数),即第几段,用圆括号括注句序数(不含重句),即该段第几句。

第一类——个别字词不同,歌词基本相同。细分起来,有三种情况:

《资料初》:〔1〕(4)光**华**灿烂**创**出新世界。

《民歌卷》等:〔1〕(4)光**辉**灿烂**现**出新世界。

第一段第四句"光辉"比"光华"更通用,"创出"和"现出"着重点不同,但意思没什么差别,有也极其细微,甚至可以忽略。

《资料初》:〔2〕(1—2)站在革命**最前**线,不怕牺牲冲**上**前。

《民歌卷》、《民歌集》、《歌谣选》:〔2〕(1—2)站在革命**第一**线，不怕牺牲冲**向**前。《歌谣卷》同《资料初》。

第二段第一句"最前线"与"第一线"，第二句"冲上前"与"冲向前"，意思完全没有区别。——这是第一种情况。

《资料初》：〔4〕（1）不爱家庭**身无依**。

《民歌卷》《民歌集》《歌谣选》：〔5〕（1）不爱家庭**是负义**。

第四段（《民歌卷》等六段本为第五段）第一句"身无依"和"是负义"虽然只有三字之别，但意思就有所不同，"负义"狭隘了。——这是第二种情况。

《资料初》：〔2〕（3）为的是**政权**。

《民歌卷》《民歌集》《歌谣卷》：〔2〕（3）为的是**革命**。

第二段第三句"政权"比"革命"更切题意，因为歌曲主题是庆祝苏维埃政府成立。——这是第三种情况。

这样的例子还很多，可参看下编《商城革命歌谣辑录·八月桂花遍地开》，不再一一列举。

第二类——句子有差异甚至有较大的差异，词义相近。细分起来，也有三种情况：

《资料初》：〔3〕（1—2）人民政府保护人民，人民把政府当家庭。

《民歌卷》《民歌集》《民歌选》：〔3〕（1—2）政府的生命是人民，人民政府做家庭。

《歌谣卷》：〔3〕（1—2）政府的生命是人民，人民政府是家庭。

第三段第一句《民歌卷》诸本好；第二句《资料初》为"把"字句，《民歌卷》诸本为陈述句，意思相近。——这是第一种情况。

《资料初》：〔3〕（6）爱政府就好比爱自己的眼睛。

《民歌卷》：〔3〕（6）爱政府和爱家庭要具一样心。

《民歌集》：〔3〕（6）爱政府和爱家庭是一样的心。

《歌谣卷》：〔3〕（6）爱政府爱家庭都要一样心。

《歌谣选》：〔3〕（6）爱政府和爱家庭要有一样心。

第三段第六句《资料初》用比喻好，《民歌卷》诸本直白了。

《资料初》：〔3〕（4）鱼帮水水帮鱼相依为命。

《民歌卷》、《民歌集》、《歌谣选》：〔3〕（4）家庭就是你的生命。

《歌谣卷》：〔3〕（4）家庭就是你的第二生命。

第三段第四句《民歌卷》诸本与第一句"政府的生命是人民"意思重复，《歌谣卷》加"第二"两字更是多余，不如《资料初》比喻形象而贴切。——这是第二种情况。

《资料初》：〔5〕（3—4）胜利大元勋，士兵也是工农的化身。

《民歌卷》、《民歌集》、《歌谣选》：〔6〕（3—4）胜利怎样得？尽都是工农兵努力做斗争。

《歌谣卷》：〔6〕（3—4）胜利怎样得，全靠工农兵努力去斗争。

第六段(《资料初》为第五段)第三句《资料初》为肯定句，《民歌卷》诸本为设问句,语意重点不同。第四句《资料初》说士兵(即红军)是工人、农民的化身,是对第二句"就是工人和农民"的解释和补充,但"士兵"二字不准确,当为"红军";《民歌卷》诸本直接说工农兵,跟第二句"工人和农民"缺少照应。——这是第三种情况。

第三类——句子不同,词义也不同。

《资料初》:〔5〕(6)自己的地位特别要认清!

《民歌卷》、《民歌集》:〔6〕(6)希望你今后更要加油。

《歌谣卷》:〔6〕(6)希望你今后工作要加紧。

《歌谣选》:〔6〕(6)消灭反动派才能享太平。

第六段第六句《资料初》与《民歌卷》诸本语句不同,意思也不同。

——从段落划分看,六段本第四段插在第三段和第五段之间,明显不妥。

《民歌卷》:〔4〕革命浪潮如巨雷,阶级的力量永远是团结。牺牲又流血,牺牲又流血,谁有奋勇就能把政权得。亲爱的工友们,亲爱的农友们,彻底肃清反动派!

《歌谣卷》个别字词略有不同,不去管它。六段本第三段和第五段意思连贯,都是讲人民政府和人民亲如一家的血肉联系,此段插在中间殊为不妥,故下编《商城革命歌谣辑录》将此段调整为第五段。

特色

《八月桂花遍地开》以歌词与曲调、内容与形式、结构与手法都能较好结合为总特色,而贯穿总特色始终的一根线,是对传统民歌艺术的继承与发展。

语言特色 语言通俗浅显,大量使用衬词,地域特色突出。

〔1〕八月桂花遍(啦)地开,鲜(啦)红旗子竖(呀)竖起来。张灯又结彩(呀那个),张灯又结彩(呀),光华灿烂创出新世界。亲爱的工友们(哪),亲爱的农友们(哪),唱一曲《国际歌》庆祝苏维埃。

括号中的词都是衬词。衬词不是固定的,不同的歌手可能会增加不同的衬词,这是民歌演唱中常见的现象。

多用比兴手法。把人民政府比作家庭,把爱人民政府比作爱自己的眼睛,把人民政府与人民的关系比作鱼水的关系等,都是贴切的比喻,一看就懂。用"八月桂花遍地开"起兴,已经讲了很多,不再赘述。

曲调特色 《八月桂花遍地开》原曲调套用流行在大别山一带的民歌小调《八段锦》,并没有变化。《八段锦》歌颂男女青年的爱情,曲调清新、活泼、欢快。改编后的曲调变化主要有两点:一是由小调改为大调,增添了热烈、激昂的情绪;二是改变了音程,简化了乐句。李庆丰《关于〈八月桂花遍地开〉的几个问题》载:"第一句变化较大,核心音调高音 do-sol-la 变成下行的高音

do-la-sol,旋律走向和节奏发生了变化,乐句落在徵音上,但其三声音列 sol-1a-do(窄声韵)并未改变,这使它仍保留着原来音调的基本特征。第二句的曲调相对简化,音域扩展(do-re-mi-sol-la-高音 do-高音 re),更适于表达那种昂扬激越的情绪。"[1]李文谱例采用的《八月桂花遍地开》曲谱是《中国民间歌曲集成·河南卷》所录采集地标注为"新县"的曲谱,此曲谱已经是改编过的,并非《八月桂花遍地开》原曲调。

结构特色　《八月桂花遍地开》的体式有六句体、五句体两种说法。以下以第一段为例,句前仍用圆括号括注句序数,其中阿拉伯数字为六句体句序数,英文字母为五句体句序数;词中仍用六角括号括注重句。

〔1〕(1-A)八月桂花遍地开,

(2-B)鲜红旗子竖起来。

(3-C)张灯又结彩,(D)〔张灯又结彩,〕

(4-E)光华灿烂创出新世界。

(5-C2)〔亲爱的〕工友们,(D2)〔亲爱的农友们,〕

(6-E2)唱一曲《国际歌》庆祝苏维埃。

六句体七七五七三七式,以(D)、(D2)句为重句即叠句,不计在句数之内,即整体六句。将其视为六句体的长处,是兼顾了歌词的完整性,但问题也是明显的:(4)句见下(E)句分析,(5)句可视"亲爱的"为衬字,(6)句就完全突破了句式要求。五句体七七五五七式,以(C)、(D)为两句,至(E)句止,为完整结构,

---

[1] 《音乐研究》(季刊)2007 年第 2 期,第 51 页。

即五句,而以后面(C2)、(D2)、(E2)句为前面(C)、(D)、(E)句的重句。将其视为五句体长处,是将(E)句"光华"、"灿烂"两词任删一词,或视任一词为衬词,就完全符合句式要求。这是大别山一带流行的五句头变体,或许更符合大别山民歌特色,但歌词的完整性就谈不上了。我们认为,不论将其视为哪种结构或体式,并不影响歌词结构本身,只不过是人们从不同角度看而已。

影响

红色经典 《八月桂花遍地开》是红色经典包括两层意思:是土地革命时期的红色音乐的代表作,是中华人民共和国的红色经典歌曲。

——土地革命时期的红色音乐的代表作。《八月桂花遍地开》诞生在土地革命战争时期,从诞生地一路唱来,唱遍鄂豫皖苏区,响彻川陕苏区和陕甘宁苏区。不知有多少人唱着《八月桂花遍地开》参加革命,也不知有多少苏维埃政权在《八月桂花遍地开》歌声中成立。《八月桂花遍地开》传唱地域之广,人员之多,时间之久,影响之远,"染教世界都香",堪称土地革命战争时期红色音乐的代表作。

——中华人民共和国的红色经典歌曲。1959年,为庆祝中华人民共和国成立十周年,《八月桂花遍地开》由霍希扬编词——保留原词第一段,重新编写第二至四段,李焕之编多声部合唱,刊载在《音乐创作》1959年第四期。1964年,音乐舞蹈史诗《东方红》

采用李焕之编曲——简化的女声二部合唱,迅速红遍全国,成为新中国革命经典歌曲。《八月桂花遍地开》合唱曲是音乐会中保留节目,音乐旋律被广泛用于革命题材的影视剧。

在商城的传唱和演绎 商城是《八月桂花遍地开》的诞生地。土地革命战争时期,商城红日剧团演唱、传播《八月桂花遍地开》功不可没。中华人民共和国成立后,尤其是21世纪以来,商城以不同的文艺形式传唱、演绎着这首革命经典歌曲。

——歌舞演绎。女声合唱《八月桂花遍地开》参加2010年6月2日中央电视台《民歌·中国》"魅力信阳"节目录制,这是商城演员演唱《八月桂花遍地开》舞台级别最高的一次演唱。合唱以一名女歌手清唱一段《八段锦》作为引子,然后转入一段用改编前曲调无音乐伴奏合唱,最后进入用改编后曲调音乐伴奏合唱,意在表明《八月桂花遍地开》的曲调来自商城民歌小调以及该歌编创产生的过程。女声小合唱《八月桂花遍地开》参加2016年10月13日晚在河南艺术中心举办的"长征——永恒的诗篇'河南省纪念长征胜利80周年交响诗会'"[①]第二篇章"长征·中原"演出,商城歌手荣登省级表演平台。

歌舞《八月桂花遍地开》是2009年12月21日晚在信阳市浉河区文化中心演出的"开源弄潮唱大风——2009年信阳市迎新年文艺晚会"第三篇"源之魂·红色经典"中的一个节目,是进入21世纪以来商城较早以歌舞形式表演《八月桂花遍地开》的

---

① 交响诗会由中共河南省委宣传部、河南省新闻出版广电局、河南省文化厅、河南省教育厅、河南省文联主办,河南人民广播电台、《郑在读诗》微信公众平台倾力承办,共分三个篇章:《长征·记忆》《长征·中原》和《长征·传承》。

开始。

舞蹈《八月桂花》是2014年4月12日晚上演的音乐舞蹈史诗《诗画商城》第二篇《红色绝唱》中的一个节目。杨允琪撰写文学脚本,刘宏奎作曲,刘小雷编舞,信阳师范学院音乐学院学生表演。创作者另辟蹊径,以舞蹈的形式,从王霁初编创《八月桂花遍地开》的片断切入,演绎歌曲产生、送郎当红军、红军打商城、欢庆胜利和憧憬未来等场景,再现《八月桂花遍地开》诞生的过程以及对后来革命产生的影响。音乐元素采自商城民歌《八段锦》《送郎当红军》《红军打商城》。舞蹈《八月桂花》与另一歌舞《血染杜鹃》一起,成为商城红色歌舞节目的双璧。歌舞曲和演出剧照分别收进长江少年儿童出版社2019年版《商城创作歌曲集》、2015年版《商城歌舞图集》。

舞蹈《八月桂花·憧憬》剧照 2014年音乐舞蹈史诗《诗画商城》 蔡大为摄

——歌剧演绎。歌剧《八月桂花开》是信阳市文化广电新闻出版局主持创作排演的信阳第一部反映商城革命斗争的原创民族歌剧。许红(宏)编剧,刘宏奎作曲,河南省豫剧院张平总导演,河南省豫剧院二团桑艺、信阳艺术中心张艳林导演,解放军总政歌舞团陈淑敏、孙学翔领衔主演。2016年4月27日晚在信阳市百花之声举行首场演出,7月1日晚在商城影剧院演出,接着在上海国际艺术节、郑州艺术中心演出,在第七届河南省黄河戏剧节上获金奖。歌剧演绎王霁初和桂花的革命爱情和王霁初编创《八月桂花遍地开》的故事。音乐和唱腔多采自大别山民歌和民间音乐的元素,又融入西方歌剧的创作技巧,是一种新的尝试。《八月桂花开》在开创信阳歌剧,宣传商城是《八月桂花遍地开》诞生地方面,具有独特意义。

歌剧《八月桂花开》剧照　廖煜摄

——影视演绎。电影《八月桂花遍地开》是商城县人民政府投资并在商城拍摄的第一部反映商城革命斗争的故事片。桂诗新原著,谢晓岣编剧兼导演,郭嘉铭、张颖、马精武主演,商城演员、干部和群众参加演出,河南电影电视制作集团公司、河南电影制片厂等单位2006年联合摄制。2007年4月12日晚在信阳市文化中心举行首映式,后来在中央电视台电影频道播出。影片讲述酷爱民歌的商城艺人王霁初脱离封建家庭参加红军,参加红日剧团,从事革命文艺宣传工作,创作《八月桂花遍地开》歌曲,最后献身革命的故事。影片的特色在于别开生面地把一些广为传唱的商城民歌和久为流行的商城民间舞蹈或直接采用进来,或进行改编吸收进来,作为插曲和衬托,突显了歌舞之乡的色彩。《八月桂花遍地开》是影片片尾歌曲。

电影《八月桂花遍地开》海报

红色商城文化

微电影《八月桂花遍地开》海报

微电影《八月桂花遍地开》是商城县人民政府投资并在商城拍摄的第一部反映商城革命斗争的微故事片。李乃庆、杨允琪、熊伟生编剧,常志宏导演,商城演员参加演出,郑州电视台2016年摄制。当年获得在信阳举办的"2016美丽乡村·世界微电影艺术节"的"特别单元"奖。

影片讲述在国外留学的年轻人张绍飞回到家乡参加商城微电影艺术节演员海选,其爷爷也要参加,于是一家祖孙三代围绕表演什么节目而发生争执,最终在爷爷讲出一段深埋在自己心底的秘密后达成一致意见,共同演唱商城民歌《八月桂花遍地开》的故事。《八月桂花遍地开》是影片结尾演唱的歌曲。

商城苏区学校

商城苏区教育的兴起

创办和发展

商城苏区教育,《商城县志》和《商城革命史》所载极为简略,《商城县教育志》也语焉不详。《商城县教育志》第二章《大事记》载:"民国19年(1930年)9月,商城县苏维埃机关迁至南乡汤家汇。随着政权建设的发展,逐步试办识字班和各种学校。"[①] 第四章《苏区教育》第一节《创办与发展》载:"1929年夏,商城起义成功后,首先创建了以南溪、汤汇为中心的区、乡苏维埃政权。遵照上级党的指示,逐步在泗河的瓦屋基、双河等地创办了由苏维埃政府领导下的新型学校——列宁小学。""商城县的苏区教育,1929年秋后开始创办……"[②] 第四节《列宁学校选介》载瓦屋基列宁小学:"于1930年春创办了一所学校,名为'六区一乡列宁小学。'"[③] 这里就有了疑问:第一,《大事记》与《苏区教育》记载商城苏区教育开始创办的时间相差近一年。第二,按《创办与发展》记载,在瓦屋基、双河等地创办的列宁小学当是商城苏区创办最

---

① 商城县教育志编纂委员会:《商城县教育志》,第17页。
② 商城县教育志编纂委员会:《商城县教育志》,第95—96页。
③ 商城县教育志编纂委员会:《商城县教育志》,第108页。

早的一批列宁小学,创办时间没有说,从"1929年秋后开始创办"理解,不会晚于1929年底,而《列宁学校选介》则载瓦屋基列宁小学在1930年春创办,创办时间相差最少三个月。《大事记》与《苏区教育》各执一说,《苏区教育》自身也不能做到统一。因为商城苏区教育可资参考的资料极少极简略,《商城县教育志》谈苏区教育《创建与发展》一节不足860字,而有的资料又互相矛盾,所以我们讲商城苏区教育创建与发展有一定困难。

我们可以上溯到1924年前后的县城平民学校,1925年前后的商城县甲种农业学校,不过那时商城苏区尚未创建,两所学校都是进行革命宣传教育活动的一块阵地,可以说是商城革命教育的发端,但不是严格意义上的商城苏区教育。

商城苏区教育是伴随着苏区的创建而产生、发展而繁盛起来的。

创始(1929年5月—1930年12月) 1929年5月商城起义胜利后,很快形成以南溪、斑竹园和吴家店(以上今属安徽金寨)为中心,纵横六七十里地的一块工农武装割据区域。到1929年12月底,在商城县城建立了商城县苏维埃政府,在商南和商东南丁家埠(今属安徽金寨)、吴家店、余子店、苏仙石建立了4个区苏维埃政权。这个阶段,商城苏区才开始创建,红军一直在游击作战,为配合军事斗争,1929年5月红三十二师在南溪成立学兵团,开商城苏区红军教育的先河。商南较早的一部分苏区是否开办了识字班等,不得而知。总体说,商城苏区教育还处于萌芽状态。

1930年春,城关区苏维埃政府,北部五区、商固特区苏维埃政府相继成立,南部乡苏维埃发展到49个。随着商城苏区的巩固与扩大,在建设政权的同时,在瓦屋基、双河(以上今属安徽金寨)、余集等地创办了一批列宁小学,在南溪创办了女子纺织学校,在汤家汇创办了赤城师范学校。南溪女子纺织学校是鄂豫皖苏区创办最早的职业学校,赤城师范学校是鄂豫皖苏区创办最早的师范学校。

发展(1931年1月—1932年1月) 1931年,商城苏区向西扩展到余集,向西北扩展到双椿铺,全县各级苏维埃政权陆续建立并日益巩固,为苏区教育发展创造了有利条件。鄂豫皖区苏维埃政府也在这一时期采取一系列的政策措施,促使苏区教育向比较规范的方向发展。第一,加强了党委和苏维埃政府对苏区教育工作的领导。1931年7月,鄂豫皖区第二次苏维埃代表大会颁布了《苏维埃政府临时组织大纲》和《文化教育政策》。《苏维埃政府临时组织大纲》规定了苏区文化教育的管理机构。《文化教育政策》强调"苏维埃政府在共产党领导之下,发展苏区的无产阶级文化教育"[①]。中共商城县委宣传部是文化教育工作党的主管部门;商城县、区、乡苏维埃政府均成立了文化教育委员会,村配备了文化教育委员。第二,基本建立起苏区教育体系。《文化教育政策》是鄂豫皖苏区第一个比较系统的苏区教育纲领性文件。1931年8月,鄂豫皖区赤色教师学生代表大会颁布的《鄂豫皖区赤色教师学生代表大会决议案》,则是贯彻落实鄂豫皖区第

---

① 《鄂豫皖区第二次苏维埃代表大会文件·文化教育政策》(一九三一年七月一日—×日),载《鄂豫皖革命根据地》编委会编《鄂豫皖革命根据地》第二册,河南人民出版社1990年9月第1版,第435页。

二次苏维埃代表大会文化教育精神的具体举措。7月到8月,制定了苏区教育工作的方针和政策,颁布了各类教育的实施措施,建立了教育巡视制度,编订了苏区教材,培训、充实了教师队伍。1931年夏是鄂豫皖苏区教育发展的里程碑式的时期。

商城南部南溪、银山畈(今属安徽金寨)、汤家汇,东部苏仙石、李集,西部余集,北部回龙集等地,在区苏维埃所在地创办了列宁模范学校,在乡苏维埃所在地创办了列宁小学,在村苏维埃所在地创办了各种类型的识字班、读报组、夜校。商城县文化教育委员会还在南溪举办了教师训练班。只要具备办学条件,都先后创办了各类学校。《商城县教育志》载,"到1931年,全县创办列宁小学35所,各种识字班103处"[①]。

鼎盛(1932年2月—1932年10月) 1932年2月,红军第三次解放商城,改商城为赤城,中共赤城县委、赤城县苏维埃政府进驻县城,领导全县人民进行革命和建设,全县建立14个区、108个乡苏维埃[②],商城苏区进入全盛时期。1932年5月,《鄂豫皖省苏维埃文化委员会决议案(草案)》出台,7月,《鄂豫皖省赤色教师联合会简章》实施,苏区教育更趋规范。赤城"县苏维埃文化教育委员会制订发展教育计划,要求区办列宁模范学校,乡办列宁小学,村办各种识字班"[③]和夜校,苏区教育突飞猛进发展,达到

---

① 商城县教育志编纂委员会:《商城县教育志》,第2页。
② 据中共商城县委党史资料征编委员会办公室(刘引之执笔)《商城县苏维埃政权的建立和发展》,载中共信阳地委党史资料征编委员会编《丰碑》(一九八六年九月)第十三辑,第4页。
③ 杨和清:《商城县土地革命时期的苏区教育》,载中国人民政治协商会议河南省商城县委员会编《商城文史资料》(一九八八年三月)第一辑,第2页。

鼎盛。

《鄂豫皖苏区教育史》载商城列宁学校总数703所（原分项少2所，不知总数有误，还是分项有误），高居统计的11县首位，学生总数19070。703所列宁学校中，列宁模范学校2所，与红安并居11县首位，列宁高级小学14所，列宁模范小学60所，列宁初级小学625所，亦居11县首位。① 跟《鄂豫皖苏区教育史》比，《商城县教育志》载"全县模范学校和列宁小学有74所，114班，学生4680人"②，杨和清《商城县土地革命时期的苏区教育》载"列宁模范学校14所，56个班，学生2130人。列宁小学60所，105个班，学生3650人"③，也未免少太多。无论商城方面是据现存资料和调查访问后的不完全统计，还是两家统计口径不同——比如《商城县教育志》等统计1932年当年，《鄂豫皖苏区教育史》统计从创建到1932年；再比如《商城县教育志》等只统计列宁学校，《鄂豫皖苏区教育史》统计还包括识字班、夜校等——都不会有这么大出入。考以《湖北特教半月刊》1934年第一卷第二期载"小学数量极多，每村必置一所"④，第一卷第五期程汝怀文载"差不多每村有一所红色小学"⑤，不说商城上千个村，单是14个区108个乡苏维埃都办列宁小学，也不止74所，商城统计数过小是无疑

---

① 以上据霍文达、王如、刘卫东著《鄂豫皖苏区教育史》，河南大学出版社1988年3月第1版，第143页。

② 商城县教育志编纂委员会：《商城县教育志》，第96页。

③ 中国人民政治协商会议河南省商城县委员会编：《商城文史资料》（一九八八年三月）第一辑，第2页。

④⑤ 转引自霍文达、王如、刘卫东著《鄂豫皖苏区教育史》，河南大学出版社1988年3月第1版，第108页。

的。至于说各种识字班、夜校 360 多处,学员 6800 多人,平均每处还不足 19 人,同样少了些。

1932 年秋,鄂豫皖苏区第四次反"围剿"失败,商城苏区学校陆续停办,一场历时三年、轰轰烈烈的苏区教育革命,到此画上休止符。

附:商城苏区较知名学校调查表

商城苏区较知名学校调查表
（录自《商城县教育志》）

校名	校址	规模			负责人
		所数	班数	人数	
城区列宁小学(含识字班)	老县政府、一小、赤城街道办事处	4	28	860	
八乡三校列宁小学	龙潭(今鲇鱼山龙潭)	1	2	90	
翟畈列宁小学	翟畈(今鲇鱼山库区)	1	2	100	
三区列宁小学	伏山王楼	1	4	120	何术泉
二区列宁小学	石冲周新屋	1	4	140	张泽善
里罗城列宁小学	里罗城刘氏祠	1	2	78	任守本
千金山列宁小学	千金山	1	1	30	张道成
石洞列宁小学	杨氏祠	1	2	76	
四区列宁模范学校	苏仙石琉璃河	1	4	160	冯百勤 冯继珍
四乡列宁小学	苏仙石前塆子	1	1	40	
六乡列宁小学	关帝庙	1	1	40	

续表

校名	校址	规模			负责人
		所数	班数	人数	
三乡列宁小学	青峰岭塆金氏祠	1	1	35	熊心安 朱茂林 易玉成
四区七乡列宁小学	四顾墩王氏祠	1	1	41	
李集列宁小学	小丛洼	1	4	120	
四区九乡列宁小学	丰集东庄子	1	2	80	王传富 卜成清
杨塆乡列宁小学	丰集张破楼	1	2	80	
四区七乡列宁小学	丰集袁河观音堂	1	2	80	唐光早 曾广全
五区七乡列宁小学	丰集霸王岗	1	2	40	
固二区二乡（后划赤城九区）列宁小学	白集乡张下冲	1	3	120	李□□
五区列宁模范学校	回龙集中堰	1	6	200	陈思香
五区二乡列宁小学	白集岳岗	1	4	200	郭胡子
汤泉池列宁小学	汤泉池	1	1	40	
六区（后划十二区）列宁模范小学	双铺岳庙南楼	1	3	120	杨尊月
六区三乡列宁小学	三里坪仙桥楚庙	1	1	40	董延富
六区严塘埂列宁小学	高庙黄道明家	1	1	40	胡定均
安北区一乡列宁小学	大慈庵	1	1	50	
安北区二乡列宁小学	观庙下赵塆	1	1	40	
安北区五乡列宁小学	汪桥雪铺黄家	1	1	30	
安北区列宁模范学校	余集街余氏祠	1	4	200	雷跻堂
安区九乡列宁小学	吴河小祇园	1	2	80	

161

续表

校名	校址	规模			负责人
		所数	班数	人数	
安区十乡列宁小学	大柳树	1	2	70	
五区韩瓦房列宁小学	武桥韩瓦房	1	2	100	
五区张碾房列宁小学	武桥张氏碾房	1	2	100	
赤城一区列宁模范学校	南溪文昌宫	1	5	200	
赤城一区一乡列宁小学	南溪前塆	1	2	80	
商南共进小学（后改为列宁小学）	吴店果子园等地	1	6	350	
赤城六区一乡列宁小学	泗河瓦屋基	1	2	90	
赤城六区白衣庵列宁小学	泗河高冲	1	3	140	
赤城三区九乡列宁小学	吴店穿石庙	1	2	60	
赤城二区五乡列宁小学	桃岭余氏祠	1	2	70	
赤城二区八乡列宁小学	九房、皮房各1所	2	4	200	
赤城二区九乡列宁小学	吴氏祠	1	3	210	
赤城葛藤山列宁模范小学	银山畈葛山村	1	2	80	
赤城六区十二乡列宁小学	东冲庙、张氏祠各1所	2	4	200	
赤南十一乡列宁小学	银山畈竹庵村	1	2	90	
赤城县简易师范学校（2年制）	汤汇易氏祠	1	1	36	
丁埠文化模范学校（皆四年级以上）	丁埠地藏庙	1	2	100	
南溪女子职业进修社（改进社）	南溪，后迁小河	1	2	80	
总计	——	53	141	5626	

教育政策和教育结构

教育政策 鄂豫皖区第二次苏维埃代表大会颁布的《文化教育政策》[①](本部分凡引自此文不再出脚注),是鄂豫皖苏区教育最早颁布的文件,以后《鄂豫皖省苏维埃文化委员会决议案(草案)》等文件对苏区教育政策有所补充,形成鄂豫皖苏区比较完整、系统的教育政策。

——教育宗旨和教育总方针。教育宗旨——1931年7月,鄂豫皖区第二次苏维埃代表大会《大会宣言》明确指出:"苏维埃政府创办免费的学校,专教育工农子弟,养成为工农谋利益、建设苏维埃和〔的〕革命领导者,去推翻地主、资产阶级的统治。"[②] 同年8月,为贯彻第二次苏维埃代表大会文化教育政策,鄂豫皖区召开赤色教师学生代表大会,《大会决议案》强调"苏维埃的文化教育,是要广大工农得到教育的权利和机会"[③],"必须是建筑在广大工人群众身上,为培养革命的工人干部,尽量提高他们的文化智识,使他们的伟大的创造能力和新的思想尽量发展,以完成整

---

① 《鄂豫皖区第二次苏维埃代表大会文件·文化教育政策》(一九三一年七月一日—×日),载《鄂豫皖革命根据地》编委会编《鄂豫皖革命根据地》第二册,河南人民出版社1990年9月第1版,第435—436页。

② 《鄂豫皖区第二次苏维埃代表大会文件·大会宣言》(一九三一年七月一日—×日),载《鄂豫皖革命根据地》编委会编《鄂豫皖革命根据地》第二册,河南人民出版社1990年9月第1版,第427页。

③ 《鄂豫皖区赤色教师学生代表大会决议案——发展苏维埃教育文化事业的任务与政策》(一九三一年八月),载《鄂豫皖革命根据地》编委会编《鄂豫皖革命根据地》第二册,河南人民出版社1990年9月第1版,第488页。

个革命任务"①。1932年5月,《鄂豫皖省苏维埃文化委员会决议案(草案)》指出:"文化和教育是一种有力的武器。所以,我们工农劳苦群众也要拿起这个武器来加强我们自己的战斗力。……来完成建立新社会的伟大使命"②。教育总方针——1934年1月,《第二次全国苏维埃代表大会的报告》指出苏维埃文化教育总方针:"在于以共产主义的精神来教育广大的劳苦民众,在于使文化教育为革命战争与阶级斗争服务,在于使教育与劳动联系起来,在于使广大中国民众都成为享受文明幸福的人。"③教育总方针是在1934年写入《第二次全国苏维埃代表大会报告》的,实际上在鄂豫皖苏区教育创办之初就这样实施了。

——教育指导思想和教育目的、任务及教育原则。指导思想——《文化教育政策》规定:"严格以马克思列宁主义为根据","去创造鄂豫皖苏区的文化教育工作"。《皖西北特区赤色教师学生联合会第一次代表大会宣言》(1932年2月10日印)指出:"今后文化教育工作有个彻底的转变,用马克思列宁主义的武器,来武装广大工农群众,作为阶级斗争的武器,争取中国苏维埃的

---

① 《鄂豫皖区赤色教师学生代表大会决议案——发展苏维埃教育文化事业的任务与政策》(一九三一年八月),载《鄂豫皖革命根据地》编委会编《鄂豫皖革命根据地》第二册,河南人民出版社1990年9月第1版,第484页。

② 《鄂豫皖省苏维埃文化委员会决议案(草案)》(1932年5月10日印),原录自湖北省教育厅,转引自霍文达、王如、刘卫东著《鄂豫皖苏区教育史》,河南大学出版社1988年3月第1版,第228页。

③ 毛泽东:《中华苏维埃共和国和中央执行委员会与人民委员会对第二次全国苏维埃代表大会的报告·苏维埃区域的文化教育》(一九三四年一月),载人民教育出版社编《毛泽东同志论教育工作》,人民教育出版社1992年11月第1版,第8页。

胜利,一直到新的社会的完成……"①马克思列宁主义是鄂豫皖苏区教育指导思想。目的和任务——《中华苏维埃共和国宪法大纲》(一九三一年十一月七日中华苏维埃第一次全国代表大会通过)规定:"中国苏维埃政权以保证工农劳苦民众有受教育的权利为目的。在进行阶级战争许可的范围内,应开始施行完全免费的普及教育,首先应在青年劳动群众中施行,并保障青年劳动群众的一切权利,积极的引导他们参加政治的和文化的革命生活,以发展新的社会力量。"②《鄂豫皖区赤色教师学生代表大会决议案》(一九三一年八月)指出:"在苏维埃运动日益发展,工农红军日益加强的情形之下,一切反革命的进攻,必定更要残酷,我们必须加紧培养为阶级作战的工农干部,来坚强阶级的领导。"③《鄂豫皖省苏维埃文化委员会决议案(草案)》(1932年5月10日印)指出:"苏区的工农劳苦群众们,在得到了经济政治解放后(在建立苏维埃政权之后),必须要实现文化上的完全解放。我们必须从地主、豪绅、资本家的奴隶文化中解放出来,首先要读书识字,提高我们的思想和文化,增加我们斗争的力量,来完成建立新社会的伟大使命(逐渐建立社会主义社会、共产主义社会)。"④归纳起来,苏区教育的目的和任务正如《第二次全国苏维埃代表大会的报告》所

---

① 转引自霍文达、王如、刘卫东著《鄂豫皖苏区教育史》,河南大学出版社1988年3月第1版,第224页。

② 中共中央文献研究室、中央档案馆编:《建党以来重要文献选编》第八册,中央文献出版社2011年6月第1版,第652页。

③ 《鄂豫皖革命根据地》编委会编:《鄂豫皖革命根据地》第二册,河南人民出版社1990年9月第1版,第484页。

④ 原录自湖北省档案馆,转引自霍文达、王如、刘卫东著《鄂豫皖苏区教育史》,河南大学出版社1988年3月第1版,第228页。

指出的:"是厉行全部的义务教育,是发展广泛的社会教育,是努力扫除文盲,是创造大批领导斗争的高级干部。"① 教育原则——学校必须按照政治化、军事化和生产化的原则进行教育,必须为党的民主革命政治路线服务,为反帝反封建的革命任务服务,为革命战争服务,为阶级斗争服务。

——教育规划和教育内容。教育规划——《文化教育政策》要求:"苏维埃政府订出整个教育计划,设立各级普通学校(苏维埃工作干部学校,工艺美术、农业学校等),造成苏维埃政府各方面所需要的人材。"这个规划还是粗线条的、原则性的。教育内容——《文化教育政策》规定:"审查各种教材严格反对三民主义的、孔孟之道的、耶稣教会的以及一切地主资产阶级思想的材料。统一教材的内容,严格以马克思列宁主义为根据,同时编定各种模范课本,供给学校使用。实行生产训练,每个学生都要参加生产,实行生产化的教育。"反帝反封建是苏区教育内容的明显特征。

——教育领导权、教育机构和教育对象。教育领导权和教育对象——《文化教育政策》规定:"苏维埃政府在共产党领导之下,发展苏区的无产阶级文化教育,对于工农分子实行免费的教育;对于地主、商人及一切依靠剥削别人的分子,征收特定额的学费。"苏区人民通过苏维埃政权和共产党的领导实现教育权,享有优先受教育的权利。教育行政机构——《鄂豫皖区苏维埃政府关于各种委员会工作概要说明》(一九三一年十月二十八

---

① 毛泽东:《中华苏维埃共和国和中央执行委员会与人民委员会对第二次全国苏维埃代表大会的报告·苏维埃区域的文化教育》(一九三四年一月),载人民教育出版社编《毛泽东同志论教育工作》,人民教育出版社1992年11月第1版,第8页。

日)规定:"文化委员会——下设:学校教育科,整理和创办列宁小学,开办医生班、农业学校、苏维埃学校、财政经济学校、教师养成所、审查学校教师等等;社会文化科,办理读报班、识字班、音乐队、俱乐部、新剧团、化装演讲及一切社会文化事业;国家出版科,下分编辑委员会、审查委员会、印刷股、发行股。"①苏维埃各级教育行政管理机构是苏维埃政府文化教育委员会。

——教育干部、教师和教育经费。教育干部、教师——《文化教育政策》规定:"重新审查各方面文化教育的干部,广大的吸收非苏维埃的革命群众、文化教育工作人员到苏区来工作。"《鄂东北各县第二次联席会议文件·苏维埃问题决议案》(一九二九年六月九日)规定:"各校教员须经区苏维埃文化委员会核准,并发给证书方为合格。"②教育经费——《文化教育政策》规定:"苏维埃按照自己的财政状况作出预算,划出一定款项来作文化教育工作,各群众团体亦划分相当经费,创办文化教育事业。"

商城县各级苏维埃政府按照上述教育政策,结合本地实际贯彻执行。凡是巩固的苏区,千方百计办学,面向劳苦大众,实行免费教育,让工农群众获得受教育的权利,广泛造就革命人才。

教育结构 商城苏区教育以红军教育为发端,以普通教育和成人教育为最普遍,专业教育在鄂豫皖苏区领先起步。商城苏区学校主要有四类:为普及小学义务教育办的全日制学校,一般通

---

① 《鄂豫皖革命根据地》编委会编:《鄂豫皖革命根据地》第二册,河南人民出版社1990年9月第1版,第523页。

② 《鄂豫皖革命根据地》编委会编:《鄂豫皖革命根据地》第三册,河南人民出版社1990年9月第1版,第81页。

称列宁小学；为成年人办的业余学校；为培训红军指战员办的红军学校；为培训干部、教师和纺织人员办的专业学校。

——红军教育。红军教育掀开商城苏区教育史的第一页。1929年5月，红三十二师在南溪成立学兵团，负责训练党政军干部。南溪学兵团是商城苏区创办最早的红军学校。后来，红三十二师又在苏仙石等地办红军学校。1930年初，红三十二师政治部编写、翻印《马克思主义、列宁主义》册子下发到连队，供指战员学习。《马克思主义、列宁主义》将马克思主义概括为唯物史观、剩余价值、阶级斗争、无产阶级专政四部分，把列宁主义概括为无产阶级革命与殖民地民族运动、无产阶级专政与农民、无产阶级专政的形式、共产党的建设、战略与战术、反机会主义与盲动主义、新经济政策、军事共产主义、暴动、第三国际十部分，内容简明扼要，适合红军学习。这种教育形式，结合红军既要战斗又要学习的实际，是红军教育的创新。

——干部教育。"我们必须加紧培养为阶级作战的工农干部，来坚强阶级的领导，但目前在各种工作中都感觉人才的缺乏，所以要开办许多短期训练班，专门提主〔出〕实际问题，如怎样分配土地，怎样组织苏维埃和怎样管理财政等来和他们讨论，帮助他们解决工作中的困难。"[1]商城干部教育是通过办各种训练班来实现的，成人教育应该担负干部教育的部分职责。

——专业教育。商城苏区专业学校有赤城师范学校和南溪

---

[1] 《鄂豫皖区赤色教师学生代表大会决议案——发展苏维埃教育文化事业的任务与政策》（一九三一年八月），载《鄂豫皖革命根据地》编委会编《鄂豫皖革命根据地》第二册，河南人民出版社1990年9月第1版，第484页。

女子纺织学校。

赤城师范学校,又名赤城简易师范学校,1930年2月创办。学校始设在汤家汇,一个月后迁至商城县城。商城县苏维埃政府主席兼任校长,教师3人。学制2年,招收高小毕业生1班36人。赤城师范学校是鄂豫皖苏区创办最早的师范学校,"该师范学校的创办,标志着鄂豫皖苏区专业干部教育的开端"①。

南溪女子纺织学校,又名南溪女子职业改进社(也叫进修社),1930年春红三十二师为解决衣被供给问题而创办。学校始设在南溪火神庙,后随红三十二师辗转迁往南溪、斑竹园小河、木子店(今湖北麻城境内)、汤家汇等地。师军需处长王绍怀兼任校长。在校学生数说法不一,《商城县教育志》为2班80人,《鄂豫皖苏区教育志》为50人。开设课程有政治、文化、生产、卫生、算术、唱歌、军体。政治、文化、军体课教师为红三十二师政工干部和师部文化教员,生产课老师为技术师傅。政治课讲授党团基本知识、红军的性质和任务、苏区革命形势。文化课讲授国文、中国革命史、苏联革命史、鄂豫皖苏区地理概况、中国地理和世界地理。生产课传授纺纱、织布、织袜和缝制军衣军裤等生产技术。算术课结合生产实际讲解,如计算多少纱能织多少布,一匹布能缝制几件衣服、几件被褥等。军体课按照对红军战士的基本要求,进行军队列操、投弹、射击、行军等训练。课时安排方面,每天8小时,政治、文化、军体各1小时,生产5小时。早晨上操,夜晚教

---

① 霍文达、王如、刘卫东著:《鄂豫皖苏区教育史》,河南大学出版社1988年3月第1版,第65页。

唱革命歌曲。学校配备有纺纱机、织布机、缝纫机、织袜机。学员在师傅辅导下，边干边学。学校具有军工性质，有两点有别于其他学校：一是对学生条件要求严格，家庭出身限于贫农、雇农、工人和中农中表现好、拥护苏维埃政权者，粗通文字，在初级小学或私塾中受过教育，思想好，作风正派，未婚女青年，年龄16至22岁。二是对学员的思想工作十分重视，学校建立党、团支部，王绍怀兼任党支部书记，陈兴林、曾庆高、曾庆栋负责团支部工作。

——成人教育。成人教育的对象是不脱离生产和战斗岗位的工农群众及部分工农干部。商城苏区成人教育形式多样，举凡夜校、识字、扫盲、墙报、图书馆、列宁室、文艺宣传都是，但最普遍的还是各种夜校、识字班和读报班，我们通称其为业余学校。有的识字班白天教儿童，夜晚教成人。成人教育坚持教识字和灌输革命思想并重。课本有《工农识字课本》、《工农识字班读本》、《工农业余学校读本》、《工余课本》等，都是结合成人的特点编写的。

——学校教育。商城苏区学校教育主要是小学义务教育。列宁小学因学制和管辖行政区划不同，商城又分为列宁小学、列宁模范小学和列宁模范学校。一般县、区办列宁模范小学或列宁模范学校，乡、村办列宁小学。列宁模范小学或列宁模范学校相当于中心小学，班次较多，分高、低年级，学生多在百人以上。余集列宁模范学校4班200人，四区列宁模范学校4班160人，五区列宁模范学校6班200人，六区（后划十二区）列宁模范小学3班120人。列宁小学相当于初小，班次少，多系低年级，学生则因乡、村大小不同，少则三四十人，多则七八十人甚至上百人不等。

千金山列宁小学1班30人,二乡、四乡列宁小学1班40人,安区十乡列宁小学2班70人,四区七乡列宁小学2班80人,三区列宁小学4班120人,最多的五区二乡列宁小学4班200人。列宁小学学制5年,初级小学3年,高级小学2年。苏维埃政府规定,年满6岁的工农子弟必须上列宁小学,有优先享受教育的权利。

歌谣中的苏区教育

以《列宁学校歌》为代表的一批歌颂苏区教育发展的民歌,反映了当时苏区教育那种朝气蓬勃、欣欣向荣的景象。

〔1〕共产主义新,学校叫"列宁",青年姐妹穷苦儿童,个个都欢迎。大家要读书,大家须革命,手拉手儿向前进,前进莫留停。求学切莫误了好光阴,上课要留心,学习列宁主义,做将来的主人。做主人,要各尽所能。……

——《列宁学校歌》

《列宁学校歌》可视为列宁学校校歌,从歌中可以看到两个关键词:读书,革命。这是列宁学校的教育目的和任务。

年轻小兄弟,十分有威风,好个童子团,革命精神好像小泉涌……

——《童子团团歌》

大刀红缨枪,拦路站岗。盘查来往人,验明证章。形迹可疑的,扣留我方。英雄儿童团,美名传扬。

商城县儿童团团旗 河南博物院提供

——《儿童团》

列宁小学都建有少先队和儿童团。从这些童子团民歌里,仿佛还能看到童子团员、少先队员脖系红领带,臂戴红袖章,手持红木棍,肩扛红缨枪,在重要路口盘查行人的生动、威风的场景。

  贫民夜校灯火亮,穷苦大众上学堂。打开心头千年锁,唤起工农举刀枪。冲破地狱求解放。

——《贫民夜校灯火亮》

《贫民夜校灯火亮》描绘了当时各种夜校、读书班生动的学习场景。这种场景是破天荒的。

读书成为风气,《劝学歌》、《四季读书歌》是这种风气的真实反映。

〔1〕莫打鼓来莫敲锣,听我唱个劝学歌,学友们,细听着。〔2〕求学时代有几年,光阴一去不复返,空过了后悔也枉然。〔3〕莫说不学也能行,认真学习知识增,

若不信看看他人。〔4〕赶快专心求学问,从此切莫空消停,旧脑筋换新脑筋。〔5〕课堂之上莫分心,眼看黑板仔细听,听讲课总要认真。〔6〕提笔写字要端正,一笔一画慢慢行,勤学苦练功夫深。〔7〕读书要把字认清,同音字儿多得很,写错了见笑于人。〔8〕对于学友多交心,互相帮助多讨论,取长补短共同前进。〔9〕学习之时莫喧哗,开会积极把言发,各项运动都参加。〔10〕现在革命正高潮,学好本领上战场,共同奋斗求解放。

——《劝学歌》

《劝学歌》前四段写读书学习的重要性。第五至九段讲读书学习的方法、态度,讲到听课要认真,不要分心,写字握笔要端正,要一笔一画地写,错别字、同音字要分清楚,要多交流、多讨论、多发言,互相取长补短,讲得很具体很详细。最后一段讲读书学习的作用。读书学习一时蔚然成风,与劝学的良好风气和环境密不可分。

〔1〕春季里读书天气和,好同学,理论就是革命舵。看看列宁报,唱唱战斗歌。理论好哇觉悟高,胜利有把握。……

——《四季读书歌》

《四季读书歌》中的春天,是自然季节,也是人生黄金期,更象征苏区教育的春天来临。

列宁小学的组织和教学

组织管理

组织建设 《商城县教育志》载:"县苏维埃文化教育委员会还颁发《列宁小学组织大纲》,规定学校各种组织的任务和职责。"① 我们没有见到这个大纲,只能根据《商城县教育志》和有关文献来介绍。

列宁小学领导体制和学生组织建设,是崭新的内容,是革命性的内容,是旧式学校所没有的。

——行政组织。列宁小学设校长、教导主任、事务主任。校长主持学校日常工作,对学校管理负责,教导主任、事务主任分别负责学校业务、事务工作,都要亲自授课。校长和主任由上级文化教育委员会任命。为加强民主管理,学校还成立由校长、教导主任、事务主任和教师、学生代表组成的校务委员会。校务委员会定期召开会议,讨论研究教学和思想政治工作,按期向师生和上级文化教育委员会报告工作。

——学生组织。列宁小学都建有儿童团(亦称童子团)和少先队,有的还建有学生公社。学生12岁以下可以加入儿童团,13岁以上可以加入少先队。少先队员佩戴红袖章,儿童团员配有红

---

① 商城县教育志编纂委员会:《商城县教育志》,第106页。

木棍。少先队、儿童团接受区、乡少先队、儿童团的统一领导,负责站岗放哨、送信送报、宣传唱歌等。学生公社设总务、宣传、教育、卫生、音乐五股。总务股协助学校事务主任处理日常事务,解决学生生活中的一些具体问题。宣传股负责宣传鼓动,深入乡村开展宣传。教育股协助教师对学生进行思想政治教育,处理学生之间的纠纷。卫生股协助学校管理清洁卫生,并深入各家各户检查卫生,宣传讲清洁、爱卫生的好处。音乐股负责编写剧目、歌曲,组织文艺宣传。

民主管理 1931年8月,《鄂豫皖区赤色教师学生代表大会决议案》规定:"为要使学的是目前革命斗争和工农阶级利益所需要的,学生必须参加学校的管理。对于课程的规定,学生须参加意见,免得在学习完毕后不能担负革命工作。"① 1932年5月,《鄂豫皖省文化委员会决议案(草案)》进一步规定:"今后每个列宁小学必须成立校务委员会,使学生参加学校行政,培养他们管理政权的能力。同时要铲除一切封建的管理方式,如学校用勤务及旧式的处罚等等。实行学生参加学校事务,派值日生,我们要每个学生都能劳动。同时每一处分必须经校务委员会通过并带有教育精神。"② 民主管理,可以归纳为三点:第一,成立校务委员会和学生组织,教师、学生参加校务委员会和学生组织,参与学校管

---

① 《鄂豫皖区赤色教师学生代表大会决议案——发展苏维埃教育文化事业的任务与政策》(一九三一年八月),载《鄂豫皖革命根据地》编委会编《鄂豫皖革命根据地》第二册,河南人民出版社1990年9月第1版,第488页。

② 《鄂豫皖省苏维埃文化委员会决议案(草案)》(1932年5月10日印),原录自湖北省教育厅,转引自霍文达、王如、刘卫东著《鄂豫皖苏区教育史》,河南大学出版社1988年3月第1版,第234页。

理。第二，废除封建的管理方式，不得对学生体罚；对学生处分，须经过校务委员会通过，并且处分须带有教育作用。三是派学生值日，参加生产劳动和社会活动。

实行民主管理目的是培养学生的行政管理能力，"使学的是目前革命斗争和工农阶级利益所需要的"，能够担任革命工作，目的和意义十分明确；但一味强调学生"参加学校一切管理，并于〔对〕怎样来进行课程，应用什么方式来实现这些功课，学生都可以发表意见"①，"对于课程的规定，学生须参加意见"，就有些过了，事实上也不可能完全做到，少年儿童是不具备这种能力的。

教师、经费和教材

三个困难的成因　"苏区中的教育有三个困难问题：教员、经费、书籍。"②1930年2月，鄂豫皖特委曾中生向中央报告说："文化教育工作这是谈不上的，各地只有很少的小学校，都是老夫子教育（许多能教书的做了改组派，走的走了，杀的杀了），最近特苏印发许多革命教科书，内容没有经过党审定，故有许多的唯心话，是必需要经过修改的。在现在的农村当中，许多的儿童得不到读书的机会，如果能够从上海派一些有文化的工作人员来，也得到

---

① 《鄂豫皖区赤色教师学生代表大会决议案——发展苏维埃教育文化事业的任务与政策（一九三一年八月）》，载《鄂豫皖革命根据地》编委会编《鄂豫皖革命根据地》第二册，河南人民出版社1990年9月第1版，第485页。

② 《皖西北特区苏维埃政府给鄂豫皖特区苏维埃政府的工作报告》（一九三一年六月），载《鄂豫皖革命根据地》编委会编《鄂豫皖革命根据地》第三册，河南人民出版社1990年9月第1版，第504页。

不少的帮助。"①1930年4月,《鄂豫边革命委员会报告》说:"在连年武装冲突的大破坏中,教育早已歇业。现苏维埃成立后,创办模范小(学)数十所、平民小学数百所、平民夜校数百所,但一般都是缺少教师和教材,能识二百字就可以当教师。"②当时豫东南、皖西苏区的学校多数因此不能开办,开办的学校容纳不了学生。1931年8月,《鄂豫皖区赤色教师学生代表大会决议案》说:"在资产阶级社会里所谓教育人员……他们在苏维埃政权之下是丝毫没有作用的。所以目前苏区教育人员缺乏,也是我们在执行文化教育工作中的困难之一。"③1932年5月,《鄂豫皖省苏维埃文化委员会决议案(草案)》仍说:"目前教师缺乏已成为学校教育的主要困难。各县还有许多富农地主分子以及封建思想浓厚的老先生、道士教书,传播他们的反动和落后思想,假如我们不下十二倍决心把这个困难打破,那我们的工农阶级的教育必然要受到严重的损失。"④苏区教育发展到鼎盛的1932年,三个困难也没

---

① 《中共鄂豫皖特委曾中生给中共中央的报告——政治经济形势,苏维埃运动,党、团工作,工、农、妇运,军事、财政情况》(一九三一年二月十日),载《鄂豫皖革命根据地》编委会编《鄂豫皖革命根据地》第二册,河南人民出版社1990年9月第1版,第194页。

② 《鄂豫边革命委员会报告——革委会成立经过,政治经济形势,群众斗争和红军情况等》(一九三〇年四月),载《鄂豫皖革命根据地》编委会编《鄂豫皖革命根据地》第二册,河南人民出版社1990年9月第1版,第88页。

③ 《鄂豫皖区赤色教师学生代表大会决议案——发展苏维埃教育文化事业的任务与政策》(一九三一年八月),载《鄂豫皖革命根据地》编委会编《鄂豫皖革命根据地》第二册,河南人民出版社1990年9月第1版,第486页。

④ 《鄂豫皖省苏维埃文化委员会决议案(草案)》(1932年5月10日印),原录自湖北省教育厅,转引自霍文达、王如、刘卫东著《鄂豫皖苏区教育史》河南大学出版社1988年3月第1版,第233页。

有得到完全解决。

　　三个困难中,缺乏教师是最主要的最大的最核心的困难。造成这种状况,有历史的原因,也有时代的原因,有客观的因素,也有主观的因素。第一,近代农村学校教育远谈不上普及,自清嘉庆后期以降,战乱不断,教育饱受摧残,能读到书的人不很多,而苏区学校(包括各种夜校、识字班、读书班等)发展势头之猛,速度之快,数量之多,就商城来说,超过历史上最好的嘉庆八年的义学(全县43所),史无前例,用起教师来自然捉襟见肘。这种状况,不是一时就能改变的。第二,在本来就不多的有文化的人中,大多数又是地主豪绅或与其有关系者,是革命的对象,"是丝毫没有作用的"。即便是作为"主力"的私塾先生,不改造过来照样不能用,或不放心用。把上述这些人都排除在外,还有几个读书人? 第三,"在连年武装冲突的大破坏中,教育早已歇业",而"许多能教书的做了改组派,走的走了,杀的杀了",过激的斗争手段对于本已不堪承受的农村学校教育来说,无疑是雪上加霜。第四,"农村里比较新进一点的知识份子,统统在参加党或苏维埃的工作"①,知识分子都被党和苏维埃用去了。没有教师,没有苏维埃认为是革命的教师,要急迫地编出苏维埃满意的教材,怎么可能? 经费的问题倒还在其次。

　　三个困难的解决　　商城依靠群众,因地制宜,自力更生,艰苦奋斗,较好地解决了三个困难。

---

①　《中共鄂豫边特委综合报告(续)》(一九三一年一月八日),载《鄂豫皖革命根据地》编委会编《鄂豫皖革命根据地》第二册,河南人民出版社1990年9月第1版,第159页。

——教师。商城采取三个途径解决教师奇缺问题:一是"就地取材,能者为师",尽量选用有一定文化、政治上不反动的人,改造、团结、使用一部分"老先生"即私塾先生和老秀才。杨和清《商城县土地革命时期的苏区教育》载:"1931年以后,特别是1932年,教育大发展,需要更多的教师,县苏维埃再度发出指示:虽然阶级出身较高,但政治上不反动,并有一定文化知识,只要诚心愿意为工农服务的人,均不加歧视,尽量录用。指示发出后,产生很好的效果,短时期内就在全县动员出数百人,志愿担任各地学校的教师,并且绝大多数人能尽职尽责。"[1] 再度发出指示的时间文中没有说,资料也不知是来自原始文件,还是访谈资料,但真实性不必置疑。二是举办师资培训班,培养教师。1931年8月,鄂豫皖区文化教育委员会针对"列宁初小教师,多半不知道怎样去教授儿童,管理儿童"的问题发出通知,要求"在暑假期内应尽可能开办短期教师训练班来训练教师,并应选择比较进步、懂得教授法的教师充当流通教师,改进各学校的教授和管理。"[2] 商城县苏维埃政府在南溪、汤家汇等地举办短期师训班,从苏区各地推荐识字的人前来学习,经过几个星期的培训,分配到各地列宁小学任教,边教边学,教学相长。三是"广泛吸收非苏区的革命的文化工作人才到苏区来创办学校"[3]。为调剂余缺,教师由苏维埃政

---

[1] 中国人民政治协商会议河南省商城县委员会编:《商城文史资料》(一九八八年三月)第一辑,第6页。

[2] 以上《鄂豫皖区文化教育委员会通知第四号——发展社会教育、训练小学教师》(一九三一年八月十日),载《鄂豫皖革命根据地》编委会编《鄂豫皖革命根据地》第二册,河南人民出版社1990年9月第1版,第457页。

[3] 《中共皖西北特委第一次扩大会议决议——关于皖西工作的基本估价与今

府调动,在本县范围内统一安排。曾静池家住丰集袁河,安排离家五十里的上石桥岳岗列宁小学教书,郑学斌家住丰集高斛山,安排到离家数十里的青峰岭塆(今属安徽金寨)金氏祠列宁小学任教。教师待遇实行供给制,苏维埃政府提供粮食、衣物和生活必需品,家里同样分配土地,缺少劳力者,实行代耕优待。

——经费。经费的解决也有三个渠道:一是财政拨款。教育经费一直是列入各级苏维埃财政预算的。1929年6月,鄂东北各县第二次联席会议《苏维埃问题决议案·临时政纲》规定:"目前苏维埃之支出,除办公费、赤卫费、教育费、平粜费外,应开始筹办养老、救苦、济贫等事。"① 几乎从苏维埃初建起,在为数不多的财政预算科目中,教育经费即其一。1931年7月,鄂豫皖区第二次苏维埃代表大会颁布的《文化教育政策》规定:"为广大建立苏区文化教育工作,苏维埃按照自己的财政状况作出预算,划出一定款项来作文化教育工作,各群众团体亦划分相当经费,创办文化教育事业。"②1931年8月,鄂豫皖区财政经济委员会进一步统一十个机构月开支标准,除"中央分局800元""特苏事务处800元"并列第一,"政治保卫局500元"第二外,就数"列宁高小

后任务(一九三一年四月三十日)》,载《鄂豫皖革命根据地》编委会编《鄂豫皖革命根据地》第三册,河南人民出版社1990年9月第1版,第399页。

① 《鄂东北各县第二次联席会议文件·苏维埃问题决议案》(一九二九年六月九日),载《鄂豫皖革命根据地》编委会编《鄂豫皖革命根据地》第三册,河南人民出版社1990年9月第1版,第81页。

② 《鄂豫皖区第二次苏维埃代表大会文件·文化教育政策》(一九三一年七月一日——×日),载《鄂豫皖革命根据地》编委会编《鄂豫皖革命根据地》第二册,河南人民出版社1990年9月第1版,第435页。

校300元"①高,占总开支2905元的10.3%,虽说吃平均数,但也名列前三。这些政策性的规定,各县在执行中应该不会有多大出入。县教育经费主要用于编印各种学校课本和其他宣传材料,免费下发。区、乡、村教育经费主要用于学校修葺校舍、添置教具和免收学杂费的补贴。有的区办列宁模范学校,还为离家远的学生免费供给食宿。二是征收学费。苏区学校"对于工农分子实行免费的教育",而"对于地主、商人及一切依靠剥削别人的分子,征收特定额的学费"②,征收的学费留作学校使用。三是自力更生。因陋就简,就地取材,解决教学设施问题,是很普遍很重要的渠道。校舍主要是利用祠堂庙宇和没收地主豪绅的宽敞房屋。"商城苏区较知名学校调查表"所列54所较知名的列宁学校中,至少有19所是利用祠堂庙宇做校舍,有3所是没收地主的房屋做校舍。用门扇做黑板,用石灰泥制作粉笔,削竹片制蘸水笔,堆泥巴做课桌凳,或学生尽可能自带课桌凳,都是再普遍不过的现象。此外,师生搞"勤工俭学",比如"每天得拿出一两点钟使学生学习养猪养鸭,种瓜种菜"③,也是弥补经费缺口的办法。

——教材。早在1929年6月,鄂东北各县第二次联席会议

---

① 《鄂豫皖区财政经济委员会通知第一号——统一各机关开支及个人生活费的决定》(一九三一年八月十三日),载《鄂豫皖革命根据地》编委会编《鄂豫皖革命根据地》第二册,河南人民出版社1990年9月第1版,第459—460页。

② 《鄂豫皖区第二次苏维埃代表大会文件·文化教育政策》(一九三一年七月一日—×日),载《鄂豫皖革命根据地》编委会编《鄂豫皖革命根据地》第二册,河南人民出版社1990年9月第1版,第435页。

③ 《鄂豫皖省苏维埃文化委员会决议案(草案)》(1932年5月10日印),原录自湖北省教育厅,转引自霍文达、王如、刘卫东著《鄂豫皖苏区教育史》,河南大学出版社1988年3月第1版,第234页。

《苏维埃问题决议案·临时政纲》就明确了"教材由苏维埃文化委员会编订"①。1931年7月,鄂豫皖区第二次苏维埃代表大会颁布的《文化教育政策》规定:"审查各种教材严格反对三民主义的、孔孟之道的、耶稣教会的以及一切地主资产阶级思想的材料。统一教材的内容,严格以马克思列宁主义为根据,同时编定各种模范课本,供给学校使用。"②但是,在实际执行中,并"没有把各级列宁小学的教材有系统地编辑起来,有的县份自己编教材也没有送到省文委来审定。因此,出现了教材和教材不统一的混乱状态"③,甚至"有的学校还有四书五经,其余多半是国民党化的课本"④。直至1932年5月,鄂豫皖省苏维埃文化委员会还在强调:"省文化委员会必须领导各县学校把教材有系统地编好。同时各县应当马上执行供给各种课程的材料。为完成这一最迫切的任务,在目前各种教材还未完成的时候,各县应把省文化委员会最近所出的各种教科书大批地翻印出来,同时用报纸上的材料充当

---

① 《鄂东北各县第二次联席会议文件》(一九二九年六月九日),载《鄂豫皖革命根据地》编委会编《鄂豫皖革命根据地》第三册,河南人民出版社1990年9月第1版,第81页。

② 《鄂豫皖区第二次苏维埃代表大会文件·文化教育政策》(一九三一年七月一日—×日),载《鄂豫皖革命根据地》编委会编《鄂豫皖革命根据地》第二册,河南人民出版社1990年9月第1版,第436页。

③ 《鄂豫皖省苏维埃文化委员会决议案(草案)》(1932年5月10日印),原录自湖北省教育厅,转引自霍文达、王如、刘卫东著《鄂豫皖苏区教育史》,河南大学出版社1988年3月第1版,第233页。

④ 《中共鄂豫边特委综合报告(续)》(一九三一年一月八日),载《鄂豫皖革命根据地》编委会编《鄂豫皖革命根据地》第二册,河南人民出版社1990年9月第1版,第159页。

临时教材。"①但革命形势很快就发生了变化,1932年10月第四次反"围剿"失败,苏区教育基本陷入瘫痪状态。可以说,即使在苏区教育鼎盛之时,列宁小学的课本都没有完全编订和统一。

比较统一的系统的一批教材,是在1931年7月鄂豫皖区第二次苏维埃代表大会召开后至秋季开学前完成编订的。7月上旬鄂豫皖区第二次苏维埃代表大会召开后,按照大会颁布的《文化教育政策》的要求,鄂豫皖区苏维埃文化教育委员会组织审订原有的教材和各县新编的教材,同时为列宁小学编写了可能是唯一的一批比较系统的国语课本。这些教材有列宁小学使用的《列宁初级小学国语》、《列宁高级小学国语》、《儿童识字课本》《儿童课本》、《红军儿童课本》、《政治常识》、《社会常识》《自然常识》《算术》,成人夜校(包括识字班、读报

《列宁初级小学课本》 鄂豫皖苏维埃政府文化委员会编 国家出版科一九三二年四月版

---

① 《鄂豫皖省苏维埃文化委员会决议案(草案)》(1932年5月10日印),原录自湖北省教育厅,转引自霍文达、王如、刘卫东著《鄂豫皖苏区教育史》,河南大学出版社1988年3月第1版,第233页。

班等)使用的《平民识字课本》《工农识字课本》《工余课本》,红军学校使用的《识字课本》《列宁学校读本》《新战士教材》等。教材的困难至此才基本得到解决。

此前,商城县苏维埃文化教育委员会编过以唱歌、时事政治为内容的课本,由红日印刷厂印刷后,免费下发到各学校。

教学内容和教学方法

教学内容 列宁小学课程是本着为革命战争服务,造就革命人才的总目标,结合苏区斗争实际而开设的,体现的是文化知识教育、政治思想教育、劳动教育、军事教育相结合,重视实践活动的原则。列宁小学课程有国语、算术、常识、体育、音乐、图画、军事和社会活动、劳作(生产劳动)等。国语课教识字、阅读和作文,尤其注重应用文的写作。算术课包括珠算。常识包括自然常识、社会常识和政治常识,是高年级学生的课程。体育课有的跟军事课结合一起,年龄较大的学生要学军事知识。音乐课教唱革命歌曲,如《国际歌》《八月桂花遍地开》《红军打商城》《穷人调》、《十二月宣传歌》《童子团歌》等,以激发学生的斗争意志,培养学生的革命情操。图画课教画画。社会活动和劳作属于课外教学。初小为每星期课堂教学 18 小时,课外教学 10 小时;高小为每星期课堂教学 24 小时,课外教学 10 小时。以上是一般要求,各学校因师资力量、教学条件等不同,也会有所区别。

列宁小学教材主要有《列宁初级小学国语》《列宁高级小学

国语》《国语教科书》《儿童识字课本》《儿童课本》《红军儿童课本》《政治常识》《社会常识》《自然常识》《算术》《唱歌》等。

教材内容——一是宣传共产党,拥护苏维埃和红军。《列宁小学国语》:"共产党,为人民,打土豪,杀豪绅,打倒土豪把田均。"①《列宁初级学校国语》第四册第二十一课:"红军到我们村来了,我村的童子团,拿着小红旗,排着队儿,喊着口号,前去欢迎红军,红军宿了营,我们就拿着好吃的东西和很多的衣服,送给红军哥哥,我同红军哥哥说:'你家已经分得了好土地,也有人代耕,苏维埃政府颁布了伤亡抚恤条例优待你们!'红军哥哥挽着我的手,同我们说笑话,唱歌开会,真是快乐极了。"②二是揭露帝国主义、封建主义和国民党反动派的本质和罪行。《列宁小学国语》:"帝国主义多残忍,夺我市场杀我人,五卅(《商城县教育志》"卅"作"州")惨案含恨到如今,在我国开设银行剥削我穷人。"③三是宣传土地革命及其政策、法令。四是反映红军作战胜利的状况。五是宣传革命烈士、优秀共产党员的事迹。六是介绍文化科学知识,反对封建迷信,歌颂苏区人民的革命斗争和生产活动。《国语教科书》第七册第二课《原始人(一)》:"我们现在所生活的社会,并不是从天空中突然掉下来的,也不是自古如此没有改变的,它是一个时时变动、时时进化的东西……"④

教材特点——一是突出政治性。政治性体现在思想性、阶级性和战斗性上,注意从各方面向学生灌输革命思想。二是注重实

---

①③④ 转引自商城县教育志编纂委员会《商城县教育志》,第103页。
② 转引自霍文达、王如、刘卫东著《鄂豫皖苏区教育史》,河南大学出版社1988年3月第1版,第100页。

际性。实际性就是紧密结合苏区斗争和苏区建设实际,反映苏区人民的理想和生产生活。《列宁小学读本》:

二十 四顾墩 吕旺成 生意很好

二十一 余家集 造成苏区了 商光路线快要打通①

四顾墩、余家集两地都在商城。"生意好"反映出商城苏区建设好,"商光路线快要打通"反映鄂豫边区革命斗争形势正在朝有利方向发展。讲的都是身边的事,更容易理解,也更能感同身受。国民政府人士都感叹,课本是"早已编好的,很能切合实际生活"②。三是兼顾趣味性。《鄂豫皖区苏维埃文化委员会巡视纲要》对学校"教材的选择"巡视内容有6项,除第1项"无产阶级的文学"外,第2至5项"有趣的诗歌"、"有趣味的游戏"、"有趣味的劳动"、"无产阶级的趣史"都有一个共同的字——"趣",第6项"儿童界的故事"③实

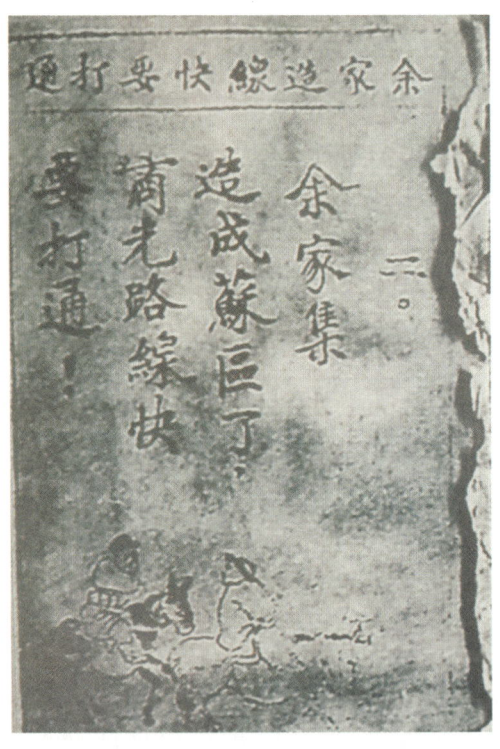

《列宁小学读本》课文

---

① 转引自商城县教育志编纂委员会《商城县教育志》,第101页。

② 《湖北特教半月刊》一九三四年第一卷第二期程汝怀文,转引自霍文达、王如、刘卫东著《鄂豫皖苏区教育史》,河南大学出版社1988年3月第1版,第108页。

③ 以上《鄂豫皖区苏维埃文化委员会巡视纲要》(1931年8月13日),原录自

则"趣"潜含其内。趣味性在社会活动和劳作等课外教学上,体现得更为充分;部分课文也体现得较好。四是体现适宜性。教材多能结合少年儿童的特点,注意由具体到抽象,由个别到一般,深浅适宜,多用浅显韵文,便于记忆。有的课文语言也能做到童话般优美,比如《国语教科书》第七册第一课《朝阳》:

> 东方已经发白了,蛋白色的薄雾后面,有种种彩色,不一时,风吹来了将薄雾扫开,现出半天如火的红霞,同时现出金盆似的朝阳,悬挂在天边,四周放出万道金光,使灰色的世界,立时(《商城县教育志》作"时立",疑误)变成光明的世界。
>
> 那森林里的鸟儿看见太阳,一齐惊呼道:"睡梦的人们,快起来工作,朝阳来了。"这时全世界人们都起来欢迎朝阳。①

教学方法 1931年8月,《鄂豫皖区赤色教师学生代表大会决议案》指出:"许多教师到现在还是采取那最落后的教授方法,每天死板板的不能引起儿童对学习的兴趣,更谈不上提高儿童自动研究的能力,这对于我们来实行新的文化教育是有很大的防〔妨〕害。所以教师应当彻底改良过去的教授方法。"② 所谓"过去的教授方法"主要是指私塾填鸭式死记硬背那一套。同月,《鄂

湖北省档案馆,转引自霍文达、王如、刘卫东著《鄂豫皖苏区教育史》,河南大学出版社1988年3月第1版,第213页。

① 转引自商城县教育志编纂委员会《商城县教育志》,第103页。

② 《鄂豫皖区赤色教师学生代表大会决议案——发展苏维埃教育文化事业的任务与政策》(一九三一年八月),载《鄂豫皖革命根据地》编委会编《鄂豫皖革命根据地》第二册,河南人民出版社1990年9月第1版,第488页。

豫皖区文化教育委员会通知第四号》也指出"列宁初小教师,多半不知道怎样去教授儿童,管理儿童"①,要求举办训练班培训老师。还是同月,《鄂豫皖区文化教育委员会巡视纲要》特别列出"教授课程"7条标准,重要的有"免去了背诵方法没有"、"教师懂得设计教授法否"、"教师是否依照儿童的程度去教"②3条。这些,尤其在早期,都存在,但也不是千篇一律的存在,毕竟教学内容和课程安排在那里,教学方法想跟不上都不行。

  文化知识传授与政治教育、社会活动结合式教学,是列宁小学最主要最突出的教学方法。这一教学方法取决于教材内容、课程开设和现实革命斗争的需要,既能向学生灌输革命思想,也能培养学生的实践能力和创造力,更能激发学生学习的自觉性和兴趣。学生将在课堂学到的文化知识和革命理论——简单的革命道理用于社会活动,在社会活动中不断领悟、思考,为形成革命的世界观和人生观奠定基础。社会活动是多方面的:配合赤卫队站岗放哨,维护地方治安,保卫苏维埃,参加打土豪、捉特务;组织宣传队广播重要新闻,发送报刊,宣讲革命文件,编演新剧目,演唱革命歌曲,帮助群众识字扫盲,在苏维埃政府安排下到前线慰问红军,安抚烈军属;参加劳动,做力所能及的体力活,耕种红

---

  ① 《鄂豫皖区文化教育委员会通知第四号——发展社会教育、训练小学教师》(一九三一年八月十日),载《鄂豫皖革命根据地》编委会编《鄂豫皖革命根据地》第二册,河南人民出版社1990年9月第1版,第457页。

  ② 《鄂豫皖区文化教育委员会巡视纲要》1931年8月13日):"D教授课程:1.免去了背诵方法没有。2.教师懂得设计教授法否。3.教过的书学生是否懂得。4.教师是否依照儿童的程度去教。5.教师教时的言语是否通俗。6.教师教时的材料是否丰富。7.教授时学生的精神是否振作。"原录自湖北省档案馆,转引自霍文达、王如、刘卫东著《鄂豫皖苏区教育史》,河南大学出版社1988年3月第1版,第213页。

军公田、学校公田,为烈军属挑水、砍柴……站岗放哨、抓特务,是适合少年儿童特点的带有游戏色彩的社会活动,我们小时候也最爱玩这一类活动。从童子团民歌中,我们还能复原当年童子团员、少先队员"个个扛着大红棍"①,臂戴"少"字红袖章,"拦路站岗。盘查来往人,验明证章。形迹可疑的,扣留我方"②那种"十分有威风"③的场景。

列宁小学选介

余集列宁模范学校 全称安北区列宁模范学校,位于余集街北余氏祠,创办于1930年春。1931年4月直属鄂豫皖特区领导的商光边特区在余集建立后,余集列宁学校直接受商光边特区领导,对全区的列宁小学负有辅导责任。

校舍为二进三层四合院落,有平房29间,是青砖灰瓦硬山式建筑。桌凳是没收地主豪绅的家具,不足部分特区拨款添置。校长是共产党员雷跻唐。教师先后有5名,都是从当地选拔的知识分子,没有薪金,施行供给制,家中田地由苏维埃组织劳力代耕。炊事员是从当地挑选的有觉悟的贫苦农民。特区供给住校师生伙食,生活困难的师生可以得到救济的衣被。

学校初办时只招收1个班,后来增至4个班,学生200多人。夜晚开办成人识字班,学员100多人。课程有国语、算术、音乐、

---

① 《花伞词》,见下编《商城革命歌谣辑录·歌唱苏区创建》。
② 《儿童团》,见下编《商城革命歌谣辑录·歌唱苏区创建》。
③ 《童子团团歌》,见下编《商城革命歌谣辑录·歌唱苏区创建》。

余集列宁小学旧址 商城县文物管理局提供

体育等。课本由苏维埃政府统一编印,免费下发。国语课政治性强,如:"共产党,为人民,打土豪,杀劣绅,打倒土豪把田分。""余家集造成苏区了,商光路线快要打通了!"音乐课教唱革命歌曲。体育课增加简单的军事训练。年龄小的学生可加入儿童团,年龄大的学生可加入少先队。课余时间,学生参加革命宣传,站岗放哨,慰劳红军伤病员,配合革命斗争。1931年,学校从高年级选出20余名学生组成宣传队,赴长林、新集配合红军宣传,成绩显著,受到上级嘉奖。

1932年秋,红四方面军主力撤离鄂豫皖苏区,学校停办。

瓦屋基列宁小学 全称六乡一区列宁小学,位于瓦屋基小街后,创办于1930年春,由乡苏维埃领导,村苏维埃管理,是鄂豫皖苏区中建立较早的一所列宁小学。

瓦屋基列宁小学旧址

教师王耀云,是笔架山农校的毕业生,晏玉祝、晏春堂、毛凤仪、晏孔锡,是苏维埃政府选拔的革命知识分子。

学校初办时招收 2 个班,学生 80 多人,后增加 100 多人。另开办成人识字班,学员 40 多人。课程有国语、算术、政治常识、珠算、体育、唱歌和军事训练等。列宁小学和识字班的国语课本由上级苏维埃政府编印,免费下发。算术、珠算、唱歌等课本由教师选编。政治常识选取商城《红日》报刊登的有关内容。每天 6 节课,上午国语、算术、习字,下午政治常识、珠算、体育、唱歌。下午课毕,集体军训下操后放学。开学第一课就教:"斧头、镰刀、大红旗飘扬世界各地,斧头代表工人,镰刀代表农民,我们工农联合起来,打倒共同的敌人。"

学校内部成立学生公社,设有总务、宣传、教育、卫生、音乐五股。总务股长周百莲,负责学校的日常后勤工作;宣传股长周百海,负责校内外的宣传工作;教育股长陶少春,协助老师对学生进行思想教育和处理学生纠纷;卫生股长吴芳春,负责校内外的清洁卫生;音乐股长宋元清,负责教唱革命歌曲和文艺宣传。学生公社经常做拥军优属工作。农民程民英一家有3人参加红军,学生为其挑水送柴干家务。

12岁以下的学生加入童子团,13岁以上的学生加入少先队。他们经常手持红棍在分水岭、挥旗山两条大道上站岗放哨,盘查行人,遇有可疑分子,及时送交苏维埃审查。每逢集会,学生们敲锣打鼓,唱着革命歌曲,高呼口号,进入会场维持秩序。

瓦屋基列宁小学重视思想教育,强调教育服务于革命战争和土地革命。识字班农民和小学学生有十多人参加红军。宣传队长吴尚慈、总务股长周百莲在外出宣传中被捕牺牲。

1932年秋,红四方面军主力撤离鄂豫皖苏区,学校停办。

岳岗列宁小学 全称第五区第二乡列宁小学,创办于1932年初。

校舍是没收陈姓地主家的房子,经过整修,有教室、办公室、俱乐部、住室、厕所,共16间。校具也是没收地主家的桌子、椅子、柜子,苏维埃政府为学校购置黑板和必要的教学用品,添置炊具和粮食。本地教师只找到贾清若一人,教务主任也是他,后从丰集袁河调来曾敬池老师。教师生活由村苏维埃供给,家里田地由苏维埃组织劳力代耕。炊事员一名,姓郭。

学校初办时招收2个班,学生近100人,后增至4个班,学生近200人。只要是劳动人民的子女皆可入读,年龄不限,最大的十六七岁,最小的六七岁;剥削阶级出身的子女不招收。夜晚开办2个农民识字班,学员80多人。

课程有国语、算术、体育、音乐等。国语课本由上级苏维埃编印下发。算术课本由教师选编。音乐课教唱革命歌曲。每天下午安排一节政治课,讲革命胜利的形势,工农翻身的道理,如何进行阶级斗争。政治课后进行简单的军事训练,教如何站岗放哨,如何监视阶级敌人。农民识字班课本也由上级苏维埃政府编印下发。识字班主要教识字,首先教农民认识介绍信和路条,以便盘查可疑的行人。多数时间留给乡村苏维埃干部,由他们讲形势、讲任务和开会。

当时革命形势发展很快,经常举行庆祝大会和群众集会。为此,学校成立俱乐部,组织学生学习乐器,排演短剧,唱革命歌曲。每逢开大会,俱乐部的学生前往演出,很受群众欢迎。

识字班的农民和学生有的参加了赤卫队,有的参加了红军。

1932年秋,红四方面军主力撤离鄂豫皖苏区,学校停办。

商城苏区教育的作用和经验

作用

文化教育阵地 "说到苏区的文化教育的情形,那苏区群众的文化程度,比国民党统治时代提高得多了。县城里设有列宁中学或马克思中学,农村里设立了许多列宁小学、工余学校、识字班、夜校等等。男的、女的、老的、少的,入学的非常拥挤。此外俱乐部亦设立得很多。识字的人数比从前增加了百分之四十至五十。"[①] 商城苏区普遍实行了小学义务教育,开展了丰富多彩的成人教育、干部教育、专业教育,工农子弟享有优先教育权,两万名少年儿童走进小学课堂,学到了文化知识,上万名工农群众识了字,懂得了革命道理。"有些从前本来一字不识的,现在能够写信,写'打倒帝国主义'、'打倒国民党'的标语。有些从前本来不大会说话的,现在能够在群众会议上演说。他们现在不再相信菩萨了,他们是相信马克思列宁主义了。学校里、俱乐部中都高挂列宁和马克思的相(《丰碑》"相"作"像")片,即农民家中,许多从前本是供奉菩萨的,现在都是被列宁马克思驱逐出去了。一

---

① 《鄂豫边苏区的实况》(苏区通讯),原载《红旗周报》1931年4月6日第四版,转引自中共信阳地委党史资料征编委员会编《丰碑》第二辑,第276页。

切菩萨的庙宇,都变作列宁学校了。"① 就连国民政府也不得不承认:"赤区一般群众都能解释无产阶级、资产阶级、阶级斗争等等名词。同时,在他们的言语中间,什么'统治之下'、'地主'、'富农'等新名词,能随口说得很适当,思想不能转变,原来我们认为那些无知识的人,现在并不感到他们无知。"②

宣传战斗阵地《识字运动周宣言》(1932年1月16日)说:"我们的阶级敌人剥夺我们读书识字的机会,文字在敌人手里起过很大的作用,证明了它是一种有力的武器,我们现在要拿起这种武器来加强我们的战斗力。……现在当我们的敌人进攻的时候,我们多认识一字就和多有了一颗子弹一样的。"③ 苏区教育的宣传战斗作用引起国民党当局的震惊和畏惧。《湖北特教半月刊》1934年第一卷第二期说:"匪党赤化宣传,不遗余力,故极重视教育,小学数量极多,每村必置一所。""匪党因其教育之精神,全注重于儿童之陶冶。以达其完成赤化之目的。故影响所及,自幼童以至村夫农妇,莫不悉受传染。现时间以匪党所为,及其名词口号等,莫不侃侃而对,如数家珍,其强迫实干精神可畏。"④ 第一卷第五期载程汝怀文说:"学校教育和社会教育,赤匪是非常注

---

① 《鄂豫边苏区的实况(苏区通讯)》,原载《红旗周报》1931年4月6日第四版,转引自中共信阳地委党史资料征编委员会编《丰碑》第二辑,第276页。
② 《安徽教育季刊》中华民国二十二年冬季号,第74页,转引自霍文达、王如、刘卫东著《鄂豫皖苏区教育史》,安徽人民出版社1988年3月第1版,第129页。
③ 鄂豫皖特苏文化委员会、鄂豫皖总工会:《识字运动周宣言》(1932年1月16日),原录自红安县教育局,转引自霍文达、王如、刘卫东著《鄂豫皖苏区教育史》,安徽人民出版社1988年3月第1版,第245—246页。
④ 转引自霍文达、王如、刘卫东著《鄂豫皖苏区教育史》,河南大学出版社1988年3月第1版,第108页。

意的,对于学校教育差不多每村有一所红色小学","课本是赤匪早已编好的,很能切合实际生活","匪区的民众,无论识字不识字,男的女的老的少的对于赤匪的口头禅,如打倒富农地主,拥护红军等名词都能喃喃上口,因此赤匪的教育,是很恶毒,是很可怕的。"① 这种"很可怕"不是危言耸听,也不是杞人忧天。武汉军区原副参谋长吴中泰说:"我是一个农民,1930年上了列宁小学以后,懂得了革命道理,当上了乡苏维埃文化委员,后来又当了红军战士。我的战友们多数跟我一样走上了革命道路。"② 许多工农群众担任了苏维埃政权的基层干部,上万人参加了赤卫队和红军,走上了革命道路,苏区教育起了很大作用,甚至起了决定性作用。

创造建设阵地　苏区教育是全新的革命教育。苏区教育把"在于以共产主义的精神来教育广大的劳苦民众,在于使文化教育为革命战争与阶级斗争服务,在于使教育与劳动联系起来,在于使广大中国民众都成为享受文明幸福的人"③ 作为教育总方针,把"苏维埃政府创办免费的学校,专教育工农子弟,养成为工农谋利益、建设苏维埃和〔的〕革命领导者,去推翻地主、资产阶级的统治"④ 作为教育的根本宗旨,把"造成苏维埃政府各方面所需

---

① 转引自霍文达、王如、刘卫东著《鄂豫皖苏区教育史》,河南大学出版社1988年3月第1版,第108页。

② 商城县教育志编纂委员会:《商城县教育志》,第96页。

③ 毛泽东:《中华苏维埃共和国和中央执行委员会与人民委员会对第二次全国苏维埃代表大会的报告》,载人民教育出版社编《毛泽东同志论教育工作》,人民教育出版社1992年11月第1版,第8页。

④ 《鄂豫皖区第二次苏维埃代表大会文件·大会宣言》(一九三一年七月一日—×日),载《鄂豫皖革命根据地》编委会编《鄂豫皖革命根据地》第二册,河南人民出版

要的人材"①作为教育的首要任务,把教育政治化生产化军事化作为教育的基本原则,把革命政治理论、时事政策和反帝反封建作为教育的重要内容,从根基上捣毁了旧式教育的殿堂,初步构架起了新型教育的大厦——创建了全新的苏区教育体系,为中国新民主主义革命教育提供了借鉴、奠定了基础,成为中国社会主义教育的先声。

苏区教育是中国新民主主义教育的试验田,是中国社会主义教育的首航班;商城苏区教育是试验田里的丰产方,是首航班上的前座位。

经验

教育政治化革命化　教育政治化革命化就是教育必须坚持共产党领导,必须为革命战争和苏区建设服务。苏区教育是共产党领导的,用共产主义精神来教育工农群众和青少年的革命教育。苏区教育"严格以马克思列宁主义为根据"②,把马克思列宁主义作为教育指导思想,将马克思列宁主义教育的基本原理运用于苏区教育实际,制定苏区教育方针政策,编订苏区教材,从根本上保证了苏区的政治性、革命性。苏维埃政府在共产党领导下,在教育行政、学校行政等组织管理上,尤其是在教师培养、选拔、

社1990年9月第1版,第427页。

①②《鄂豫皖区第二次苏维埃代表大会文件·文化教育政策》(一九三一年七月一日—×日),载《鄂豫皖革命根据地》编委会编《鄂豫皖革命根据地》第二册,河南人民出版社1990年9月第1版,第436页。

使用和监督方面,做了大量组织工作,青年团、少先队、赤色教师联合会、赤色学生联合会等组织,都在共产党的领导和组织下开展文化教育工作,从组织管理上保证了苏区教育的政治性、革命性。

　　苏区教育是围绕实现工农武装割据、进行土地革命、武装夺取政权进而建设政权这个基本任务而办的,教育必定要为这个基本任务服务。"造成苏维埃政府各方面所需要的人材",以适应目前革命斗争的需要,"以完成整个革命任务"[①],是革命战争和苏区建设最紧急的首要任务。商城苏区广泛开展各种教育,普遍创办各种夜校、识字班、读报班等业余学校和列宁小学,提高广大农民、工人、红军战士等劳苦大众的文化水平和革命觉悟,动员、组织他们支持、参加革命斗争,建设苏维埃政权。教学内容、教学方法、教学制度等,都紧密结合革命斗争和苏区建设实际。教育为革命斗争和苏维埃建设服务,是苏区教育的显著标志。

　　教育生产化军事化　　教育生产化军事化就是教育与劳动、军事相结合。教育生产化要求学生必须参加生产劳动。"实行生产训练,每个学生都要参加生产,实行生产化的教育。"[②]"特别是在乡学,我们为得发展乡村的生产,解决劳苦农民的生活以及代耕问题,对于学生每天拿出一部分时间参加生产,是不应阻止的。

---

　　① 《鄂豫皖区赤色教师学生代表大会决议案——发展苏维埃教育文化事业的任务与政策》(一九三一年八月),载《鄂豫皖革命根据地》编委会编《鄂豫皖革命根据地》第二册,河南人民出版社1990年9月第1版,第484页。

　　② 《鄂豫皖区第二次苏维埃代表大会文件·文化教育政策》(一九三一年七月一日—×日),载《鄂豫皖革命根据地》编委会编《鄂豫皖革命根据地》第二册,河南人民出版社1990年9月第1版,第436页。

我们不但不应阻止,而且还要加紧对于学生参加生产的训练,每天得拿出一两点钟使学生学习养猪养鸡、种瓜种菜等。"① 教育生产化不是简单地停留在参加生产劳动这个层面,而是要提升到认识生产劳动的本质这个更高的层面。"教育是与生产相联系的,这一点绝不是象那些同志们在平常所了解的一样,一面学习,一面又参加生产,就叫着生产化的教育,这样是不够的。我们不仅仅是要一面学习,一面又参加生产,而且要学习一件东西,就要了解这一件东西的实质。例如插秧,我们要使学生知道怎样犁田、上肥料,下秧以后如何可以生长,长成稻子以后又如何去割,稻子的成份怎样,都要使学生了解,而且要亲自去做,怎样计划这一工作等等,都要学生参加意见的。"②

教育军事化要求学生必须接受军事训练。"在目前我们与阶级敌人作战的过程中,使学生在学校里受军事纪律训练是非常重要的,所以在管理上要严格地使学生执行一切规约,不许有随便的浪漫行动。"③ 教育军事化也不是简单地上上军事课,搞点军事训练,学点军事知识,少先队、儿童团很大一部分活动是放哨站岗、盘查行人,是慰问红军。

苏区各类教育都将生产劳动和军事训练列入教学计划和正式课程,列宁小学还根据不同级段学生的年龄,规定了不同的课

---

①③ 《鄂豫皖省苏维埃文化委员会决议案(草案)》(1932年5月10日印),原录自湖北省教育厅,转引自霍文达、王如、刘卫东著《鄂豫皖苏区教育史》,河南大学出版社1988年3月第1版,第234页。

② 《鄂豫皖区赤色教师学生代表大会决议案——发展苏维埃教育文化事业的任务与政策》(一九三一年八月),载《鄂豫皖革命根据地》编委会编《鄂豫皖革命根据地》第二册,河南人民出版社1990年9月第1版,第484—485页。

时和劳动内容。小学一至三年级,每周劳动课 6 小时,四至五年级每周劳动课 5 小时,是一般的规定,学校在执行中可能会有调整,但不影响生产劳动课的实施。苏维埃文化委员会将学生"晓得劳动意义及将来的责任否"、"学生是否参加生产"①纳入教育巡视内容,而且是"学生考察"11 项内容中的两项,可见所占的分量。这样培养出来的人才,符合革命所需要的能文能武的标准。

教育群众化勤俭化 教育群众化勤俭化就是依靠群众,自力更生,勤俭办教育。商城苏区教育从创建开始就坚持了这一办学原则和方法。一方面,因为苏区处在白色包围、经济封锁和军事"围剿"中,经济拮据,物资匮乏,仅靠苏维埃政府有限的财力和人力,根本不能满足苏区教育蓬勃发展的需要;另一方面,苏区人民在政治上解放、经济上翻身后,迫切渴望文化上翻身,故能以空前的热情去兴办人民的教育。拿教育经费来说,"苏维埃按照自己的财政状况作出预算,划出一定款项来作文化教育工作"②是必要的部分,"各群众团体亦划分相当经费,创办文化教育事业"③是弹性的部分,"对于地主、商人及一切依靠剥削别人的分子,征收特定额的学费"④是微薄的部分,而师生参加生产劳动,开源节

---

① 《鄂豫皖省苏维埃文化委员会巡视纲要》(一九三一年八月十三日),原录自湖北省教育厅,转引自霍文达、王如、刘卫东著《鄂豫皖苏区教育史》,河南大学出版社 1988 年 3 月第 1 版,第 213 页。

② 《鄂豫皖区第二次苏维埃代表大会文件·文化教育政策》(一九三一年七月一日—×日),载《鄂豫皖革命根据地》编委会编《鄂豫皖革命根据地》第二册,河南人民出版社 1990 年 9 月第 1 版,第 435 页。

③④ 《鄂豫皖区第二次苏维埃代表大会文件·文化教育政策》(一九三一年七月一日—×日),载《鄂豫皖革命根据地》编委会编《鄂豫皖革命根据地》第二册,河南人民出版社 1990 年 9 月第 1 版,第 435–436 页。

流,就地取材,是不可或缺的部分。别轻视就地取材,小到粉笔、蘸水笔、黑板、纸张,大到课桌凳乃至校舍,积累起来可是不小的支出,而且是刚性支出,有的还是日常支出。这也是苏区教育为什么要实行"生产化的教育"的原因之一。

从实际出发,因地制宜、因势利导、因陋就简,依靠群众的力量和智慧,尊重群众的意愿和要求,采取多层次、多渠道、多形式办学,是苏区办学的原则和特色,也是苏区教育的经验。没有这个经验,苏区教育还不知道要困难多少,还不知道能办到什么样的规模。

商城苏区教育在创建和发展过程中,曾受"左"倾错误干扰,一度不准剥削阶级的子女入学,歧视地主富农出身的教师,"肃反"错杀了一批知识分子,给教育事业造成了损失。此外,"教师以及教材问题,使苏维埃政府感到许多困难,因此,在文化教育上不能获得如苏维埃政府所预期的百分之百的发展"[①],也是存在的。

---

① 《鄂豫边苏区的实况》(苏区通讯),载《红旗周报》1931年4月6日第四版,转引自中共河南省信阳地委党史资料征编委员会编《丰碑》第二辑,第277页。

商城抗日救亡宣传

商城抗日救亡宣传的兴起

时代背景

1937年7月7日,日军发动卢沟桥事变,开始全面侵华战争,中国则展开全民族抗战。

卢沟桥事变后,华北、华中大部地区相继沦陷,许多在北京、青岛、南京、开封等地求学的商城青年不得不返回家乡。面对山河破碎、满目疮痍、民族危机步步加深的局势,他们忧心忡忡,欲求民族解放的出路。在中国共产党抗日政治主张的感召下,在全国各族人民抗日救国热忱的影响下,以中华民族解放先锋队(简称"民先")队员王积昌、武德媛等为首的商城青年学生,满怀强烈的爱国主义热情,发起组织商城学生战时服务团的倡议,号召有志知识青年,积极行动起来,投身于伟大的爱国抗日斗争!

1938年1月商学团的成立,标志着商城抗日救亡宣传的兴起。同年5月至7月,第五战区抗敌青年军团商城实习队、上海抗日救亡演剧第二队、第五战区文化工作团、河南省战时教育工作团、广西学生军,以及金山、王莹、臧克家等一批文艺界人士先后来到商城,深入城乡,以标语、壁报、漫画、唱歌、演戏、演讲、访问、座谈等形式进行抗日救亡宣传,掀起商城抗日救亡宣传的高潮。

宣传团体

商城学生战时服务团 商城学生战时服务团(简称"商学团")是在全国抗日救亡运动高潮中诞生的,一个由自发到自觉在中国共产党的领导下的进步青年学生抗日救亡团体,是商城抗日救亡运动的一支有生力量。商学团以从北京、南京、青岛、开封等地求学返乡的商城学生王积昌、周耀宇、武德媛等为首发起成立。1938年1月,青年学生80余人在县城大十字街东马氏宗祠召开成立大会,选举产生团长、副团长和组织、宣传、总务三部部长,正式成立商学团。周耀宇任团长,王积昌(一说武德媛)任副团长;武德媛任组织部长,张泽易任宣传部长,王积昌兼总务部长。宣传部下设壁报(一说叫漫画)、歌咏、戏剧(一说叫演剧)三个组,壁报组漫画以周维敞、周维正为主,武敬德撰稿,戏剧组以王积昌、张从可为主,歌咏组以周维敞、黄碧清为主。周耀宇不久离任,王积昌继任团长。1938年夏王积昌溺水去世后,何世华(何诚)继任团长。

商学团没有经费,必要的纸笔

王积昌 商城县档案局提供

墨等宣传用品和米油盐等下乡生活主食,都找家里要钱买。在县城活动,"各自回家吃饭,也常在王积昌家吃饭"①。王积昌住西街(今西正街),有一弟一妹。父亲王心铸,祖父王顺存。王顺存是王霁初的大伯父,王积昌是王霁初的堂侄。王积昌家境较好,人又不多,章汉夫到商城也曾住他家。下乡宣传,自己背行李、道具,找老百姓借工具上山砍柴草,借锅灶做饭,拾蘑菇,捡地菜皮,住草棚,打地铺,"生活很艰苦,但又觉得很愉快"②,"大家抗日救国的热情非常高,没有叫苦叫累的"③。章汉夫在《群众》杂志上发表的《活跃在大别山区的一支青年队伍》一文中称赞说:"商城学生战时服务团下乡宣传抗日救亡,生活很艰苦,工作卓有成效,这是豫南地区少见的一支抗日救亡宣传的劲旅。"④

9月下旬,商城县抗日政府成立后,商学团大部分成员被编入商城县政府政治工作队(简称"政工队")。1939年初,政工队编入安徽省民众抗敌动员委员会直属第七工作团(简称"第七工作团"),在商城继续开展抗日救亡活动。

第五战区抗敌青年军团商城实习队 1938年4月下旬,第五战区长官司令部抗敌青年军团近5000人在潢川训练基本结束,根据需要和自愿,进行重新编队,派到山东、江苏、安徽和鄂豫边区各一个大队。鄂豫边区大队分赴商城、潢川、固始、息县、光山、

---

①② 《张泽易同志的回忆》(一九八四年九月二十一日),载中共信阳地委党史资料征编委员会编《丰碑》(一九八七年一月)第十四辑,第71页。

③ 《武千平同志的回忆》(一九八一年四月十三日),载中共信阳地委党史资料征编委员会编《丰碑》(一九八七年一月)第十四辑,第69页。

④ 转引自见中共商城县委党史资料征编委员会编《商城革命史》,河南人民出版社1988年9月第1版,第208页。

经扶、罗山、信阳、黄安、麻城、罗田、英山12县,负责抗日动员和组织群众工作。第五战区抗敌青年军团商城实习队(简称"青年军团商城队"或"商城队")在队长佟子实(中共党员)的率领下,于5月初到达商城。

青年军团商城队是个半军事的武装组织,男女队员40余人①,设为两个区队,"男的各配长枪一支,百发子弹"②,"每人每月生活费发给十五块银元,灰军装,佩戴符号"③,队长、区队长挂校、尉军衔④。青年军团商城队有中共党员5人,民先队员10余人,成立了中共支部,马广智(李扬)任支部书记。党支部运用民先合法、公开的社会地位,行使对该队的领导。5月下旬,徐州失守后,原由潢川派往山东、徐州的青年军团和第五战区民众总动员委员会宣慰团、徐州青年救国会等抗日救亡团体,纷纷后撤,有的路经商城,许多成员留下参加青年军团商城队。青年军团商城队队员激增至120余人,共产党员、民先队员也有大量增加。9月中旬,商城沦陷,"商城队队长佟子实到老河口(五战区司令长官部所在地)未归,尹莘野接任队长。由于战争的关系,队员中的少数人去

---

① 人数众说不一,此据任慎修《第五战区青年军团商城队片断回忆》(1960年10月13日),载中共商城县委党史资料征编委员会编《商城革命史资料》(一九八九年三月)第四辑,第248页。

② 《李岩回忆抗战初期"青年军团"在商城的活动情况》(一九八四年二月十日),载中共信阳地委党史资料征编委员会编《丰碑》(一九八五年四月)第七辑,第111页。

③ 《姚俊霞同志的回忆》(一九八四年九月二十八日),载中共信阳地委党史资料征编委员会编《丰碑》(一九八七年一月)第十四辑,第129页。

④ 据《李方曙同志的来信》(一九八三年十月二十一日),载中共信阳地委党史资料征编委员会编《丰碑》(一九八七年一月)第十四辑,第119页;马广智、贾世珍、李广环《青年军团商城队抗战耕耘八月》(一九八五年十一月二十七日),载中共商城县委党史资料征编委员会编《商城革命史资料》(一九八六年十月)第二辑,第171页。

武汉了。这时的商城队只有七十余人了,其中有二十多个共产党员和三十多个'民先'队员,不是党员和'民先'队员的也是坚定的进步分子。因此人数虽然大减,而队员的政治质量比例却大大提高了。队员们坚决执行党的指示,在大别山中坚持打游击。"①11月,日军撤离商城后,顾敬之当上商城县长,上告到安徽省政府说青年军团商城队里有共产党活动,搞赤化宣传,安徽省政府通过第五战区司令长官部政治部将商城队调往立煌(今安徽金寨)进行整顿,改称五战区政治部政治总队第一中队(简称"政一队")。12月下旬,政一队调往安徽阜阳。

上海抗日救亡演剧第二队　上海抗日救亡演剧队是在上海戏剧界救亡协会领导和组织下于1937年8月20日组建起来的,中国共产党在其中起到了重要作用。组队比较自由,往往是由一位较有名望的艺术家担任队长,其他愿意参加的人士围拢而来。洪深回忆上海抗日救亡演剧第二队(简称"抗演二队")建立过程说:"后来组队了,我听说(马)彦祥、(宋)之的、(袁)牧之组第一队,我便与金山、王莹商量组建第二队。我们那时采(取)的是吴用取生辰纲的原则,认为人多去不得,人少也去不得,务要人人得用。我和金山分工,金山管找人,我管对外和经济。我们一共组织了十四位同志。"②1938年6月,金山、王莹率领抗演二队20

---

① 《朱鸿翔同志回忆"政一队"与阜阳党组织》(一九八三年十月十三日),载中共信阳地委党史资料征编委员会编《丰碑》(一九八七年一月)第十四辑,第118—119页。

② 洪深:《我们是这样战斗过来的》,载《洪深文集》第4卷,中国戏剧出版社1959年第1版,第522页。

余人来到商城,开展抗日救亡宣传活动,"在大别山一带甚著勋劳"①。9月中旬,商城沦陷前,抗演二队撤离商城。

河南省战时教育工作团 1937年11月,为在河南开展抗日游击战争准备骨干,中共河南省委在开封开办河南大学抗敌训练班,学员为河南大学、开封女师、开封北仓女中、开封高中等校进步学生。1937年底,日军逼近豫东。为迅速动员民众,深入农村开展抗日救亡宣传活动,省委指示训练班提前结束,成立河南大学抗敌训练班农村工作团(简称"农村工作团"),范文澜任团长,徐述之任副团长,冯纪新任总队长,全团120多人,半数左右是中共党员和民先队员。根据宣传工作的需要,农村工作团又分为话剧队、歌咏队和宣传队。1938年1月,农村工作团分两路南下,少部分随范文澜、刘子厚乘车到许昌,大部分由冯纪新等率领徒步经尉氏、鄢陵到许昌。然后,一部分成员奔赴延安,其余会合范文澜、刘子厚在许昌办的第二期训练班部分学员继续经舞阳、漯河南下。在舞阳时,国民党强迫农村工作团改名为河南省战时教育工作促进团(简称"战教团"),以限制其只能进行宣传活动。4月,战教团到达信阳。7月中旬,战教团70余人在副团长徐述之和总队长冯纪新率领下,经潢川来到商城,进行抗日救亡活动。9月中旬,商城沦陷后,战教团除十数人随冯纪新留在商城开展游击战争,参加商城抗日挺进大队外,大部分人员后奉命编入信阳抗日挺进队,在四望山地区开展敌后游击战。1939年春,战教团

---

① 田汉:《关于抗战戏剧改进的报告——军委会政治部的范围》,载《田汉文集》第15卷,中国戏剧出版社1986年12月第1版,第121页。

留下来的人员与政工队编为第七工作团,在商城继续开展抗日救亡活动。

第五战区文化工作团　1938年7月,团长臧克家、副团长于黑丁率领第五战区文化工作团(简称"文化工作团")14人来到商城。该团的主要任务是"对前线士兵民众提供文化食粮,动员第五战区文化人,并与后方各文化团体取得密切联系"[①]。9月中旬,商城沦陷前,文化工作团撤离商城。

我们这十四个,

扯起"文化工作团"的旗帜,

在战地上,

呼吸着弹药的气息。

脚踏着火热的大地,

头顶着七月的太阳,

汗水的淫雨,

渍烂了我们的衣裳。

太阳炙黑了我们的脸,

我们的胳膊;

也炼硬了我们的骨头,

注射一身战斗的力量。

…………

---

① 《新华日报》民国二十七年(1938年)七月十八日第三版,转引自中共商城县委党史资料征编委员会编《商城革命史资料》(一九八九年三月)第四辑,第110页。按:该文载"团员王淑明、田涛、田一文、伍禾、李石锋、鲁夫、武智仁、胡小翔、梅丽莎、曾克、张克刚、邹荻帆、郑桂文等",加上臧克家、于黑丁计15人,多出1人。

凭一张口,

凭一双手,

手下的铁笔,

是我们的武器。

我们工作着,

从白昼到黑天,

把心血,把大汗,

灌注每一刻的时间,

我们在苦斗里

拉紧了生命的弓弦。

灯火熬肿了眼皮,

笔杆在手中打颤,

挥一挥拳头把瞌睡驱走,

"敌人的炮火永不知疲倦!"[①]

臧克家这首1938年8月27日写于商城的《我们这十四个》,以诗的语言描写了当时文化工作团紧张而辛苦的工作。

广西学生军 中华民国革命广西抗日救国学生军(简称"广西学生军")是一个青年学生抗日军事团体。1938年2月,第二届广西学生军在武汉集训完毕,分赴河南潢川、安徽合肥等地。广西学生军到达商城时间不详。1938年7月18日《新华日报》载章汉夫《商城动态》说,"有集合'待命'的广西学生军",则知

[①] 中共河南省委党史工作委员会:《抗敌青年军团》,河南人民出版社1990年7月第1版,第60—61页。

广西学生军最迟7月18日前已在商城"待命"。李岩《抗战初期"青年军团"在商城活动的片断》载青年军团商城队"下设两区队长,一叫熊兆祥,一叫李其章,他们都是'广西学生军'(以广西大学学生为基础组织的抗日青年团体)的成员"①,《伍千平同志的回忆》载马广智是"广西学生军走时留下的"②,则知广西学生军在潢川集训后有部分参加青年军团商城队。伍千平回忆说"一九三八年上半年,外地抗日组织来商城的有:广西学生军(应为青年军团商城实习队)"③,应该弄错了,青年军团商城队不等同于广西学生军,所以记录者加了括注。9月16日日军攻陷商城后,在商城拍摄到广西学生军抗日壁画。

安徽省民众抗敌动员委员会直属第七工作团 1938年11月,商城县抗日民主政府解体,政工队和战教团留下来的少数人员改编为安徽省民众抗敌动员委员会直属第七工作团,冯纪新任团长,何世华任副团长,团员40多人,编制20人,在商城进行抗日救亡活动。1939年春,第七工作团分为两部分,一部分由中共商城县委书记冯纪新率领去麻城开辟工作,一部分由县委委员魏心一率领在商城坚持工作。1939年秋,第七工作团两部分先后赴皖东抗日根据地,原商学团部分人员参加安徽省青年剧团,活跃在抗战戏剧战线上。

---

① 中共商城县委党史资料征编委员会编:《商城革命史资料》(一九八六年十月)第二辑,第206页。

② 《伍千平同志的回忆》(一九八一年四月十三日),载中共信阳地委党史资料征编委员会编《丰碑》(一九八七年一月)第十四辑,第70页。

③ 《伍千平同志的回忆》(一九八一年四月十三日),载中共信阳地委党史资料征编委员会编《丰碑》(一九八七年一月)第十四辑,第69页。

抗日剧团 1941年4月[①],受抗战热潮及抗战剧的影响,商城京剧艺人联合成立抗日剧团。剧团成立时有演职人员30多人,著名角色有青衣赵艳芳(艺名"凤凰旦")、武花旦南金贵、老生谢小楼、武生曾少泉、花脸田双成等。为配合抗日宣传,剧团赶排了毕永忠主演的时装剧《关东小侠》,曾少泉、南金贵主演的创作剧《三义园》。剧团班子齐,阵容大,各名角和各流派在此争相献艺,每晚演出四小时以上,享有盛名,很受群众欢迎,"他们的演出为当时的抗日热潮起到了一定的推动作用"[②]。1942年底,日军逼近商城,抗日剧团解体。

[①] 抗日剧团成立时间《商城戏曲志》说法不一。《图表·大事年表》载:"民国三十年(公元1941年),京剧艺人毕永忠、毕永华等毕家班子联合赵艳芳、曾少泉等成立抗日剧团。"第七章《机构》载:"民国二十九年(公元1940年)……这时,在外地演出的商城京戏班恰巧赶了回来,经过协商,于四月份建立了由戏班和票友们共同组合的京戏园,并推举大力给予物质支持的本地商人杨鹤林为班主,通晓业务的原戏班领班江苏徐州人赵金洪领班,正式给剧团起名为抗日剧团。"考以《机构》说抗日剧团成立在国军第八十四军驻扎商城之后,当为1941年4月。商城县文化局编:《商城戏曲志》,第4、59页。

[②] 商城县文化局编:《商城戏曲志》,第60页。

商城抗日救亡宣传的形式、特点和作用

形式

戏剧、歌舞演出　各宣传团体演出的抗日流行剧有《三江好》《最后一计》《放下你的鞭子》《九一八以来》(哑剧)《太阳旗下》《保卫卢沟桥》《上海之战》《八百壮士》《扬子江的怒吼》《警号》《张家店》《台儿庄是日本鬼子的坟墓》等多部,商学团演出的原创抗日剧有《剁公鸡头》。《三江好》《最后一计》《放下你的鞭子》当时被称为"好一计鞭子",影响很大。

《放下你的鞭子》是1931年集体创作的抗战街头剧。该剧讲述九一八事变后,从中国东北沦陷区逃出来的一对父女——汉子和香姐在抗战期间流离失所、以卖唱为生的故事。这天演出,香姐因饥饿晕倒在地,引起观众骚动,说是"骗钱的玩意儿",纷纷欲走。汉子急忙拐弯,叫香姐"来九个鸭子翻身的把戏"。香姐再次晕倒,汉子就举起鞭子打她。观众中一名青年工人愤怒地喊道"鞭子放下来!"并跃上前去夺下鞭子,指责汉子说:"世界上哪有这样狠毒的爸爸,用鞭子打他的女儿。"香姐说"这不是他的错",是"东洋鬼子呀,可恨的东洋鬼子,夺了我们的家乡,抢去了我们靠着活命的田地。最可恨的,我的妈也被他们杀死了"。[①]香姐诉

---

① 以上引自集体创作《放下你的鞭子》,载北京大学、北京师范大学、北京师范学院中文系中国现代文学教研室主编《独幕剧选》(第二册),上海教育出版社1979年11月第1版。

《放下你的鞭子》剧照

说了家乡沦陷,饱受东洋鬼子欺凌,逃到关里靠卖艺为生的悲惨遭遇,最后观众认识到必须团结抗日才有生路。该剧运用街头卖艺形式演出,演员与观众打成一片,不管在哪里演出,无不激起观众对日寇的极大仇恨;又因具有很强的政治性、鼓动性、时效性和通俗性,是鼓舞人民的抗日斗志的佳作,在抗战初期被广泛演出。

《保卫卢沟桥》是一部上海文艺界中国剧作者协会集体创作、导演,由三个连续的独幕剧组成的多幕话剧。第一幕"暴风雨的前夜":卢沟桥畔一个茶店内,日军屡次蛮横演习,中国民众饱受欺辱。第二幕"卢沟桥是我们的坟墓":在卢沟桥附近的土地庙内,日军借口挑衅,中国第二十九军作自卫战。第三幕"全民的抗战":在宛平县十字街头,民族自卫战发生,军民合作,各地慰

《保卫卢沟桥》剧照

劳代表群集,宣誓抗战决心。《保卫卢沟桥》的创作与演出,是中国戏剧阵线的战斗宣言。8月7日在蓬莱大戏院上演,8月8日上海《申报》发文评论此剧是"一颗掷向民众深处的爆烈弹,猛烈地激动每一个观众的神经,沸腾他们的热血"。

《剁公鸡头》是商学团的张泽易创作的抗日剧。剧情已不得而知,只知道伍千平扮演老太婆,毛本淳、毛本静姐妹分别扮演青年妇女和小姑娘,"表示坚决抗日的决心,很有意思"①。

商学团当时石印了一本《抗日歌曲选》,载有《义勇军进行曲》《热血歌》《打回东北去》《保卫黄河》《流亡三部曲》《大刀进行曲》《牺牲已到最后关头》等100余首抗日流行歌曲,红色封面上,画着奴隶挣脱枷锁的图案(商城周维敞画),象征着抗日救亡取得民族自由解放。广大爱国青年男女争着学唱,懂事的儿

---

① 《伍千平同志的回忆》(一九八一年四月十三日),载中共信阳地委党史资料征编委员会编《丰碑》(一九八七年一月)第十四辑,第69页。

童也不甘落后,到处都可听到"大刀向鬼子们的头上砍去"这样的豪迈歌声。

专刊、漫画、板报、墙标　商学团创办以报道时事、军事、政治为主要内容的《步玲》专刊和漫画壁报。《步玲》专刊贴在县城大十字街东马氏祠墙上。"壁报有油光纸那么大,一星期出一次,很经常。……刊头是'壁报'二个大字",内容是"时事、军事(报导那里打胜仗)小评调(用四周小调、补缸调,写些新调)等"①,形式喜闻乐见、活泼有趣,很受欢迎,每天从早到晚都有人站在那里挤着看,发表议论。商学团还筹集经费,以新四军第四支队宣传队赠送的书刊为基础,办起一个民众抗日救亡图书室,有毛泽东《论持久战》、艾思奇《大众哲学》以及《新华日报》、《群众》等书刊二三百本。汤泉池民众救亡室是非常活跃的一个。"汤泉池救亡室每隔一日出战报一期。消息是商城城里用无线电收的,再由管理员用极浅鲜(显)的白话文□写成的。"②许多抗日爱国志士,经常在此借阅,吸收政治营养。

青年军团商城队在大街小巷张贴"打倒日本帝国主义!""团结一致,共同抗日!""抗战必胜,建国必成!"等标语。

广西学生军画的抗日壁画被拍摄下来的有两幅。一幅正前面一个身穿军装的学生军右手拿着喇叭,左手紧握拳头、高翘拇指,双眼圆睁,张大嘴巴在高喊,满脸的愤怒。右后面是一个小一

---

① 以上《张泽易同志的回忆》(一九八四年九月二十一日),载中共河南省信阳地委党史资料征编委员会编《丰碑》(一九八七年一月)第十四辑,第71页。
② 单亚柏:《汤泉池民众救亡室》,载《新华日报》民国二十七年(1938年)八月十一日第四版。

点的学生军,小学生军右面(壁画左面)书写"武装起来保家乡!"壁画左面落款"广西学生军"。另一幅左中面书写"最后一滴血誓不屈服日政!"右下面书写"打杀汉奸",小字落款"广西学生军队第一□□□"。

座谈、走访、演讲、游行 抗战一周年纪念活动,抗演二队、商学团、青年军团商城队联合组织声势浩大的抗日救亡宣传活动,写标语、出墙报、画漫画、街头讲演、唱歌、游行。

青年军团商城队分组进驻河凤桥、武家桥、鄢家集、朱裴店、余子店、汤泉池、余家集、大柳树等地,并加强进驻三区达权店、汤泉池的力量。他们深入乡村,以召开群众大会讲演、座谈会、家庭访问、办民众救亡室等形式,揭露日本帝国主义侵华的野心和暴行,号召各界民众紧急行动起来,团结一致,共同抗日。

"文化工作团"来到商城后,立即投入抗日救亡宣传活动,在文化界召开座谈会,对驻军慰问、讲演等。他们还在商学团一部分人的配合下,徒步到商城东南金刚台脚下杨桥、枫香树、余子店等深山区,慰问五十一军将士和访问群众,受到热烈欢迎。他们讲演抗战形势、任务、前途等问题,号召军民团结一致,共同抗日,打回东北去!打倒日本帝国主义!

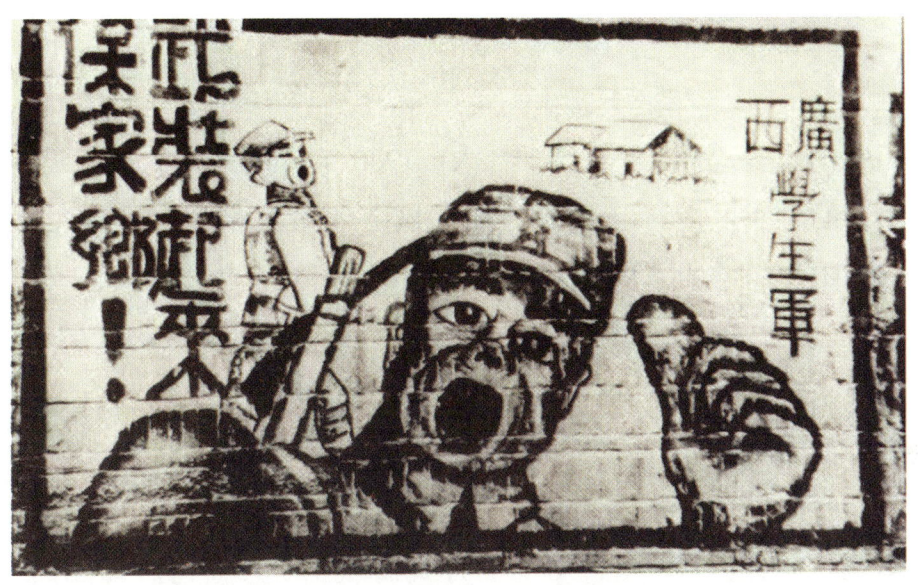

1938年9月23日在商城拍摄的广西学生军抗日壁画

特点

团体多,密集度高,流动性大 1938年5月至9月,在将近5个月的时间里,先后有青年军团商城队、抗演二队、战教团、文化工作团、广西学生军等宣传团体来商城进行抗日救亡宣传。臧克家、于黑丁、金山、王莹、章汉夫等著名诗人、作家、表演艺术家、记者都来到商城,参加抗日救亡宣传,掀开商城抗日救亡宣传华彩的一页。

抗演二队从1938年6月到商城至9月上旬撤离到武汉,文化工作团、战教团从1938年7月到商城至9月上旬撤离,前后三四个月。青年军团商城队从1938年5月初到商城至12月奉命到皖北阜阳,前后约八个月。第七工作团从1938年12月成立到1939年春一分为二,前后不到三个月,此后商城工作团还坚持了几个月,工作性质实已转变。尽管活动时间短,但活动密度高,在宣传抗日救亡、建立抗日民族统一战线和党的建设工作等方面,为商城抗日救亡运动做出了重要贡献。章汉夫《商城动态》一文报道说:"这些团体,从不放松一刻儿地进行工作,他们吃苦耐劳,学习研究,努力工作的精神,使人兴奋,令人感动,最近在商讨联合中,他们的经验和活动,尚需要更多的篇幅,不过,他们的工作,正是商城在平静沉闷中最大的活力。只有在这里,才看得到保卫大武汉中应有的紧张。"[①]

[①] 《新华日报》民国二十七年(1938年)七月十八日第二版,转引自中共商城县委党史资料征编委员会编《商城革命史资料》(一九八六年十月)第二辑,第19页。

宣传主题突出，形式多样，联合活动　宣传主题就是抗日救亡。宣传形式有话剧、歌舞、专刊、漫画、板报、墙标、座谈、走访、演讲、游行、图书室等，凡是能采用的一切宣传形式和手段，差不多全都用上了。

多团体联合活动，最大发挥组织和宣传效应，是这一时期抗日宣传的特点。1938年6月，金山、王莹率领抗演二队20余人来到商城，章汉夫建议，抗演二队人地两生，活动不便，最好和商学团、青年军团商城队联合起来活动，这样阵容大、声势大，效果会更好些。三个团体召开联席会议，会上章汉夫作了热情洋溢的讲话，对大家鼓舞很大。后来三个团体联合在商城三区演出，争取顾敬之抗日，效果非常显著。文化工作团来到商城后，在商学团的配合下，徒步到金刚台脚下慰问第五十一军将士，访问群众，受到热烈欢迎。

非舞台演出，节目多为抗日流行剧，商城原创节目少　在战时特殊环境下，话剧和歌舞演出不是在室内舞台上，而是在街头巷尾、田间地头、军队驻地、机关学校等场合。综观这一时期演出，大多是当时流行的抗日剧和抗日歌曲，商城原创节目反倒很少。1938年纪念抗战一周年期间，商学团自编自演过抗日剧《剁公鸡头》。青年军团商城队等在三区演出的《巧除地头蛇》、《摸瓜》不知是否为原创剧目。

在诸多的宣传形式中，抗日戏剧的演出最富鼓动性和感染力。田汉说："既称为全面抗战，单是军事上的动员是不够的。……

士气的振起实以广大蓬勃的民气为基础,这有待于对广大民众积极的艰苦的政治动员。没有广大的民众的政治动员,无法保证军事上的胜利。而在中国,在文盲占百分之九十以上的中国,动员民众的最有效的手段就是戏剧!"① 时任武汉中央政府军委会政治部部长的陈诚也称"这十个队(十个抗敌演剧队——编者注)要当十个师用。"② 事实上也确实如此,每场演出都能激发广大民众的抗日热情,都会爆发出"我们要抗战""打倒日本帝国主义!""打回东北去!""驱逐日寇,还我河山!""打倒汉奸卖国贼!"等愤怒的吼声。

作用

鼓舞抗日斗志 商城城隍庙(今商城县中医院)是抗战伤兵医院,商学团多次以演戏、唱歌、代写书信等方式进行慰问,伤兵们很受感动,表示伤愈后,重返前线,奋勇杀敌。1938年4月7日台儿庄大捷,消息传来后,商学团赶排了《台儿庄是日本鬼子的坟墓》话剧,上街演出,极大地鼓舞了军民,增强了军民抗战胜利的信心。

抗战一周年纪念活动期间,抗演二队、商学团、青年军团商城

---

① 田汉:《抗战与戏剧》,载《田汉文集》第15卷,中国戏剧出版社1986年12月第1版,第14页。

② 田汉:《关于抗战戏剧改进的报告——军委会政治部的范围》,载《田汉文集》第15卷,中国戏剧出版社1986年12月第1版,第126页。

队联合组织声势浩大的抗日救亡宣传活动,写标语、出墙报、画漫画、街头讲演、唱歌、游行,特别是演出《扬子江的怒吼》《放下你的鞭子》《保卫卢沟桥》《上海之战》等抗日救亡话剧,盛况空前,全场爆发出"我们要抗战!""打回东北去!""打倒日本帝国主义!""驱逐日寇,还我河山!"的怒吼声,响彻云霄,震撼山城,极大地激发了广大人民群众和驻军将士的抗日救亡热忱。

文化工作团团员丽莎写了《近前线的商城》一文,讲到他们在商城山区看到经过抗日救亡宣传后的变化:"有次作家庭访问时,谈到这里的天险,有位农夫说:'俺们不怕。俺们有这些山,鬼子来了,俺们往那个山空里一躲,等他走过身,俺们就从他屁股后头,一锄头就敲死他。'这农夫并不懂游击战术,只是这里的环境,使他知道他们可以这样打击敌人。"[①]

单亚柏《汤泉池民众救亡室》一文详细记述了汤泉池民众救亡室一天的活动情况:"汤泉池是豫南商城县的一个小市镇,四五十户人家;在许多阴湿黑暗的门面中间,有一个用红绿纸点缀得崭新的门面,那便是汤泉池民众救亡室。门杠头写着'我们万众一心,冒着敌人的炮火前进'。门两边贴着大对联:'在此抗战期间,各人站在各人的岗位,扭紧头毛,切实奋斗';'赶走鬼子以后,大家看着大家的功绩,敞开襟怀,鼓舞欢腾'。屋子里四壁上满挂着通俗读物,两张漫画的中间,间杂地贴着抗战形势图,

---

[①] 《新华日报》民国二十七年(1938年)九月十六日第四版,转引自中国人民政治协商协会议河南省商城县委员会编《商城文史资料》(一九九五年二月)第三辑,第74页。

统计表,各种挂像,报纸,在屋中又置有象棋、军棋、沙盘等娱乐品。"①每天从早上八点到晚上八点,一些生意人、农民、学生、儿童、小脚妇女等都涌进救亡宣传室,看书,看报,下棋,识字,学唱救亡歌曲,听管理员讲抗战故事或民族英雄故事,委托管理员代写书信,讨论抗战、征兵、征夫、派款、耕种、施肥等问题,都是异常兴奋,异常热烈。文章结尾说:"汤泉池附近的许多村庄,自以汤泉池救亡室成立以后,救亡歌声荡漾在山林里,河流边,田埂间。如'大刀进行曲'那样难唱的调子,竟出于牧童的嘴里,出于老实的农民嘴里。三五成群的农民在一处走或是聚在一处工作的时候,他们多能谈谈时局,批评批评不了解抗战的人。家庭妇女也多数关心外边的事。这样一个僻塞的山野里竟变得十分活跃了。"②商城百姓把抗敌青年军团商城队叫作"青天团",当地流传着这样一首歌谣:

> 抗青团是青天团,
> 他们来了斗土顽。
> 二五减租好,
> 穷人吃得饱。
> 青天团是百姓头,
> 唤起民众抗日寇,
> 保卫家乡救国救民出苦难。③

---

①② 《新华日报》民国二十七年(1938年)八月十一日第四版。

③ 石雪岩:《佟子实与第五战区抗敌青年军团实习队在商城的抗日活动》,载中共商城县委党史资料征编委员会编《商城革命史资料》(一九八六年十月)第二辑,第195页。

歌谣虽然是唱抗敌青年军团商城队的,但实际上是整个抗日宣传团体的写照。

统战抗日力量 "统一战线,他们是把握着的。"章汉夫《救亡运动在商城》这样说商学团:"他们拜访联保主人保甲长,请求协助和指导,他们用最大的力量,在田间帮助农民耕种中宣传,在镇上做家庭访问,有时演讲、演剧、歌咏。做城防工事的工人,是他们工作的一个重要对象。每个人总要抽些时间去谈话。"①青年军团商城队工作组进驻四顾墩(今金刚台镇)后,四顾墩的联保主任响应合作抗日号召,调集各保青壮年请青年军团训练。驻商城五十一军于学忠部原系东北军,青年军团商城队深入该军一一四师六八〇团宣传抗日救国和抗日统一战线,他们开联欢会,演出《三江好》《九一八以来》《放下你的鞭子》等抗日剧,激起将士们思乡爱国之情,"商城队员徐侠民为这个团创作了团歌,在全团流行,受到广大官兵的欢迎"②。纪念七七抗战一周年期间,商学团王积昌、张泽易曾去七十七军某团参加悼念活动,后来王积昌溺水去世,七十七军某团还专门写了一首挽歌,结尾说:

朋友,安睡吧!

我们千百万争自由的人们,

---

① 以上《新华日报》民国二十七年(1938年)七月二十二日第四版。
② 马广智、贾世珍、李广环:《青年军团商城队抗战耕耘八月》(一九八五年十一月二十七日),载中共商城县委党史资料征编委员会编《商城革命史资料》(一九八六年九月)第二辑,第165页。又《武德敬同志的回忆》(一九八三年八月二十六日):"我们还编写了51军军歌和680团团歌,由项友华主编的。"载中共信阳地委党史资料征编委员会编《丰碑》(一九八七年一月)第十四辑,第77页。两文记载团歌作者不同。

定要完成你的遗志,

把敌人的侵略迷梦,

重重打碎,重重打碎!①

为加紧开展三区抗日救亡运动,商城工委委托抗演二队在商学团一部分的配合下,进驻商城三区演出,同在那里的青年军团商城队一起做顾敬之及其部下和群众的关于抗日救亡的思想工作。顾敬之鉴于金山、王莹的名声和抗战形势,表示欢迎,盛宴款待全体团员,叫他的士兵、佃户和群众观看演出。"在开减租农民大会上,佟子实作报告宣传抗日意义,实行二五减租,减轻农民负担,并向农民说明了顾愿意答应减租。号召'有钱出钱,有力出力'时,顾敬之高兴地表态:'这半年内亲区(顾势力范围内)租税一律减免'。显示了党领导下的抗日民族统一战线的巨大威力。"②抗演二队在三区演出将近20天,初步打开了商城抗日救亡运动的局面。

为了进一步做好针对顾敬之的统战工作,冯纪新以战教团的名义到达达权店,向顾敬之反复讲解日本帝国主义侵华野心和暴行,抗战形势和前途,抗日民族统一战线政策等。顾敬之再次表示愿意合作抗日,免收秋季租课,减轻农民负担,支援抗日战事。

壮大党的队伍 1938年6月中共商城工作委员会(简称"商

---

① 《张泽易同志的回忆》(一九八四年九月二十一日),载中共信阳地委党史资料征编委员会编《丰碑》(一九八七年一月)第十四辑,第74页。

② 石雪岩:《佟子实与第五战区抗敌青年军团实习队在商城的抗日活动》,载中共商城县委党史资料征编委员会编《商城革命史资料》(一九八六年十月)第二辑,第193—194页。

城工委")成立前,商城原有的县委组织已不存在,只有苏仙石一个党支部十几个党员、回龙集一个党小组四五个党员。商城工委是以青年军团商城队党员为基础组建的,马广智任工委书记。《豫东南工作委员会报告》说:"现在党的组织上的情况,主要的是经过实习队的党建立起来,开辟地方党。有的地方是实习队参加到地方的组织,经过这一次的巡视,已经决定的有商城、固始、息县、潢川、罗山、信阳,在各县分别有三个负责同志成立工委,建立起党的领导核心。"商城工委成立后,豫东南工委指示:"①扩大统一战线到农村,由农村工作中更加巩固城市的统一战线。②武装民众工作为今日工作主要内容,而发展农会更为有力的支持武装组织的有力号召与组织。③在工作(上)要建立据点,成立中心区,把各地的武装关系,建立与扶植到这一中心区的周围。④要在主要工作上集中干部与整个的运用其他个别团体的关系,在工作上尽量得到配合。⑤在各县工作计划中,均指出可能发展的组织数目,与经常扶植在我们影响下的武装数目。"① 商城工委根据这个工作指示,首先在青年军团商城队中发展党员,接收由徐州突围来商城的第五战区民众抗敌总动员委员会宣慰团、徐州青年救国会里5名党员的党组织关系,然后在地方发展党员。青年军团商城队的党员由开始四五人发展到20多人,苏仙石的党员由10多人发展到20多人,回龙集的党员发展到15人。9月下旬,中共

---

① 以上《豫东南工作委员会报告》(1938年6月22日),转引自中共商城县委党史资料征编委员会编《商城革命史资料》(一九八九年三月)第四辑,第104页。

商城县委成立。

建立抗日武装 1938年7月初,民先商城队部成立后,积极在青年军团商城队、商学团中发展民先队员,民先队员发展到30多人。民先组织有合法公开的社会地位,既利于加强商城抗日救亡团体的联系,也利于掩护党组织的活动,是商城抗日救亡运动中最活跃最有朝气的一支青年突击力量。

9月下旬,商城县抗日政府以商学团为基础,将爱国抗日知识青年召集起来,成立政治工作队(简称"政工队"),青年军团商城队狄庆娄任队长,商学团团长何世华任副队长。政工队是中共领导下的政治工作队。同时,相继集中青年军团商城队、商学团、战教团等留下来的70余人在伏山渣滓河进行整顿。渣滓河整顿后,将县常备大队扩编为100多人的商城县抗日挺进大队,成立政治处(实为县委机关)。商城县委将政工队、青年军团商城队中的部分党员、民先队员安排到抗日挺进大队和教导队里担任队长、指导员、政工员。新成立的商城县地方武装,主动开展游击战。抗日挺进大队在峡口、青山等地伏击载有400多名日军的汽车队,炸毁了桥梁,烧毁了汽车两辆,缴获了一批枪支弹药。11月22日,在商城南关田棚子,袭击了撤离商城日军的后卫,缴获大批物资。挺进大队还不断袭击小股日军。商城抗日游击战争,不断打击日本侵略军,配合了国民党军正面抗战,鼓舞了敌后人民群众,增强了抗战必胜信心。

鄂豫公学和《鄂豫报》

鄂豫公学的创办

创办背景

解放战争进行到1947年底,国民党军队被迫由战略进攻转入全面防御,从而结束了长期以来人民军队所处的战略防御地位。1948年9月开始,解放军先后在东北、华东、中原、华北和西北战场上,发起规模空前的秋季攻势,同时发起辽沈战役,揭开了战略决战的序幕。

1947年8月,刘邓大军进入大别山,经过一个多月激战,解放23座县城,初步完成在大别山战略展开任务,并重建鄂豫解放区。10月12日,中原局、中原军区发出《关于放手发动群众创建大别山解放区的指示》,决定在已建立的鄂豫、鄂东、皖西三个大区工委的基础上,归并成立鄂豫、皖西两个解放区。11月中旬,鄂豫区党委、行署、军区在商城和麻城交界的双庙关成立。鄂豫区辖鄂豫皖边5区20余县,纵横600里,人口750万,是中原最大的解放区。

11月下旬,蒋介石调集14个整编师33个旅向大别山发动全面围攻。

1948年2月底至3月中旬,刘邓大军主力根据中央军委指示转出大别山,鄂豫区一度沦陷为游击区,只保持了十几块相对稳定的根据地。10月19日,鄂豫区党委"发出了反击作战的指示,要求部队首先拓展北面地盘,巩固山区,进而打通与淮北的联系,并逐步向沿江发展。同时,军区集中一部主力攻打商城"①。11月9日,第二次解放商城,鄂豫区党委、行署、军区领导机关进驻县城。同日,固始也获得解放。"从此,在大别山北麓形成大块解放区,并和淮河以北的豫皖苏解放区联成一片"②11月23日,国民党军第一一三师龚德敏部进攻商城,鉴于鄂豫军区主力部队正在南部山区剿匪,城内机动兵力有限,鄂豫区党委、行署、军区领导机关率部主动撤出县城。11月30日傍晚,鄂豫军区部队发起了最后解放商城的战斗,次日第三次解放商城。

商城解放后,鄂豫区党委、行署、军区领导机关和商城县委、商城县爱国民主政府再次进驻县城,鄂豫区领导机关驻县城南关十方院。商城遂成为鄂豫区首府,是鄂豫区政治、军事、经济中心。

革命形势发展总体向好,但局部仍然严峻。"在大别山北麓我们仅仅掌握两座县城,而敌十九兵团仍然盘踞在信阳地区,滇军五十八军仍然固守在潢川、光山、罗山和息县。敌张淦兵团的第七军和四十八军,仍然出入于皖西与鄂豫地区,地方土顽活动也很猖獗。"③

---

①② 段君毅、刘子厚:《重建鄂豫解放区的斗争》,载鄂豫公学校史编委会编《鄂豫公学校史·回忆录》,第22页。
③ 薄怀奇:《序言》,载鄂豫公学校史编委会编《鄂豫公学校史·回忆录》,第1—2页。

在这种形势下,"中共中央中原局和鄂豫区党委深谋远虑,从战略高度出发,为了及早为新解放区培养干部,决定在商城开办鄂豫公学"①。

创办鄂豫公学是从战略高度对革命形势发展正确研判后作出的决策。决策既预见随着战争进程的推进,解放区将迅速扩大,急需大量有文化知识的干部;又着眼在革命胜利鼓舞下,"广大知识青年……迅速倾向革命,渴望学习革命理论,参加革命工作,许多失学失业青年,也需要给以学习和工作的机会"②,换句话说,生源有基本保障。

办学经过

筹备建学(1948年12月—1949年2月22日) 鄂豫公学从动议创办到正式筹建,应该有一个过程,我们没有档案可查,只能从《鄂豫公学校史·回忆录》梳理线索。

《薄怀奇和鄂豫公学》载,1947年11月鄂豫区党委、鄂豫行署、鄂豫军区成立后,行署任命薄怀奇为教育处处长。"他(指薄怀奇)到行署报到时,刘子厚主任就讲明了中原局关于创办鄂豫公学的决定,并要求立即开始筹备工作。由王树声司令员兼任校长,他任教育长。"③薄怀奇到行署报到的时间不详,但接下来该文

---

① 薄怀奇:《序言》,载鄂豫公学校史编委会编《鄂豫公学校史·回忆录》,第2页。
② 童沐天、刘先达:《鄂豫公学简史》,载鄂豫公学校史编委会编《鄂豫公学校史·回忆录》,第1页。
③ 吴亦中、李素爱、李俊洁:《薄怀奇和鄂豫公学》,载鄂豫公学校史编委会编《鄂豫公学校史·回忆录》,第17页。

讲到薄怀奇到职后立即与王文枢一起开展工作,到各校作报告、搞家访,在1947年11月中旬召开的商城各界代表座谈会上,发表题为《举起你的双手,迎接一个新时代的到来》的报告,据此可推知薄怀奇报到至迟在11月。不过,该文载鄂豫区党委、行署、军区成立时间为1947年11月5日误,成立时间是11月15日,薄怀奇到职应该稍晚,作报告时间有可能在11月中下旬。按此说,创办鄂豫公学早在1947年11月鄂豫区党委、行署、军区成立时就决定或动议了。那时重建鄂豫解放区取得相当进展,决定创办鄂豫公学不是没有理由的。《鄂豫公学初创侧记》载,1948年11月23日国民党军第一一三师龚德敏部反扑商城,"在军区、行署暂时撤至城外山区活动期间,行署即着手筹建鄂豫公学,并确定由行署教育处长薄怀奇同志负责筹划"[1]。这里说"即着手筹建",照一般理解应该是之前就决定了,至于之前是什么时候不得而知,可能是1948年11月鄂豫区党政军领导机关进驻商城县城期间,也可能更靠前。对以上两说,薄怀奇本人未置可否,只在《鄂豫公学校史·回忆录》的《序言》中分析1948年2月至10月鄂豫区的斗争形势后说,"就在这样情况下……决定在商城开办鄂豫公学"(见前)。不管怎么说,决定创办鄂豫公学当不晚于1948年11月。

1948年12月初,鄂豫公学在零娄高级中学(简称"零娄高中")正式筹建。零娄高中位于商城县南关第三小学院内,原为

---

[1] 童沐天:《鄂豫公学初创侧记》,载鄂豫公学校史编委会编《鄂豫公学校史·回忆录》,第69页。

鄂豫区党政军机关暨鄂豫公学旧址（商城县第三小学校园内）

寺院——十方院，占地约1.7万平方米，房屋100余间，清末改作学校，因门前有古戏楼，民国时又叫同乐社。1946年秋，零娄高中迁此。有现成的校舍，筹建便捷多了。

鄂豫公学受鄂豫区党委、鄂豫区行署、鄂豫军区直接领导，军区司令员王树声兼任校长，区委组织部长程坦兼任副校长，行署教育处长薄怀奇任教育长。

筹建工作由薄怀奇全面主持。参加筹建的，最初只有王文枢和李立青，不久鄂豫区党委派来准备随军进军西南的肖鸣，军区派来郑云星、贾金生、路云卿，行署派来齐瑞棠、张空凌，这八九人就是全部班底。王树声司令员也到零娄高中鼓励学生报考鄂豫公学。零娄高中校长李式之、教务主任童沐天、教师叶渔滨等人给予很多协助，他们带头报考鄂豫公学在学生中影响大，起到号召作用。

"鄂豫公学招生广告"经鄂豫区党委审查批准,石印数千份,分发给鄂豫行署所属各县和军区所属各部队张贴,招生工作在同步推进。

　　食宿未安排到位,学员就来报到了,外地学员只能暂时在教室里用课桌搭铺,吃饭自行解决。元宵节前后正是学校开学的时间,雩娄高中停办未及时通知学生,学生没有思想准备,一时接不上头,引发骚动,"甚至有人在黑板上书写'鄂公饿公,饿死鄂公'(那时鄂公尚未开伙,以此进行讽刺)"①。筹建人员一边耐心做思想工作,一边安置床铺,借调炊事员,领取粮食,解决食宿问题。这是筹建工作出现的两例失误:前例是因为缺少办学经验所致——及早地、广泛地宣传招生是必要的,也是必须的,失误在对报考形势估计不足,没有做预案;后者完全是工作失误——没有安排。前例是可能考虑不到的,后例是不该考虑不到的。

　　1949年2月23日,鄂豫公学正式开学,筹建工作结束。

　　商城教学(1949年2月23日—1949年5月22日)　这个阶段以4月下旬潢川招生站学员到校为界,又分为前期和后期,前期约2个月,后期约1个月。鄂豫公学校部、潢川招生站在前期是分开的,在后期学员约有半个多月是在一起的,半个月是分开的。

　　前期(2月23日—4月23日②)有两条线,主线为鄂豫公学

---

　　① 吴亦中、李素爱、李俊洁:《薄怀奇和鄂豫公学》,载鄂豫公学校史编委会编《鄂豫公学校史·回忆录》,第22页。
　　② 4月23日为潢川站学员到达鄂豫公学最迟时间。黄宪芝《行军路上》载:"4月22日,在田绿野、张空凌两位老师带领下,动身去商城校部……"(《鄂豫公学校

校部,辅线为潢川招生站。鄂豫公学校部学员组编一至三区队,潢川招生站学员编为若干组。

——鄂豫公学校部。1949年2月23日,鄂豫公学开学典礼在校内小礼堂(三间)举行,会场布置得朴素庄严,气氛热烈。参加典礼的学员有180多人。校长王树声作了重要讲话。讲话分析了形势,提出了任务,号召广大学员努力学习马克思主义、毛泽东思想,自觉改造世界观,指出知识青年要走与工农相结合的道路,要求大家在革命斗争实践中锻炼成长。鄂豫区党委副书记兼行署主任刘子厚、鄂豫区委宣传部长程坦、鄂豫军区政治部宣传部长王伟等领导出席并讲话,商城县委书记兼爱国民主政府县长罗丰代表商城县委、县政府,鄂豫军区政治部秘书皮革代表军区政治部,鄂豫边青年诗人汪任远代表商城知识界,祝贺鄂豫公学正式开学。薄怀奇根据王树声讲话精神,着重阐明鄂豫公学的办学宗旨、教育方针和校风:"鄂公的办学宗旨——培养全心全意为人民服务的革命干部;鄂公的教学方针——理论联系实际,自觉改造思想,努力提高觉悟;鄂公的校风效法抗大——团结、紧张、

史·回忆录》第279页)可视为4月23日到校(路程两天)。杜玉壁《革命洪炉冶炼了我》载:"4月下旬,由田绿野、张空凌带领,开赴了商城鄂豫公学校本部。"(《鄂豫公学校史·回忆录》第369—370页)时间不确切。裴雨农《田绿野老师指引我走革命路》载:"直到4月24日,任、张老师和同学们才从潢川来到商城……"(《鄂豫公学校史·回忆录》第156页),当误。李素爱、李定文、吴亦中《良师、益友、引路人——记肖鸣老师在"鄂公"》和吴亦中、李素爱、李俊洁《薄怀奇和鄂豫公学》载,4月24日早晨,鄂豫公学集合学员在操场上宣布南京解放消息,张空凌、田绿野率领的潢川站学员已经到校,在场聆听。薄怀奇安排一至三区队进城宣传,张空凌留在校内排练秧歌、活报剧,并在《蒋介石演双簧》剧中扮演蒋介石。(《鄂豫公学校史·回忆录》第97、33—34页)因此,潢川招生站学员到达鄂豫公学时间不会晚于4月23日,甚至更早,笼统说即4月下旬,4月24日可以排除。

严肃、活泼。"① 在开学典礼上，师生们欢唱共同创作的歌曲："打起鼓来敲起锣，鄂豫公学开了学，庆祝青年有出路，为国育才好处多……"②

鄂豫公学将学习分为入学教育、革命理论教育和整风教育三个学段，突出的是各阶段教学的重点，虽然在学习过程中未必能把它们严格地区分开来，但所要收到的教学效果和所要达到的教学目的，都得以实现。

入学教育、革命理论教育是商城教学阶段的主要教学内容。鄂豫公学是培养革命干部的"抗大"，这一性质必然决定对学员进行学校性质、任务等教育，以端正入学动机，明确学习目的，树立正确的革命观。鄂豫公学培养的是有文化知识的革命干部，这一性质必然决定学校对学员进行革命理论教育和马克思主义、毛泽东思想教育，以培养学员用马克思主义理论和毛泽东思想分析问题、解决问题的能力，使学员更好地胜任革命工作。我们不能把两个学段从时间上划分出来，只能知道从2月23日起至4月中旬止，总共用了两个月的时间。课程、教学内容和方式留待后面介绍，这里只谈理论教育学段后期的学习小结、写自传活动。

学习小结、写自传是根据革命形势发展进程，着眼学员将随军进入解放区而安排的。不能用现在的眼光来看待那时的学习小结、写自传，根本是两码事。薄怀奇亲自做动员报告，大意是

---

① 童沐天、刘先达：《鄂豫公学简史》，载鄂豫公学校史编委会编《鄂豫公学校史·回忆录》，第4页。

② 李觉非、周霁风：《火红年代峥嵘岁月——记创建在大别山的鄂豫公学》，载鄂豫公学校史编委会编《鄂豫公学校史·回忆录》，第52页。

说:"这是一次学习小结,通过第一阶段的革命理论学习,重新认识自己,要求以忠诚的态度写清自己的家庭出身和历史,以及对中国共产党和中国革命发展的认识,愿不愿意跟着共产党走。实事求是,严肃认真,不管什么问题都不要隐瞒,历史也就是个人的足迹,你到过什么地方,总会留下印痕,也许有一些不太光彩的事,写清楚了,就放下了包袱,才能轻装前进,跟上时代前进的步伐。"①学习小结是名,写自传是实,交代清楚个人历史即"丢包袱"才是重点。方法是自己写,在小组会上谈,然后大家帮助,最后根据帮助的意见修订自传。学员紧张过,顾虑过,犹豫过,《薄怀奇和鄂豫公学》对此有一段记述:

> 一张简单的入学登记表,仅"家庭成份"都填的五花八门。有人把地主家庭成份(或官僚地主)写成了"富人",或有意写成"穷人",另有极个别同学,怕人笑话自己是穷人的子弟,而把自己的成份提高了,有少数参加过国民党和三青团的同学,不论是自愿的或被迫的,是集体加入或个别加入,在入学时,因为有这样或那样的顾虑,也没有填清楚。有少数参加过宗教或帮会的同学,写自传时,要不要说出来也有顾虑。有些同学自身历史清白,却又隐瞒了自己父兄的政治面目。不说吧,同学之间知道底细的大有人在;说出来,又怕得不到组织信任。②

---

①② 吴亦中、李素爱、李俊洁:《薄怀奇和鄂豫公学》,载鄂豫公学校史编委会编《鄂豫公学校史·回忆录》,第29—30页。

说学习小结也好,说写自传也罢,说到底是对学员家庭出身和个人历史进行政治审查,只不过"这是一种和风细雨的审查,既无逼、供、信,更没有'专案组',也没有专门培养一批'积极分子'"①,就连动员会场也没有张贴"坦白从宽、抗拒从严"的标语。具体过程就略过了,这次活动最终在老师的真诚帮助、鼓励,学员互相启发、影响中完成,可看作是黄陂整风的热场。

——潢川招生站。1949年2月初,鄂豫公学在刚解放的潢川设立招生站。负责招生站工作的,是鄂豫公学本部派去的张空凌和从潢川县人民政府副县长岗位上调入鄂豫公学的任行涛(田绿野)。2月至4月中旬,招生站总共招生300多名学员。学员主要来自潢川本地,其次是息县、固始、罗山、光山、信阳以及信阳以北直至开封等地,绝大部分是初、高中学生,少数是师范学生。招生站有两点值得注意:

潢川招生站旧址　选自《鄂豫公学校史·回忆录》

---

①　吴亦中、李素爱、李俊洁:《薄怀奇和鄂豫公学》,载鄂豫公学校史编委会编《鄂豫公学校史·回忆录》,第31页。

第一,学生被录取后并没有立即送往鄂豫公学,而是就地编组,开展活动,即"过集体生活,同住(分男女)、同吃、同学习、同活动"①。这样做原因有二:一是潢川距离商城远,没有车辆,不可能来招收一两个学员,就送一两个学员到商城,那样成本太高。二是路上不安全,经常有匪顽出没,需要武装护送。3月2日随搬迁印刷机工人一起去商城的那批学员,就在杜甫店遭遇千余匪顽袭击而被迫返回,虽然"不几天又都集在一起奔向了鄂豫公学"②,但招生站从此断然关闸——从这批后直至4月23日那批前,再没有送过学员。第二,学员"每天早晨学唱革命歌曲,上、下午学习时事"③。田绿野讲授"目前形势和我们的任务"、"将革命进行到底"等时事政治课,张空凌教唱《东方红》、《咱们的领袖毛泽东》、《三大纪律八项注意》、《解放区的天是明朗的天》等革命歌曲,师生们经常在城区搞文艺演出、办墙报等宣传活动。在长达两个多月里,潢川招生站办成了学习站、歌咏站、宣传站,实则在半开展教学,具有分校性质。

后期(4月23日—5月22日)一个显著特点是学员的"合—分—合",交织在一起的是学员参加剿匪和在校学习。

潢川招生站学员到达鄂豫公学一至三区队参加商城、潢川、固始三县边境剿匪(简称"三边剿匪"或"剿匪")前(4月23日—

---

① 徐致远、王邦珍:《夫妻双双奔"鄂公"——兼记沸腾的潢川招生站》,载鄂豫公学校史编委会编《鄂豫公学校史·回忆录》,第218页。
② 祝龙:《杜甫店遭匪袭击记》,载鄂豫公学校史编委会编《鄂豫公学校史·回忆录》,第198页。
③ 杜玉壁:《革命洪炉熔炼了我》,载鄂豫公学校史编委会编《鄂豫公学校史·回忆录》,第369页。

5月5日），是第一次"合"，此前校部革命理论课告一段落，写自传活动也已收尾。一至三区队参加三边剿匪至奉命结束剿匪返校（5月6日—5月19日？①），是"分"，潢川站学员与未参加剿匪的女学员和年龄小的学员组编四至六区队，在校学习。一至三区队奉命结束剿匪返校至鄂豫公学奉命南下前（5月19日—5月22日），是第二次"合"，此时师生转入南下准备工作。

南下教学（1949年5月23日—1949月7月） 这个阶段以6月底举行结业典礼为界，又分为前期和后期，前期一个月略多，后期约一个月。严格地说，学员截至6月底已经结业，之后进入结业分配了，"支前"是结业分配的临时中心工作。

——行军训练。5月23日鄂豫公学奉命南下，商城百姓挥舞彩旗、敲锣打鼓相送，沿途店铺鸣炮致意。5月31日到达麻城，住麻城第一中学，在此休整3天。6月2日有39名学员经批准参加鄂豫军区（是否改为湖北军区不详）独立第三师文工团。6月2日②从麻城出发，6月4日③到达黄陂，行军结束。

南下前，按照行军要求，老师教会学员打背包。行军时，每日行程60华里，学员背包一般不超过8斤，背大米1至2袋。前面

---

① 见后"鄂豫公学的建制和师生·建制"。

② 5月31日（农历五月初四）学员抵达麻城，在麻城休整三天众说一致。胡裕《南下行军纪实》载"初六，继续行军"，依此说从麻城出发是6月2日；马乘乾（《鄂豫公学校史·回忆录》目录作"马秉前"）《剿匪·南下·支前》载"在麻城住了三天三夜"，依此说推算从麻城出发是6月3日。马说是孤证；俗言三天一般是连头带尾计算的，姑取胡说。分别载鄂豫公学校史编委会编《鄂豫公学校史·回忆录》，第308、300页。

③ 6月初学员抵达麻城休整三天众说一致。胡裕《南下行军纪实》载"初六，继续行军……越三日，抵黄陂"，到达黄陂是6月4日（农历五月初八），大致不差。载鄂豫公学校史编委会编《鄂豫公学校史·回忆录》，第308页。

有人打前站,后面有群众纪律检查组和收容队。夜晚住百姓家,离开前"三不走"——门板不上好不走,水缸不挑满不走,室内不打扫干净不走①。行军虽然艰苦又危险,但留给学员的记忆却美好而深刻。多少年后,他们回忆起来依然历历在目:"行军路上,我们个个情绪高昂,人人精神十足,这边'没有共产党就没有新中国'的歌声刚落,那边'团结就是力量'的歌声又起,'××队来一个','再来一个'……。嘹亮的歌声和拉拉队的吆喝声,交织成鼓舞我们奋勇向前的进行曲。"②

下面这首写6月1日在麻城过端阳节的《蝶恋花》词,不知是当时填写,还是后来填写:

> 江南遍地烟与火,路过麻城,正巧端阳过。肉拌黄瓜一大钵,胜于仙家人参(原文"参"作"生")果。 今日接管旧山河,百孔千疮,田园多藜藿。人民擎天有胆略,扫去残云建楼阁。③

那确是一次艰苦与快乐并存的行程,一幅美好与危险交织的画卷,青年人的激情得到淋漓尽致的释放。

——整风、鉴定和结业。鄂豫公学南迁目的地是武汉而非黄陂——黄陂所属三分区已经有三分校了,为什么会在黄陂停留下

---

① 采童沐天、刘先达《鄂豫公学简史》说,董庆鑫《在实践中成长》载"缸没挑满不走,地未扫干净不走,借东西未归还不走"与此略异。分别载鄂豫公学校史编委会编《鄂豫公学校史·回忆录》,第8、270页。

② 董庆鑫:《在实践中成长》,载鄂豫公学校史编委会编《鄂豫公学校史·回忆录》,第270页。

③ 胡裕:《南下行军纪实》,载鄂豫公学校史编委会编《鄂豫公学校史·回忆录》,第307页。

来,《鄂豫公学校史·回忆录》只有胡裕《南下行军纪实》寥寥数言言及:"越三日,抵黄陂,学校领导传来话说:现在武汉市大军云集,住房困难,鄂公暂住黄陂休整。"①

学员到达黄陂,住西门外王家泊沿。当时黄陂解放不久,人心尚不稳定,学校组建文艺队(七区队),赶排节目,进行宣传。评行军模范结合进行,从行军模范奖状落款时间"民国三十八年六月十二日"看,当在6月上旬。学习刘少奇《论共产党员的修养》完毕,转入总结、鉴定。方法是"运用所学的理论对照自己的思想,写出思想总结,再经过小组评功摆好,互相帮助,几经修改后才予通过,最后由队主任为每一位学员写鉴定"②。毕业学员的鉴定由于江、朱国明两人负责写。朱国明先读学员自传和自我鉴定、小组鉴定,然后两人将学员在校表现在脑海中过电影,口头拟出鉴定语,再经字斟句酌,形成一致意见,最后由朱国明写定。用于江的话说,"因为这关系到学生的一生……一百多学生(我曾说过我们是一百零八将)的头一次鉴定进入他们的档案要与他们相伴一辈子"③,所以如此慎重。

6月底,鄂豫公学举行结业典礼,颁发毕业证书。这里有一个问题,即为多少学员颁发了毕业证书?李觉非、周霁风只说是"参加较早的学员"④,没有说多少人;朱干生、汤成、陈振燮和于

---

① 鄂豫公学校史编委会编:《鄂豫公学校史·回忆录》,第308页。
②④ 李觉非、周霁风:《火红年代峥嵘岁月——记创建在大别山的鄂豫公学》,载鄂豫公学校史编委会编《鄂豫公学校史·回忆录》,第66页。
③ 于江:《艰难岁月同志情——记鄂公的几个故事》,载鄂豫公学校史编委会编《鄂豫公学校史·回忆录》,第94页。

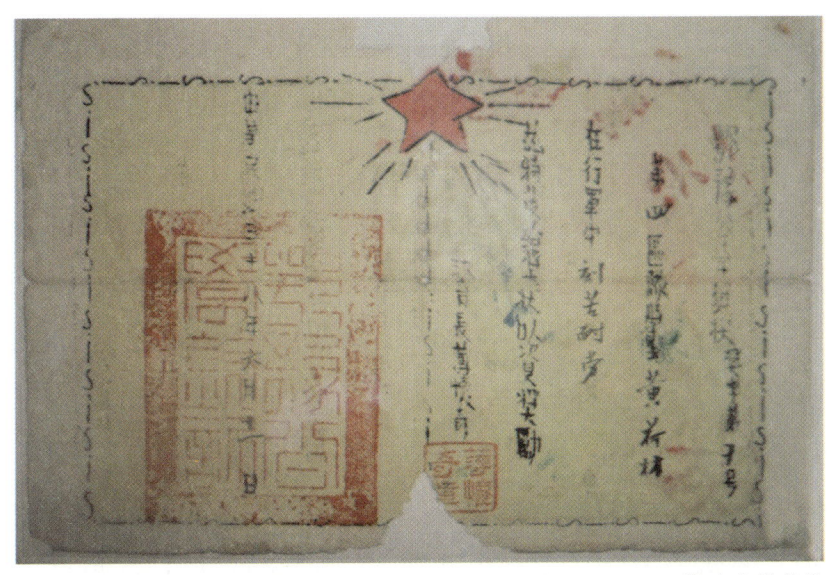

鄂豫公学奖状

江说是"一百单八'将'"①。开学前那批学员够早的吧?有180多人,减去在麻城参军的39人——未必都是这一批学员,也不止108人,那其他学员呢?可能是颁发结业证书。这也是不叫毕业典礼而叫结业典礼的原因。

——结业分配与"支前"。6月底学员结业后,根据形势发展,一部分学员随肖鸣参加湖北人民革命大学二部(简称"革大二部")筹建,一部分学员随齐瑞棠、田绿野、张空凌、李立青参加黄陂、孝感"支前"。"支前"的具体任务是"宣传发动群众,征集粮食,支援大军南下"②。7月下旬,参加"支前"的学员部分留在孝感工

---

① 朱干生、汤成、陈振燮《你从前是这样,你如今还是这样》载:"1949年6月,这批同学在黄陂结业,在给这些同学发毕业证时,他风趣地说:《水浒传》写梁山有一百单八将,我于江也有一百单八'将'……"载鄂豫公学校史编委会编《鄂豫公学校史·回忆录》,第115页。

② 罗建平:《黄陂支前》,载鄂豫公学校史编委会编《鄂豫公学校史·回忆录》,第302页。

作,其余随后陆续分配到省、地、市、县工作。少数年龄偏小的学员,在革大二部继续学习,后随革大二部一期结业的学员一起分配工作。

至此,鄂豫公学从创办到解散历时8个月,完成了历史使命。

三分校和特训班　鄂豫公学三分校(简称"三分校")是在鄂豫三分区教导大队基础上创办的。三分校的"三"指三分区,不是序数三。三分校有两种读法:一是"三分"连读,理解为三分区学校;二是"分校"连读,理解为三分区分校。不论怎么读,都不能理解为第三分校,没有第一、第二分校不是吗?我们不知道"鄂豫公学三分校"是不是规范的全称,也没有见到资料显示三分校跟鄂豫公学是怎样的关系——或许有而我们没见到,因此不能有明确的意见。若说鄂豫公学的分校,潢川招生站倒应该算一所——叫二分区分校或潢川分校。

1949年5月1日,三分校正式开学。校部初设在湖北礼山(今湖北大悟)宣化店翁家岔村,旋迁至礼山河口,再迁至孝感。军分区司令员罗厚福兼任校长,张友壬任副校长,郭海任教育长。课程设置、教学方式和学员管理跟鄂豫公学基本相同。"没有校舍,一律住在百姓家,没有教员,部队首长就是我们的教员,没有机关,学校只有一个办公室。"[1]学员最多时约500人,组编4个区队。第一学段学习毛泽东《新民主主义论》《中国革命和中国共产党》《论联合政府》《反对自由主义》等著作,认清党和军队的

---

[1] 刘于准:《在鄂豫公学三分校学习成长》,载鄂豫公学校史编委会编《鄂豫公学校史·回忆录》,第331页。

性质、任务、宗旨、奋斗目标，端正入伍动机。第二学段学习《中国社会各阶级分析》等文章，查阶级、定成分，弄清学员的社会关系和个人历史。第三学段学习做革命战士应具备的基本条件，为分配工作打思想基础和组织基础。9月下旬结业分配，一部分分配到孝感、黄陂、黄安（今红安）、礼山、达县（今随州）、应山、云梦、应城、安陆9个县大队和独立团，一部分分配到军区直属部队。鄂豫公学三分校"是一所专为部队培养政工干部，而又没有设置军事课目的特殊军事学校"①，从1949年5月创办至9月结业，历时4个月。

军队干部特科训练班（也称"训练队"）与鄂豫公学同时筹办，鄂豫军区司令部通讯科长李桂亭兼任队长。特训班只办了一期，主要培训参谋、机要、情报、侦察等方面的干部。参加特训班学习的都是军区、军分区的在职干部，总共100多人，历时3个月。学员结业后分配至各部队。

---

① 李汉杰：《永远怀念鄂豫公学三分校》，载鄂豫公学校史编委会编《鄂豫公学校史·回忆录》，第316页。

鄂豫公学的建制和师生

建制

鄂豫公学是"抗大式"的学校,但受学生、师资人数和教学性质、教学时间等限制,既没有分院分部分系,也没有分班级,而是实行教育与军事相结合的建制。

机构 学校设校长、副校长、教务长。内设组织科、教育科、总务科和校秘书,建有中共鄂豫公学支部,下设(临时)潢川招生站。肖鸣任组织科科长,王文枢任教育科科长,郑云星任总务科科长,齐瑞堂任校秘书,薄怀奇兼任支部书记,张空凌、田绿野负责招生站。校长、副校长是兼职,不过问学校具体工作,主持学校全面工作的是教务长,负责具体业务和日常事务的是各科长和校秘书。

区队 区队是教学和生活的基层单位。各区队(也简称"队")配备主任、指导员、教育干事各一名,兼有管理学员和辅导学习双重职责,从学员中民主推选出区队长、副区队长各一名,委员若干名,协助主任、指导员、教育干事管理学员的学习和生活。区队下划分小组,每小组10人左右,男女混编,各小组从学员中民主推选出组长、副组长各一名,管理小组的学习和生活。

开学前后组编三个区队①，3月中旬臧琦等6位女干部到校后，始配齐区队干部。

一区队：主任臧琦，指导员朱国明，教育干事杜炎。

二区队：主任于江，指导员刘茀笳，教育干事薛英。

三区队：主任高菲，指导员李立青，教育干事徐亚冠。

1949年4月下旬，潢川招生站等地学员抵达鄂豫公学，新增学员达到300多人，学校管理干部严重不足。5月6日②前后，鄂

---

① 一至三区队组建时间有不同说法。李觉非、周雾风《火红年代峥嵘岁月——记创建在大别山的鄂豫公学》载："开学伊始，根据学生人数编为三个队……"（《鄂豫公学校史·回忆录》，第51页）童沐天、刘先达《鄂豫公学简史》载："开学前后组建三个区队。"（《鄂豫公学校史·回忆录》，第2页）吴亦中、李素爱、李俊洁《薄怀奇和鄂豫公学》载：开学时学员不足两百人，当时张空凌被派往潢川，能担任管理工作的只有朱国明、李立青两人，因此临时编为一、两个区队。开学不久新增学员几乎与一、二区队总数相差无几，于江到来接管二区队，原二区队负责人李立青去组建三区队。（《鄂豫公学校史·回忆录》，第22、26页）按：于江《艰难岁月同志情——记鄂公的几个故事》说"我1949年4月底到鄂公"（《鄂豫公学校史·回忆录》，第91页），不准确。朱干生、汤成、陈振燮《你从前是这样，你如今还是这样》记4月21日深夜，于江激动地告诉同学解放军过江的消息，而且特别写了李觉非等同学蜂拥而上，齐喊一二三，抬起于江抛的生动细节。（《鄂豫公学校史·回忆录》，第114页）大军过江这样特大新闻，朱干生等人不会记错。因此，于江到校不晚于4月20日，但也不会早于4月初。如果三区队是于江到后才组建，那么时间在4月，这恐怕不太可能。开学时组编一、二区队或是；三区队组编当在臧琦等到校前后即3月中旬前后，只是区队干部没有完全配到位，于江到后任区队主任。

② 裴雨农《田绿野老师指引我走革命路》载："5月初，我们一、二、三区队的同学去参加剿匪……"（《鄂豫公学校史·回忆录》，第156页）朱干生、汤成、陈振燮《你从前是这样，你如今还是这样》载："时令转到1949年5月上旬，大概是5月6号吧，于江老师奉命带领一、二、三区队大部分学员配合部队到'三边'剿匪收枪。"（《鄂豫公学校史·回忆录》，第114页）马乘乾《剿匪·南下·支前》载："1949年5月2日，经校领导审批，一、二、三区队的部分同学组成剿匪工作队。5月6日在于江主任的率领下，配合鄂豫军区独立第三师，参加潢（川）、固（始）、商（城）三县边区剿匪工作。"（《鄂豫公学校史·回忆录》，第298页）李觉非、周雾风《火红年代峥嵘岁月——记创建在大别山的鄂豫公学》载："5月6日，一、二、三区队近200人，由二区队主任于江带领，从学校出

豫区党委抽调一至三区队学员参加鄂豫区独立师剿匪，这才缓解干部不足的压力，鄂豫公学及时组建四至六区队，将未参加剿匪的女学员、年龄小的男学员编进这三个区队。

四区队：主任臧琦，指导员薛英，教育干事□□□。

五区队：主任齐瑞棠，指导员□□□①，教育干事徐亚冠。

六区队：主任田绿野，副主任②王路，教育干事□□□。

1949年5月19日③前后，一至三区队结束剿匪返校，编为联

发。"还载："'五一'国际劳动节过后，一、二、三区队的同学到商城县政府听军区独立师政治部主任史子荣同志作形势报告。""首长还号召同学到实际工作中锻炼，接受剿匪斗争的考验。听了报告，大家群情激奋，斗志昂扬，纷纷写'请战书'，要求到剿匪斗争第一线去。"（以上《鄂豫公学校史·回忆录》，第58—59页）。按：史子荣这场报告实际上是场剿匪动员。一般说来，回忆几十年前的事能具体到日，几乎是不可能的，除非是特殊日子，而五一就是。有特殊日子参照，回忆不会错到哪里。5月6日说可信。

① 童沐天、刘先达《鄂豫公学简史》载五区队"指导员李立青"（《鄂豫公学校史·回忆录》，第3页）疑误，此时李立青与于江、朱国明带领一至三区队学员参加鄂豫区独立师在商潢固边境剿匪，不可能担任五区队职务。又吴亦中、李素爱、李俊洁《薄怀奇和鄂豫公学》载"剿匪归来后……他才将四、五、六队组编起来，由高菲、臧琦、薛英、田绿野、张空凌等同志分别担任区队主任或指导员"（《鄂豫公学校史·回忆录》，第35页）与此异。

② 童沐天、刘先达《鄂豫公学简史》载六区队"副主任"（《鄂豫公学校史·回忆录》第3页）疑为"指导员"之误，其他区队皆为指导员，六区队岂能另设他职？

③ 李觉非、周霁风《火红年代峥嵘岁月——记创建在大别山的鄂豫公学》载："武汉于5月16日解放，我们奉令于5月20日结束剿匪支前工作，准备南下。"（《鄂豫公学校史·回忆录》，第61页）童沐天、刘先达《鄂豫公学简史》载："经过十几天的紧张工作，于5月20日返回学校。"（《鄂豫公学校史·回忆录》，第7页）余云飞《冲破阻力随军南下》载："5月20日下午，我正在主持全组同学讨论，我家店里的小徒弟刘相公跑来说：'老奶奶叫你马上回家，家里有急事。'于是我向臧琦主任请了假，匆匆离开学校。"（《鄂豫公学校史·回忆录》，第184页）按：学员奉命结束剿匪（不是完成剿匪任务）返校的原因是武汉解放，鄂豫公学要奉命南迁。接到南迁通知按说不会早于5月16日，亦即一至三区队不可能在5月16日前奉命结束剿匪返校。余云飞时任一区队一组组长，参加过剿匪，20日下午召开小组会议是讨论薄怀奇的动员讲话。该文详细记述了作者从5月20日下午至5月22日这三天如何冲破家庭阻力随军南下的经历，因为有

合队。6月,在黄陂组建七区队,也叫文艺队,队员是从其他各队挑选出来的能歌善舞的学员。

联合队:主任于江,指导员朱国明。

文艺队(七队):主任张空凌,指导员齐瑞棠。

鄂豫公学历史上组建过8个区队——不包括潢川招生站,即一至七区队和联合队,而非5个、6个或7个区队。这些区队不都是并存的:在商城期间,4月以前只有一至三区队;5月上旬至中旬并存6个区队,即一至六区队,而实际上一至三区队参加剿匪,建制虽被打乱,但还存在,在校的只有四至六区队;5月下旬并存4个区队,即四至六区队和联合队。需要说明:第一,潢川招生站学员抵达鄂豫公学至迟在4月23日(或稍前),一至三区队出发参加剿匪是在5月6日(或5月初),这中间约有半个月是一至三区队与未编区队的潢川招生站学员共处的时间,亦即一至三区队与四至六区队之间的区队编制有一段空档(只有一至三区队)。第二,5月19日前后一至三区队奉命结束剿匪返校,组编联合队,5月23日奉命南下,四至五区队与联合队在商城并存时间不过几天。在黄陂期间,并存5个区队,即四至七区队和联合队。

作息 以号声为号,早晨到操场出操,上午听课,下午讨论,夜晚点名,10点熄灯就寝。课余开展文娱活动。每周召开一次生活会,开展批评与自我批评。这种军事化的生活,旨在培养学员的集体主义观念和严明的组织纪律性。

5月23日参照,时间又才3天,即便倒着推算开小组会的日期也不会错到哪里。小组会是5月20日下午,动员会最迟也是同日上午。因此,学员奉命结束剿匪返校当不晚于5月19日,至迟不晚于5月20日。

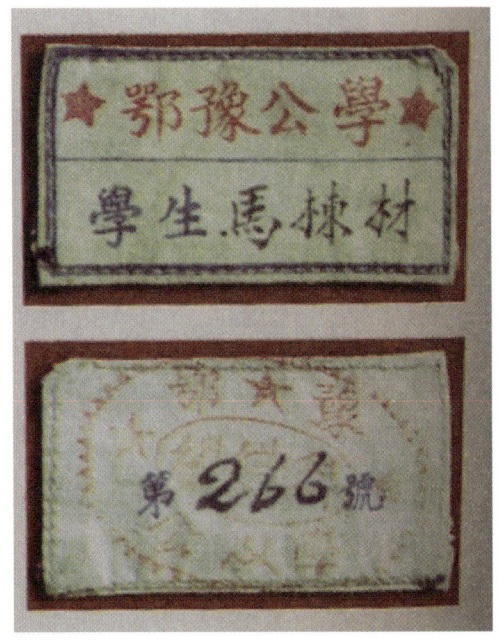

鄂豫公学学员胸章 商城县文物管理局提供

实行供给制。吃大灶饭，一日三餐，早餐稀饭（米粥），午餐、晚餐干饭（米饭），伙食标准"每人每天一斤十二两（十六两制）米、三钱油、五钱盐、七分菜金"[1]，平时吃素，每星期一改善一次伙食。发有少量零花钱。衣服、被子自备，配有灰色粗布列宁装校服、工人帽和双鼻梁布鞋，配戴校徽胸章。

师生

教师 鄂豫公学没有配备专职老师，老师由干部兼任。干部主要来自鄂豫区党委、行署和军区，很多都在延安中央党校、抗日军政大学、陕北公学、鲁迅艺术学院和西北公学学习、工作过。

——兼授理论课。

薄怀奇（1912—2000），山西五台人。1934年在北京大学加入中国共产党。1937年北京大学毕业后参加革命，历任山西"牺盟会"曲沃中心区委抗先总队委员，决死三纵队政治部民运科科

---

[1] 杨良新、吴绪江：《一所新型的革命学校》，载中共信阳地区党史资料征编委员会编《丰碑》（一九八五年五月）第八辑，第123页。

长兼民族革命大学四分校教官,高平县长,太行专署科长,北方大学行政学院主任,晋冀鲁豫野战军第六纵队教导团政治委员,鄂豫区行署教育处长。筹办鄂豫公学,兼任鄂豫公学教务长。

王文枢(1907—1965),山东人。武汉大学外语系毕业。抗日战争爆发后在延安参加革命,后转战太岳,任外国援华医师米勒翻译。1947年随刘邓大军南下。商城解放后任中共商城县委宣传部部长。参加鄂豫公学筹建,任教育科科长。

肖鸣(1919—?),四川开县人。1938年参加革命。1940年在陕北公学学习。先后在中央机关保育学校任教,中央组织部任干事。1947年随刘邓大军南下,后任中共光山县委组织部部长。参加鄂豫公学筹建,任组织科科长。

于江,上海人。复旦大学毕业。1935年参加革命。1937年在延安抗日军政大学学习。1938年底随抗大一分校东渡黄河,坚持敌后办学。1947年随刘邓大军南下,任鄂豫四分区宣传科科长。1949年4月调鄂豫公学,任二区队、联合队主任。

——兼管理学员。

齐瑞棠(1911—1980),原名振声,河南浚县人。1938年在延安鲁迅艺术学院学习。1939年至1945年任陕甘宁边区抗战剧务科科长、延安中央党校二部俱乐部主任。1946年加入中国共产党。1947年随刘邓大军南下,后在中共黄冈县委工作。参加鄂豫公学筹建,任校秘书。

李立青(1926—2012),云南昆明人。1946年加入中国共产党。1947年随刘邓大军南下,后任麻城县土改工作组组长、鄂豫军区司令部参谋。参加鄂豫公学筹建,任三区队指导员。

朱国明,在北方大学学习。抗战初期任记者。1947年被编入天池支队,坚持大别山革命斗争。参加鄂豫公学筹建,任一区队、联合队指导员。

张空凌,生于爪哇岛,印尼归侨。1938年6月回国奔赴延安,先后在延安陕北公学、抗日军政大学、鲁迅艺术学院学习。1939年7月分配到八路军——五师三四四旅。1944年调南下支队,参加南征。1945年8月调中原军区文工团。1947年随刘邓大军南下。参加鄂豫皖公学筹建,负责潢川招生站招生,任艺术教员、七区队主任。

田绿野,原名任行涛,调鄂豫公学后改名田绿野,河南固始人。1938年加入中国共产党。1948年9月任潢固县爱国民主政府副县长,后任潢川县人民民主政府副县长。1949年初调鄂豫公学,负责潢川招生站招生,任六区队主任。

刘茀笳(1922—2014),山西长治人。1937年参加革命。1939年加入中国共产党。曾任《黄河日报》记者、编辑,山西牺盟会长子县分会小队长。1949年3月调鄂豫公学,任二区队指导员。

高菲、臧琦、薛英(薄怀奇的妻子)、徐亚冠、杜炎,1949年3月与刘茀茄同一批调鄂豫公学,分任区队主任、指导员、教育干事。

——负责后勤。

郑云星(?—1966),河南商城人。1929年加入中国共产党。参加长征。长期从事军队后勤工作。参加鄂豫公学筹建,任总务科科长。

路云卿(1908—1959),又名经纶,河南郾城人。1931年参加红军,1935年加入中国共产党。历任红军文生队队长、八路军山东纵队卫生处长、鲁中军区后勤部副部长。1949年调鄂豫公学,任管理员。

贾金声、王路情况不详。

童沐天《鄂豫公学初创侧记》说:"鄂公的干部都是久经锻炼的,大多都是30年代和1942年以前参加革命的。政治坚定,文化素质较高,具有一定的专长。教务科长王文枢,抗战前在武大外语系毕业,抗战初期去延安,曾担任过八路军翻译;薄怀奇、于江、李立青不仅受过高等教育,而且是学有专长;齐瑞棠、张空凌是早期延安鲁艺的,肖鸣、朱国明一个是陕北公学,一个是北方大学。干部条件好,是办好革命干部学校的一大优势。"[1]

学员 鄂豫公学没有分班级,学员招生几乎与办学相始终,是极特别的现象,文化、年龄结构也有所别。

——学员招生。1949年1月《鄂豫公学招生公告》发布。招生公告载明办学宗旨、学习内容、招生对象和学习期限等内容。"招生公告一出,散居在大别山城乡的知识青年,甚至武汉、南昌和皖西的大、中学生,离乡、别亲,涌向鄂公,出现了周家'三兄弟'、吴家'三叔侄'、'苏氏三姐弟',甚至新婚夫妻,成群结队报考鄂豫公学的热潮"[2]。我们还可举出黄陂蓝氏三兄妹、湖北程氏两

---

[1] 鄂豫公学校史编委会编:《鄂豫公学校史·回忆录》,第71页。
[2] 薄怀奇:《序言》,载鄂豫公学校史编委会编《鄂豫公学校史·回忆录》,第2页。

兄弟以及潢川胡氏堂姊妹、罗山陈氏堂兄弟等多例。一家、一个家族数人、十数人一起报考是热潮,是现象,是冲破层层乌云喷薄而出的霞光。这霞光照亮了青年学生向往革命、争相投身革命的赤忱,照射在招生全过程,不单照射在公告发布之初。

招生工作并行着两条线,鄂豫公学校部和潢川招生站这两列列车不断地在线上行驶、停靠、行驶,最后在黄陂交汇,上的上,下的下,运载的700多名乘客是全部学员。

2月23日开学前,商城、潢川、固始及金寨、霍邱、叶集等地180多名学员到校。这是最早的一批,商城雩娄高中童沐天、叶渔滨老师(举例以本专题引用文章的作者和文中提到的学员为主),固始"吴家三叔侄"(实为"四叔侄"),鄂豫报社带来的潢川李俊洁、李觉非等10人,以及熊志杰、裴雨农、朱干生,在这一批。开学后不久,又有一批100多名学员到校。随搬运豫南日报社印刷器械的工人同行的祝龙等24人,罗山陈恩澍,在这一批。两批学员绝大部分是初中高中学生,少数是师范学生,还有小学中学教员和失学失业青年,商城雩娄高中学生占有相当比例。这两批学员规模大又相对集中,我们称之为鄂豫公学初期学员(简称"初期学员"),其中开学前的一批称之为初期第一批学员(简称"初期一批学员"),开学后的一批称之为初期第二批学员(简称"初期二批学员")。

3月下旬至5月初,尤其是4月中、下旬,大批学员到校。学员分三部分:第一部分是潢川招生站招生的300多人。这一部分学员最集中最多,潢川回族"苏氏三姐弟"和马栋材,新婚夫妇徐致远、王邦珍、潢川梁声玲、孙日新、杜玉壁,在这一部分。第二部分是鄂东及武昌、南昌、南京等地青年学生,虽然不多,却是冲破重重险阻才先后来到的。南昌梅振武、梅守诚、商克宇,在这一部分。第三部分是鄂豫一地委撤销后送来的该区干校20多名学员①。这几部分学员或集中而至,或零星而来,历时长,我们统称之为鄂豫公学中期学员(简称"中期学员"),其中潢川站招生的一批称之为中期潢川招生站学员(简称"潢川站学员")。

5月下旬至6月上旬,鄂豫公学南下途中和进驻黄陂初期,仍有武汉及鄂东一些学生陆续到校。黄陂彭启超,黄州(黄冈)倪道铭等6人,在这一批。这一批学员到来时已临近结业,我们称之为鄂豫公学后期学员(简称"后期学员")。

初期一批学员经过考试,方法是"随到随考,或集中三五人,或十多人一堂考试,经常是王文枢命题监考。只考两门,一门时事,一门作文,题就写在黑板上。时事问题很简单……比如:'淮海战役歼敌多少?''活捉了多少重要将领?''华北人民政府主席是谁?''你知道哪些著名民主人士到达北平准备参加新政治协商会议?'等。作文题有两题任选一题,不外乎一篇自传或你为什么要投考鄂公?"②报考不验看毕业证书,考试只是对学员文字能力和入学动机的一种摸底调查。初期二批学员近乎集聚而来且数量大,中、后期学员除潢川站经过简单审查、测试外,其余

---

① 采李素爱、李文定、吴亦中《良师、益友、领路人——记肖明老师在"鄂公"》说,载鄂豫公学校史编委会编《鄂豫公学校史·回忆录》,第100页。
② 吴亦中、李素爱、李俊洁:《薄怀奇和鄂豫公学》,载鄂豫公学校史编委会编《鄂豫公学校史·回忆录》,第23页。

大都是陆续到校的,这样简单的考试也免了。

——学员结构。《鄂豫公学校史·回忆录》没有作学员信息统计,我们既没有时间去作全面的访谈、调查,也没有见到载有240名学员的"鄂豫公学通讯录"(1991年7月完成),因此学员结构采用该书所载,略加举例:

文化——初、高中约占90%,大学约占10%。中学(初、高中)生来自南昌江西省立第一中学、南京市立第三中学、武昌高中、麻城高中、黄冈高中、潢川中学、潢川弋阳中学、商城零娄高中等,师范生来自鸡公山师范学校、潢川师范学校、黄州师范学校等,大学生来自武昌中华大学等。

年龄——多在18岁至30岁,最大的叶渔滨年近半百,最小的翁惠兰、苏振华才13岁,熊志杰14岁,祝光强15岁,马乘乾约16岁。

身份——青年学生;失业失学青年;教员,其中有商城零娄高中教导主任童沐天、图书馆长周仪郑。

鄂豫公学的教学和传统、经验

课程和教学方式

课程 鄂豫公学创办在战争年代,受办学环境、条件、时间和学员限制,从为解放区培养一批急需的干部出发,不可能进行系统的深入的理论教育,只能进行基本的革命启蒙教育。课程开设必然考虑这一实际,"坚持'少而精'的原则,紧紧围绕解决学员政治立场和革命人生观问题"①安排理论教学,结合革命形势发展安排时事政治教育。

鄂豫公学开设的课程只有中国革命史、社会发展史、时事政治三门,中国革命史、社会发展史属于理论课。按照学员理解,中国革命史"对帮助学员了解中国革命的过去、现在和未来,加深对中国共产党的认识,决心跟着共产党走,起了很好的作用"②,"从理性上(而不停留在感性上)认识党的伟大、正确……再唱起'走,跟着毛泽东走',就感到格外情真意切了"③。社会发展史"使学员初步树立辩证唯物主义与历史唯物主义的观点,认识到新事物必然代替旧事物,社会主义必定代替资本主义这个马克思主义

---

①③ 胡华龙:《锻造》,载鄂豫公学校史编委会编《鄂豫公学校史·回忆录》,第255页。

② 童沐天、刘先达:《鄂豫公学简史》,载鄂豫公学校史编委会编《鄂豫公学校史·回忆录》,第5页。

颠扑不破的真理"①。

鄂豫公学没有专门教材,理论课采用毛泽东《中国革命和中国共产党》《新民主主义论》,刘少奇《论共产党员的修养》等著作作为基本读物,时事政治课组织学习《评战犯求和》《将革命进行到底》等新华社论。"学校将从解放战争开始,在东北、华东、西北、华中、华北各大战场上(包括辽沈、淮海、平津三大战役在内)被歼部队的番号、人数、月日,以及解放上述地区大城市的基本情况汇编成册,用蜡纸刻印、订成单行本发给学员"②,作为教辅资料。

薄怀奇主讲中国革命史。他"讲课条理分明,逻辑性、理论性强,加上一口标准的普通话,使学员似乎遨游理论殿堂,乐而忘返"③。王文枢主讲社会发展史。他"讲课抓住要点,深入浅出,善于引导学员从生活现象和通俗例证中循序渐进地领会和掌握马列主义的基本观点"④。肖鸣、于江主讲《论共产党员的修养》。薄怀奇、王文枢、肖鸣、于江等共同讲授时事政治。

课外文体活动主要是扭秧歌、唱歌、打球,也排演话剧。学校组织有200人的秧歌队。秧歌队每逢重大活动、重要节日,就走上街头宣传,是宣传队。4月23日,南京解放的消息传来,师生自编自排活报剧《蒋介石演双簧》,张空凌"自己扮演蒋介石,在

---

① 童沐天、刘先达:《鄂豫公学简史》,载鄂豫公学校史编委会编《鄂豫公学校史·回忆录》,第5页。

② 李觉非、周霁风:《火红年代峥嵘岁月——记创建在大别山的鄂豫公学》,载鄂豫公学校史编委会编《鄂豫公学校史·回忆录》,第53页。

③④ 胡华龙:《锻造》,载鄂豫公学校史编委会编《鄂豫公学校史·回忆录》,第255页。

同学中选了个身材高、鼻子大的吴文启演马歇尔,边排边练,一天光景就基本达到正式演出水平。锣鼓声中,秧歌队浩浩荡荡扭进城关热闹地区。商城城关万人空巷,蜂拥在大街上观看演出,欢庆场面非常感人"[①]。学校经常组织乒乓球赛、篮球赛,跟解放军球队搞友谊赛。有时薄怀奇亲临篮球场当裁判。

教学方式　鄂豫公学坚持把理论教学、讨论教学、实践教学、体验教学等教学方式很好地结合起来并一以贯之,有一定特色。

——讲授和讨论结合式教学。讲授采取集中上大课即报告会的形式。没有容纳几百人的大会场,学员"鞋当板凳腿当桌"[②],就在学校操场上大课。有时为避开国民党军飞机的侦察骚扰,也在县城东南郊忠烈祠上大课。大课后分组讨论,老师参加。一次小组讨论,"讨论的中心问题是国民党反动派为什么必败?共产党、解放军为什么必胜",争论非常激烈,一时得不出明确结论。王文枢最后发言,"他首先肯定大家发言中合理的部分,然后,缓慢而沉着地打着手势说:'以蒋介石为首的国民党反动派,打的是反人民的、非正义的战争,是要把中国变为美帝国主义的殖民地、半殖民地,因此,人民群众坚决反对;毛主席、共产党领导的人民解放军,打的是正义战争,是反对美蒋反动派压迫、剥削人民的反动统治,是要解放全中国,建立独立、自由的新民主主义国家,因而受到广大人民群众的坚决拥护。'"最后,他精辟地概括:"'战

---

　　① 吴亦中、李素爱、李俊洁:《薄怀奇和鄂豫公学》,载鄂豫公学校史编委会编《鄂豫公学校史·回忆录》,第34页。
　　② 陈恩澍:《大浪淘沙》,载鄂豫公学校史编委会编《鄂豫公学校史·回忆录》,第291页。

商城忠烈祠（商城县东南半个店） 第三批河南省文物保护单位 杨允琪摄

争的性质，人心的向背，人民群众的拥护或反对，是决定战争胜负的根本因素。'"大家听后"自然地、一点也不勉强地同意他的结论"，就连有几分傲气的大学生"也对他肃然起敬"[1]。另一次小组讨论，学员们为"五四运动是谁领导的"、"蒋介石在抗日战争中是不是坐在峨嵋山上摘桃子"两个问题争论得面红耳赤。薄怀奇在总结时"坚持辩证唯物主义和历史唯物主义的基本原理，尊重历史事实，具体问题具体分析"，"循循善诱地把问题引导到正确方面来"，没有强迫人们接受现成的结论，但"使人心悦诚服"[2]。

---

[1] 以上孙日新：《更行更远还生——怀念王文枢老师》，载鄂豫公学校史编委会编《鄂豫公学校史·回忆录》，第106—107页。

[2] 以上吴亦中、李素爱、李俊洁：《薄怀奇和鄂豫公学》，载鄂豫公学校史编委会

允许学员发表不同意见,允许争论,畅所欲言,老师引导、总结,作结论不作定论,这是非常民主的学风。

——学习和演唱结合式教学。根据学习内容,及时编写和组织演唱材料,举行全校性演唱活动,以加深理解和记忆。"学习《中国革命与中国共产党》时,老师就教唱《你是灯塔》《没有共产党就没有新中国》;在学习中国近代史(时),就教唱'我们生在海上,我们长在高山,满清皇帝出卖我们,台湾已沦亡了五十年……';在学习《将革命进行到底》时,就教唱'将革命进行到底,把蒋介石埋葬在坟墓里,将革命进行到底,把帝国主义赶出中国去……';在学习《评战犯求和》(时),就教唱'别上当!……蒋介石拿出求和挡箭牌,喘口气儿他再卷土重来把人伤……'"①这是别开生面的教学,是创新的迸发着激情的教学,可资借鉴。

——理论与实践结合式教学。鄂豫公学十分注重理论联系实际,让学员在革命实践中锻炼提高。3月至5月初,组织学员深入城乡,访贫问苦,举行"三八"、"五一"等节日活动,大军过江、解放南京等庆祝活动。5月上旬至中旬,组织一至三区队男学员配合鄂豫军区部队到商城、潢川、固始边境宣传发动群众,剿匪收枪,开展减租减息和反霸斗争。5月下旬,南下途中,学员接受行军训练。6月底至7月,组织学员参加在黄陂、孝感进行的减租减息、清匪反霸、征收公粮和"支前"工作。通过参加以上实践活动,学员经受了战争环境和实际工作的锻炼,积累了革命斗争经

编《鄂豫公学校史·回忆录》,第28—29页。

① 李俊洁:《在鄂公哺育下成长》,载鄂豫公学校史编委会编《鄂豫公学校史·回忆录》,第247页。

验,政治觉悟和文化素养都有不同程度的提高。

传统和经验

鄂豫公学传统　鄂豫公学传统在《鄂豫公学校史·回忆录》里被称为"鄂公精神",虽然不为鄂豫公学所独有,但在鄂豫公学放出了最真实最持久的光辉。作抽象的概括未免苍白,还是看刘荓笳笔下鄂豫公学这个革命大家庭的总体风貌:

> 走进鄂公扑面而来的是那么多年轻的微笑的面孔。好似趟进温暖的海洋。除了年龄的差别,分不出哪些是干部,哪些是学员,因为他们都打成一片。每天早晨在操场上都能看到队主任跑在队列的前面,带着整齐的队伍,迎着春寒奋进。五一前夕老延安张空凌以自己的示范动作扭着大秧歌,教导着学员共同载歌载舞,进行排练。当夜幕降临时,为学员操劳一天的校秘书老齐,亲手端着热腾腾的洗脚水,送进学员宿舍。①

文中的老齐即秘书齐瑞棠,他和善慈祥,关心同学,常给同学们讲革命故事,学员们亲昵地称他为"齐妈妈"。

——关爱互助。熊志杰回忆说:"一天下午我们要离校去部队了,队主任高菲同志来宿舍帮助我们整理行装,当她打开我的背包一看,里面是一件几处露(原文"露"作"漏")花的破棉衣,

---

① 刘荓笳:《鄂公经验在黄岗开花》,载鄂豫公学校史编委会编《鄂豫公学校史·回忆录》,第45页。

一件破旧褪色的单衣,一包碎棉条、碎棉花。高菲同志一把将我抱在怀里,泪珠一滴滴落在我身上。此时我也控制不住哭了起来。她说,别哭了,你等等,我一会儿再来。她很快就转了回来,怀里抱着一条白里黑面的被子,一条黄布床单,一套灰色军衣,一条毛巾和一个白瓷茶缸。"① 熊志杰当时 14 岁。多少年后,他情不自禁地写下了这篇《一套行装伴终身——永远怀念高菲老师》。是呀!"这简单的行装,在战争年代,对学校来说是不容易的,而对我来说,则是我第一次感到了人间的温暖……"② 梅振武、梅守诚、商克宇三人从南昌冲破重重险阻来到鄂豫公学,没有带衣被,臧琦老师给他们每人送去两套衣服和一床夹被。梅振武回忆说:"后来条件好了,许多东西,都不断更新,唯有这衣服,这夹被,一直珍藏着。"③ 于江三四年来穿的第一件衬衣是薛英老师在油灯下一针一针缝出来的,后来薛英又给他缝了一个枕套。于江说:"这是我十一年来的第一个枕套,一直用到我结婚。当时我并不怎么激动,到现在想起来才真正的激动不已!"④ 李定文发现同学梁声玲没有鞋换,就将别人送给他的新布鞋给了她,还塞给她两元钱。梁声玲知道这钱是同学资助他的,不肯要,李定文说:"你有困难,有点钱就共着花,以后会好起来的。"⑤

---

①② 熊志杰:《一套行装伴终身——永远怀念高菲老师》,载鄂豫公学校史编委会编《鄂豫公学校史·回忆录》,第 165—166 页。

③ 梅振武:《表率》,载鄂豫公学校史编委会编《鄂豫公学校史·回忆录》,第 167 页。

④ 于江:《艰难岁月同志情——记鄂公的几个故事》,载鄂豫公学校史编委会编《鄂豫公学校史·回忆录》,第 91 页。

⑤ 梁声玲:《师生情长校友谊深》,载鄂豫公学校史编委会编《鄂豫公学校史·回忆录》,第 232 页。

翁惠兰报考鄂豫公学时才十二三岁,"从潢川到商城,一路都是骑任行涛老师的小白马"①。南下途中,薄怀奇、田绿野的马不是驮女学员和病号,就是驮背包和米袋。沈志超有一篇回忆文章叫《田绿野的军马》,"马",留给了学员多深的印象!

苏振亚、苏振声、苏振华、马栋材是回族,不吃猪肉,学校改善生活,"郑科长特地到街上买来一口新锅,支上灶,做鸡、鱼、蛋给他们吃"②。总务科科长郑云星是一位老长征干部,关心、体贴同学就像父母一样。于江夜晚检查学生寝室,拾起蹬到地上的被子给他们盖上掖好。学员病了,他亲自到厨房交代做病号饭,还亲自送到床前。

师生情长,同学谊深。正是因为老师无微不至的关心、体贴、爱护,同学彼此关照,所以"同学们都感到比家中还要温暖,把学校当做自己的第二个家"③,所以师生们才同唱:

我们是好同学,
我们是一家人,
生活在一起,
战斗不分离,
同生死,共患难,
大家一条心。④

---

①② 李觉非、周霁风:《火红年代峥嵘岁月——记创建在大别山的鄂豫公学》,载鄂豫公学校史编委会编《鄂豫公学校史·回忆录》,第54、55页。

③ 朱干生、汤成、陈振燮:《你从前是这样,你如今还是这样》,载鄂豫公学校史编委会编《鄂豫公学校史·回忆录》,第116页。

④ 胡国华:《受教数月获益一生》,载鄂豫公学校史编委会编《鄂豫公学校史·回忆录》,第259页。

在鄂豫公学这个革命大家庭里，人与人之间是平等的同志关系，是相互关爱的亲人关系，前者体现的是革命友情，后者是体现的是手足亲情。我们不能说它是鄂豫公学传统的全部，但它确是鄂豫学传统的真髓。

——艰苦奋斗。教育科科长王文枢"老穿着一套灰黑色的粗布棉军装……棉裤由于加工粗糙棉花铺的厚薄不均，穿在身上'打嘟噜'往下垮"。"吃烟则吃很差的烟。办公，一张纸，一支笔，都精打细算"，"用的信封，很多是他要我们用旧信封翻面的"①。齐瑞棠因为身穿一套破棉军衣，衣服上面油得放光，学员武修理第一次见到他，误认为他是"伙夫头"。

总务科科长郑云星"自己去领粮食，自己一包一包扛到食堂里，每袋两百斤。……鄂公几百人吃的粮食和穿的衣服，都是他一包包，一捆捆背到学校"②。看上去像臧克家笔下"总得叫大车装个够"、"背上的压力往肉里扣"的老马。我们说"像"而不说"是"，因为老马形象是上世纪二三十年代忍辱负重、忠厚善良的农民，负重是被动的，而郑云星是革命的孺子牛，背扛是主动的。管理员贾金生推车过界岭，路云卿带头"打前站"，同样"俯首甘为孺子牛"。

齐瑞棠、郑云星鼓励学员祝龙办医务室，祝龙谈到设备，郑云星叫"在黄陂就地解决，不要到汉口去买"。祝龙是这样记载的：

---

① 以上孙日新：《更行更远还生——怀念王文枢老师》，载鄂豫公学校史编委会编《鄂豫公学校史·回忆录》，第108—109页。

② 于江：《艰难岁月同志情——记鄂公的几个故事》，载鄂豫公学校史编委会编《鄂豫公学校史·回忆录》，第91页。

"于是我在两位领导的指示下跑遍黄陂县城,购买回来一部分消炎、防暑、清热解毒药品和听诊器、注射器、各种型号的针头、镊子、红汞、紫药水、消炎粉、纱布、药棉等。当时没买到消毒器,我向郑科长说消毒器很重要,他叫我画一个消毒器图样给他看,他亲自到街上找白铁匠做了一个。没有手术刀和医用剪刀,他就买来一个刻字刀和普通剪刀代替。"[1]

若不亲历,就不能深懂。现在看起来不可思议,就算消毒器可以自己做,手术刀、医用剪刀怎么能用普通刻字刀、剪刀代替?战乱中的小县城买不到是原因,经济拮据也是原因,但都不是决定性原因——郑云星压根就不让到武汉去买;依靠自力更生、艰苦奋斗,可能是更重要的原因,不管这个原因是潜意识的,还是自觉的,都不影响这个原因的存在。

——追求真理。《锻造》描绘了一幅简朴得近乎原始却弥漫着追求真理气息的画卷:

> 每天晚上,在原雩娄高中的操场上,点点灯火,围坐着一圈圈追求真理、追求进步的男女青年,就老师的讲课内容,畅谈体会,交流心得,提出问题,展开讨论。……"现在的猴子为什么不能变人?""中国为什么不实行三民主义?"……五花八门,有偏见,有误解,也有钻牛角尖的,想到哪里提到哪里,自己认为正确的意见就大胆坚持,毫不顾忌。对敢于提出问题,勇于修

---

[1] 祝龙:《鄂豫公学办起了医务室》,载鄂豫公学校史编委会编《鄂豫公学校史·回忆录》,第313页。

正错误(也叫"放包袱")的同学,领导和同学就欢迎、表扬。①

鄂豫公学经验 鄂豫公学经验是鄂豫公学办学宗旨和教育方针在教学和生活中开出的可赏的花,结出的可食的果,园丁是全体师生。肖明《鄂豫公学办学宗旨及其若干经验》②(本部分凡引自此文不再出脚注)总结基本经验有五条,比较中肯。鄂豫公学传统无疑是鄂豫公学经验的魂。

——争取、团结、教育。鄂豫公学初创时,国内淮海战役正在进行,国民政府还有半壁河山,鄂豫区才解放几座县城,加上历史上红军和解放军几进几出大别山,许多群众有担心,在观望。这就是肖鸣所说"1948年冬,我军又进驻豫东南地区后,许多基本群众不敢接近我们,怕我们又要走"的时代背景。"在这种特定的情况下,如此众多的青年人投身革命、报考鄂豫公学,不管其入学动机如何,其思想的基本特点是趋向革命、追求进步的,只要引导得法,就能激发出很高的革命热情。根据党中央关于大量吸收知识分子的政策,应持争取、团结、教育的态度,欢迎他们投身革命阵营。"这是肖鸣说的经验之一。那么,是如何做到的?

一方面,老师言传身教,动之以情,晓之以理,导之以行。"教职员以身作则,身体力行,教传统,带作风,干部领导学员干,干部做给学员看,把抗大'团结、紧张、严肃、活泼'的校风,从教职员的一举一动、一言一行中体现出来。加之学校里志同道合、相互

---

① 胡龙华:《锻造》,载鄂豫公学校史编委会编《鄂豫公学校史·回忆录》,第256页。
② 肖鸣:《鄂豫公学办学宗旨及其若干经验》,载鄂豫公学校史编委会编《鄂豫公学校史·回忆录》,第40—44页。

友爱、亲如家人新型的人际关系,使学员们耳闻目睹,亲身体验,从而逐步把'解放区的天是明朗的天',升华为'没有共产党就没有新中国',进而落实到'走,跟着毛泽东走'的决心和行动。"一方面,丢包袱,整风不整人。6月整风"从学习《论共产党员的修养》入手,以自我教育为主,帮助学员开动机器,放下包袱,轻装上阵"。"通过学习,学员们所放下的包袱是各种各样的,有历史的,家庭的,婚姻的,学历的,思想的……也有政治的。如何对待这些大大小小的包袱?我们不是在学校里搞暴风骤雨式的阶级斗争,而是开展和风细雨式的批评和自我批评,循循善诱,启发自觉革命,改造思想。在处理学员中的各种问题时,力求做到恰如其分,合情合理。只要他们自觉地向党交待清楚,愿意进步,就一律表示欢迎。在组织路线上,无论是招收学员,使用干部,发展党团组织,都很注意防止唯成份论之类左的东西,强调重在表现的政策。""即使个别学员有严重历史问题,只要坦白交待清楚,也一般不交社会处理,照样分配适当工作……"做到最后一句所说,没有勇气和魄力绝对不行!这是最重要的两方面,也是肖鸣说的经验之三、之五。

——理论与实际相结合。理论联系实际是鄂豫公学采用的教育方针,也是始终坚持的教学方法。"根据当时的历史条件,我们的理论教育,只能是组织学员学习最基本的马列主义的原理和毛泽东同志的著作,同时,还结合形势学习时事政策,参加革命的宣传鼓动工作。我们十分重视组织学员自觉参加社会实践,遵照鄂豫区党委的指示,不失时机地组织学员参加当地的剿匪、支前和跋涉行军,使他们在火热斗争的艰苦环境里,经风雨,见世面,从而锻炼革命意志,增长革命才干。实践证明,效果显著。"理论与实际相结合,重在领会和把握精神实质:领会把握好了,才可能真正做到实处;领会把握不好,就只能是教条和摆设。这是肖鸣说的经验之二。

——发扬民主,坚持真理。"从当时学员的思想特点出发,鄂公实行了高度发扬民主,畅所欲言,同时加强组织领导,坚持民主集中制的基本学习方法,进行正面教育。学员们大胆思索问题,勇于暴露思想,自觉地探求马列主义真理。无论在学习中,个别交谈,小组讨论,大会发言,师生之间,同学之间,我们都提倡坚持真理,修正错误,让人把话讲完,并实行'三不政策',即不抓辫子、不戴帽子、不打棍子。因此,鄂公民主空气浓厚,思想较为活跃。在学习讨论中,对学员们所提出的各种问题,学校则因势利导,给学员提供资料,用确凿的实事,让他们自己澄清是非,自己得出结论,自己教育自己。在问题逐渐明朗化的时候,再由队主任或学校领导作小结,从理论上讲清道理,进一步加深和提高认识。"这是肖鸣说的经验之四。

我们应该看到,鄂豫公学是为解放区培养急需的有文化的干部,而不是普通的干部,干部来源就只可能是知识分子,主要是青年学生。在当时的环境下,这部分资源比较珍稀,要争取,要"抢"。不争取,不"抢",资源就有可能流失,至少现阶段有可能流失,如此就达不到办学目的,有违办学宗旨。这也是在报考时没有对考生进行严格审查的原因之一。学员有来自解放区的,也有来自"国统区"的,有来自较近的鄂豫区及其周边的,也有来自较远的南京、南昌的,成分相对复杂,动机也不尽相同。因此,执行好知识分子政策,做好团结、教育是基础,也是前提,团结、教育做不好,培养干部的目的仍然不可能达到。从这个意义上说,做好争取、团结、教育工作是鄂豫公学最成功的经验。后两条经验谁都能拿去说,但鄂豫公学把理论与实际相结合真正做到实处,把民主与集中拿捏在条件允许下几乎到最佳的分寸,跟拿去装门面、作摆设、充条数的假经验,自是不可同日而语。

《鄂豫报》的创办及其作用

创办经过

流动办报（1948年4月—1948年11月） 刘邓大军主力转出大别山后，鄂豫区大部沦陷为游击区，革命斗争形势变得严峻而复杂。为加强对鄂豫区工作的领导，实行统一指挥，随时掌握各县区军事、政治、经济情况，及时进行指导，鄂豫区党委决定创办《鄂豫报》。

1948年4月，随军南下的程筱侯（也写作"程晓候"）和夏牧原调任报社编辑，配备油印、校对、通讯员各一人，油印机、报话机各一部和刻字版，从新闻费中解决出版发行费用，筹办《鄂豫报》工作开始启动。不久，新华社随军记者黎辛调到报社，负责新华社鄂豫分社和《鄂豫报》。

5月，《鄂豫报》正式创刊，鄂豫区党委派骑兵班专门负责递送。

《鄂豫报》创刊后，"报社一直随鄂豫区领导机关在商城、麻城、新县、金寨一带大山转圈，几乎每天行军打仗，与敌周旋"[①]，报

[①] 中共商城县委党史资料征编委员会办公室（吴绪江执笔）：《〈鄂豫报〉之始末》，载中共信阳地委党史资料征编委员会编《丰碑》（一九八七年一月）第十四辑，第234页。

纸的印刷与发行产生了困难,稿件也主要靠报话机每天收录新华社广播的新闻,少数是部队提供的战斗消息和政治工作报道。这是鄂豫报社最艰难的时期。

1948年秋,鄂豫区形势有所好转,应鄂豫区党委要求,中原局派察哈尔日报社副社长雷行和华东解放区的海波到鄂豫报社加强工作。9月初,雷行一行到鄂豫报社后重组了编辑部,雷行任社长①。为适应流动办报需要,报社专门配了一匹牲口,增加了通讯人员,单设了伙食,条件得到一定改善。

稳定办报(1948年11月—1949年5月) 这个阶段以1949年3月为界,又分为前期和后期,前期约3个月,后期3个月多。

鄂豫报社旧址(商城县程巷张花园) 第二批河南省文物保护单位 涂白松摄

---

① 《雷行两次回忆〈鄂豫报〉情况(摘要)》载:"我到后,重新组织了编辑部,我任社长。"《夏牧原同志回忆〈鄂豫报〉始末情况》只说"上级派来了雷行、海波二位同志到《鄂豫报》社",没有言及雷行任职一事。分别载中共信阳地委党史资料征编委员会编《丰碑》(一九八七年一月)第十四辑,第239、237页。

前期(1948年11月—1949年2月)突出特点和重大变化，是改善了鄂豫报社硬件设施。

——办公实现"两有"。1948年11月9日，商城第二次解放，鄂豫报社随鄂豫区领导机关随即进驻县城，鄂豫报社驻在张花园。鄂豫区部队在解放商城时，缴获一部电台，配给鄂豫报社，鄂豫报社从此有了专用电台。12月1日，商城第三次解放，鄂豫报社随鄂豫区领导机关再次进驻县城，中共商城县委书记罗丰兼任社长，雷行任副社长。有固定办公场所，有专用电台，鄂豫报社从此由流动办报转入稳定办报。

关于商城第三次解放后鄂豫报社驻哪儿有不同说法。《商城革命史》和《中共商城县历史大事记》失载。《雷行两次回忆〈鄂豫报〉情况(摘要)》载："商城第三次解放，报社随首脑机关移驻商城南城。"[①] 南城很宽泛，不知指哪儿？指零娄高中？零娄高中在南关而非城内。雷行不是商城人，未必能分得清楚，他所说南城或许就指零娄高中。杨琼《鄂豫皖解放区首府》载"中共鄂豫区委、鄂豫行署、鄂豫军区、《鄂豫报》社旧址和鄂豫公学，位于商城县城南关十方院"[②]，杭建华《商城县革命史稿》亦持此说。《毛绪光回忆〈鄂豫报〉在商城印刷情况》载："一九四八年冬，商城解放后，《鄂豫报》社进驻城内，住城关程巷路北张家花园一带(现民政局、计委处)，报社编辑部有个罗社长、程编辑等。"[③] 毛家三友

---

① 中共信阳地委党史资料征编委员会编：《丰碑》(一九八七年一月)第十四辑，第239页。

② 杨琼编著：《踏歌商城》，中国文化出版社2006年5月第1版，第80页。

③ 《毛绪光回忆〈鄂豫报〉在商城印刷情况》，载中共信阳地委党史资料征编委

石印馆是《鄂豫报》的主要承印单位，毛绪光本人又搞誊写，在报社与石印馆之间来来回回长达半年，若连报社在哪里都不知道，是说不过去的。问题是"一九四八年冬"究竟指哪段时间？"冬"有两解：一是冬月，即农历十一月。历史就这么巧合：1948年农历冬月初一正好是公历12月1日——商城第三次解放的日子；二是冬季，包括公历11月——商城第二次解放的月份。如果指冬月即公历12月，那么毛绪光说鄂豫报社驻张花园是指第二次进驻县城期间无疑；如果泛指冬季，包括公历11月——商城第二次解放的月份，那么毛绪光说鄂豫报社驻张花园也不仅指第一次进驻县城期间，还包括第二次进驻县城期间。如果仅指第一次进驻县城期间，那就不好解释所说"编辑部有个罗社长"这件事，因为12月罗丰才兼任社长。要解释通"罗社长"事，即两次进驻县城期间鄂豫报社都曾驻在张花园，只不过第二次初期驻在张花园，后期迁至零娄高中。

——印刷实现石印。1948年11月鄂豫报社进驻县城，《鄂豫报》由油印改为石印。城关毛家三友石印馆、周元海瑞记石印馆固定承担印刷业务，戴鸿文戴记石印馆也承印部分"号外"和小册子一类宣传品。一般是编辑部将稿件送至石印馆，石印馆人员誊写后印刷。紧急时石印馆人员到报社誊写并校对好，回来印刷。鄂豫报社按印刷的报纸份数付给石印馆报酬。三家石印馆距离报社都不远。三友石印馆位于十字街东，员工不招外手，毛绪光写，两个兄弟印。瑞记石印馆位于十字街北，戴记石印馆位

员会编《丰碑》（一九八七民一月）第十四辑，第240页。

于郝巷口(今赤城路与温泉大道交叉口),两家员工都是雇用的,戴记石印馆誊写是雇员张泽华。三友石印馆"兄弟几人,日夜加班,一天一夜……就可以印出一份报纸"①,出报速度比雇用员工的瑞记石印馆相对要快,印刷的报纸也相对要多。

后期(1949年3月—1949年5月)突出特点和重大变化,是加强了鄂豫报社软件建设。

——办报达到"两专"。1949年3月,罗丰不再兼任社长,罗东任社长,雷行任副社长兼管新华社分社工作,胡致明任经理;此时,余素杞、林曼、浦一之等一批新闻干部也已先后调到报社,加强了业务力量。②主要领导专职,办报人员专业,标志着鄂豫报社向办报专业化——至少是业务化迈进一步。

——稿件实行审查。1949年3月26日,中共商城县委发出通知,对撰稿和稿件审查提出要求:"一、各区委书记、支部书记要亲自动手,组织通讯小组,经常给党报写稿,每月最少写五篇。二、

---

① 《毛绪光回忆〈鄂豫报〉在商城印刷情况》,载中共信阳地委党史资料征编委员会编《丰碑》(一九八七民一月)第十四辑,第240页。

② 罗东等人调入报社时间记载不一。《夏牧原回忆〈鄂豫报〉始末情况》载:"一九四九年三月,区党委又从各地调来一批有经验的新闻干部,如林曼、浦一之、罗东、胡致明等,罗东任报社总编辑(或叫社长),雷行任副总编辑……"《雷行两次回忆〈鄂豫报〉情况(摘要)》载:"我们进商城前夕,组织上从四分区调来罗东和余素杞夫妇等,罗东负责报社工作,我负责新华社电讯工作。"依雷行所说,无论哪一次(1948年两次解放商城)"进商城前夕",罗东和余素杞夫妇等人调入报社都不晚于1948年11月;依夏牧原所说,罗东、林曼等人调入报社是1949年3月。夏牧原回忆或误:胡致明1948年9月随雷行到报社,1949年3月2日在从潢川接收豫南日报社铅印设备回商城路上牺牲,不可能是1949年3月调入报社。1949年3月或是罗东任职时间,而非调入时间。引文载中共信阳地委党史资料征编委员会编《丰碑》(一九八七年一月)第十四辑,第237、239页。

稿件先交县委会审查后,再转鄂豫报登载,通讯稿件可作为工作汇报之一。"①第一条是说帮助鄂豫报社解决稿源。第二条规定稿件要进行审查,当然这还仅限于商城县委管辖范围内。

以上四大变化的直接作用,就是促进《鄂豫报》质量的根本提升和印量或销量的几何增大,标志《鄂豫报》进入稳定发展时期。

《鄂豫报》有进而铅印的机会。潢川解放后,鄂豫报社程筱候、胡致明等人去接收豫南日报社的一批铅印设备,搬运途中(1949年3月2日途经杜甫店盘龙岗)遭遇张太学、邓雨淋部千余匪众截击,印刷设备尽被劫毁。这是鄂豫报社的一大损失,直至报社停办,《鄂豫报》也没能铅印。

鄂豫报社还承印鄂豫区党委办公室办的《鄂豫通讯》。《鄂豫通讯》发到党内区、营级以上干部。

1949年5月,鄂豫区奉命撤销,鄂豫报社随鄂豫区首脑机关迁往武汉,中共湖北省

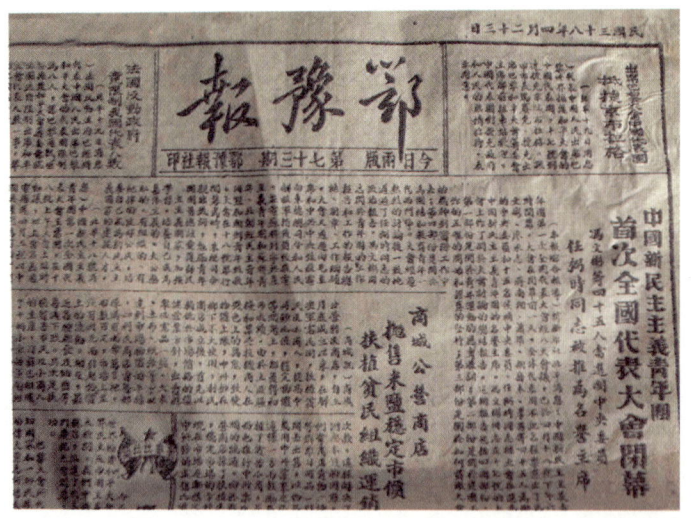

《鄂豫报》民国三十八年(1949年)四月二十三日第七十三期第一版 刊载《商城公营商店抛售米盐稳定市价扶植贫民组织运销》

---

① 《商城县委通知》(一九四九年三月二十六日),载中共信阳地委党史资料征编委员会编《丰碑》(一九八七年一月)第十四辑,第242页。

委决定以《鄂豫报》和《江汉日报》为基础创办《湖北日报》,《鄂豫报》停办。

《鄂豫报》和鄂豫报社从1948年4月创办至1949年5月停刊,历时一年零两个月。

作用

《鄂豫报》是鄂豫区党委为加强对鄂豫区工作的统一指挥和及时指导而创办的。《鄂豫报》初期主要刊载一些新华社新闻、部队的战斗消息和政治工作报道;后来版面扩大,除刊载新华社新闻和军事战报外,还开辟了军事训练、时事政治、新区政策、英模事迹等栏目,大军过江、南京解放、北平和平解放等一些重大新闻,电台一旦收到,就迅速用"号外"印发。通过《鄂豫报》,鄂豫区党政军领导及时掌握各区、县军事、政治、经济动态,随时了解全国解放进程,鄂豫区军民及时学习党的政策和时事新闻,随时关注解放区生产生活情况,这些对鄂豫区革命政权建设,坚定人民必胜信心,起到了重要作用。

《鄂豫报》是在极度险恶的环境和极端艰苦的条件下创办的。创始阶段,报社随时随部队转移,写稿、编辑、排版、刻字、印刷,见空插针,没有灯,就烧松树油照明,缺纸张,到各地买毛边纸替代,征稿困难,领导带头撰写。这种高度的敬业精神和无私的奉献精神,为新闻出版工作者树立了好榜样,永远值得学习。

《鄂豫报》是在基本没有办报经验的情况下创办的。创始阶

段,鄂豫报社既缺少专业人员,更缺少专业设备,而且还是在流动办报,《鄂豫报》只能采取油印,八开单面两版,不定期,印数较少。随着鄂豫报社办报环境和条件改善,《鄂豫报》改为石印,由八开改为四开(单面对开),由不定期改为双日刊,印数上千份,而且还经常出"号外"。这种因地制宜、因陋就简的办报方法和由此积累的办报经验,为后来办报者提供了有益的借鉴,是中国新民主主义革命时期新闻出版事业的财富。

下编：辑录

商城革命歌谣辑录

【校释说明】

本书辑录的商城革命歌谣(简称"歌谣")为在商城产生和在商城传唱的歌谣,重复的、有问题的和编者存疑的歌谣不在辑录范围内。

歌谣按内容分类,各类按内容兼顾革命历史时期排序,各类的小类在目录上用//隔开。

校释包括题释、校注和按语。题释主要是说明各版本的歌谣名称,部分歌谣兼对版本作说明。校注主要是校对异文和讹误,解释方言及个别的地名、人物、事件等。按语主要是对歌词的段落秩序及异同作必要交代,其中阐述的内容是校释者的意见和观点;对革命历史事件发生的背景或经过,作简介或说明。

校释的依据为商城县编辑刊印和编辑出版的《商城民间音乐资料》初辑(简称《资料初》)、《商城民间音乐资料》二辑(简称《资料二》)、《商城县民歌集》第一卷(简称《民歌卷》)、《商城民间歌曲集》(简称《民歌集》)、《中国歌谣集成河南商城县卷:歌谣》(简称《歌谣卷》)、《商城革命歌谣选》(简称《歌谣选》),少数反映重大革命历史事件的歌谣参校其他版本。《歌谣选》

所录主要来自1987年征集的歌谣,通称"商城革命歌谣征编稿"(简称"歌谣稿"),用作《歌谣选》的参校资料。

每首歌谣采用一种版本为底本,标注在该首歌谣之后,其他版本作为参校资料。底本原则上采用较早或较善的版本,尽量保持歌词原貌。《歌谣选》对所采用底本的文字改动和错别字改正,原则上不出校释,但有的会在题释或按语中对所采用底本作说明。

题释置于歌谣题目下面。校注的序号采用圆注码,校注的文字置于每段歌词之后。按语随文置于校注后面,加"按"字;特殊情况置于题释里,不加"按"字。

歌词中的衬词用〔〕括住。原歌词漫漶不可辨认和脱字的,用□标识。标点符号改动不出校注。

诸本演唱者、搜集者(记谱者)署名格式不一:《资料初》《资料二》《民歌卷》《民歌集》格式为"×××唱(或演唱) ××× 记谱(或记录)",《歌谣卷》格式为"演唱:××× 搜集:×××"。本书统一为《民歌集》的格式,署名前冠以书名,其余不变。《民歌卷》与《民歌集》署名基本一致,如果两书署名相同,则两书并列署,其中演唱者统一署"演唱",如果不一致,则两书分行署。

歌谣未完全分行编排,每段加序号以示区别。

揭露社会不公（52首）

穷人调（一）

《资料初》题作《穷人调》,《民歌卷》、《歌谣选》题作《穷人调》(一),《歌谣卷》题作《穷人苦》(穷人调一),穷人调木刻印刷残本(简称残本)作《穷人调》(梁山伯访友调)。残本原件不知所终,今仅见一页,存五段零两句歌词,前三段与通行诸本顺序同,第四段与通行诸本顺序有同有异(详见校释),第五段为《民歌卷》、《歌谣卷》、《歌谣选》第十三段,为《资料初》第十五段。无残本原件核对,各段暂采用《资料初》顺序。

1
战鼓不要敲,征锣不要噪①,
听我唱个②穷人调,〔农友咪③〕大家莫见笑④。

①此两句:据残本改,《资料初》作"鼓儿不要打,锣儿不要敲",《民歌卷》、《歌谣卷》、《歌谣选》作"鼓也不要打,锣也不要敲"。

②我唱个:据残本改,《资料初》作"俺唱一个",《民歌卷》、《歌谣卷》、《歌谣选》作"我唱一个"。

③农友咪:《民歌卷》、《歌谣选》作"农友们"。此为衬词,

《歌谣卷》、残本无，下同。

④莫见笑：据残本改，《资料初》《民歌卷》《歌谣卷》《歌谣选》作"都莫笑"。

按：此段诸本为第一段。

2

穷人真痛①苦，衣破无布补，

忍饥受冻②说不出，〔娘哎③〕瘦得皮包骨。

①痛：据残本改，诸本作"是"。

②忍饥受冻：据残本改，《资料初》作"忍饿受饥"，《民歌卷》《歌谣卷》《歌谣选》作"忍饥受饿"。

③娘哎：《民歌卷》作"娘啊"，《歌谣选》作"农友们"。

按：此段诸本为第二段。

3

禀告二爹①娘，去把扁担夯②，

东逃西奔走茫茫③，〔娘呀④〕只为度日光⑤。

①爹：残本作"爷"。

②此句：据残本改，《资料初》《歌谣选》作"出门扁担扛"，《民歌卷》《歌谣卷》作"去把扁担扛"。

③此句：据残本改，《资料初》作"东奔西跑走得忙"，《民歌卷》《歌谣卷》《歌谣选》作"东奔西跑走慌忙"。

④呀：《民歌卷》《歌谣选》作"啊"。

⑤此句：据残本改，《资料初》作"为的是度日光"，《民歌卷》《歌谣卷》《歌谣选》作"只为度时光"。

按：此段诸本为第三段。

4
爹娘不做声，两眼泪纷纷[①]，
油盐柴米断干[②]净，〔儿呀〕望儿[③]早回程。

[①]此两句：据残本改，《资料初》作"老娘泪纷纷,我儿听在心",《民歌卷》《歌谣选》作"老娘床上哼,我儿你是听"。"爹"字编者改，残本作"爷"。

[②]断干：残本作"干断"。

[③]此句：据残本改，《资料初》作"早去",《民歌卷》、《歌谣选》作"望你"。

按：此段第一、二句,《民歌卷》、《歌谣选》与《歌谣卷》第四段（见下第十二段）"老娘床上哼,儿媳不忍听"近同,与残本、《资料初》异；第三、四句,残本、《资料初》、《民歌卷》、《歌谣选》同,唯与《歌谣卷》第四段"打个鸡蛋定娘心,胜似吃人参"异。《歌谣卷》第四段与《资料初》第十二段同。《民歌卷》、《歌谣选》、《歌谣卷》此段可能窜文了,也或是编者作了调整修改。

此段残本、《资料初》、《民歌卷》、《歌谣选》为第四段,《歌谣卷》无。

5
穷人真正难，无吃又无穿，
只得苦力去挣钱，〔农友啊〕一家不团圆。

按：此段诸本无。

6

出门做小贩,到处军阀占,

遇兵遇匪都完蛋,〔农友啊①〕白流一身汗。

①啊:《民歌卷》、《歌谣选》作"们"。

按:此段《民歌卷》、《歌谣卷》、《歌谣选》为第五段。

7

出门去做工,无人来说情①,

工厂老板把眼瞪,〔工友啊②〕手艺要③不成。

①来说情:《民歌卷》、《歌谣卷》、《歌谣选》作"说人情"。

②啊:《民歌卷》、《歌谣选》作"们"。

③要:《歌谣卷》、《歌谣选》作"做"。

按:此段《民歌卷》、《歌谣卷》、《歌谣选》为第六段。

8

做工时间①加,还把工钱塌②,

身体卖给老板③家,〔工友啊④〕任他刮和杀。

①时间:《民歌卷》、《歌谣卷》、《歌谣选》作"把时间"。

②塌:据《民歌卷》、《歌谣卷》、《歌谣选》补,原字不可辨识。

③卖给老板:《民歌卷》、《歌谣卷》、《歌谣选》作"卖与资本"。

④啊:《民歌卷》、《歌谣选》作"们"。

按:此段《民歌卷》、《歌谣卷》、《歌谣选》为第七段。

9

去了①两三春,到处难存身,

无奈去当军阀兵,〔农友啊②〕死里去求生。

①去了:《民歌卷》、《歌谣卷》、《歌谣选》作"出门"。

②农友啊:《民歌卷》、《歌谣选》作"兵友们"。

按:此段《民歌卷》、《歌谣卷》、《歌谣选》为第八段。

10

为的①要顾嘴,从兵流到匪②,

哪知是做③替死鬼,〔兵友啊④〕叫人真后悔。

①的:《民歌卷》、《歌谣卷》、《歌谣选》作"了"。

②此句:《民歌卷》、《歌谣卷》、《歌谣选》作"当兵如当匪"。

③哪知是做:《民歌卷》、《歌谣卷》、《歌谣选》作"险些做了"。

④啊:《民歌卷》、《歌谣选》作"们"。

按:此段《民歌卷》、《歌谣卷》、《歌谣选》为第九段。

11

久去无音信①,家里饿断筋,

我再唱给大家听,〔农友啊②〕谁听谁寒心。

①此句:《民歌卷》、《歌谣选》作"夫去无信音",《歌谣卷》作"丈夫无信音"。

②啊:《民歌卷》、《歌谣选》作"们"。

按:此段《民歌卷》、《歌谣卷》、《歌谣选》为第十段。

12

老娘床上哼,儿媳不忍听①,

打个鸡蛋定娘的②心,〔婆婆呀〕胜似吃人参③。

①此句：《歌谣卷》作"我儿你是听"。

②的：《歌谣卷》无。

③此句：据《歌谣卷》改，《资料初》作"胜于开大审"。

按：此段《民歌卷》、《歌谣选》无，《歌谣卷》为第四段。

13

娘望白了头，妻望泪双流，

一家人望得眼睛眍①，〔农友啊②〕穷人难出头。

①眍：据《歌谣卷》改。《资料初》误作"瓯"，《民歌卷》误作"欧"，《歌谣选》作"抠"。

②啊：《民歌卷》、《歌谣选》作"们"。

按：此段《民歌卷》、《歌谣卷》、《歌谣选》为第十一段。

14

嫂把①小姑叫，锅肚无②柴烧，

这顿稀饭怎么熬，〔妹妹呀〕扯把床铺草。

①把：《民歌卷》作"打"，当为笔误。

②锅肚无：《民歌卷》、《歌谣卷》作"灶内无"，《歌谣选》作"灶内没"。

按：此段《民歌卷》、《歌谣卷》、《歌谣选》为第十二段。

15

小姑叫大嫂，米又买不到①，

方瓜麦面②一锅搅，〔嫂嫂呀〕捧碗喝个饱③。

①买不到：据残本改，《资料初》作"米也买不到"，《民歌卷》、《歌谣卷》、《歌谣选》作"米也没有了"。

②方瓜麦面：《歌谣卷》《歌谣选》作"南瓜糠菜"，《民歌卷》作"南瓜糖菜"，"糖"当为"糠"的笔误。

③此句：据残本改，诸本作"稀汤喝不饱"。

按：此段《民歌卷》《歌谣卷》《歌谣选》为第十三段，残本为第五段。

16

坐①在活②地狱,饿死无来由,

这样过法不对头,〔媳妇呀〕快快找活路。

①坐：《歌谣选》作"生"。

②活：《民歌卷》《歌谣卷》作"死"。

按：此段《民歌卷》《歌谣卷》《歌谣选》为第十四段。

17

帮人纳①鞋底,替人把衣洗,

还向土豪去讨米②,〔婆婆呀〕受尽肮脏③气。

①纳：编者改，《资料初》误作"拉"，《民歌卷》《歌谣卷》《歌谣选》作"做"。商城谓用密针线缝缀鞋底为纳鞋底。

②此句：《民歌卷》《歌谣卷》《歌谣选》作"还给土豪去淘米"。

③肮脏：《民歌卷》《歌谣卷》《歌谣选》作"窝囊"。

按：此段《民歌卷》《歌谣卷》《歌谣选》为第十五段。

18

春天养点蚕,秋天纺点棉,

辛辛苦苦攒几个钱①,〔妹妹呀②〕拿它买油盐。

①此句:《资料初》脱一"苦"字,《民歌卷》、《歌谣卷》、《歌谣选》无"几"字。

②妹妹呀:《资料初》作"妹呀"。

按:此段《民歌卷》、《歌谣卷》、《歌谣选》为第十六段。

19

头蓬衣服破,哪敢屋里坐,

这个日子怎么过,〔妹呀〕提筐卖盐货。

按:此段《民歌卷》、《歌谣卷》、《歌谣选》无。

20

混得①半升米,一家都欢喜,

叫声儿子在哪里,〔媳妇呀〕今天饿不死②。

①混得:《民歌卷》、《歌谣卷》、《歌谣选》作"买来"。

②此句:《民歌卷》、《歌谣卷》、《歌谣选》作"越想越着急"。

按:此段《民歌卷》、《歌谣卷》、《歌谣选》为第十七段。

21

儿子不回来,一家挨一挨①,

越是穷人越负债,〔农友呀②〕土豪总③发财。

①此句:《民歌卷》、《歌谣卷》、《歌谣选》作"生活难安排"。

②呀:《民歌卷》、《歌谣选》作"们"。

③土豪总:《民歌卷》、《歌谣卷》、《歌谣选》作"豪绅更"。

按:此段《民歌卷》、《歌谣卷》、《歌谣选》为第十八段。

22

穷人有儿孙,穷人常离分,

穷人到处无路走①,〔农友呀②〕穷人快革命。

①走:《民歌卷》、《歌谣卷》、《歌谣选》作"混"。

②呀:《民歌卷》、《歌谣选》作"们"。

按:此段《民歌卷》、《歌谣卷》、《歌谣选》为第十九段。

《资料初》　蒋明光唱

《民歌卷》　陈世鸿作词　王霁初编曲(原"霁"误作"继")

　　　　　李美学演唱　文化馆供稿

《歌谣卷》　李美学演唱　陈世鸿搜集

　　　　　1952年3月采录于城关镇

——录自《商城民间音乐资料(初辑)·革命歌曲》

穷人调(二)

《民歌卷》、《歌谣选》题作《穷人调》(二),《歌谣卷》题作《穷人苦》(穷人调二),《民歌集》题作《穷人调》(一)。《穷人苦》词共九段,有三段与《民歌卷》、《歌谣选》同,三段一半同,疑有两种版本。

1

穷人没田种,种田是贫农。

贫农穷来①穷人穷,〔农友们〕痛苦是一般疼。

①来:《民歌集》误作"亲"。

按:此段《民歌卷》、《民歌集》、《歌谣选》为第一段,《歌谣卷》无。

2

租种一块田,死活奔一年。

粒粒米粮血来换,〔农友们〕地主来吞占。

  按:此段《民歌卷》、《民歌集》、《歌谣选》为第二段,《歌谣卷》无。

3

贫农①种田庄,怕的是年荒,

还怕主人亲下乡,〔农友们〕更怕催完粮!

  ①贫农:据《民歌卷》、《歌谣选》改,《民歌集》作"穷人",系原编者改。

  按:此段《民歌卷》、《民歌集》、《歌谣选》为第三段,《歌谣卷》无。

4

心惊肉又跳,鸦噪狗又叫①。

走②来了两乘③轿,〔娘啊〕主人和大少。

  ①此两句:《歌谣卷》作"小狗梆梆咬,打开门来瞧"。

  ②走:《歌谣卷》作"门外",《歌谣选》作"走那"。

  ③乘:《民歌集》、《民歌卷》误作"层"。

  按:此段《民歌卷》、《民歌集》、《歌谣选》为第四段,《歌谣卷》为第一段。

5

主人来得①早,地下没有扫,

桌椅板凳没调好,〔主人啊②〕请您慢下轿。

①得:编者改,《歌谣卷》作"的"。

②主人啊:编者补。

按:此段《民歌卷》、《民歌集》、《歌谣选》无,《歌谣卷》为第二段。

6

主人出①轿门,叫声②小庄人:

床铺与我③扫干净,〔庄人啊〕放上④大烟灯。

①出:《歌谣卷》作"下"。

②叫声:《歌谣卷》作"口称"。

③床铺与我:《歌谣卷》作"把你的床铺"。

④放上:《歌谣选》作"好摆"。

按:此段《民歌卷》、《民歌集》、《歌谣选》为第五段,《歌谣卷》为第三段。

7

庄人笑融融,走进厨房中①。

六安②细茶瓦壶③冲,〔娘啊〕好敬主人翁④。

①此两句:《歌谣卷》作"方桌拉房中,果盘摆当中"。融融:《民歌集》、《民歌卷》误作"容容"。

②六安:《歌谣选》作"东河"。

③瓦壶:《歌谣卷》作"鸭嘴茶壶"。

④此句:《歌谣卷》作"才把主人恭"。

按:此段《民歌卷》、《民歌集》、《歌谣选》为第六段,《歌谣卷》为第四段。

8

大烟瘾过了,白炭火来烤。

老鸡老鸭可炖好①?〔庄人啊〕精肉要②酱炒。

①此句:《歌谣卷》作"罐子鸡汤没炖好"。

②要:《歌谣卷》作"上"。

按:此段《民歌卷》、《民歌集》、《歌谣选》为第七段,《歌谣卷》为第五段。

9

庄①人笑盈盈,主人你是听:

吃鸡吃肉我担承,〔主人啊〕都是主人恩。

①庄:《民歌集》误作"主"。

按:《民歌卷》、《民歌集》、《歌谣选》为第八段,《歌谣卷》无。

10

吃了两三天,主人才发①言。

今年的课稻没给完②,〔庄人啊〕给我把家搬!

①发:《歌谣卷》作"开"。

②此句:《歌谣选》作"今年的租课没缴完",《歌谣卷》作"前年课谷没给完"。课:《民歌卷》、《歌谣卷》作"稞"。

按:此段《民歌卷》、《民歌集》、《歌谣选》为第九段,《歌谣卷》为第六段。

11

庄人一听说,吓得①脸变色,

请几位先生做说客,〔主人啊〕无稻将钱折②。

①得:《歌谣卷》作"的"。

②此两句:《歌谣卷》作"今年减收啥没得,吃的也还缺"。

按:此段《民歌卷》、《民歌集》、《歌谣选》为第十段,《歌谣卷》为第七段。

12

我今向你说,就不钱来折!

这份田地有人写①,〔庄人啊〕借贷加二百!

①写:商城方言,租的意思。

按:此段《民歌卷》、《民歌集》、《歌谣选》为第十一段,《歌谣卷》第八段承"今年减收没啥得,吃的也还缺"故意思有别,备录如下:"主人脸一寒,说话不沾弦!不给稻谷莫种田,稻谷折成钱。"

13

庄人听端详,急忙来圆场,

加点借贷有何妨?〔主人啊〕赶快打①钱慌。

①打:《歌谣选》作"把"。

此段《民歌卷》、《民歌集》、《歌谣选》为第十二段,《歌谣卷》无。

14

主人忙分派,轿钱要两块,

课鸡两只①随身带,〔庄人啊〕回家当小菜。

①课鸡两只:《民歌卷》作"稞鸡两支",《歌谣选》作"课鸡两支"。

按：此段《民歌卷》、《民歌集》、《歌谣选》为第十三段,《歌谣卷》无。

15

富人多狠心,这样待穷人!

穷人到处无路混,〔农友们〕穷人快革命!

按：此段《民歌卷》、《民歌集》、《歌谣选》为第十四段,《歌谣卷》无。

16

打倒地主们,快把土地分,

无衣无食不称心,〔农友们〕快把政权争!

按：此段《民歌卷》、《民歌集》为第十五段,《歌谣选》无,《歌谣卷》第九段与此段意思略近,备录如下:"一九二九年,革命要发展。打倒地主分了田,才过幸福年。"

17

夺取政权来,建立苏维埃。

无产阶级联合起来,〔农友们〕杀尽反动派!

按：此段《民歌卷》、《民歌集》为第十六段,《歌谣卷》、《歌谣选》无。

《民歌卷》、《民歌集》 李美学演唱　张乃祥记谱

《歌谣卷》 罗岐伟、黄明合演唱　陈庆喜、江有合搜集

1989年7月采录于鲇鱼山乡、李集乡、城关镇等地

——录白《商城民间歌曲集·小调》

穷人调（三）

（月亮一出照楼梢调）

《民歌卷》题作《穷人调》（三）（月亮一出照楼梢调），《民歌集》题作《穷人调》（二），《歌谣卷》题作《太阳一出照高楼》，《歌谣选》题作《穷人调》（三）。《民歌卷》"楼梢"的"梢"误作"稍"。

1
太阳一出照高楼，穷人生活不自由，思想起实在难受。

2
地主住的楼上楼，穷人住的茅庵头，进门来还要低头。

3
地主吃的①鱼和肉，穷人吃的②是糠窝头，稀糊糊还要断流。

① ② 吃的：《民歌集》作"吃的是"，衍一"是"字。

4
地主穿的绫罗绸，穷人穿的破袄头，补补丁①还要露肉。

① 补补丁：《民歌卷》《歌谣选》作"补钉补"，《歌谣卷》作"补补钉"，"丁"误作"钉"。

5
富人为啥这样富，穷人为啥这样苦，都只怨财主心毒。

按：此段《民歌集》、《民歌卷》、《歌谣卷》无，据《歌谣选》补。

6

穷人世上无路走,快快起来斗地主,分田地求得自由。

　　《民歌卷》　芮祚国收集

　　《民歌集》　佚名演唱　芮祚国记谱

　　《歌谣卷》　陈道如演唱　芮祚国搜集

　　1986年采集于城关镇

　　　　——录自《商城民间歌曲集·小调》

穷人歌(一)

《资料初》题作《穷人歌》。题后序数(一)为编者加。

1

正月是新年,穷人好可怜,衣破的褴褛无有衣换。
富人穿得好,鱼肉吃不了,珍馐①美味白炭火烤。

　　①馐:原误作"餙"。

2

二月是花朝,军阀心不好,压迫穷人保护土豪。
组织清乡军,到处捉穷人,压迫穷人一言难尽。

3

三月是清明,土豪追上门,压迫穷人忍气吞声。
想要翻起身,大家当红军,把封建连根挖尽。

4

四月立夏节,穷人真难挨,少油断盐无处省节。

麦子没有黄,家中又无粮,一家老少饥饿难当。

5

五月是端阳,农友日夜忙,鸡叫头遍就要起床。

割麦又插秧,正是两头忙,几碗麦饭肚里来装。

6

六月是炎天,穷人种庄田,身上晒得似油煎。

富人他有钱,葛夏①身上穿,手中拿着白纸花扇。

①葛夏:指葛布,俗称夏布。

7

七月早稻黄,田主把账上,耕种半年空忙一场。

青黄接不上,穷人没主张,眼看饿死白发老娘。

8

八月是中秋,可叹我农友,穷人种田富人收租。

穷人种田庄,批字写端详,干白净米子送谷上场。

9

九月菊花红,革命要成功,劳动生产天下太平。

想要翻①起身,大家齐革命,参加革命人人有份。

①翻:原误作"番"。

10

十月小阳春,工农革命军,全世界无产阶级联合起来。

革命障碍物,铲除不留根,推翻封建好翻①身。

①翻:原误作"番"。

11

冬月雪花飘,革命正高潮,帝国主义要打倒。

夺取政权来,建设新世界,保护国家搞建设。

12

腊月梅花开,红旗扯起来,太阳红光照世界。

不分贵和贱,不分富与贫,共产主义世界大同。

余弟五唱

——录自《商城民间音乐资料(初辑)·革命歌曲》

穷人歌(二)

《歌谣选》题作《穷人歌》。题后序数(二)为编者加。此首不见载"歌谣稿","歌谣稿"存有《贫农歌》,或为《歌谣选》所本,并录附后。

贫苦人坐田埂自思自问,想穷人受熬煎实在寒心。

天地间人与人应该平等,为什么贱与贵贫富不均?

那富人住高楼良田万顷,吃鱼肉穿绸缎奴仆成群。

他说是坟茔正祖德报应,又说是阳宅好风水助成。

细思量追根源不是这因,尽都是编瞎话欺骗穷人。

叫乡亲切莫要被他蒙哄,那财产是俺们汗水浇成。

受剥削受压迫不能甘心,团结起快把那农会建成。

有红军赤卫队撑腰助阵,要杀尽那恶霸地主豪绅。

穷苦人紧握枪坚决革命,跟着党掌大印定要翻身。

——录自《商城革命歌谣选·革命篇》

附:贫农歌

有贫农坐田埂自思自叹;叹只叹我穷人少吃无穿。
普天下天地人应谈平等,为什么富与穷贫贱不均?
那富人占人间良田万顷,我穷人衣食住都费愁心。
天地间人①都是父母所生,为什么他该富我等该贫?
那富人他不做有吃有剩,我穷人做苦工反不如人,
日夜忙还经常②冷锅断顿,细思量不由人热泪双淋。
那富人穿绫罗绸缎齐整,我穷人穿的是褴褛衣襟;
那富人吃的是鱼肉人参③,我穷人吃糠菜④还要断顿。
他说是积阴功坟山显灵,又说是阳宅好风水造成。
细思量终究是剥削而成,尽都是用迷信欺哄穷人。
劝大家均不可被他蒙混,赶快点团结起擦亮眼睛。
有红军赤卫队为咱后盾,坚决地打倒那土豪劣绅⑤。
望工农务须要团结革命,推翻那旧社会毫不留情,
要巩固苏维埃红色政权,分田地给穷人永做主人。

①人:编者改,"歌谣稿"作"人人"。
②经常:编者改,"歌谣稿"作"要"。
③此句:编者改,"歌谣稿"作"富人吃的是鸡鱼肉和人参"。
④吃糠菜:编者改,"歌谣稿"作"吃的糠菜粥"。

⑤土豪劣绅：编者改，"歌谣稿"作"吃人的土豪劣绅"。

按：该歌谣经征编者编订，已非原貌，编者略加修改，使符合十字句式。

刘从先、梅厚广提供　双铺镇党史办公室编订

1987年4月10日

——录自商城革命歌谣征编稿

穷人叹

土坯泥巴垒个窝，野菜糠皮煮汤喝；
高楼财主一席酒，抵上俺吃二年多。

——录自《商城革命歌谣选·控诉篇》

农人歌（一）
（苏武牧羊调）

《资料初》、《民歌集》题作《农人歌》，《民歌卷》题作《农人歌》（苏武牧羊调）。题后序数（一）为编者加。。

农人快快要觉醒，
天天起五更，回家戴①月星，
热天里冷天里②总是苦辛勤。
豪绅和地主，催租③逼人命，

男女一家人,个个怨薄命。

一年④忙到头,借债度⑤光阴。

同志们想出头赶快⑥去革命。

  ①戴:《资料初》作"带"。

  ②热天里冷天里:《资料初》作"热天的冷天的"。

  ③催租:《资料初》作"要钱"。

  ④年:《资料初》作"天"。

  ⑤度:《资料初》误作"渡"。

  ⑥赶快:《资料初》作"参加"。

《资料初》 余弟五唱

《民歌卷》、《民歌集》 余世田演唱 芮祚国记谱

      ——录自《商城民间歌曲集·小调》

农人歌（二）

《歌谣选》题作《农人歌》。题后序数（一）为编者加。

农人不是人,天天起五更;不管热和冷,都是苦营生。
可恨狗地主,催租逼人命;一年忙到头,苦难不脱身。
叫声农友们,甘心不甘心？农人都响应,个个愿革命。
跟着共产党,参加俺红军,打烂旧世界,当家做①主人。

  ①做:编者改,《歌谣选》作"作"。

      ——录自《商城革命歌谣选·革命篇》

农人苦(一)

《歌谣选》题作《农人苦》。题后序数(一)为编者加。

冷天无衣裳,热天一身光。吃的野菜饭,喝的苦根汤。麦黄望接谷,谷黄望插秧。一年忙四季,都为财主忙。

——录自《商城革命歌谣选·控诉篇》

农人苦(二)

《商城革命史》失题。题为编者加。《商城革命史》在引用时概言"当时商城地区流传着这样的歌谣",分两段编排,第一段即本首,第二段为《民谣》(一),未知是一首的两段,还是两首。从内容和形式看,似为两首。姑分为两首。

镰刀响,锅盖热,热热闹闹一个月。
镰刀上了墙,家中没有粮。
一年忙到头,身上晒出油,
老人小孩讨饭棍子不离手。

——录自《商城革命史》

卖柴禾

（十想调）

《资料初》题作《穷人生得挨》，《民歌卷》题作《卖柴禾》（十想调），《民歌集》、《歌谣选》题作《卖柴歌》。《资料初》只有第一段；《民歌卷》、《民歌集》共十四段，分段同；《歌谣选》共八段，分段和歌词与《民歌卷》、《民歌集》多异。今分段据《民歌卷》、《民歌集》。

1

穷人生得挨①，上山去砍柴。

砍得柴禾长街卖②，卖不出价钱来。

①挨：差、窝囊的意思。

②此句：《资料初》作"砍得的柴火街上卖"。

按：《歌谣选》第二至四句作"无钱把粮买，没有法子去打柴，挑到长街卖"。此段诸本同为第一段。

2

清早把柴挑，路上跌几跤。

落雪下雨①路不好，这才受煎熬。

①雨：《民歌卷》作"淋"。

按：此段《歌谣选》作两段，为第二、三段：

寅时天没亮，慢慢向前趟，天阴下雨路打光，难走叫爹娘。

越走越生焦，路上跌几跤，穷人命运真不好，越想越难熬。

3

把柴挑上街①,眼看②尽是柴。

今天柴多不好卖,卖不出价钱来③。

　　①此句:《歌谣选》作"走进东门外"。"外"当作"内",门外是出,门内是进。

　　②眼看:《歌谣选》作"一望"。

　　③此句:《歌谣选》作"想啥办法来"。

　　按:此段《歌谣选》为第四段。

4

匪①军和民团,做事太野②蛮。

不管③大担和小担,随便他把④钱。

　　①匪:《歌谣选》作"白"。

　　②太野:《歌谣选》作"多拉"。

　　③管:《歌谣选》作"分"。

　　④把:《歌谣选》作"给"。

　　按:此段《歌谣选》为第五段。

5

乡下老实人,不敢把价争①。

今天遇到这妖精,只好不做声。

　　①争:《民歌卷》"争"字左边加口字旁,当为笔误。

　　按:此段《歌谣选》无。

6

正价一串三,他把①六百钱。

忍饥受②饿回家转,腿痛腰又酸③。

　　①他把:《歌谣选》作"只给"。

　　②受:《民歌集》脱。

　　③此两句:《歌谣选》作"又买米来又买盐,欠账(《歌谣选》"账"作"帐")拿啥还"。

　　按:《歌谣选》此段含《民歌卷》、《民歌集》第七段内容,为第六段。

　　　　7

心想打个尖,手中又无钱。
心想买米又买盐,事事无法办。

　　按:此段《歌谣选》无。

　　　　8

红日落西山,回到屋门前①。
家中坐个团团转,都是来要钱②。

　　①此句:《歌谣选》作"慢慢往回转"。

　　②此两句:《歌谣选》作"肚子饿得打冷颤,债主围一圈"。

　　按:此段《歌谣选》为第七段。

　　　　9

要钱无钱把,只得说好话。
不是有钱我不把,真正无办法。

　　按:此段至第十二段《歌谣选》无。

　　　　10

各位要钱客,仔细听我说:

再过三天来交涉,自然有话说。

11

钱短心里窄,比人矮半截。

恶言恶语四面来,债主把锅揭。

12

囤里没有粮,床上卧干炕。

肚里饿得乱咕囔,心中自思量。

13

主意打停当,饿死真冤枉。

投入红军枪杆扛,革命求解放。

按:此段《歌谣选》作"低头来思量,想起共产党,领导穷人闹革命,去把红军当",为第八段。

14

穷人志不短,大山要掀翻,

打倒万恶老封建,建设鄂豫皖。

按:此段《歌谣选》无。

《资料初》　□启文唱

《民歌卷》　芮祚国收集

《民歌集》　佚名演唱　芮祚国记谱

——录自《商城民间歌曲集·小调》

长工歌

1
正月长工叹,实在没法办,
扛床行李打八万①,辛苦整一年。

①打八万:指给地主打长工。

2
二月杏花红,洗衣来上工,
春碓推磨挑粪桶,活头件件重。

3
三月是清明,主人把价评,
手巾扇帽一色净①,忍气不能争。

①一色净:指啥也不给。按规矩,主人要给长工手巾、扇子、草帽等。

4
四月早下田,露水湿衣衫,
蚂蝗爬上两腿杆,扯的血连连。

5
五月是端阳,割麦又栽秧,
腰杆软得两三节,有话不能说。

6
六月是伏天,汗流湿衣衫,
吃了多少菜稀饭,好歹不能言。

7

七月早谷黄,东家谷进仓,

长工家里正缺粮,妻儿泪汪汪。

8

八月是秋天,打火吸袋烟,

掌柜看见把眼翻,骂我想偷懒。

9

九月麦种完,来客到堂前,

先拿小菜后端碗,鱼肉不相干。

10

十月满一年,掌柜把账①算,

工价用了一大半,空手转回还。

①账:编者改,《歌谣选》作"帐"。

11

冬月结冰凌,参加当红军,

永远跟着共产党,穷人好翻身。

12

腊月梅花开,红日照世界,

建立革命新政权,工农站起来。

——录自《商城革命歌谣选·控诉篇》

财主家长工打不得

豆荚①结成节连节,财主家长工打不得②:
田多路远埂又窄,挑起担子不准歇,
晚上收工光摸黑,一年工钱扣几月。

①荚:编者改,原误作"夹"。
②打不得:干不得。

——录自《商城革命歌谣选·控诉篇》

狗撵耗子怨长工

原题统名《商城民歌五句头》,此歌为其第三至五首。题为编者加。

1
掌柜的,黑心肠,专对长工算细账,
不让长工去割稻,八月十五稻没黄,
八月十六稻黄忙。

2
掌柜娘子叫长工,快快给俺倒马桶,
白日点灯灯不亮,夜里走路路不平,
编双草鞋垫脚跟。

3

白天下雨夜里晴,气得掌柜肚子疼,

田地庄稼无法收,打掉门牙往肚吞,

狗撵耗子怨长工。

刘世巨搜集

——录自《商城民歌五句头》

四宝上工

（太平年调）

《歌谣卷》题作《四宝上工》(太平年调),《民歌集》题作《四宝上工》。《资料初》录《四保上工》与《民歌集》同调(同为太平年调,但记谱有差异)不同词,与《民歌卷》(只有第一段词)同调同第一段词;《民歌卷》录《四宝上工》与《民歌集》同曲(太平年调)不同词。《民歌集》采用《歌谣卷》词,《民歌卷》曲。就曲调而言,《资料初》、《民歌卷》同调,但记谱有差异,即同调不同曲。就词而言,民歌卷》录《四宝上工》词实为该卷歌唱恋情的《四表哥上工》(一)词,与《资料初》录《四宝上工》词近同,唯"四宝"与"四表哥"称谓及部分词句异。《四表哥上工》,《歌谣卷》作《四宝哥上工》,四表哥或为后起之名,四宝、四宝哥、四表哥实同名而异称。《四宝上工》可能改编自歌唱恋情的《四宝哥上工》(《四表哥上工》),传唱者和搜集者未暇分辨词意,遂致混同。

1

正月里,刮春风,四宝人穷志不穷,

印花被子肩上背,丢下老小来帮工。

2

二月里,龙抬头,四宝是人不是牛,

早上还担三挑水,到晚还背月亮头。

3

三月里,是清明,四宝上工挖树根,

手掂锄头把山进,十指抓得①血淋淋。

①得:据《民歌集》改,《歌谣卷》作"的"。

4

四月里,四月八,四宝田里把秧插,

栽了东田栽西田,回来晚了骂又打。

5

五月里,是端阳,大麦小麦眨眼黄,

又是割来又是捆,里里外外一人忙。

6

六月里,三伏天,热得好似滚油煎,

财主扇①的鹅毛扇,四宝拿顶草帽扇②。

①②扇:据《民歌集》改,《歌谣卷》作"搧"。

7

七月七,七月中,早稻晚稻黄蓬蓬,

手拿钐①镰忙收割,马桶没倒骂长工。

①钐:编者改,《民歌集》《歌谣卷》作"沙"。

8

八月里,月儿圆,越思越想越可怜!

有钱人家团圆会,无钱人儿无团圆。

9

九月里,刮秋风,菊花酿酒香喷喷。

财主喝得醺醺醉①,一碗麦仁送长工。

①醺醺醉:《民歌集》误作"醉醺醺"。

10

十月里,小阳春,四宝使牛把田耕。

鸡叫头遍忙下田,夜晚还要戴星星。

11

冬月里,北风寒,霜打树头叶落完。

财主烤的白炭火,四宝还穿单衣衫。

12

腊月里,到年终,财主催我忙算工。

算来算去上了当,忙了一年落了空。

《民歌集》 余子安演唱 乔克仁、芮祚国记谱

《歌谣卷》 余子安演唱 乔克仁搜集

1962年5月采录于城关镇

——《中国歌谣集成河南商城县卷·生活歌》

日头当顶歇个晌

（山歌）

鸡叫头遍就使犁,天边地角犁得齐。
日头当顶歇个晌,掌柜瞧着发脾气。
骂俺长工不出力。

  罗宝善演唱 乔克仁搜集 1963年4月采录于城关镇
    ——录自《中国歌谣集成河南商城县卷·生活歌》

你不放工我放工

（山歌）

太阳西沉夜朦朦,麻雀已进刺扑笼,
蛤蟆烧香天不早,秧鸡打鼓叫收工,
掌柜假装耳朵聋,你不放工我放工!

  罗宝善演唱 乔克仁搜集 1956年采录于城关镇
    ——录自《中国歌谣集成河南商城县卷·生活歌》

最苦要数挖煤哥

最苦要数挖煤哥,八天八夜难诉说。
下窑步步低,好似见阎罗,
汗水点点洒,汇成道道河,

举起尖尖锄,累得打哆嗦,

没有早和晚,不知日出和日落。

(白)上窑来又怎么样呢?

挖煤哥,好受苦,衣服破了无布补。

两间破草房,四面露天光,

晚上伴着星星睡,下雨水顺床沿淌。

一个小破锅,疤子几十个;

三个"莲花碗",一圈都有豁;

三双竹筷子,根根拉嘴角。

想俺挖煤哥,不反该如何?!

——录自《商城革命歌谣选·控诉篇》

讨饭人歌

1

恨声我的爹,怨声我的娘,不该留我在世上,人人比我强。

2

心中自思量,家中没有粮,儿女哭喊饿断肠,只得去逃荒。

3

含愧离家庭,带关两扇门,还是五更天未明,天上布满星。

4

东湾到西村,处处无人问,恶狗咬得痛人心,血染脚后跟。

5

前村要一点,后村要半碗,大爷大娘喊千遍,白眼和剩饭。

6

头晕腿又酸,肚饥心打颤,日落西山转回还,走了二更天。

7

进到家门来,少米又无柴,战战兢兢无被盖,只好靠床歪。

8

穷人好伤心,苦处说不尽,这个世道不平等,何日得翻身?

——录自《商城革命歌谣选·控诉篇》

生路通在扁担上

(山歌)

大灾之年去逃荒,手拿木棍肩背筐。
这头挑的砂锅子,那头挑的破衣裳,
生路通在扁担上。

张仲达演唱　叶照青搜集　1965年采录于城关镇

——录自《中国歌谣集成河南商城县卷·生活歌》

遇到大旱去要饭

"歌谣稿"题作《民谣》。题为编者改。

1
穷人有苦说不完,收的粮食不归咱,
常年劳动汗不干,遇到大旱去要饭。
2
要饭要到财主家,老远就见拉门闩,
仓库紧锁不开卖,穷人饿死大路边。

按:原为三段,第一段改自"赤日炎炎似火烧",编者删。

杨作海提供　1987年9月

——录自商城革命歌谣征编稿

流浪人歌

"歌谣稿"题作《流浪者歌声》。题为编者改。原稿题后括注:"抗战时期演唱。"

北风寒,雪花飞,冷彻骨,无棉衣。
肚中饥饿炊无米,呀！一家子老小哭啼啼。
天啊！你既叫人要活命,怎叫俺他乡流离号寒啼饥？
娘啊！一朝若能回故里,哪怕是沿途叫化挨门求乞,
俺也心甘意也随。

伏山乡提供　1987年8月

——录自商城革命歌谣征编稿

寡妇歌

《资料初》题作《小寡妇》,《民歌卷》、《民歌集》、《歌谣选》题作《寡妇歌》。以上诸本皆为十段,然《资料初》与《民歌卷》、《民歌集》、《歌谣选》段落顺序有异同,段落或此有彼无,或彼有此无,为传唱过程衍变的两个版本。从叙事的生动性和故事的完整性看,《资料初》更佳。今俱录分为十二段,段落顺序亦作调整。

1

寡妇叹一声,自叹自苦情,小奴家的八字不如人①。

①此句:据《民歌卷》、《民歌集》、《歌谣选》改,《资料初》作"我的八字命不赢人"。

按:此段《资料初》为第三段,《民歌卷》、《民歌集》、《歌谣选》为第一段。

2

人家的男人①强,少妻又少郎,人家的丈夫百事来商量。

①男人:据《歌谣选》改,《民歌卷》、《民歌集》作"人家",当误。

按:此段《资料初》无,《民歌卷》、《民歌集》、《歌谣选》为第二段。

3

小奴家①年纪小,丈夫死得②早,屋里屋外料理不好③。

①家：据《民歌卷》、《民歌集》、《歌谣选》补，《资料初》无。

②得：《资料初》、《民歌卷》作"的"。

③此句：《民歌卷》、《民歌集》、《歌谣选》作"当家理事都不知道"。

按：此段《资料初》为第一段，《民歌卷》、《民歌集》、《歌谣选》为第三段。

4

小奴家①年纪轻，思②想去嫁人，娘婆二家话③没说明。

①家：据《民歌卷》、《民歌集》、《歌谣选》补，《资料初》无。

②思：《资料初》作"心"。

③话：据《民歌卷》、《民歌集》、《歌谣选》补，《资料初》无。

按：此段《资料初》为第二段，《民歌卷》、《民歌集》、《歌谣选》为第四段。

5

妈家要衣穿①，婆家要银元，小奴家就好比②畜牲一般！

①要衣穿：《民歌卷》、《民歌集》、《歌谣选》作"都用钱"。

②小奴家就好比：《民歌卷》、《民歌集》、《歌谣选》作"把奴家当成"。

按：此段《资料初》为第六段，《民歌卷》、《民歌集》、《歌谣选》为第五段。

6

锅门无柴烧，凉水无人挑，天晴好过天阴咋了①！

①此句：《民歌卷》、《民歌集》、《歌谣选》作"天阴下雨怎

么得了"。

按:此段《资料初》为第四段,《民歌卷》、《民歌集》、《歌谣选》为第七段。

7

隔墙有一人,他家年纪轻①,手里无钱②讨奴不成。

①此两句:《民歌卷》、《民歌集》、《歌谣选》作"隔庄有情人,思想来讨人"。

②无钱:《民歌卷》、《民歌选》作"无有钱"。

按:此段《资料初》为第五段,《民歌卷》、《民歌集》、《歌谣选》为第六段。

8

小奴泪涟涟①,坐在大路边②,从那来③了共产党员。

①涟涟:编者改,《资料初》作"连连"。

②此两句:《民歌卷》、《民歌集》、《歌谣选》作"走至大路边,两眼泪不干"。

③从那来:《民歌卷》、《民歌集》、《歌谣选》作"抬头遇见"。

按:此段《资料初》为第七段,《民歌卷》、《民歌集》、《歌谣选》为第八段。

9

说也说得①清,表也表得②明,自由平等由着你个人。③

①②得:编者改,《资料初》作"的"。

③此段:《民歌卷》、《民歌集》、《歌谣选》作"党员说得(《民

歌卷》"得"作"的")好,平等自由找(《民歌卷》、《民歌集》"找"作"我"),二人的心事可莫生焦。"

　　按:此段《资料初》为第八段,《民歌卷》、《民歌集》、《歌谣选》为第九段。

10

小奴到他家,无烟又无茶,老的少的喜笑哈哈。

　　按:此段《资料初》为第九段,《民歌卷》、《民歌集》、《歌谣选》无。

11

寡妇出了头,平等又自由,找个丈夫百事不愁。

　　按:此段《资料初》无,《民歌卷》、《民歌集》、《歌谣选》为第十段。

12

今年年成荒,明年年成强,十成年成来年再讲。

　　按:此段《资料初》为第十段,《民歌卷》、《民歌集》、《歌谣选》无。

　　《资料初》　汪明友唱
　　《民歌卷》、《民歌集》　李美学演唱　张乃祥记谱
　　　　——录自《商城民间音乐资料(初辑)·革命歌曲》

妇女苦处似海深

《歌谣卷》、《歌谣选》题同。

自从盘古到如今,妇女苦处似海深。
文化教育全无份,"三从四德"捆死人。
要想男女都平等,铲除封建换乾坤。

《歌谣卷》 陶秀田演唱　叶照青搜集
1968年7月采录于丰集乡
——录自《中国歌谣集成河南商城县卷·时政歌》

放牛娃歌（一）

1

穷人孩儿不自由,八岁帮人家放老牛,父母亲日夜忧愁。

2

帮工帮到恶东家,鸡叫头遍叫咋咋,放牛仔子起来吧。

3

放牛听见东家叫,浑身吓得抖又跳,穿衣裳颠颠倒倒。

4

放完牛来又割草,找不到好草放不饱,回家怎得东家了。

——录自《商城革命歌谣选·控诉篇》

放牛娃歌（二）

1

穷人孩儿好伤心,没吃没穿去帮人,

十岁出头力单薄,爹娘含泪不忍心。

2

鸡叫头遍天未明,双手打开牛栏门,
一脚高来一脚低,牵着水牛上山林。

3

清早露水凉又寒,满身衣裳都湿完,
冷风吹来像①刀扎,冻得浑身直打颤。

①像:编者改,《歌谣选》作"象"。

4

衣裳湿了俺焐干,衣裳破了就乎穿,
破衣露肉是常事,做件新衣难上难。

5

放牛孩子好可怜,吃了多少冷稀饭,
割草拾柴倒马桶,回家还把少爷牵。

6

稍微不称东家心,没头没脑鞭子掂,
挨打受骂脚乱踢,浑身上下伤不断。

——录自《商城革命歌谣选·控诉篇》

放牛孩儿多伤心

(月亮一出照楼梢调)

《民歌卷》题作《放牛孩儿多伤心》(月亮一出照楼梢调),

《民歌集》《歌谣选》题作《放牛孩儿多伤心》。《民歌卷》《民歌集》只有第一、三、四段,《民歌集》从《民歌卷》,疑歌词未全填入曲谱。《民歌卷》"楼梢"误作"楼稍"。

1

放牛孩儿多伤心,家中无吃去帮①人,父母亲也不忍心。

①帮:《民歌卷》作"邦",系误用简化字。

按:原各段末句前有衬句"咿哟唉哟",编者删。

2

年纪只有七八岁,一天到晚拉牛绳,不管天阴和天晴。

按:此段《民歌卷》《民歌集》无。

3

放罢牛儿回家来①,又担水来又洗菜②,粪桶儿③还叫俺抬。

①回家来:据《民歌集》《民歌卷》改,《歌谣选》作"转回来"。

②洗菜:据《民歌集》《民歌卷》改,《歌谣选》作"拾柴"。

③儿:据《民歌集》《民歌卷》改,《歌谣选》作"子"。

4

放罢牛儿转回还①,东家饭菜都吃完,冷稀饭冷菜来咽②。

①此句:据《民歌集》《民歌卷》改,《歌谣选》作"做完杂活厨屋站"。

②此句:据《民歌集》《民歌卷》改,《歌谣选》作"剩稀饭菜水来咽"。

5

富人孩子多快活,吃喝玩乐不做活,七八岁他就上学。

  按:此段《民歌卷》、《民歌集》无。

6

穷人孩子真可怜,从小帮人无书念,反笑我无知傻蛋。

  按:此段《民歌卷》、《民歌集》无。

  《民歌卷》、《民歌集》 李仁远演唱 芮祚国记谱

      ——录自《商城革命歌谣选·控诉篇》

放牛孩子太可怜

（山歌）

  《歌谣卷》题作《放牛孩子多可怜》(山歌),《五句头》题作《民歌牧童》。

小小麻雀遛房檐①,放牛孩子太②可怜,
吃了多少冷饭菜③,挨了多少打④牛鞭,
眼泪擦擦⑤又上山。

  ①此句:《歌谣卷》作"小麻雀,溜屋檐"。遛:编者改,《五句头》、《歌谣卷》作"溜"。

  ②太:《歌谣卷》作"多"。

  ③多少冷饭菜:《歌谣卷》作"不少冷茶饭"。

  ④多少打:《歌谣卷》作"不少使"。

⑤眼泪擦擦:《歌谣卷》作"忍气吞声"。

《五句头》 刘世巨搜集
《歌谣卷》 罗宝善演唱 乔克仁搜集
  1956年4月采录于城关镇

——录自《五句头》

放牛孩子睡牛栏

原题作《民歌牧童》。题为编者改。

狗蛋刺上结香圆,苦的苦来甜的甜。
富家子女住高楼,放牛孩子睡牛栏,
挂满泪痕上荒山。

刘世巨搜集

——录自《五句头》

放牛娃子满山转

（山歌）

放牛娃子满山转,饿着肚皮扯响鞭,
掌柜不让吃饱饭,人肚扁来牛肚圆,
这个世界颠倒颠。

张仲达演唱 叶照青搜集 1964年采录于城关镇
——录自《中国歌谣集成河南商城县卷·生活歌》

清早放牛露水大

（山歌）

清早放牛露水大,打湿衣裳凉巴巴。
富人有钱常洗换,小放无家焙干他。
身子瘦成柴一把。

<small>叶光浩演唱　范明恒搜集　1989年8月采录于伏山乡</small>

——录自《中国歌谣集成河南商城县卷·生活歌》

民谣（一）

《歌谣选》题作《民谣》（一）；《商城革命史》失题,为第二段。参见《农人苦》（二）题释。

农民头上三把刀：租重,债多,利息高[①]。
农民面前三条路：逃荒,上吊[②],坐监牢。

　①此句：《商城革命史》作"租稞重,债利高,苛捐杂税赛牛毛"。

　②上吊：据《商城革命史》改,《歌谣选》作"要饭"。"要饭"与"逃荒"意思重复,"上吊"是。

——录自《商城革命歌谣选·控诉篇》

黑白黄红

什么是黑的？土中的乌金,富人的贪心。

什么是白的？富人的馍馍,穷人的骷髅。

什么是黄的？穷人的脸和手,富人的金和谷。

什么是红的？工农的鲜血,清晨的日头。

——录自《商城革命歌谣选·控诉篇》

财主自白

《歌谣选》题作《财主自白》,采编自"歌谣稿"录《财主自白》(简称"底本")。底本注:"此段为鄢岗乡'土门苏维埃'一带流传的小戏唱词。""歌谣稿"存十字歌《豪绅叹四季》一首,只有"叹春季"、"叹夏季"两段,底本当改编自《豪绅叹四季》,或为《豪绅叹四季》另一唱本。《豪绅叹四季》并录附后。

春季来好时光悔之不尽:
悔不该那时候压迫穷人,悔不该用银钱买动衙门,
悔不该放高利每月三分,悔不该卖谷米大斗小秤,
悔不该向佃户催租逼命,悔不该遇荒年增加租金,
悔不该立假契强占土地,悔不该通土匪祸害黎民,
悔不该派夫款从中渔利,千万罪罪万千众怒难平。
共产党领穷人闹起革命,开大会斗争我我战战兢兢[①]。

自作^②孽不可恕自作自受,何能以空悲叹怨天尤人。我只有向群众低头认罪,求乡亲宽大我饶我活命。

①兢兢:编者改,《歌谣选》作"惊惊"。

②作:编者改,《歌谣选》误作"我"。

按:《歌谣选》对底本《财主自白》作较大改动,第一句后删"悔不该只说是我坟地埋的好祖上有灵,谁知道共产党起了革命,打土豪杀劣绅性命难存",第十句后删"坑百姓家破亡无处存身,卖妻儿卖天地我趁机吞并",最后一句前删"我只有大检举大揭发戴罪立功",最后一句"求乡亲"前删"我只有"。改动后,更符合歌谣体,也更精炼。

"歌谣稿"　李永真供稿　叶喻光、张义中收集

1987年5月

——录自《商城革命歌谣选·控诉篇》

附:豪绅叹四季

(蔡鸣凤辞店调)

1

叹春景时光好悔之不尽,细听我豪绅们哭叹一声:

只说是发了财我有好命,老坟山葬得好祖先显灵。

一而十十而百由分积寸,百而千千而万慢慢凑成。

可怜我才买下良田万顷,心想着留给我后代儿孙,

又谁知共产党起来革命,打土豪杀劣绅性命难存。

2

叹夏景风光好悔之不尽，恨之晚三个字怪在谁人。

悔不该常出入大斗小秤；悔不该共来往照月三分；

悔不该发了财六亲不认，怕的是穷亲戚调钱借银；

悔不该灾荒年不卖零升；悔不该用势力压迫穷人。

都只为小算盘打得过分，大众们工农兵大叫一声，

共产党来领导起来革命，打土豪杀豪绅钱财收尽。

双铺镇党史办公室（刘从先、梅厚广）编订

1987 年 8 月 1 日

——录自商城革命歌谣征编稿

财主和长工

财主吃的细米白面，长工吃的冷菜剩饭；

财主穿的绫罗绸缎，长工穿的破衣麻片；

财主住的高楼大厦，长工住的牛栏猪圈。

罗宝善演唱　乔克仁搜集　1965 年 8 月采录于城关镇

——录自《中国歌谣集成河南商城县卷·生活歌》

保长下乡

《歌谣卷》、《歌谣选》题同。

乌云黑茫茫，保长下了乡。

拉丁又派款,鸡鸭猪狗抢。
出来空空手,回去装满囊①。

①装满囊:《歌谣选》作"满满囊"。

《歌谣卷》 罗宝善演唱 乔克仁搜集
1960年采录于城关镇

——录自《中国歌谣集成河南商城县卷·时政歌》

民谣(二)

狗叫一声,保长一哼,不是要粮,就是抓丁。

——录自《商城革命歌谣选·控诉篇》

民谣(三)

生下孩子给老蒋,打下粮食给保长,
官僚地主多作乐,黎民百姓苦难当。

——录自《商城革命歌谣选·控诉篇》

叹郎

九月叹郎哥九月九,白色的军队是走狗,
苛捐又杂税,〔小郎哥嗳〕剥削我穷友。

丰集业余剧团(搜集)

——录自《商城民间音乐资料(初辑)·革命歌曲》

抬着穷人下油锅

三不管地方有三多：官家、土劣加匪祸。
要刮地皮一齐来，筛子筛来箩子箩，
抬着穷人下油锅。

——录自《商城革命歌谣选·控诉篇》

怒对老天三声喝

（山歌）

三根棒棒垒个窝，三把糠皮搅进锅。
富人三楼一席酒，穷汉能吃三年多。
怒对老天三声喝。

张仲达演唱　叶照青搜集　1964年8月采录于城关镇
——录自《中国歌谣集成河南商城县卷·生活歌》

逮住穷爷熬日头

（山歌）

太阳看看往西丢，几人欢乐几人愁。
有钱公子骑大马，王八婊子坐高楼，
逮住穷爷熬日头。

余善壁演唱　芮祚国搜集　1969年8月采录于城关镇
——录自《中国歌谣集成河南商城县卷·生活歌》

莫受财主的窝囊气

劝丈夫,立志气,赶快离开是非地。
工钱再多俺不馋,饿死不能把头低。
你耕三分老荒地,俺纺棉线缝破衣。
吃点苦,受点累,莫受财主的窝囊气。

——录自《商城革命歌谣选·控诉篇》

我种他吃不公道

月亮一出照楼梢,冬至到来大雪飘。
没有吃,没有烧,支起小锅当磬①敲。
底下穿条灯笼裤,上头穿件破夹袄,
脚套一双烂草鞋,趾头肿得红又高。
财主老爷享清福,皮袍还把坎肩套,
喝酒吃肉又划拳,坐在屋里炭火烤。
左边放着②肉包子,右边放着鸡蛋糕,
脚下蹬着虎皮褥,手上烧着大烟泡。
穷人心里似火燎,我种他吃不公道,
团结起来搞"共产",砸烂这个鬼世道。

①磬:编者改,《歌谣选》作"罄"。

②着:编者参照后三句"放着"、"蹬着"、"烧着"用词惯例改,《歌谣选》作"的"。

——录自《商城革命歌谣选·控诉篇》

砸断脖上四把锁

1

穷人苦,没法活,脖子上套着四把锁。

2

有地主,有保长,土匪、恶霸活阎王。

3

凶地主,恶保长,逼租派款如虎狼。

4

盼星星,盼月亮,盼望救星共产党。

5

四把锁,要砸烂,拨开乌云见青天。

——录自《商城革命歌谣选·控诉篇》

叹五更

（山伯五更调）

《民歌卷》、《民歌集》、《歌谣选》题作《叹五更》,《歌谣卷》题作《叹五更》(山伯五更调)。又《民歌卷》"小调"部分《叹五更》(一)与"革命历史民歌"部分《叹五更》同词不同曲;《民歌集》"小调"前部分《叹五更》(一)与后部分集中排列的革命历史民歌《叹五更》同词(漏第二至五段)不同曲。《民歌集》词据《叹五更》(一)。

1

鼓打一更月东升①,奴在房中脱②衣襟,长叹两③三声。可恨世界不太平④,硬拉我郎去⑤当兵,真正气煞人⑥!

①此句:《歌谣选》作"鼓儿打一更,月亮往东升"。东升:《民歌卷》、《民歌集》(《叹五更》)作"往东升"。

②脱:《歌谣选》作"脱呀脱",后两字为衬词。后四段第二句同此,不再出校释。

③两:《歌谣卷》作"二"。

④此句:《歌谣选》作"可恨乡保丁,实在太狠心"。

⑤去:《歌谣选》作"去呀去",后两字为衬词。后四段第四句同此,不再出校释。

⑥此句:《歌谣卷》作"真是气死人"。

按:《民歌卷》标注为两段,每三句为一段,后同。

2

鼓打二更月明亮①,奴在房中泪汪汪,可怜②小才郎。不知你到何方去③,几时才得回故乡,叫奴受④凄凉。

①此句:《歌谣选》作"鼓儿打二更,月亮明光光"。

②可怜:《歌谣卷》作"思想"。

③此句:《歌谣选》作"不知你去到,东南西北方"。

④叫奴受:《歌谣选》作"奴不受"。

3

鼓打三更月正明①,奴在房中伴孤灯,思想奴夫君。你是青春少年人②,怎能受得这苦辛③,小奴不忍心。

①此句:《歌谣选》作"鼓儿打三更,月亮似冰轮"。

②此句:《歌谣选》作"你正是青春,一个少年人"。

③辛:《歌谣卷》《民歌集》作"情"。

4

鼓打四更月西沉①,奴在房中闷沉沉②,两眼泪淋淋。倘若我郎有长短③,绝了你家后代根,小奴靠何人?

①此句:《歌谣选》作"鼓儿打四更,月亮往西沉"。

②闷沉沉:《歌谣卷》作"心烦闷"。

③此句:《歌谣选》作"倘若我的郎,有个啥长短"。

5

鼓打五更天又明①,不知何人来叫门,小奴吃一惊。开开门来仔细看②,原来是我郎转回程,赶快进家门!

①此句:《歌谣选》作"鼓儿打五更,东方渐渐明"。

②此句至尾:《歌谣选》作"打开门来看,一个捎信人,送我一篇断呀断肠文,痛怀断肠人"。

按:《歌谣选》将每段第一、四句各拆为两句,不独句式变,语言亦拖沓。最后一段结尾,意思亦与《民歌卷》《民歌集》《歌谣卷》所载相反。最后三句是梦中景,因极度思念而成梦,不必拘泥于现实讲。

《民歌卷》 张德光收集

《民歌集》 熊天仁演唱　张德光记谱

《歌谣卷》 熊天仁演唱　张德光搜集

1964年5月采录于上石桥镇

——录自《商城县民歌集·革命历史民歌》

壮丁五更

（孟姜女调）

《民歌卷》、《民歌集》题作《壮丁五更》（孟姜女调）。

1

一更子里月亮早出头，

思想起小奴家我好不焦愁。

自从我结过婚没有一月后，

有谁知蒋介石就把那壮丁抽。

知情人，就把你的壮丁抽。

最可恨这班保甲长一点情面也不留，

抓住了我的郎推推耸耸就要走，

把我的郎送至在乡公所里头。

2

二更子里月亮照花台，

大街上轰轰①响壮丁就要开。

有小奴去大街送至在北关外，

说几句知情话句句都记在心怀。

知情人，句句你记心怀。

假若是我的壮丁验上了月月有信来，

我叫你闲无事莫到门前站，

我叫你莫看我莫去那打牌。

①轰轰:《民歌卷》作"哄哄"。

3

三更子里月亮照中央,

小奴家睡不着觉却①为哪一桩?

想当初郎在家发白又发胖,

至如今郎走了独自守空房。

知情人,独自守空房!

手拿着相②片子没见才郎什么样,

年轻人守空房苦到什么样,

也不知道哪一辈子得罪了五阎王!

　　①却:《民歌集》误作"都"。

　　②相:《民歌卷》作"象"。

4

四更子里月亮偏①了西,

最可恨这班青年人捣蛋又调皮。

唱反情唱跳糟常打奴家门前过,

只唱得小奴家日夜都睡不着。

知情人,实实我有主意。

思想起风流事真不是个好东西!

要不是小奴家心中有主意,

早被那风流浪子把奴家来欺。

　　①偏:《民歌卷》误作"编"。

5

五更子里月亮朝西落,

思想起青年人心中似刀割。

也不知我郎在外可安好?

也不知我的郎可跟那坏人学?

知情人,可跟那坏人学?

不愁你的二爹妈可想小奴家?

实指望我的郎一去打胜仗,

打胜仗回家乡免得奴家挂心上。

《民歌卷》、《民歌集》 李美学、李瑞林演唱 芮祚国记谱

——录自《商城民间歌曲集·小调》

五更恨

《民歌卷》、《民歌集》、《歌谣选》题作《五更恨》,《歌谣卷》题作《五更恨》(五更恨调)。据歌词"民国三十年",此歌谣产生于1941年或稍后。

1

一更子里[①]月儿照正东,

奴在房中泪盈盈,骂了一声蒋中正。

民国三十年,蒋匪下通令,

全国实行乱拉丁,不该拉去奴的[②]郎君。

小奴家十八岁,我郎二十零,

棒打鸳鸯各西东,不知何日再相逢?

①一更子里:《歌谣卷》作"一更里",后四段同;《民歌卷》、《民歌集》作"一更子里来"。"来"当为衬词,《民歌集》曲谱第一、二段未加括号(衬词加括号),附歌词第三至五段无,《民歌卷》曲谱五段俱未加括号。

②的:《歌谣卷》无。

2

二更子里月儿照窗前,

奴在房中泪涟涟①,骂了一声胡宗南。

别人你不拉,单拉奴的郎,

狂风吹断并蒂莲,不知何日再团圆②?

小奴家绣花被,自绣自己睡,

鸳鸯枕上半边闲,缺少我郎来陪伴。

①涟涟:编者改,《民歌卷》、《民歌集》、《歌谣卷》、《歌谣选》作"连连"。

②圆:《民歌卷》、《歌谣选》误作"园"。

3

三更子里鼓打三更后①,

奴在房中泪簌簌②,骂了一声陈立夫。

先在参谋处,后在司令部,

蒋贼拉兵你主谋,不该拉走奴的③丈夫!

砍下无情剑,斩断奴夫妇,

郎受罪奴受苦,二人还在两下住。

①后:据《歌谣卷》改,《民歌卷》《民歌集》《歌谣选》作"敲"。

②此句:《歌谣卷》作"奴的脸上滚泪珠"。簌簌:编者改,《民歌卷》《民歌集》作"漂漂",《歌谣选》作"飘飘"。

③的:《歌谣卷》无。

按:"漂漂""飘飘"不押韵,且不准确,"敲""滚泪珠"虽押韵,但"滚泪珠"不符合诸句"泪××"叠字用法,故第一句从《歌谣卷》"三更后",第二句改为"泪簌簌"。

4

四更子里鼓打四更响,

奴在房中泪①汪汪,埋怨一声二爹娘。

哥哥他在家,弟弟上学堂,

他们不走偏叫郎,二老爹娘有偏向。

郎在蒋匪队,奴在奴的房②,

好比织女和牛郎,天河隔在正当央③。

①泪:《民歌集》作"泪泪",衍一"泪"字。

②此句:据《歌谣选》改,《民歌卷》作"奴在奴绣房",《民歌集》作"奴在绣花房",《歌谣卷》作"小奴在绣房"。

③当央:《民歌集》作"当中央",衍一"中"字。

5

五更子里①五更金鸡啼,

奴在房中泪稀稀②,埋怨一声奴自己。

一不埋怨天,二不埋怨地,

埋怨小奴命不齐③,不该生在蒋匪区。

小奴在屋里,祝告天和地,

保佑我郎在外乡,以后还有团圆④期。

　　①五更子里:《民歌集》作"五更里来"。

　　②稀稀:《歌谣卷》作"泣泣",《歌谣选》作"涕泣"。

　　③齐:《歌谣选》作"济"。

　　④圆:《民歌卷》误作"园"。

《民歌卷》　李美学、芮祚国记谱

《民歌集》　李美学演唱　芮祚国记谱

《歌谣卷》　李美学演唱　芮祚国搜集　1960年采录于城关镇

　　　　　　　——录自《商城民间歌曲集·小调》

拉壮丁(一)

（调兵调）

《资料初》题作《拉壮丁》,《民歌卷》、《民歌集》题作《拉壮丁》(调兵调)。《民歌卷》、《民歌集》只有第一段。题后序数(一)为编者加。

　　　1

半夜三更闷沉沉,忽听门外拉壮丁,我郎吓①一惊。

　　①吓:《资料初》作"哧",《民歌卷》作"吓"。

2

说着说着保长来到了,我郎听着往外跑,保丁拉住了。

3

我郎今年才十七,过了明年才十八,壮丁不摊他。

4

保长这边开言道,不管十七和十八,早晚少不了他。

5

送郎送到保公所,骂声保长王八羔,不该把我郎捞。

6

送郎送到乡公所,叫声我郎站一旁①,我郎换衣裳。

　①旁:编者改,《资料初》作"边"。

7

送郎送到潢川县,师营区里来点①验,我郎站一边。

　①点:编者改,《资料初》作"典"。

　按:《资料初》第八段"送郎送到五里坡,再送十里也不多,干妹送干哥",称呼既变,情、境亦皆与前不协,疑他歌窜入,录此备存。

《资料初》（失载）

《民歌卷》　芮祚国、乔克仁记收集

《民歌集》　佚名演唱　芮祚国、乔克仁记谱

　　　——录自《商城民间音乐资料（初辑）·生活类》

拉壮丁（二）

《资料二》题作《拉壮丁》。题后序数（二）为编者加。

正月里来正月正，……造个册儿跟，回乡要壮丁。
　　按：第二句前几字不可辨识。

李云鲜唱
　　　　——录自《商城民间音乐资料（二辑）·革命歌曲》

抽丁怨

　　1
正月抽丁是新年，青年难逃这一关，
纷纷流泪堂前站，满腹话儿口难言。
　　2
二月抽丁杏花开，上头任务推下来，
家中三子抽一人，家有五子一双派。
　　3
三月抽丁桃花香，被迫当兵痛断肠，
亲生骨肉两分离，不知何日能回乡。
　　4
四月抽丁辞祖宗，祈求祖先多保佑，
保佑一路平安去，保佑早日转回头。

5

五月抽丁辞我爹,我去当兵是被迫,
大山冲里三斗田,苦力耕作全靠爹。

6

六月抽丁劝我娘,莫为孩儿愁断肠,
弟妹还得娘照顾,只叹穷人该遭殃。

7

七月抽丁别我哥,小弟有话面嘱托,
父母双亲年已迈,哥在家中扛大砣①。

①扛大砣:指担重任。

8

八月抽丁辞我嫂,弟的担子要嫂挑,
缸里无水嫂得提,灶里无柴嫂操劳。

9

九月抽丁辞我妹,妹妹问我几时回,
好比大河长江水,滔滔东去把海归。

10

十月抽丁别我妻,夫妻痛哭不忍离,
我今被迫当兵走,三年不归你拿主意。

11

冬月壮丁等朋友,等齐朋友一块走,
眼泪汪汪别亲人,武装押解上路途。

12

腊月壮丁到杭州,杭州过年好风流,
鱼肉压断桌子腿,新兵只喝稀糊涂。

——录自《商城革命歌谣选·控诉篇》

骂保长拉丁

《民歌卷》、《民歌集》题作《骂保长》。题为编者改。

五月里是端阳,保长那龟孙子下了乡。
保长心太狠,拉去了我的郎把兵当。

《民歌卷》、《民歌集》 洪振声演唱 芮祚国记谱

——录自《商城民间歌曲集·小调》

记录历史事件（29 首）

商城起义歌

《歌谣选》题作《出了个英雄周维炯》;《一组赤色民谣、民歌》分为两首,第一段为一首,题作《创建豫东南革命根据地》,第二段为一首,题作《商城起义》。题为编者改。《中国民间歌曲集成》(安徽卷)、《大别山民歌精选》收录《歌唱立夏节暴动》(曲谱前标注"金寨县",歌词"红十二师周维炯"当为"红三十二师周维炯"),题材同《商城起义歌》,该歌不见载商城歌曲集、歌谣集,本书未收录。

   1
大别山区峰连峰,出了个英雄周维炯,
打入民团搞暴动,一心闹革命,
〔哎哟哟〕闹得满天红。
   2
三月二十七①,周维炯定巧计,
火神庙里摆宴席,民团起了义,
〔哎哟哟〕红军来建立。

①此句:指农历日期,公历为 1929 年 5 月 6 日。

按:杭建华《一组赤色民歌、民谣》(载《商城革命史资料》第六辑)录六首革命民歌,除此首分作两首外,还有《首克商城》(《红军打商城》)、《支援西镇起义》两首与通行本异,不知是否另有所据。

——录自《商城革命歌谣选·革命篇》

初战告捷

《商城革命史》失题,《一组赤色民谣、民歌》题作《初战告捷》。

四月初七八,攻打王金牙,
王金牙①不管打,一打就散花,
〔哎哟哟〕缴枪四十八。

①王金牙:《一组赤色民谣、民歌》作"王继亚"。金牙为王继亚绰号。

按:1929 年 5 月 16 日(农历四月初四),红三十二师进至南溪余富山,歼灭王继亚民团 40 余人,缴获枪 48 支,群众编此歌谣传唱。

——录自《商城革命史》

西庙卡枪

《观音山的枪声》《端阳节的枪声》失题。题为编者加。

南司镇上哨门高,当士绅的尽胡搞①,
搬来民团胡晓云,禅堂庙里把兵招。
要是小兵把岗站,要是头目歪大烟。
快枪一响投降完,打死春寒书记官。
杨春寒,死得②惨,脑浆淌出一大摊③。
大江大海都过过,哪知阴④沟翻了船。
共产党,本事高,西庙卡枪计划好。
端阳节里⑤出奇兵,里应外合把枪缴。

  ①搞:《端阳节的枪声》作"闹"。

  ②得:编者改,《观音山的枪声》《端阳节的枪声》作"的"。

  ③摊:编者改,《观音山的枪声》《端阳节的枪声》作"滩"。

  ④阴:《端阳节的枪声》作"沿"。

  ⑤里:《端阳节的枪声》作"夜"。

  按:《观音山的枪声》(载《商城起义》)、《端阳节的枪声》(载《商城革命史资料》第六辑)是常毅的同一篇文章。1929年6月11日(端阳节)夜,中共商城县委委员陈慕尧组织商北农民武装100多人,在民团内部党员和兄弟会会员策应下,一举端掉南司西庙胡晓云民团,击毙民团队长秘书杨春寒,缴枪20多支、子弹1000余发,群众编此歌谣传唱。

  ——录自《商城起义·观音山的枪声》

反"会剿"歌

"歌谣稿"失题。题为编者加。歌谣记载红军反"鄂豫会剿"与史实符合,非常珍贵。

6

六月是炎天,土劣把兵搬,

搬来夏斗寅两个团①,南流河,斑竹园,又扎关庙前。

　　①两个团:指夏斗寅第十三师三十九旅七十八团和师补充团。

7

七月初六七①,夏匪猖狂极,

红军外出打游击,到光山,到麻城,到处把敌歼。

　　①七月初六七:此指农历。1929年农历七月初六(公历8月10日),是夏斗寅部开始"会剿"商城红军的时间。

8

八月是中秋①,红军转回头,

只杀得夏逆丢盔弃甲忙逃走,吓得土劣屁滚尿流。

　　①中秋:1929年农历八月初十(公历9月12日),是红三十二师返回商南的时间。

　　按:1929年8月,国民党军对商城红军发动"鄂豫会剿"。8月10日,国民党军第十三师夏斗寅部三十九旅七十八团和师补充团从商南松子关、长岭关和铜锣关向北进击,暂编第二旅李克邦部和商城顾敬之民团在北面堵截,红三十二师和农民赤卫队在麻王冲、吴家店、佛堂坳、汤家汇、火炮岭和南溪等地全力阻击,歼灭第十三师补充团一部。8月17日,红三十二师鉴于敌强我弱,且被东西合击,遂由斑竹园向光山转移。9月12日,红三十二师趁敌西调,返回商南,消灭地主武装编练队和18个联保办事处,镇压还乡团豪绅。在南溪等地召开追悼大会,青壮年积极要求参军,红三十二师扩大到500余人。至此,"鄂豫会剿"被粉碎。

——录自商城革命歌谣征编稿

挖煤工人当了家

《歌谣选》题作《春风一步到天涯》,《固始县革命史》失题。题为编者改。

    1
春风一步到天涯,挖煤工人当了家,
收回矿山我所有,革命把印拿。
    2
春风一步到天涯,挖煤工人当了家,
一切权力[①]归工会,红旗遍天下。

[①]力:《歌谣选》作"利",《固始革命史》作"力"。

按:1929年10月5日,为贯彻中共信阳中心县委23条指示,商东杨山(今属河南固始)煤矿工人在中共商城县委领导下举行暴动,成立杨山煤矿工人纠察队。随后召开工人代表大会,成立商城县东煤窑总工会,宣布矿山的一切权力归工会,设立生产指挥部,负责管理生产和收入分配,工人成为矿山的主人。此歌即编唱此事。

——录自《商城革命歌谣选·革命篇》

支援西镇起义

《商城革命史》失题,《一组赤色民谣、民歌》题作《支援西镇起义》。

河南老红军,来到我西镇,
钢枪打前阵①,后跟赤卫军,
先打闻家店,后打楼房村②。
打土豪,杀劣绅,反动团总消灭尽。

①打前阵:据《商城革命史》改。《一组赤色民谣、民歌》作"在前头"。

②此句:《一组赤色民谣、民歌》在"后打楼房村"后是以下六句:"东渡满水河,攻下敌西镇,团匪消灭尽,得枪几十根,无私又相赠,情比手足亲。"

按:1929年11月中旬,红三十二师支援西镇农民起义,成立西镇革命委员会和游击大队。游击大队是皖西三大主力之一,是红三十三师的重要组成部分。西镇人民感谢红三十二

师,编此歌谣传唱。

——录自《商城革命史》

红军打商城

（春秋四季调）

《民歌卷》、《民歌集》题作《打商城》(春秋四季调),《歌谣卷》题作《打商城》,《歌谣选》题作《红军打商城》,《工农识字班读本》不详,《商城革命史》、《金寨县革命史》失题。《工农识字班读本》、《民歌卷》、《民歌集》、《歌谣卷》、《歌谣选》五本词同,《商城革命史》、《金寨县革命史》两本词同,五本与两本前三段词同,第四段词异。唯《一组赤色民谣、民歌》题作《智取商城》,分段和第一段词与以上诸本(简称"四段本")异(见后按语)。《工农识字班读本》是苏区学校课本,当最接近原貌,故姑从《工农识字班读本》(无原本核对,据《商城县教育志》所录,不知是否有误)。又"歌谣稿"存此歌多首,有五段、七段本,不同各段,亦选录附后。

1

民国十八春[①],红军打商城。
打得土豪[②]乱纷纷,喜坏我[③]穷人。

[①]十八春：十八年。"春"作"年"讲。此类用法,如《穷人调》"出门两三春",即出门两三年。作春夏秋冬之"春"讲误,

红三十二师第一次攻克商城的时间是1929年12月25日(农历十一月二十五),即民国十八年冬。1929年春,商城起义尚未爆发,红三十二师亦未建立,不可能在此时攻打商城。

②土豪:《金寨县革命史》作"民团"。

③我:《工农识字班读本》作"俺"。

2

二十五清早,红军计划好。

手提油条挑柴草①,混进城来了②。

①挑柴草:《歌谣卷》、《商城革命史》、《金寨县革命史》作"肩挑草"。

②此句:《歌谣选》、《商城革命史》、《金寨县革命史》作"就把城破了"。

3

打开县牢门,救出我穷人。

反动机关除干净,不留害命根。

4

打尽土豪绅,人人喜盈盈。

多亏来了救命人,大家享太平。①

①此段:《商城革命史》作:"打土豪杀劣绅,解放受苦人,诸位民众都说好,党的恩情深。"《金寨县革命史》同,唯"解放"作"解救","党的"作"红军"异。

按:杭建华《一组赤色民谣、民歌》(载《商城革命史资料》第六辑)增"城里自卫队,外加红枪会,一见红军软了腿,成了水浇灰"四句,置于四段本第一段后,与四段本第一段合为一段,将四段本第二、三两段合为一段,无四段本第四段。所增四句句式虽同,然置此并不妥,意思与前四句(四段本第一段)重复。将四段合为两段亦不合曲谱段式。

《民歌卷》《民歌集》 涂白玉演唱 乔克仁记谱
《歌谣卷》 涂白玉演唱 乔克仁搜集
　　　　1957年采录于城关镇
　　　　　　　——录自《商城民间歌曲集·小调》

附:《红军打商城》选段

全城发布告,人们都知道,打富救贫政策好,穷人喜的笑。冬月二十六,寒风正刺骨,①南河湾大会讲政策,心里热乎乎②。

　　①此两句:编者调整,"歌谣稿"顺序颠倒。

　　②此两句:编者改,"歌谣稿"作"南河湾开大会,政策贯的心里热乎乎"。

工农商学兵,大家细心听,公卖公卖要认真,绝不乱胡行。

　　按:此为1987年8月汪岗乡提供的七段本《红军打商场》(山伯访友调)第四至六段,前三段同四段本,第七段同四段本第四段。

红旗插城楼,穷人出了头,共产党的功劳大,唱歌来庆祝。

　　按:此为1987年5月白塔集乡党史办公室收集整理的五段本《红军打商城》(春秋四季调)第五段,前四段同四段本,本段为第五段。

　　　　　　　——录自商城革命歌谣征编稿

城里自卫队,外加红枪会,一见红军软了腿,成了水浇灰。

　　按:此为杭建华《一组赤色民谣、民歌》辑录的两段本《智取商城》第一段后四句。该本八句为一段,每段相当四段本的两段。此按四段划分,第一段(原前四句)同四段本,第二段即此段,第三、四段(原后八句)同四段本第二、三段。

——录自《商城革命史资料(第六辑)·一组赤色民谣民歌》

智取商城

　　《歌谣选》题作《智取商城》,《金寨县革命史》失题。两者均为十句,未分段,前四句同,后六句两句同、四句异。《歌谣选》采自"歌谣稿"录《智取商城》。

二十五清早,卖柴又卖草,
红军混进城,人人不知晓。
张灯又结彩,万民齐欢笑。
成立苏维埃,穷人翻身了。
　　按:后六句《金寨县革命史》如下:
　　城里自卫队,外加红枪会,
　　　一见红军火浇水,打得满天飞。
　　万民齐欢笑,穷人翻了身。
"歌谣稿"　双椿铺乡党史办公室(刘从先、梅厚广)编订
　　　　　　1987年4月14日
——录自《商城革命歌谣选·革命篇》

游击战歌打商城

"歌谣稿"存两首,一题作《游击战歌》,一题作《打得敌人满天飞》。《游击战歌》词全(简称"全本"),本不分段;《打得敌人满天飞》存词八句(即下录第二段,简称"残本")。采用全本,分为三段,题为编者改。

1

游击一打转回返,转回高牛山。
土劣都知道,送信给民团。
团丁①尿尿都打颤,不停步跑到银沙畈②。

①团丁:编者改,全本、残本作"卢颜兵",不详。第二段最后一句"团丁"同。

②银沙畈:伏山乡东南,原属商城,今属安徽金寨。

按:1929年11月,红三十二师游击皖西,支援六霍起义。12月下旬返回商南,12月24日集结于商东南伏山余子店,召开军事会议,制订攻打商城作战计划。"游击一打转回返"指此。

2

冬月二十五①,集合我红军,
担柴与卖草②,混进③商城县。
一进城里边,四门一齐关,
得了手枪和子弹,团丁不停步跑到西大畈④。

①二十五：残本作"十五日"，误。

②与卖草：编者改，全本作"与卖炭"，残本作"又卖草"。

③混进：残本作"混进了"。

④此句：残本作"卢颜兵吓破了胆"。

3

县的县卫队，西边红枪会，

好比锅浇水，一打满天飞。

按：此段见载《金寨县革命史》《一组赤色民谣、民歌》，词略有出入。后两句，《金寨县革命史》作"一见红军火浇水，打得满天飞"；《一组赤色民谣、民歌》作"一见红军软了腿，成了水浇灰"，不知所本，可能采自"歌谣稿"，比诸本贴切。"满天飞"极夸张之能，但比喻失当。

全本　伏山乡提供　1987年8月

残本　王正清回忆　伏山乡提供 1987年8月

——录自商城革命歌谣征编

八月桂花遍地开

（八段锦调）

《资料初》题作《庆祝成立工农民主政府》，《民歌卷》题作《八月桂花遍地开》（八段锦调），《歌谣卷》题作《八月桂花遍地开》（八段锦），《民歌集》《歌谣选》题作《八月桂花遍地开》。《资料初》共九段，跟通行诸本比起来，无第五段，多第七至十段,文字除第一段外差异均较大,是目前在商城所能见到的最早的版本。从诸本差异可以看出此歌在传唱过程中经众人之手不断加工修改的轨迹。今俱录,分为十段,各段顺序依《资料初》。

1

八月桂花遍地开,鲜红①旗子竖②起来。

张灯又结彩,张灯又结彩,

光华③灿烂创④出新世界。

亲爱的工友们,亲爱的农友们,

唱一曲⑤《国际歌》庆祝苏维埃。

①鲜红:《歌谣卷》作"鲜红的"。

②竖:《资料初》误作"树"。

③光华:《民歌卷》、《民歌集》、《歌谣卷》、《歌谣选》作"光辉"。

④创:《民歌卷》、《民歌集》、《歌谣卷》、《歌谣选》作"现"。

⑤一曲:据《民歌卷》、《民歌集》、《歌谣选》改,《资料初》作"一个",《歌谣卷》作"一支"。

按:此段诸本为第一段。

2

站在革命最前①线,不怕牺牲冲上②前。

为的是政权③,为的是政权,

工农专政如今已实现④。

亲爱的工⑤友们，亲爱的农友们，
今日里是你的解放第一天⑥。

  ①最前：《民歌卷》、《民歌集》、《歌谣选》作"第一"。

  ②上：《民歌卷》、《民歌集》、《歌谣卷》、《歌谣选》作"向"。

  ③政权：《民歌卷》、《民歌集》、《歌谣卷》作"革命"，《资料初》"政权"前脱"是"字。

  ④此句：《民歌卷》、《民歌集》作"要为工人农民掌握好政权"，《歌谣卷》作"要为工农夺取政权"。

  ⑤工：《资料初》误作"农"。

  ⑥此句：据《民歌卷》、《民歌集》改，《资料初》作"天下是咱们的解放第一天"，《歌谣卷》作"今日是解放的第一天"，《歌谣选》作"今日里是俺们解放的第一天"。

  按：此段诸本为第二段。

3

人民政府保护人民①，人民把政府当家庭②。
人人有家庭，人人有家庭，
鱼帮水水帮鱼相依为命③。
亲爱的工友们，亲爱的农友们，
爱政府就好比爱自己眼睛④！

  ①此句：《民歌卷》、《民歌集》、《歌谣卷》、《歌谣选》作"政府的生命是人民"。

  ②此句：《民歌卷》、《民歌集》、《歌谣选》作"人民政府做家庭"，《歌谣卷》作"人民政府是家庭"。

③此句：《民歌卷》《民歌集》《歌谣选》作"家庭就是你的生命"，《歌谣卷》作"家庭就是你的第二生命"。

④此句：《民歌卷》作"爱政府和爱家庭要具一样心"，《民歌集》作"爱政府和爱家庭是一样的心"，《歌谣卷》作"爱政府爱家庭都要一样心"，《歌谣选》作"爱政府和爱家庭要有一样心"。

按：此段诸本为第三段。

4

不爱家庭身无依①，不爱政府被人欺。
政府是自己②的，政府是自己的，
你爱③政府就好比④爱自己。
亲爱的工友们，亲爱的农友们，
这一点⑤希望你特别注意⑥！

①身无依：《民歌卷》《民歌集》《歌谣选》作"是负义"，《歌谣卷》作"无所依"。

②自己：《民歌卷》《民歌集》《歌谣卷》《歌谣选》作"你"。

③你爱：《歌谣卷》作"你要爱"。

④好比：《民歌卷》《民歌集》《歌谣卷》《歌谣选》作"是"。

⑤一点：《民歌卷》《民歌集》作"几天"，《歌谣卷》作"点"。

⑥注意：据《歌谣选》改《民歌卷》《民歌集》《歌谣卷》。

按：此段《资料初》为第四段，《民歌卷》《民歌集》《歌谣卷》《歌谣选》为第五段。

5

革命浪潮如巨雷①,阶级的力量永远是团结。
牺牲又流血,牺牲又流血,
谁能奋勇②就③能把政权得。
亲爱的工友们,亲爱的农友们,
彻底肃清反动派④!

  ①如巨雷:《歌谣卷》作"滚滚来"。

  ②谁能奋勇:据《歌谣选》改,《民歌卷》、《民歌集》作"谁有奋勇",《歌谣卷》作"英雄奋斗"。

  ③就:《歌谣卷》作"才"。

  ④反动派:《歌谣卷》作"一切反动派"。

  按:此段《资料初》无,《民歌卷》、《民歌集》、《歌谣卷》、《歌谣选》为第四段——插在前两段原条(各第三段、第五段)之间,殊为不妥。

6

巍巍①政府谁造成,就是②工人和农民③。
胜利大元勋④,胜利大元勋,
士兵也是工农的化身⑤。
亲爱的工友们,亲爱的农友们,
自己的地位特别要认清⑥!

  ①巍巍:《民歌卷》、《民歌集》、《歌谣卷》、《歌谣选》作"问问"。

  ②就是:《民歌卷》、《民歌集》、《歌谣选》作"尽都是",《歌

谣卷》作"都是"。

③农民:《民歌卷》《民歌集》《歌谣选》作"农人"。

④大元勋:《民歌卷》《民歌集》《歌谣卷》《歌谣选》作"怎样得"。

⑤此句:《民歌卷》《民歌集》《歌谣选》作"尽都是工农兵努力做斗争",《歌谣卷》作"全靠工农兵努力去斗争"。

⑥此句:《民歌卷》《民歌集》作"希望你今后更要加油",《歌谣卷》作"希望你今后工作要加紧",《歌谣选》作"消灭反动派才能享太平"。

按:此段《资料初》为第五段,《民歌卷》《民歌集》《歌谣卷》《歌谣选》为第六段。

7

代表群众的意志,由你罢免或选举。
不是讲威武,不是讲威武,
人民都能监督这政府。
亲爱的工友们,亲爱的农友们,
这政府靠咱们一致来拥护。

按:此段至第十段《资料初》为第六至九段,《民歌卷》《民歌集》《歌谣卷》《歌谣选》无。

8

完成民主革命,反动势力要肃清。
团结向前进,团结向前进,
政府就是船行的指针。

亲爱的工友们,亲爱的农友们,
把反动消灭尽才能享太平。

9

领导群众数千万,跳出地狱鬼门关。
再不受摧残,再不受摧残,
封建制度彻底要推翻。
亲爱的工友们,亲爱的农友们,
手拉手肩靠肩建设豫鄂皖。

10

任凭中途有风浪,坚决斗争不调和。
共产党掌舵,共产党掌舵,
才有今天这个好结果。
亲爱的工友们,亲爱的农友们,
庆祝工农民主政府努力做工作。

　　《资料初》　综合收集
　　《民歌卷》　陈世鸿原词　吴靖宇改词
　　　　　　　王霁初编曲(原"霁"误作"积")
　　　　　　　张大富唱　张乃祥记谱
　　《民歌集》　张大富演唱　张乃祥记谱
　　《歌谣卷》　张大富演唱　乔克仁搜集
　　　　　　　1957年采录于城关镇

　　　　　——录自《商城民间音乐资料(初辑)·革命歌曲》

可恨花尚之

"歌谣稿"失题。题为编者加。

可恨花尚之①,进城把粮吃,
二百民团报一师,才把城池失。

①花尚之:商城红枪会会头。

按:1929年12月,商城县长宋慎带领民团大部到潢川参加南五县(潢川、固始、商城、罗山、息县)联合进攻国民党暂编第二旅李克邦部,县城留少数民团和红枪会会员交给花尚之带领,负责把守。《商城革命史》载:"城门打开,城外红军一拥(《商城革命史》"拥"作"涌")而入,包围了敌人的指挥中心县政府。守敌见大势已去,无心恋战,只好缴械投降。花尚之乘混乱之机,从西门落荒而逃。"

——录自商城革命歌谣征编稿

围灯词扒城墙

"歌谣稿"失题,只注"民国十八年至二十年围灯舞一段"。题为编者加。

天上雾气腾,地上起红军。
红军进了城,城墙扒干净。

打土豪,杀劣绅①,穷人得翻身。

①此句:原此句后有"同志们！怎的？咋的？"对白,编者删。

按:围灯舞即权伞舞。将拆除城墙编成围灯词,可见拆除城墙在当时影响之大。漆远渥《红军首克商城以后的一次战斗》(载《商城革命史资料》第二辑)载:"战斗结束后,经过三天的准备,我们便动员群众拆除城墙,目的是为了不便于敌人固守。"杨元鲁《雪夜歼敌》(载《大别山烽火》)载:"当时,我军人少,装备也差,作战流动性大,为了适应流动作战的特点和彻底摧毁这座反动势力的堡垒,不给敌人留下可凭之险,赤城苏维埃政府发动广大群众,一起动手拆毁城墙。"漆文所说"战斗",指1929年12月25日红三十二师攻克商城的战斗。杨文所说"当时",指红军攻克商城后,即1930年1月。

丰集乡提供(据稿纸) 1987年5月
——录自商城革命歌谣征编稿

雪夜歼敌

《歌谣选》题作《欢迎敌人再报到》,《雪夜歼敌》失题。题为编者改。《歌谣稿》存三首,题作《顺口溜》,词同。

腊月二十①雪花飘,敌人想把便宜找。
留下俘虏六七十,送来钢枪百多条。

偷鸡不成丢把米，宋慎又被"狗"吃掉②。

商城③军民笑哈哈，欢迎敌人再报到。

①腊月二十：此指农历，即公历1930年1月19日。

②此句：指商城县长宋慎被国民党军暂编第二旅旅长李克邦枪杀。

③商城：《雪夜歼敌》、"歌谣稿"作"赤城"。

按：1930年1月19日大雪纷飞，商城县长宋慎带领民团三百多人偷袭商城县城。此时城墙被红军拆除，民团全部穿白里朝外的棉衣，同积雪混如一色，不易被察觉，摸进县城。守城军民打退民团进攻，宋慎率残部撤回潢川，后以"通共"罪名被李克邦枪杀。这次战斗，被漆远渥将军称为"红军占领县城以后的一次激烈战斗，无论在商城、金寨和皖西革命史料中还没有人写过"。但战斗的具体经过，杨元鲁《雪夜歼敌》（载《大别山烽火》）、漆远渥《红军首克商城以后的一次战斗》（载《商城革命史资料》第二辑）两文所载不同，此不讨论。《中共商城县历史大事记》（1919年5月—1992年10月）载偷袭时间为1930年1月5日（己巳年腊月初六）。漆文未载明战斗时间，只说红军占领县城仅十来天，按照所说拆除城墙三天准备、五六天拆除时间推算，也在1月5日以后，但不能作为依据。考以《国民党商城县七区联队游击大队长杨佩章给蒋介石的电报》（载《商城起义》）载"进剿"时间为1930年1月23日（己巳年腊月二十四），《大事记》可能有误。

——录自《商城革命歌谣选·革命篇》

大炮歌

《歌谣选》题作《大炮歌》,《红军造枪局》失题。"歌谣稿"存《大炮歌》一首,录自《红军造枪局》。

1
土大炮,自己造,红军拿它除暴强。
轰掉城楼和碉堡,炸得白匪嗷嗷叫。

2
白匪军,大草包,一听土大炮发了言①,
胆②都吓破了,举起双手把枪缴。

①发了言:《红军造枪局》无。

②胆:《红军造枪局》作"肝胆"。

按:韦世友《红军造枪局》(载《安徽革命回忆录》)载,商城县苏维埃红军造枪局"制造出许多土枪、单打一、蚂虾盒子和攻城用的土大炮"。肖方师长送缴获的一批造枪工具到造枪局,称赞说:"这次我们打正阳关,你们造的土大炮发了威,两炮就把敌人的碉堡轰平了。"肖方警卫员小王说:"我们还为土大炮编了首歌。"韦世友时为商城县苏维埃红军造枪局工人。商城县苏维埃红军造枪局始设在商城县城周氏祠(原赤城影院东),后迁商南汤家汇。

——录自《商城革命歌谣选·革命篇》

黄炳元拉网

1

奴在屋里绣鸳鸯,耳听炳元要"拉网",骇奴家无哪藏①。

　　①此句:句前有"郎啊"一句,为衬句,编者删。第二、三段此处同。

2

观音山北①架的势,一程子拉到沙子岗,黎民百姓都遭殃。

　　①北:"歌谣稿"作"北的","的"字疑衍,编者删。

3

逮住男的一顿打,抓住女的一顿夯①,男女都一样。

　　①夯:商城谓打、揍叫夯。

4

二程拉到武家桥,碰着老吉①来演讲,哪是共产党?

　　①老吉:指吉鸿昌。

5

老黄看势也不巧,紧跟找个西古汪①,紧跟找个西古汪。

　　①西古汪:不详。

6

古汪前走后望望,这忙不能帮,这忙不能帮。

7

老黄家住老庙岗,孬好是个大队长,小铐子莫慌上。

8

二程带到莲花塘,小铐子来上上,小铐子来上上。

9

小铐子上的轱轱紧,手头子捏的肿胖胖,像个老鸳鸯。

按:姚昌富(执笔)《武桥乡苏区概况》(载《商城革命史资料》第三辑)载:"驻华下保民团队长黄炳元,是武桥地区有名的地头蛇,家有200多石课。1931年秋,他带领民团逃到固始县境,经常勾结金店子民团队长常旭生(外号常二光蛋)来武桥四周'拉网'捣乱……。黄炳元还多次亲自进城告状,说'武桥赤化了,人人都通共产党',要求县长派兵去武桥协助他清剿。经他再三请求,县长派驻商城的吉鸿昌部队一个连,由赵良成带领来武桥'剿共'。武桥党组织获悉后,当天夜间召开秘密会议,研究了对策。第二天(农历五月十三)中午,由黄炳元带路,大队人马到了武桥,街上家家门前排上香烟、茶水、板凳,表示迎接,集市秩序井然,生意照常。中午各商家派饭招待士兵,赵良成和各排长带着黄炳元一块到堰湾赴宴。饭后赵良成问黄炳元'共产党在哪里?'黄支支吾吾答不上来,赵即令士兵将黄炳元绑上,带回县城,以谎报军情、残害百姓的罪名,将黄炳元这个血债累累的刽子手枪杀在西河湾。"(编者对引文的错别字和标点符号进行了订正)该文前面载1931年秋黄炳元"拉网",后面载农历五月十三逮捕黄炳元,时间矛盾,则"秋"或为"春"之误,也或是未交代清楚。此事《商城革命史》无载,经过是否如该文所言不详,但主要情节当不会错。

张义林唱　章作文记录整理　1987年6月23日

——录自商城革命歌谣征编稿

可恨团匪常二光

《歌谣选》题作《可恨团匪常二光》,《商城县独立团活动情况》(简称"团本")失题。"歌谣稿"存五首,三首题作《可恨团匪常二光》、一首题作《可恨常二光》、一首题作《早操歌》,其中白塔集乡收集整理的谱例本《可恨团匪常二光》(简称"谱例本")、佚名收集整理的七言体本《可恨常二光》(简称"七言本")为全本,其他为略本(或残本)。谱例本系"从多方面收集的口述资料加工整理"而成,三略本与谱例本、团本略近,当出自同一个蓝本,唯七言本与诸本异,然皆非歌谣原貌,故词句多异。《歌谣选》采自谱例本。团本近同谱例本不录,七言本附后,不再出校注。

1

可恨常二光①,天天来"拉网",
到处烧杀又抢劫,要抓共产党。

①常二光:名绪生,排行老二,光头,外号二光。固始县鄢堆民团头目。

2

二光多猖狂,坏事都做光,
众位农友发了狠,严惩常二光。

3

老孙①和老邱②,带队来边乡,
发动四路人和马,去捉常二光。

①老孙:名寿山,外号孙背锅子,正阳人。固始县二区赤

卫营营长。

②老邱：名江甫，也写作江浦，外号邱老虎，湖北麻城人。商固边境赤卫军大队长。后任商城独立团团长。

4

八月初一①早，鸡还没有叫，

军民齐到鄢堆②寨，将寨围住了。

①八月初一：指农历，即公元1931年9月12日。

②鄢堆：《歌谣选》改，谱例本作"常家"。赤卫军攻打的是民团驻地，而非常二光家，《歌谣选》改是。

5

口令没对上，岗哨开了枪，

前后左右未把严，二光漏了网。

6

跑到固始县，跪求杨团长，

作揖叩头如捣蒜，乞求帮人枪。

7

团长生了气，打他一耳光，

活生生的窝囊废，还要什么枪。

8

二光碰了壁，一光不一光，

走投无路没奈何，求告爹和娘。

9

他爹动了怒，大骂常二光，

这般奴才有何用，做事太鲁莽。

10

丧人又败财,家产都贴光,
坑害四乡老百姓,哪有共产党?

11

日后共产到,要跟你算账①,
杀人抢劫罪加罪,狗头不稳当。

① 账:编者改,《歌谣选》作"帐"。

12

碰壁又挨训,损兵又折将,
二光威风如扫地,再不敢猖狂。

按:此事《商城革命史》《固始县革命史》无载。杨泽银《商城县独立团活动情况》(载《商城革命史资料》第六辑)介绍很简略:武家桥(即武桥)东边有个窝瓜楼,驻有固始县草庙集常绪生民团三四十人,经常骚扰群众,民愤很大,商城独立团给端掉了,群众编此歌谣传唱。《固始县革命史》载,1931年农历八月十五日草庙集农民暴动,配合商北独立团和西二区赤卫团进攻国民党军第四十五师混成旅第三团。歌谣载"八月初一早"攻打鄢堆民团,则攻打鄢堆民团距草庙集农民暴动仅半个月,是草庙集农民暴动的前奏。谱例本注:"这首歌曲广泛流行白塔集地区商固边境一带,很多老年男女都会唱,但所唱之调都不尽一致。现仅就从多方面收集的口述资料加工整理,并按照群众所唱之调,套以民歌曲子而成。""所唱之调"、"民歌曲子"指歌谣第一段谱例。姚昌富收集的《可恨团匪常二光》(苏武牧羊调)本亦注:"此歌盛行商北五区李集与武桥之间。"

——录自《商城革命歌谣选·革命篇》

附：可恨常二光

草庙有个常二光，民团里面队长当。
吃喝嫖赌他占全，领着团匪一大帮。
民团扎在堆子上，垒堡挖沟筑高墙，
满嘴胡言放大话，一心要打共产党。
石头抛天要落地，赤卫队上门算总账，
老邱队长一发话，堆子四方围三方。
弹似流星穿黑夜，云梯高架又爬墙，
机灵团匪双举手，顽抗①一命见阎王。
缴获两匹好战马，还有几十汉阳枪，
战后清场才发现，跑了贼秃常二光。
常二光进城跪大堂，死乞白赖杨团长，
长枪给我一千杆，另拨盒子②五百双，
集合兄弟去"拉网"，我要逮尽共产党。
团长一听火气旺，唾沫喷到他脸上：
军队给你谁守城？你知谁是共产党？
你他妈的窝囊废，还不给我滚下堂！
摇尾不得主人怜，常二光一副哭丧相。
墙头跑马道子短，迟早光头不稳当。

①抗：编者改，"歌谣稿"作"强"。

②盒子：盒子枪。

——录自商城革命歌谣征编稿

反"围剿"歌

《歌谣选》题作《反"围剿"歌》(一)。题后序数(一)为编者删。

1

军阀国民党,末日来到了,

害怕工农闹革命,四处来"围剿"。

2

红军赤卫队,大家齐心战,

人人似虎多勇敢,粉碎包围圈。

3

一次来"围剿",军阀失败了,

送来枪支和大炮,我们照收了。

4

大战双桥镇,红四军得胜,

活捉师长岳维峻,敌人大吃惊。

5

一次"围剿"被打败,二次又来把共剿,

追堵兼施办法毒,我们准备好。

6

鄂西和鄂东,红军打胜仗,

打得敌人手脚慌,工农喜洋洋。

7

军阀好大胆,进攻鄂豫皖,

军民齐心把敌歼,红军大发展。

8

二次"围剿"失败了,三次又来到,

军阀调兵又遣将,红军反"围剿"。

9

英勇红四军,先攻黄安城,

歼灭敌人三千多,活捉赵冠英。

10

转战苏家埠,歼敌三万零,

捉住敌人总指挥,他叫厉式鼎。

11

三次反"围剿",胜利实惊人,

长短枪支缴三万,大炮几十尊。

按:1931年1月红四军成立后,相继发起了磨角楼(湖北麻城北)战斗、新集(今属河南新县)战斗和双桥镇(今属湖北大悟)战斗。1931年11月红四方面军成立后,相继发起了黄安战役、商潢战役、苏家埠战役和潢光战役。此歌写到双桥镇战斗、黄安战役和苏家埠战役。

——录自《商城革命歌谣选·革命篇》

红军胜利歌

《歌谣选》题作《红军胜利歌》,《〈八月桂花遍地开〉问题专访》题作《红四军南下胜利歌》。

1

红四方面军十万,光复黄安,克复①商南,

打通商光的路线,成一片,广大苏区造成鄂豫皖。

〔一呀呀嘟喂〕红军的血汗。

　①复:编者改,《歌谣选》作"服"。

2

红军乘胜向北征,北上胜利第一声,

得商城,杜甫店①缴枪一万根,

〔一呀呀嘟喂〕扩大我红军。

　①杜甫店:位于潢川县江集镇。1932 年 1 月 31 日,红十二师在杜甫店构筑阵地,担任正面阻击。2 月 1 日,红十二师据守阵地顽强阻击,数次肉搏,给敌以很大杀伤。

　按:为打击北线国民党军,夺取商城,将鄂豫皖苏区东西两部连成一片,红四方面军继黄安战役后发起商潢战役。商潢战役从 1932 年 1 月 19 日始至 2 月 9 日止,历时 22 天,红军以 12 个团击退国民党军 19 个团多次进攻,毙伤俘张钫等部 4000 余人,缴获枪 2000 余支,蒋介石嫡系第二师遭受歼灭性打击,师长汤恩伯被撤职,红军第三次解放商城。

3

这次红军向东征,要打六安,逼下霍山,

坚决活捉陈调元,救民难,援助灾民,废除杂税与苛捐。

〔一呀呀嘟喂〕红军来作战。

按:桂诗新《〈八月桂花遍地开〉歌词作者究竟是谁》(载《河南党史研究》1986年第2—3期)载湖南省军区原副司令员程启文回忆:"我还亲眼看他编过这么一首歌:'红四方面军十万,光复黄安,克复(桂文"复"作"服")商南,打通商光路线,成一片,广大苏区造成鄂豫皖。一呀呀嘟喂,红军的血汗……'"陈士农访问资料《〈八月桂花遍地开〉问题专访》(载《新县革命斗争史资料汇编(评审稿)》)亦载程启文回忆:"后来成立苏维埃,《八月桂花遍地开》、《红四军南下胜利歌》、《扩大红军十劝夫》歌都是他作的。"两文中的"他"指王霁初。据此推断,此歌为王霁初编写。

——录自《商城革命歌谣选·革命篇》

夜半火烧熊家寨

《歌谣选》题作《杜昌甫,真厉害》,《赤城二路游击师师长——杜昌甫烈士》失题。题为编者改。

杜昌甫[①],真厉害,半夜来攻熊家寨。
枪一响,火散开,满村满寨变火海。

熊仲川[②]，真狼狈，丢盔弃甲逃关外。

①杜昌甫：1987年生，商城康区桐岗冲（今属安徽金寨）人。1927年加入中国共产党。任乡赤卫队长，赤卫团长，赤城二路游击师副师长、师长。因作战勇猛顽强，人称"杜老虎"。1934年11月在黄眉尖山病逝。

②熊仲川：赤城双河（今属安徽金寨）民团队长。

按：吴绪江《赤城二路游击师师长——杜昌甫烈士》（载《商城英烈》）载，1933年1月，杜昌甫接到中共赤城县委的命令，率领游击队攻打双河民团队长熊仲川老巢熊家寨。夜半发起攻击，但熊家寨十分坚固，一时攻击受阻，杜昌甫决定来个"火烧赤壁"，命令战士把子弹弹头去掉，塞上蘸着油的棉絮，一齐开火，寨子顿时变成一片火海。游击队趁势猛攻，团丁乱作一团，相互践踏，熊仲川在少数团丁掩护下逃出，其余团丁全部被歼灭。又，李相营、吴延海《杜老虎》（载《安徽革命回忆录》）录《师长大刀威名强》一首：

师长大刀威名强，万马军中放毫（豪）光，

杀得匪军头落地，杀得匪军望风逃，

杀得匪军吓断肠，杀得匪军投了降。

该文载，在桃花尖战斗中，"杜师长用一把大刀一口气杀死六十九个敌人"，"后来，人们这样赞颂杜师长和他的大刀"。是否为歌谣，产生何时，战斗的具体时间，作者未作说明。

——录自《商城革命歌谣选·革命篇》

誓守红色金刚台

《商城革命史》《血染战旗旗更红》失题。题为编者加。

为了穷人不受害,再苦再难①也愉快,
誓守红色金刚②台,保证山在人也在。

①再苦再难:《血染战旗旗更红》作"困难再多"。

②刚:《血染战旗旗更红》作"岗"。

按:徐其昌《血染战旗旗更红——金岗台游击战回顾》(载《大别山烽火》)载:"这是县委提出的战斗口号,也是全体革命志士的共同心声。大家抱定了'只要打不死,就要干到底'的决心,奋起战斗,誓守红色金岗台,坚决把红旗打到底!"

——录自《商城革命史》

金刚台斗争永不忘

《歌谣选》题作《金刚台斗争永不忘》,《商城革命史》失题。

天当被子地当床,野菜野果是食粮,
牵着敌人满山转,精神饱满把歌唱。
金刚台斗争永不忘!

按:此歌是金刚台三年游击战争时期的代表歌曲。

——录自《商城革命歌谣选·革命篇》

处处有红军

《血染战旗旗更红》失题。题为编者加。

树也砍不完,根也挖不尽,留得大山在,处处有红军。

  按:徐其昌《血染战旗旗更红——金岗台游击战回顾》录此歌后载:"任凭敌人千重封锁,万层围困,我们不但没有冻死、饿死,反而更攥紧了打击敌人的铁拳!"此歌当产生在金刚台三年游击战争时期。"金岗台"即金刚台。

  ——录自《大别山烽火·血染战旗旗更红——金岗台游击战回顾》

抗敌青年军团商城队歌

《佟子实与第五战区抗敌青年军团实习队在商城的抗日活动》失题。题为编者加。

抗青团是青天团,他们来了斗土顽。
二五减租好,穷人吃得饱。
青天团是百姓头,唤起民众抗日寇,
保卫家乡救国救民出苦难。

  按:石雪岩《佟子实与第五战区抗敌青年军团实习队在商城的抗日活动》载:"当地百姓把我们这支抗敌青年军团商城实习队叫做'青天团',这成了驻在商城的青年军团的外号了。

如当时就有一首歌谣这样在商城流传……"

——录自《商城革命史资料(第二辑)·佟子实与第五战区抗敌青年军团实习队在商城的抗日活动》

来了个县长杨必声

《伍千平回忆"商城学生战时服务团"活动情况》失题。题为编者加。

我们商城真幸运,来了个县长杨必声①,
先到渣滓②河,后来潘家村……

①杨县长:杨必声(1903—1982),原名德华,又名萍,广西来宾人。1931年加入中国共产党。全面抗战爆发,北上第五战区长官司令部工作。1938年9月任商城县政府县长,12月任英山县政府县长。长期战斗在隐蔽战线,做国民党高层的统战工作。中华人民共和国成立后,任广西壮族自治区人民政府副秘书长、高级法院院长、民政厅厅长。

②滓:编者改,原误作"梓"。

按:《伍千平回忆"商城学生战时服务团"活动情况》(载《丰碑》第七辑)载:"县长杨必声作风很好,生活朴素,跟战士们一样,吃大锅饭,穿草鞋、睡地铺,很受大家尊敬。魏文伯编了一首颂扬他的歌子,歌词是……采用商城民间小调曲。"此歌仅载四句。武德敬回忆开欢送会"还编了一首歌",不知跟此歌可是同一首歌。参见《欢送杨必声县长》按语。

——录自《丰碑(第七辑)·商城县抗日政府和抗日武装组成及其活动情况(附件16)》

欢送杨必声县长

《武德敬回忆商城县抗日政府和抗日挺进队、战地工作队活动情况》失题。题为编者加。

今天刘家塝,欢送杨县长,同志们欢乐又悲伤……

按:《武德敬回忆商城县抗日政府和抗日挺进队、战地工作队活动情况》(载《丰碑》第七辑)载:"杨必声走时,叫战地工作队到朱裴店刘家塝开欢送会,魏心一主持,还编了一首歌。歌词记不全了,只记得几句……"

——录自《丰碑(第七辑)·商城县抗日政府和抗日武装组成及其活动情况(附件17)》

四方洼民谣

《四方洼"行宫"》失题。题为编者加。

一到四方洼,人人都害怕,不是抬石条,就是抬大架。

按:陈清亮《四方洼"行宫"》载,国民政府商城县长顾敬之在长竹园四方洼修建顾荆乐堂,1937年冬动工,1946年完工,历时8年。顾荆乐堂占地3220平方米,房屋88间,用工1.6万人次,用青砖250万块、瓦22万块、石条和方料16万块。因其极度奢侈,被称为"行宫"、"土皇宫"。

——录自《商城文史资料(第一辑)·四方洼"行宫"》

红山寨歼匪歌

《坚持商西观庙区斗争琐忆》失题。题为编者加。

千年仇来万年冤,忘不了民国十九年:
陈匪杀人不眨眼,埋人坑挖在山后边。
割鼻子来又挖眼,千万农民死得惨。
红山寨一场战,打死了陈履谦①。
土匪头子完了蛋,劳动人民笑开颜。

　①陈履谦:1948年商城、新县、光山、潢川四县联防司令。

　按:崔宪孔《坚持商西观庙区斗争琐忆》载,1948年2月,潢川二军分区某团在余集、观庙区武工队配合下,在汪桥红山寨歼灭陈履谦匪部,击毙匪首陈履谦,俘敌数十人,缴获机枪1挺,从此打开商西剿匪局面。群众编此歌谣,在观庙、汪桥一带传唱甚广。

——录自《商城革命史资料(第四辑)·坚持商西观庙区
　斗争琐忆》

鄂豫公学开学歌

《火红年代峥嵘岁月》失题。题为编者加。

打起鼓来敲起锣,鄂豫公学开了学,
庆祝青年有出路,为国育才好处多……

  按:李觉非、周霁风《火红年代峥嵘岁月——记创建在大别山的鄂豫公学》载:"为庆祝开学,同学们在开学盛典上纵声高唱师生共同创作的歌曲……"原文仅录四句。

    ——录自《〈鄂豫公学校史·回忆录〉·火红年代峥嵘岁月》

鄂豫公学同学歌

《受教数月获益一生》失题。题为编者加。

我们是好同学,我们是一家人,
 生活在一起,战斗不分离,
 同生死,共患难,大家一条心。

  按:胡国华《受教数月获益一生》只讲到"当时我是五区队学员。学员之间亲密无间正如当时唱的歌曲一样……"并没有说明歌曲的来源和歌名,是当时流行所唱,还是鄂豫公学所作,待考。

    ——录自《〈鄂豫公学校史·回忆录〉·受教数月获益一生》

颂扬人民军队（39首）

劝郎当红军五更

（打柴调）

《民歌卷》、《民歌集》、《歌谣卷》题作《送郎当红军》（打柴调），《歌谣选》题作《劝郎当红军五更》。《歌谣卷》曰"送"郎，题作《送郎当红军》是；《民歌卷》、《民歌集》曰"劝"郎，题同《歌谣卷》则误；《歌谣选》题是。

1
一更里劝劝①奴亲人，
劝亲人②出门当红军，做事③要认真。
不贪财不怕死，才算真革命。

　　①一更里劝劝：《歌谣卷》作"一送"，后四段分别作"二送"、"三送"、"四送"、"五送"，不再出校释。
　　②劝亲人：《歌谣卷》无，后四段"劝郎君"、"劝亲爱"、"劝郎亲"、"劝情哥"同，不再出校释。
　　③做事：《歌谣卷》作"革命事情"。

2

二更里劝劝奴郎君,

劝郎君去捉土①劣绅,切记莫惜情。

捉②住了土③劣绅,斩草要除根。

  ①③土:《歌谣卷》作"土豪"。

  ②捉:《民歌卷》《歌谣选》作"拿"。

3

三更里劝劝奴亲爱,

劝亲爱去捉反动派,他们心太坏。

拿住了①反动派,除掉这祸害。

  ①拿住了:《歌谣卷》作"捉拿住"。

4

四更里劝劝奴郎亲①,

劝郎亲去打白匪②军,心肠要放③狠。

除掉了白匪军,人人都欢迎。

  ①亲:《民歌卷》《歌谣选》作"心",第二句"亲"同。

  ②匪:《民歌卷》《歌谣选》作"色",第四句"匪"同。

  ③要放:《民歌卷》《歌谣选》作"总要"。

5

五更里劝劝奴情哥,

劝情哥工作①要做好,家中莫惦着②,

共产党成了③功,都有④日子过!

  ①工作:《歌谣卷》作"革命工作"。

②惦:《民歌集》作"惦记",衍一"记"字。

③成了:《民歌卷》《歌谣选》作"办成"。

④都有:《歌谣卷》作"就有好"。

《民歌卷》《民歌集》 沈祥如演唱 乔克仁记谱

《歌谣卷》 樊云程演唱 乔克仁搜集

1957年采录于城关镇

——录自《商城民间歌曲集·小调》

十劝

《十劝》仅见于《资料二》。歌曲当为十段,缺后五段。

1

一劝我二爹娘,听我把话讲,

我去参军你且莫悲伤,不要泪汪汪。

2

二劝我的哥,听我把话学,

我去参军家中你管着,好好做生活。

3

三劝我的嫂,听我把话表,

我去参军你要行孝道,孝敬二公婆。

4

四劝我的妹,比我小两①岁,

赶快参加妇女文工队,革命是对的。

①小两:《资料二》作"小两小两",当为笔误。

5

五劝我的妻,听我说仔细,

我去参军不要双流泪,拥护毛主席。

张百灵唱

——录自《商城民间音乐资料(二辑)·革命歌曲》

送郎当红军

1

我郎真顽强,血气正方刚,

参加红军真英雄,实在是好儿郎。

2

此去当红军,夫妻两离分,

叫声我郎听分明,勇敢向前进。

3

我郎年纪轻,革命要认真,

莫学那贪生怕死人,妻的话叮咛。

4

命令重如山,军纪要守严,

同心学习多操练,切莫去贪玩。

5

站岗或放哨,切莫把心焦,

记着口令把敌瞧,关系最重要。

6

开会多讨论,政治要认真,

多多发言多批评,振奋革命的精神。

7

对待同志们,彼此要相亲,

大家一致打敌人,好像一母生。

8

公婆虽年迈,种田有人带,

家中事务我安排,切莫挂心怀。

9

婚姻有几春,你我爱情深,

虽然我是女流辈,主义看得清。

——录自《商城革命歌谣选·革命篇》

十二月送郎当红军

（望郎调）

《歌谣卷》题作《十二月送郎当红军》(望郎调),《歌谣选》题作《十二月送郎当红军》。"歌谣稿"题作《探郎歌》,歌词近同,明显区别在首句第四字后加"探郎"二字,可以看出传统《十二月望郎》歌体标识性衬词的保留。

1

正月里来正月正,我与我郎说分明。

革命高潮起,你去当红军。

2

二月里来是花朝,我郎政府把名报。

参军多光荣,乡亲齐夸耀。

3

三月里来是清明,我与我郎来送行。

亲送到军营,小妹情谊深。

4

四月里来四月八,我郎写信寄回家。

红军多友爱,不比旧军阀。

5

五月里来是端阳,我郎花园打一仗。

这仗得胜利,缴获炮和枪。

6

六月里来是炎天,我郎游击①云梦县。

太阳如烈火,弹袋②身上缠。

①游击:《歌谣选》作"游击到"。

②袋:编者改,《歌谣卷》《歌谣选》误作"带"。

7

七月里来七月七,我郎游击到黄陂。

鞋袜都做好,要穿我捎去。

8

八月里来是中秋,我郎游击打光州。

我郎挂了彩,妹心也难受。

9

九月里来菊花黄,我郎游击到黄冈①。

新洲②城打开,人人喜洋洋。

　　①黄冈:据《歌谣选》改,《歌谣卷》作"黄岗"。

　　②洲:编者改,《歌谣卷》《歌谣选》作"州"。

10

十月里来小阳春,我郎游击到商城,

麻埠打一仗,敌垮几团人。

11

冬月里来天气冷,我郎转到麻城境。

黄安①来了匪,赶去打敌人。

　　①黄安:《歌谣选》作"黄陂"。

12

腊月里来梅花开,建立政权苏维埃。

胜利返家园,送你红花戴。

《歌谣卷》　杨醒生、张明春演唱　杨琼、王明梅搜集

1989年11月采录于吴河乡

——录自《中国歌谣集成河南商城县卷·时政歌》

送郎参军

（打青稞调）

《资料二》题作《打金稞》，《民歌卷》题作《送郎参军》（打荆稞调），《民歌集》题作《送郎参军》（打青稞调）。"青稞"是，"金稞"、"荆稞"误。

送郎送到二里坡，〔孩子爸爸〕参军在外莫挂念我，
家中生活都由我来做。

  《资料二》 李云锋唱
  《民歌卷》 芮祚国收集
  《民歌集》 佚名演唱 芮祚国记谱
    ——录自《商城民间音乐资料（二辑）·革命歌曲》

要想翻身当红军

1

油菜开花一片黄，山里来了共产党，
大别山头竖红旗，金刚台上扎营房，
穷苦百姓见太阳。

2

油菜开花又起薹①，红军大旗迎风摆，
要想翻身当红军，拿起刀枪干起来，

打出一个新世界。

  ①薹：编者改，《歌谣选》作"苔。"

——录自《商城革命歌谣选·歌颂篇》

怕苦不来当红军

1

手提猪胆苦在心，怕苦不来当红军；
上岭当着①平地走，过河不怕河水深。

  ①着：编者改，《歌谣卷》作"做"。

2

蜡烛点火一条心，怕苦不来当红军；
流血为了求解放，牺牲为了闹翻身。

3

地作床板天作被，干粮不够菜充饥；
风霜雪雨何所惧，革命哪怕献身躯。

——录自《商城革命歌谣选·革命篇》

当兵就要当红军

  《歌谣选》题作《当兵就要当红军》，《商城独立团创建始末》失题。

1

当兵就要当红军,处处工农来欢迎,

官长士兵都一样,没有人来压迫人。

2

当兵就要当红军,工农配合①杀敌人,

买办豪绅和地主,坚决打倒莫留情②。

　　①工农配合:《商城独立团创建始末》作"配合工农"。

　　②打倒莫留情:《商城独立团创建始末》作"打他不留情"。

3

当兵就要当红军,退伍回①来不愁贫,

会做工的有工做,会耕田的有田耕。

　　①回:《商城独立团创建始末》作"下"。

4

当兵就要当红军,冲锋向前①杀敌人,

国民党军阀消灭尽,民主革命要完成。

　　①向前:《商城独立团创建始末》作"陷阵"。

　　按:余克勤《商城独立团创建始末》(载《商城革命史资料》第六辑)载,商城五区苏维埃政府成立后,老百姓报名参加红军,"当时有一首歌是这么唱的",则此歌1930年3月前已开始在商城传唱。

——录自《商城革命歌谣选·歌颂篇》

当兵要当红四军

（山歌）

吃菜要吃白菜心，住房要住向阳村，
唱歌要唱好听歌，当兵要当红四军。

   樊云程演唱 乔克仁搜集 1960年采录于城关镇
    ——录自《中国歌谣集成河南商城县卷·时政歌》

调兵歌

《资料初》题作《送郎参军》，误。题为编者改。

奴在房中绣完萍，耳听得门外来调兵，
〔郎哎〕不知调哪①营？

  ①哪：编者改，《资料初》作"那"。

  丰集剧团搜集
    ——录自《商城民间音乐资料（初辑）·革命歌曲》

红军一个连

《歌谣卷》题作《红军一个连》，《歌谣选》题作《红军一个人》。

红军一个人，消灭敌人一大群。

红军一个连,消灭敌人几个团。

《歌谣卷》 罗宝善演唱 乔克仁搜集

原载《河南日报》1979 年 12 月 25 日

——录自《中国歌谣集成河南商城县卷·时政歌》

打骑兵歌

《红军时期歌曲选》、《歌谣选》题同。

敌人的骑兵不可怕,沉着敏捷来打它。
目标移动不好打①,排子枪快放一齐杀。
我们瞄准它,我们打垮它,我们消灭它。
无敌的红军是我们,打垮了敌人百万兵。
继续努力向前进,我们百战又百胜。杀②!

①移动不好打:《红军时期歌曲选》作"又大又好打"。

②杀:据《红军时期歌曲选》补。

——录自《商城革命歌谣选·革命篇》

红军来了

《歌谣卷》题作《红军和白匪》,《歌谣选》题作《红军来了》。
《歌谣选》无第三、四句,第一、二句为一段,第五、六句为一段。

白匪来了鸡鸭猪①狗光,红军来了清水②挑满缸;

白匪来了吊打又捆绑,红军来了救死又扶伤;

白匪来了粮食柴草都抢光,红军来了帮俺③收割送进仓。

①猪:《歌谣选》作"狗"。

②清水:《歌谣选》作"把水"。

③俺:《歌谣选》作"我们"。

《歌谣卷》 罗宝善演唱　乔克仁搜集

原载《河南日报》1979年12月25日

——录自《中国歌谣集成河南商城县卷·时政歌》

红军一来

《歌谣卷》、《歌谣选》题同。

红军一来,白匪垮台。

地主老财卷铺盖,土豪劣绅跳下岩①,

穷苦百姓把头抬。

①跳下岩:《歌谣选》作"都吓坏"。

《歌谣卷》 罗宝善演唱　乔克仁搜集

1960年5月采录于城关镇

——录自《中国歌谣集成河南商城县卷·时政歌》

红军一来亮了天

大别山竹笋尖又尖,红军来了亮了天;
土豪劣绅全打倒,穷苦大众笑开颜。

——录自《商城革命歌谣选·歌颂篇》

红军来了晴了天

太阳出来红了天,白匪来了黑了天,
穷人日子苦连天,红军来了晴了天。

余子安演唱　乔克仁搜集　1957年采录于城关镇
——录自《中国歌谣集成河南商城县卷·时政歌》

红军来了百花开

《歌谣选》题作《反"围剿"歌》(二),题下注:"这首歌是当时苏区儿童团演唱的。"题为编者改。

1
白军来了溜石崖,白军走了俺又来;
好比一只小燕子,飞走又飞来。

2
红军来了百花开,红军走了战野外;

好比一棵小油菜,挺挺长起来。

——录自《商城革命歌谣选·革命篇》

来了红军辎重营

《歌谣卷》、《歌谣选》题同。

一根扁担两根绳,来了红军辎重营。
扁担赶走狗民团,绳子捆住白匪兵。
大别山下传威名①。

①威名:《歌谣选》作"美名"。

《歌谣卷》 张仲达演唱 叶照青搜集
1968年8月采录于城关镇
——录自《中国歌谣集成河南商城县卷·时政歌》

商城过来红四军

《歌谣选》题作《大别山上红军路》。题为编者改。

1
大别山上红军路,弯弯曲曲挂云雾。
商城过来红四军,脚踏白云穿山谷。
响水潭里洗个澡,青石板上打呼噜。

手捧山泉解解渴，啃块干粮填填肚。

2

大别山上有棵松，枝繁叶茂傲苍穹。

商城过来红四军，手攀山岩上山峰。

树下常开作战会，野树林里来办公。

山头瞭①望新世界，共产主义早成功。

①瞭：编者改，《歌谣选》作"了"。

——录自《商城革命歌谣选·革命篇》

红军队伍到处有

1

大别高，大别陡，高峰伸到云里头。

2

云里山，雾里沟，红军队伍到处有。

3

地主颤，豪绅抖，保长吓得脚抹油。

4

穷乡亲，拍双手，分田分地住高楼。

5

青年娃，劲抖擞，参军支前报血仇。

——录自《商城革命歌谣选·歌颂篇》

红军越打越坚强

《歌谣卷》题作《共产党是我亲爹娘》(山歌),《歌谣选》题作《游击队员之歌》。《歌谣卷》只有第一段前四句。题为编者改。

1

山林岩洞①是我的②房,青枝绿叶是我的③床,

野菜葛根是我的④粮⑤,共产党是我的⑥亲爹娘。

任凭白匪再"围剿",红军越打越坚强。

①岩洞:《歌谣卷》作"石岩"。

②③④⑥的:《歌谣卷》无。

⑤粮:《歌谣卷》作"饭"。

2

哪朵葵花不向太阳,哪个穷人不向共产党。

任凭白匪再猖狂,烧我房屋抢我的粮,

一颗红心拿不走,头断血流不投降。

《歌谣卷》 叶光富演唱 叶照青搜集

1967年2月采录于伏山乡

——录自《商城革命歌谣选·革命篇》

大别山火种永不灭

山山有洞洞为房,革命火种里边藏;

山山有路路岖崎,白匪进山着了迷;

山山有树树有果,游击队员肚不饿;

山山有泉泉水甜,游击队员喝不完;

山山有风风不寒,阵阵吹面更温暖;

大别山长青人长在,革命火种永不灭。

——录自《商城革命歌谣选·革命篇》

嫂嫂为啥恁高兴

（花鼓唱）

《歌谣卷》题作《嫂嫂为啥恁高兴》（花鼓唱）,《歌谣选》题作《嫂嫂为啥恁高兴》。

嫂嫂为啥恁高兴？因为哥哥当红军。

嫂嫂为啥穿恁新？去送哥哥打匪军。

《歌谣卷》 罗宝善演唱 乔克仁搜集

原载《河南日报》1979年12月25日

——录自《中国歌谣集成河南商城县卷·时政歌》

石榴开花心里红

（山歌）

石榴开花心里红,哥当红军妹来送。
不到翻身不见面,不得自由不结婚。

<small>叶光富演唱　叶照青搜集　1967年2月采录于伏山乡</small>
　　　——录自《中国歌谣集成河南商城县卷·时政歌》

去找红军莫迟延

（山歌）

千层底子万针线,做双新鞋给哥穿。
白绒毛巾头顶上裹,红绫绣球刀把上缠。
去找红军莫迟延!

<small>陶秀田演唱　叶照青搜集　1968年7月采录于丰集乡</small>
　　　——录自《中国歌谣集成河南商城县卷·时政歌》

还妹一个苏维埃

（花鼓唱）

哥要参军妹砍柴,卖了扯布做新鞋。
哥穿新鞋好气派,杀敌重任担起来。
还妹一个苏维埃!

陶秀田演唱　叶照青搜集　1968年7月采录于丰集乡
——录自《中国歌谣集成河南商城县卷·时政歌》

归来迎你大路旁
（花鼓唱）

银针亮来底线长，做双新鞋送情郎。
不告爹，不告娘，只告情郎打胜仗。
归来迎你大路旁。

陶秀田演唱　叶照青搜集　1968年7月采录于丰集乡
——录自《中国歌谣集成河南商城县卷·时政歌》

俺为红军做军鞋
（大茉莉花调）

1
一根银针亮晶晶，挑开灯花忙不停。
俺为红军做军鞋，线长情更深。
飞针走线寄深情。
2
针引线来线跟针，针线相连难离分。
红军是俺亲骨肉，一心为穷人。
千言万语说不尽！

3

针脚密来线路匀,军鞋缝进姐妹心。

红军穿上俺的鞋,脚步更坚定。

高山大河踏得平。

4

祝红军啊去远征,见鞋如同见亲人。

跟随共产党打天下,永远闹革命。

俺们早日庆翻身!

叶光富演唱　叶照青搜集　1967年2月采录于伏山乡

——录自《中国歌谣集成河南商城县卷·时政歌》

欢迎红军进俺庄

腊梅花开朵朵黄,敲锣打鼓闹嚷嚷:

小伙子推着慰问品,妇女们拿着军鞋和军装,

老大爷捋着胡子笑,儿童团路旁拍手唱。

要问为啥恁高兴哟,欢迎红军进俺庄。

——录自《商城革命歌谣选·歌颂篇》

子弟兵就是好

（抢八句调）

《歌谣卷》题作《子弟兵就是好》(抢八句调),《歌谣选》

题作《子弟兵就是好》。

谷穗儿,黄金金,帮俺收割的是红军。
担的担,捆的捆,抢收抢种快得很。
喊他吃饭他不吃,叫他抽烟他不肯。
子弟兵,就是好,天南海①北都驰名。

①海:《歌谣选》作"地"。

《歌谣卷》 罗宝善演唱 乔克仁搜集
原载《河南日报》1979 年 12 月 27 日
——录自《中国歌谣集成河南商城县卷·时政歌》

见了红军歌自来

山歌好唱难开怀,见了红军歌自来。
一唱唱到日落西,半片月亮挂山崖。

——录自《商城革命歌谣选·歌颂篇》

要唱就唱红四军

樱桃越吃越甜心,山歌越唱越好听。
翻身不把别的唱,要唱就唱红四军。

——录自《商城革命歌谣选·歌颂篇》

红军战士就是我

莫拿刀枪来吓我,刀放颈上挺挺脖;
想叫老子说实话,除非太阳往东落;
睁开狗眼看一看,红军战士就是我。

——录自《商城革命歌谣选·革命篇》

红军是咱救命人

大别山上一根藤,藤缠树来树缠藤。
红军好比山上树,穷人好比树上藤,
藤离树来无处挂,红军是咱救命人。

——录自《商城革命歌谣选·歌颂篇》

新四军来了救我

《歌谣卷》题作《新四军来了救我》,《歌谣选》题作《红军来了救我》。《歌谣选》题误,首句"鬼子来了杀我"点明在抗战时期,当为新四军。

鬼子来了杀我,白匪来了毙我[1],民团来了烤我[2],
保长[3]来了捆我,财主来了逼我,新四军[4]来了救我。

[1]此句:《歌谣选》作"白军来了抢我"。
[2]此句:《歌谣选》无。

③保长:《歌谣选》作"土匪"。

④新四军:《歌谣选》作"红军"。

《歌谣卷》 叶光富演唱　叶照青搜集

1967年2月采录于伏山乡

——录自《中国歌谣集成河南商城县卷·时政歌》

大别山来了刘邓大军

（送郎调）

《民歌卷》、《民歌集》、《歌谣选》题作《大别山来了刘邓大军》,《歌谣卷》题作《大别山来了邓小平》(送郎调)。"歌谣稿"存谱例本《南下对歌》一首,该歌包括《大别山来了刘邓大军》、《支援大军到江南》。《歌谣选》采自《南下对歌》,多一段词。《民歌卷》、《民歌集》、《歌谣卷》歌唱刘邓大军(或邓小平),题作《大别山来了刘邓大军》是;《歌谣选》歌唱还有南下大军,题同《民歌卷》诸本则误。

你知哪①山出金银？大别山来了什么人②？
领③的都是什么兵？山里赶走什么人④？
金刚⑤台上出金银,大别山来了刘邓大军⑥,
领⑦的全⑧是子弟兵⑨,山里赶走白匪军⑩。

①哪:《民歌卷》作"那"。

②人:"歌谣稿"作"军"。

③⑦领:"歌谣稿"作"带"。

④赶走什么人:《歌谣卷》作"赶走了什么军"。
⑤刚:编者改,《民歌卷》《民歌集》、"歌谣稿"作"岗"。
⑥刘邓大军:《歌谣卷》作"邓小平"。
⑧全:《歌谣卷》作"都"。
⑨子弟兵:"歌谣稿"作"解放军"。
⑩赶走白匪军:《歌谣卷》作"赶走了白匪军",《歌谣选》作"赶走蒋匪军"。

《民歌卷》《民歌集》 刘家运演唱 乔克仁、肖祖珍记谱
《歌谣卷》 叶光富演唱 叶照青搜集
　　　　1967年2月采录于伏山乡
"歌谣稿" 张大山口述 叶喻光、张义中整理记录
　　　　1987年6月
　　　　　　——录自《商城民间歌曲集·小调》

刘邓大军真勇敢

《民歌卷》《民歌集》《歌谣卷》《歌谣选》题同。《春歌》(华龄出版社2005年版)署"叶照青词",当误。

　　1
刘邓大军真勇敢,跃进千里,
抢渡黄河,控制了大别山。
大别山好像①一把剑,直插在蒋介石②心里边。
　①像:《民歌卷》《歌谣卷》作"象"。
　②蒋介石:《歌谣卷》作"蒋介石的"。

2

刘邓大军真勇敢,突破封锁,

分割敌人,转战在大别山。

大别山遍地烈火燃,只烧得白狗子心胆寒。

3

刘邓大军真勇敢,发动群众,

建立政权,闹红了大别山。

大别山到处红旗展,解放区一片艳阳天①。

①此句:《歌谣选》作"解放区的人民好喜欢"。

《民歌卷》 叶照青收集

《民歌集》 佚名演唱 文化馆供稿

《歌谣卷》 叶光富演唱 叶照青搜集

1967年2月采录于伏山乡

——录自《商城民间歌曲集·小调》

刘邓大军似天神

(李玉莲迈大步调)

《民歌卷》、《歌谣选》题作《刘邓大军似天神》,《民歌集》、《歌谣卷》题作《刘邓大军似天神》(李玉莲迈大步调)。

1

刘邓大军似天神,日夜辛苦为穷人。

一夜攻克三架山,一天收复十座城,

仗仗打败蒋匪军。

　　2

刘邓大军似天神,军民亲如一家人。
打仗抽空学文化,帮助群众把田①耕。
又能武来又能文。

　　①田:《歌谣卷》作"地"。

　　3

刘邓大军似天神,无影无踪就来临。
斗地主,分田地,组织工农闹翻身。
家家户户喜盈盈。

《民歌卷》《民歌集》　凡运成演唱　乔克仁记谱
《歌谣卷》　叶光灿演唱　乔克仁搜集
　　1960年采录于武桥乡
　　　　——录自《商城民间歌曲集·小调》

支援大军到江南

（小放牛调）

《歌谣卷》题作《支援大军到江南》(小放牛调),《歌谣选》题作《大别山来了刘邓大军》。《歌谣选》采自"歌谣稿"录《南下对歌》,含《支援大军到江南》。参见《大别山来了刘邓大军》题释。

什么花儿红满山? 什么红旗①红满天?

什么人最听党的话,支援大军到江南?
映山红花红满山,五星红旗红满天,
农友最听党的话,支援大军到江南。

①红旗:《歌谣选》、"歌谣稿"作"旗帜"。

《歌谣卷》 张义忠演唱　张锦华搜集
　　　　　1986年9月采录于鄢岗乡

"歌谣稿"　张大山口述　叶喻光、张义中整理记录
　　　　　1987年6月

——录自《中国歌谣集成河南商城县卷·时政歌》

宣传革命斗争（55首）

十二月宣传歌（一）
（春秋四季调）

《资料初》题作《十二月宣传》，《民歌卷》、《民歌集》题作《十二月宣传歌》（春秋四季调），《歌谣卷》题作《十二月宣传》（春秋四季调），《歌谣选》题作《十二月宣传歌》（二）。此歌与另一首近似，诸本皆录。题后序数（一）为编者改。

1
正月是新春，苏维埃①下命令：
各处机关②负责人你是听，宣传工作要加紧③。

①苏维埃：《资料初》、《歌谣卷》作"政府"。

②各处机关：《资料初》作"各处小机关"，《歌谣卷》作"各个机关"。

③工作要加紧：《资料初》作"你（是）工作加紧"，"你是"为衬词，未录；《歌谣选》作"工作要抓紧"。

2
二月是花朝，妇女要①明了，
组织开会封建要打倒，莫学那伸头缩脑②。

①要:《资料初》作"才"。

②伸头缩脑:《民歌集》作"伸头又缩脑",衍一"又"字。

3

三月是清明,宣传成年人:

劳苦群众田地你要耕,争取丰收支援红军①。

①此句:《资料初》作"到后来养老院盛",《歌谣卷》作"争取丰收支援咱红军"。

4

四月把①秧插,同志②听根芽:

戒严工作天天要盘查③,负责人喜笑哈哈④。

①把:《资料初》作"黄"。

②同志:《歌谣卷》作"儿童"。

③此句:《歌谣卷》作"各处岗哨去来要盘查"。按:《歌谣卷》将上句"同志"改为"儿童",故下句有此改。

④此句:据《资料初》、《歌谣卷》改,《民歌集》、《民歌卷》、《歌谣选》作"人来人往要细观察"。

5

五月是端阳,工人听俺讲:

组织开会阶级认清亮①,认阶级同胞解放②。

①此句:《歌谣卷》作"无产阶级眼睛要明亮"。认:《资料初》作"识"。

②此句:《资料卷》作"认阶级同谋解放",《歌谣卷》作"认清同胞得解放"。

6

六月是炎①天,宣传各②少年:

怀抱枪支消除家庭观念③,灭军阀过太平年④。

①炎:《资料初》误作"严"。

②各:《资料初》作"哥",疑为衬词,或为"各"之误;《歌谣选》作"青"。

③此句:《歌谣卷》作"抱着枪枝清除亲族观念"。枪支:《民歌卷》、《歌谣卷》误作"枪枝"。消除:《资料初》作"打开"。

④此句:《资料初》作"灭军阀(是)太平之年",《歌谣卷》作"打倒军阀好过太平年"。

7

七月秋又①来,宣传反动派②:

趁机反正快快转过来③,莫听那谣言厉害④。

①又:《歌谣卷》作"风"。

②反动派:《资料初》作"那白色"。

③此句:《资料初》作"趁机作反快快缴枪械",《歌谣卷》作"你要反正农友一样待"。

④此句:《资料初》作"莫保那土豪劣绅",《歌谣卷》作"不要听反动谣传厉害"。

8

八月中秋节,宣传那白色①:

组织反正快快缴枪械②,莫保那豪绅土劣③。

①那白色:《资料初》作"改组派";《歌谣卷》作"老白色",

疑"老"为"那"之误。

②此句：《资料初》作"快快哗变把枪摘"，《歌谣卷》作"快快把枪枝交过来"，《歌谣选》作"组织哗变快快缴枪械"。

③此句：《资料初》作"莫听那谣言厉害"，《歌谣卷》作"莫要保那豪绅土劣"。

按：第七、八两段内容重复，故诸本两段歌词多有互窜。

9

九月菊花黄，宣传灰色党：
不要风吹①二面来观望，你思想抱定一方②。

①不要风吹：《资料初》作"风吹荷花"。

②此句：《资料初》作"抱主义认清一方"，《歌谣卷》作"抱定主义认承一方"。

10

十月小阳春，宣传各阶层①：
不要敷衍快快来革命②，共产党是万年青③。

①此句：《资料初》作"政府下命令"，《歌谣卷》作"宣传赤卫军"。

②此句：《资料初》作"各处负责同志你是听"，《歌谣卷》作"戒严放哨肃反要认真"。

③此句：《资料初》、《歌谣卷》作"共产党万年万春"。

11

冬月飘雪花①，宣传土豪家②：
老老少少何必跑他③咋，退经济一样参加④。

①此句:《资料初》作"冬月大雪沙",《歌谣卷》作"十一月飘雪花"。

②土豪家:《资料初》作"豪富家"。

③他:《民歌卷》、《歌谣选》作"它",《歌谣卷》作"了"。

④此句:《资料初》作"推罢了经济你是一样参加",《歌谣卷》作"退了经济一样参加"。

按:此段《资料初》缺第三句。

12

腊月①宣传完,赤区大团圆②,

各州府县都要过新年③,到十五红灯来玩④。

①腊月:《资料初》、《歌谣卷》作"十二月"。

②此句:《歌谣卷》作"新世界大改变"。圆:《资料初》误作"园"。

③此句:《资料初》作"各州府县都是正一年",《歌谣卷》作"万国九州同时过新年"。

④此句:《歌谣卷》作"正月十五把红灯玩"。

《资料初》 丰集业余剧团(收集)
《民歌卷》 乔克仁、张德光、芮祚国收集
《民歌集》 佚名演唱 乔克仁、张德光、芮祚国记谱
《歌谣卷》 陈世昌演唱 刘宏菊搜集
　　　　1989年8月采录于三里坪乡
　　　　　　——录自《商城民间歌曲集·小调》。

十二月宣传歌（二）

《歌谣选》题作《十二月宣传歌》（一）。题后序数（二）为编者改。

1
正月是新春，上级下命令：
过年过节家家闹花灯，正是宣传的好光阴。

2
二月开红花，妇女听根芽：
"三从四德"坚决要破除，不要那封建脑瓜。

3
三月是清明，老乡你是听：
红军家属田地要代耕，让他放心打敌人。

4
四月把秧插，干部当好家：
努力工作天天要检查，认真负责为国家。

5
五月是端阳，工农听端详：
工人阶级是骨干，领导人民求解放。

6
六月炎热天，少年听心间：
站岗送信样样争着干，为打白匪积极做贡献。

7

七月秋又来,白区人民听在怀:

工农红军专打反动派,别听谣言作破坏。

8

八月中秋到,白匪你听着:

认清形势别保反动派,弃暗投明路一条。

9

九月菊花黄,红军听衷肠:

革命要经历风雪和冰霜,意志要坚强。

10

十月小阳春,叫声赤卫军:

土豪劣绅都是一条根,坚决消灭不留情。

11

冬月雪花飘,豪绅你听着:

下地劳动学会犁和耙,胆敢破坏定不饶!

12

腊月庆新年,苏区大发展,

家家户户都把鞭炮燃,欢庆胜利乐无边。

——录自《商城革命歌谣选·革命篇》

十二月欢迎

（十想调）

《民歌卷》、《民歌集》题同。歌词仅存一段。

正月是新年,穷人多可怜。
地主和恶霸,压迫几千年。
齐欢迎毛主席,领导把身翻。

  《民歌卷》 芮祚国收集
  《民歌集》 佚名演唱　芮祚国记谱
      ——录自《商城民间歌曲集·小调》

十月小唱

（春秋四季调）

《歌谣卷》题作《十月小唱》（春秋四季调），《歌谣选》题作《十月小唱》。

1

正月是新年,年成①大改变。
耳听着门外人人齐宣传,齐暴动才②把土豪杀完。

 ①年成:《歌谣选》作"世道"。
 ②才:《歌谣选》无。

2

二月是花朝,土劣该挨刀。

统治①阶级一律都打倒,莫求急来迟与来早②。

①统治:《歌谣选》作"剥削"。

②此句:《歌谣选》作"莫求迟与早"。

3

三月是清明,红军本事能。

处处去①打仗仗仗都打赢,打垮了徐源泉②和那夏斗寅。

①去:《歌谣选》无。

②打垮了徐源泉:据《歌谣选》改,《歌谣卷》作"打倒了蒋介石"。

4

四月黄秧插,遍地是①红花。

先从苏俄②发展到中华,莫图急定把帝国打杀③。

①是:《歌谣选》作"开"。

②苏俄:《歌谣选》作"苏维埃"。

③杀:《歌谣选》作"垮"。

5

五月是端阳,军阀无主张。

各州府县招兵无粮饷,无①法办投营来缴②枪。

①无:《歌谣选》作"没"。

②缴:据《歌谣选》改,《歌谣卷》作"交"。

6

六月是炎天,土劣该完蛋。

跑在①外边无吃又无穿,无法办②抢劫讨饭。

　　①在:《歌谣选》作"到"。

　　②无法办:《歌谣选》作"到头来"。

7

七月秋又①来,建立苏维埃。

你土劣要回家我们来宽待,莫听那谣言厉害。

　　①又:《歌谣选》作"天"。

8

八月是中秋,穷人出了头。

富人财产一律我没收,莫图急努力奋斗。

9

九月菊花黄,穷人身翻上①。

又种好田又住新瓦房,感谢恩人共产党。

　　①身翻上:《歌谣选》作"翻身忙"。

10

十月小阳春,大家要齐心。

万国九州都是一家人,紧握枪杆①保护工农专政。

　　①枪杆:《歌谣选》作"枪杆子"。

《歌谣卷》　叶光浩演唱　范明恒搜集

1978年3月采录于伏山乡

——录自《中国歌谣集成河南商城县卷·时政歌》

十月革命歌

《歌谣选》题作《十月颂红军歌》。题为编者改。

1

正月是新年,世界大改变,

家家户户入"共产",土豪都杀完。

2

二月是花朝,红军艺高超,

豪绅走狗难跑掉,只在迟和早。

3

三月是清明,红军有本领;

仗仗都能打得赢,何况夏斗寅。

4

四月把秧插,遍地开红花;

驱散黑暗迎光明,红军把敌杀。

5

五月是端阳,军阀着了慌,

队伍缺衣又短粮,缴械投了降。

6

六月热难当,土豪冷汗淌,

作恶多端今日要算账①,没有好下场。

①账:编者改,《歌谣选》作"帐"。

7

七月秋又来,封建势力要消灭,

穷苦大众得解放,换来新世界。

8

八月是中秋,土改开了头,

富人田地分归穷人有,还分房和牛。

9

九月是重阳,工农最高尚,

红军为俺撑腰杆,主人我们当。

10

十月小阳春,大家要齐心,

穷苦百姓都是一家人,跟党奔前程。

——录自《商城革命歌谣选·歌颂篇》

十杯酒

《资料初》题作《十杯酒》,《歌谣选》题作《敬酒歌》。《歌谣选》只有六段,第四段与《资料初》第八段同,无《资料初》第七、九、十段。

1

一杯子[①]酒正月正,黄陂黄安[②]起革命,

起了多年并多载[③],宣统败殿到如今。

①子：《歌谣选》无，下同。

②黄陂黄安：《歌谣选》作"黄安麻城"。

③此句：《歌谣选》作"革命起了几多载"。

2

二杯子酒是花朝①，红军就把中国要②，

一要中国③推平等，打倒④土豪和劣绅。

①是花朝：《歌谣选》作"闹花灯"。

②就把中国要：《歌谣选》作"要把中华兴"。

③一要中国：《歌谣选》作"若想高低"。

④打倒：《歌谣选》作"铲除"。

3

三杯子酒三月三，红军发展到河南，

余家集才把乡农安，观庙铺才要童子团①。

①此两句：编者改，《资料初》作"余家集白雀园才把乡农安，观庙铺来到了才要童子团"，《歌谣选》作"宣化商南得胜利，新集城里扎营盘"。

4

四杯子酒李花开，红军保卫洪山寨，

民团孝子缴枪械①。

①此句：编者改，《资料初》作"民团孝子会都齐缴枪械"。

按：《资料初》此段只有三句，第二句与第八段第二句唯"洪山寨"与"打鼓寨"异，末句意思同，故无从判别与第八段是否重。抛开第一句，此段与《歌谣选》第四段第二句亦唯"洪山寨"与"打鼓寨"异。如果《资料初》此段漏录第三句且第三句与第八段第三句同,则"洪山寨"当为"打姑寨"(《歌谣选》作"打鼓寨")之误,与第八段重,而与《歌谣选》第四段同。否则《歌谣选》第四段当为《资料初》第八段,也或《资料初》第四段与第八段顺序错。又,《歌谣选》无《资料初》第七、九、十段,是否因《资料初》所见("歌谣稿"未存录)第九、十段残,第七段表述不准而删此三段,调第八段为第四段或改第四段"洪山寨"为"打鼓寨",亦未可知;再或《歌谣选》所见就只此六段。

5

五杯子酒端阳节,人人都恨①老天爷,
五月初三②发大水,淹没了多少大民宅③。

　　①人人都恨:《资料初》作"人都恨",当脱一"人"字;《歌谣选》作"人人可恨"。

　　② 初三:《资料初》"初三"后括注"民十九年"。民国十九年农历五月初三为公历1930年5月30日。

　　③此句:《歌谣选》作"淹了多少农人麦"。

6

六杯子酒是炎①天,红军保卫来到②潢川,
仁和集上摆火线③,得了枪支数万千④。

　　①炎:《歌谣选》作"伏"。

　　②保卫来到:《歌谣选》作"发展到"。

　　③此句:据《歌谣选》改,《资料初》作"迎河集的大火线"。

　　④此句:《歌谣选》作"得到枪械数十万"。

7

七杯子酒七月七,土豪劣绅真着急,

妻子儿女都抛散,眼泪汪汪往下滴。

8

八杯子酒桂花开,红军包围打鼓寨①,

围了七天并七夜,民团匪学缴枪械②。

  ①包围打鼓寨:据《歌谣选》改,《资料初》作"保卫打姑寨(白雀园)"。

  ②此句:《歌谣选》作"民团乖乖缴了械"。

9

九杯子酒菊花黄,白匪才把商城让,

土豪劣绅跑他娘。

10

十杯子酒小阳春,土豪劣绅急得无处蹬。

  按:《资料初》第四、九段疑漏录一句,第十段残。

《资料初》 汪明友唱

——录自《商城民间音乐资料(初辑)·革命歌曲》

庆祝胜利十杯酒

《歌谣选》题作《庆祝胜利十杯酒》。"歌谣稿"存《十杯酒》两首,为白塔集乡、双椿铺乡提供本(简称"白本"、"双本"),两本前八段同,后两段双本写游击潢川、鄂豫皖边区革命政权和

红军壮大,与白本异。《歌谣选》采编自白本,较大改动出校注。

1

一杯酒大家喜在心,世界大改变工农闹革命①,
土豪劣绅被打倒,穷苦的工农做了主人。

①工农闹革命:白本作"革命起了身"。

2

二杯酒农友笑嘻嘻,分得了山林房屋和土地,
不交课来不纳租,从今后再不受有钱人欺。

3

三杯酒工农兄弟们,想过去受压迫真正伤心,
如今黑暗全过去,共产党来了人民大翻身。

4

四杯酒恨声狗劣绅,勾结那小团匪①残害我穷人,
烧房抢粮拉牲畜,害得我农友们无处安身。

①小团匪:白本注"指灌河西岸和固始草庙的地方匪军"。

5

五杯酒大家要齐心,上级指示组织起来最要紧①,
男女老少齐武装,管把那小团匪消灭干净。

①此句:白本作"组织起来最要紧,上级有命令"。

6

六杯酒遍地红花开,赤卫军包围了马堽汉①王寨,
围了一月打三天,只吓得河西团匪投降缴械。

①汉王寨:据白本注"汉王寨,指固始马堽的汉王庙,是

河西匪区的老窠"改,《歌谣选》作"反王寨"。

7

七杯酒时逢七月七①,农友们人心齐围攻了草庙集,
四方包围常二光,直追得常光头弃枪逃避。

①七月七:虚指。该歌采用民歌《十杯酒》写法,各段首句起兴,故时间与《可恨团匪常二光》载"八月初一"不符合。

8

八杯酒八月桂花开,赤卫军打胜仗农友喜心怀,
赶走白军和团匪,工农红色政权建立起来。

9

九杯酒农友喜洋洋,迎来了共产党穷人有主张,
苏区人民团结紧,又参军又运粮支援前方。

10

十杯酒农友笑开颜,共产党恩情重穷人说不完①。
幸福不忘共产党,闹革命要坚强勇往直前。

①说不完:白本作"得安然"。

白本 白塔集乡党史办公室搜集整理 1987年8月8日

——录自《商城革命歌谣选·歌颂篇》

十绣

1

一绣共产党,共产党好主张,联合改组国民党。

2

二绣山东城，城里扎大营，两党合作都欢迎。

3

三绣北伐军，打到武昌城，打得军阀四处奔。

4

四绣打武汉，洋人心胆寒，收回租界人喜欢。

5

五绣蒋介石，他把贼心起，杀死工农好惨凄。

6

六绣南昌城，周、贺和叶挺，领导起义建红军。

7

七绣我工农，团结力无穷，拿起武器向前冲。

8

八绣党中央，建立新政权，工农专政为百姓。

9

九绣大将军，贺龙和叶挺，领导七军和八军。

10

十绣鄂豫皖，建立新政权，大别山区红旗展。

——录自《商城革命歌谣选·歌颂篇》

四季忙歌

《歌谣卷》题作《四季忙》，《歌谣选》题作《四季忙歌》。

1

春季里,春风吹,光阴好比黄金贵①。

整田又下种,盼望丰收归②。

  ①此句:《歌谣卷》作"花开草长蝴蝶飞"。

  ②此两句:《歌谣卷》作"麦苗儿秀了,桑叶儿正肥"。

2

夏季里,两头①忙,割了麦子②又插秧。

早起勤耕作,归来戴月亮③。

  ①两头:《歌谣卷》作"农事"。

  ②割了麦子:《歌谣卷》作"才了蚕桑"。

  ③月亮:《歌谣卷》作"月光"。

3

秋季里,稻上场,汗水换来谷金黄①,

晒干再扬净②,送课③又完粮。

  ①此句:《歌谣卷》作"谷象黄金粒粒黄"。

  ②此句:《歌谣卷》作"血汗的辛苦"。

  ③课:《歌谣卷》作"稞"。

4

冬季里,雪初晴,又忙积肥又搓绳①。

一年农事了,一米不盈升。

  ①此句:《歌谣卷》作"身上衣单薄又轻"。

  《歌谣卷》 李寿域演唱 王凤林搜集

    1989年8月采录于苏仙石乡

      ——录自《商城革命歌谣选·控诉篇》

鸿雁

雁呀雁,好久不见,又是半年!

半年里头你们可康健? 可平安?

朝朝暮暮好挂念!

你去时正当暖洋洋的春天,

为何选在寂寞的秋天归还?

莫不是一喜冷来一喜暖?

可曾瞧见那万里长城巨蛇一样地上蜿蜒?

可曾瞧见那无产阶级的苏联?

李寿域演唱　王凤林搜集　1989年8月采录于苏仙石乡

——录自《中国歌谣集成河南商城县卷·时政歌》

斧头镰刀大红旗

斧头镰刀大红旗,飘扬世界各地。

斧头是代表工人,镰刀是代表农人,

工农联合起来,打倒我们共同的敌人。

——录自《商城革命歌谣选·革命篇》

新小放牛歌

原每四句一段,共四段,今按同调(类)《对花》歌例合并为两段。

1

《共产党宣言》什么人起草？十月革命什么人领导？

什么人是中国工人的首领？什么人在中国作农运最早？

《共产党宣言》马克思起草，十月革命列宁来领导，

苏兆征是工人的首领，彭湃同志在中国作农运最早。

2

什么东西甜如蜜？什么东西大如天？

什么东西硬如铁？什么东西红如血？

分田胜利甜如蜜，阶级的利益大如天，

红军的纪律硬如铁，苏维埃的旗帜红如血。

——录自《商城革命歌谣选·歌颂篇》

穷人享福靠"共产"

《模范宣传队》失题。题为编者加。

青山〔那个〕高哟插青天，红花〔那个〕开哟配云烟，

花开〔那个〕红哟扎根深，穷人〔那个〕享福靠"共产"。

按：夏立之《模范宣传队》载，1928年她刚满15岁，春天上山打猪菜时即唱此歌。依此说，则此歌在1928年前即已传唱。

——录自《大别山烽火·模范宣传队》

唤醒广大群众歌

《歌谣卷》、《歌谣选》题同。

振臂一呼,痛苦的是我工农!
想封建压迫把我①当牛马去作工,
栉风沐雨耕田地,胼手胝足②造无穷,
到工程圆③满安享日,百物空。
大地主心太凶④,资本家剥削重,
说什么风水运气八字不同,誓死⑤斗争夺政权,
大家团结枪刀丛,去⑥推翻封建旧社会,乐大同。

  ①我:《歌谣选》作"我们"。

  ②胼手胝足:据《歌谣选》改,《歌谣卷》误作"秉手低足"。

  ③圆:《歌谣选》误作"园"。

  ④凶:《歌谣选》作"狠"。

  ⑤死:据《歌谣选》改,《歌谣卷》作"亦"。

  ⑥去:据《歌谣选》改,《歌谣卷》作"却",当误。

《歌谣卷》 李寿域演唱 王凤林搜集

    1989年8月采录于苏仙石街

    ——录自《中国歌谣集成河南商城县卷·时政歌》

农友觉醒歌

农友,觉醒,快觉醒!
如今这世上,实在不公平!
富的富,贫的贫,最苦我农人。
天不明出门,回家戴月星,
日夜做牛马,辛苦谋营生,
衣食不饱暖,艰难度光阴。
农友,觉醒,快觉醒!
可恨狗地主,勾结官匪兵,
早催债,晚逼租,派捐又抓丁。
可怜我穷人,逼得无处奔。
农友快觉醒,起来作斗争。
受苦农人要生存,就得闹革命。

——录自《商城革命歌谣选·革命篇》

叫声农友莫发呆

"歌谣稿"题作《革命民歌》。题为编者改。

叫声农友莫发呆,求神拜佛不应该,
要想生活得幸福,只有拥护苏维埃。

——录自商城革命歌谣征编稿

放足歌

"歌谣稿"存《放足歌》三首(不含题与内容不符合的《放足歌》),一为原写本(简称"原本"),一为誊写本(简称"誊本"),一为增改本(简称"改本"),疑系同一本。原本注:"这首歌曲在宣传时表演唱。"

1

我们俩,争自由,姐妹红尘一同游。
好哥哥牵着我的手,花园里面慢慢走。

2

你们看,这丫头,满脸胭脂不放足。
外穿绣鞋,内穿新绣,走路不能走[①]。
扭扭捏捏,扭扭捏捏不放足。
弱国弱种真可忧,外国人耻笑实难受。
劝你快快放天足[②],享受平等,还我自由。

  ①此句:原本、改本为叠句。

  ②此句:原本为叠句。

3

你们看,这天足,好似那洋船水中游。
走路嗵嗵响,踢破大石头,还笑别人真不害羞。
我的小脚尖又瘦[①],你为什么乱胡诌?

  ①此句:诸本为叠句。

4

好妹妹,记心头,世界上女子都是天足。

缠足落人后,约束不自由①,外国人耻笑实难受。

劝你快快放天足②,享受平等,还我自由。

　　①此两句:据改本改,原本、誊本作"弱国弱种真正可忧"。

　　②此句:诸本为叠句。

5

好姐姐,听根由,你说天足有道理,

把我提醒了,实在是不错。

只怨我母亲害了我,硬要我把脚包着。

可恨可恼,这个小尖脚。

热心肠,说实话,大家要听着,不要包脚!

　　按:此段系改本增写,文字略有出入。

6

诺,幸亏了,这位先生劝我放足,使我得自由。

诺,幸亏了,这位先生劝我放足,使我得自由。

7

我的同胞啊,大家快觉悟!

快快放天足,目的要拉住,大家得自由。

看,这时候,一轮红日,大家来跳舞。

　　按:此段据誊本改,删与第五段重复句;原本、改本无。

　　原本　李寿域提供　1987年10月

　　誊本　李寿域、汪氏提供(疑)　苏仙石乡供稿(据稿纸)

　　　　　　——录自商城革命歌谣征编稿

妇女小唱

《歌谣选》题作《妇女小唱》。"歌谣稿"存一首,题作《妇女解放小唱》。"歌谣稿"另存《可怜中国女同胞》(苏武牧羊调)一首,共四段,第四段残,每段约十句,句式不一,当为母本。

可怜中国女同胞,扎耳又缠脚,一身不周全。
讲"三从"和"四德",生长在地狱间,
不能讲读书,不能讲平权,
一生痛苦说不完,快快起来争夺自由权。

  按:"歌谣稿"注"此歌由当年青妇宣传队汪青远唱"。宣传队是土地革命战争时期县、乡、村普遍成立的群众性文艺团体,每队多则十几人,少则三五,以发表演说、教唱革命歌曲和演出节目为主要形式,进行革命宣传。此歌被宣传队演唱,可知在商城曾被广泛传唱。

  "歌谣稿" 姚昌富记录 1987年5月3日
        ——录自《商城革命歌谣选·控诉篇》

妇女快觉醒

1

妇女真可怜,一世做①人难,
从小扎耳又缠脚,闺房如牢监。

①做：编者改，《歌谣选》作"作"。

2
父母管得宽，丈夫管得严，
"三从四德"是规范，不敢偏一点。

3
法律与社会，不能讲读书，
不敢讲圣贤，不敢讲平权。

4
公婆虽有钱，不与奴相干；
丈夫赌博债，还要妻子还。

5
妇女快觉醒，团结最要紧，
组织妇女会，起来干革命。

6
推翻旧礼教，打破旧家庭；
男女要平等，自由归我们。

——录自《商城革命歌谣选·革命篇》

男女平等歌

1
原来男女都是人，什么重男把女轻，姊妹们实在伤心。

2
男子南来与北往，女子关在黑洞房，姊妹们实在冤枉。

3

"三从四德"旧礼教,牢笼压迫受不了,姊妹们齐来推倒。

4

好了好了真好了,现在有了出路找,共产党给我撑腰。

5

共产党领导真英明,我们妇女翻了身,一切事男女平等。

按:原每段最后一句为叠句,编者删。

——录自《商城革命歌谣选·革命篇》

工农兵学商歌

《歌谣卷》题作《工农兵学商歌》,《歌谣选》题作《工农兵和妇女解放歌》。《歌谣卷》五段,无"妇女";《歌谣选》四段,无"商人"、"学生",有"妇女"。两歌除每段首、尾句歌词近同,中间歌词殊异,疑为同首歌的不同版本。《歌谣卷》歌词整饬,应加工修改过。

1

我本是一工人,数千年痛苦都受尽。
家内多寒贫,进厂去谋生,
时间延长,工资减轻,一直到如今,
每日生活真正苦,满身血汗都流尽。
打倒帝国主义!推翻资产阶级!

若不这样,永做奴隶。

  2

我本是一农人,数千年痛苦都受尽。

家内多寒贫,给地主把田耕,

披星戴月,少吃缺穿,一直到如今,

一年四季真正苦,满身血汗都流尽。

打倒帝国主义!推翻资产阶级!

若不这样,永做奴隶。

  3

我本是一军人,数千年痛苦都受尽。

家内多寒贫,因此去投军,

打仗吃饭,舍死忘生,一直到如今,

日夜站岗真正苦,挨打受骂是我们。

打倒帝国主义!推翻资产阶级!

若不这样,永做奴隶。

  4

我本是一学生,数千年痛苦都受尽。

家内多寒贫,教学去谋生,

课程加重,工资减轻,一直到如今,

成年生活真正苦,满身心血都耗尽。

打倒帝国主义!推翻资产阶级!

若不这样,永做奴隶。

5

我本是一商人,数千年痛苦都受尽。

家内多贫困,肩担去谋生,

食不供口,衣不周身,一直到如今,

每日生活真正苦,满身血汗都流尽。

打倒帝国主义!推翻资产阶级!

若不这样,永做奴隶。

《歌谣卷》 李寿域演唱 王凤林搜集

1989年8月采录于苏仙石街

——录自《中国歌谣集成河南商城县卷·时政歌》

工农兵和妇女解放歌

《红军时期歌曲选》《歌谣选》题同。

1

我本是一工人,数十年痛苦都受尽。

家中多么贫,工厂去谋生,

时间增加,工资减少,到如今,

一天到晚真辛苦,满身的血汗都流尽。

打倒帝国主义,推翻买办阶级,

要不这样,永远做奴隶。

2

我本是一农人,多少年痛苦都受尽。

今天想起来,怎么不痛心!

地主剥削,豪绅压迫,到如今,

还有白匪更凶恶,屠杀我工农不留情。

铲除封建地主,消灭豪绅团匪,

要不这样,永远做奴隶。

3

我本是一士兵,几块钱饷送命到如今。

那些长官,心真狠,

薪俸千万,还①扣饷银,到如今②,

敲诈③勒索老百姓,打骂侮辱我士兵。

打倒万恶军阀,推翻反动统治,

要不这样,永远做奴隶。

  ①还:《红军时期歌曲选》作"还要"。

  ②到如今:《歌谣选》补,《红军时期歌曲选》无。

  ③诈:编者改,《红军时期歌曲选》、《歌谣选》作"榨"。

  按:《歌谣选》据全词结构,对"还要扣饷银"句,删"要",补"到如今",甚是。

4

我本是一女人,数十年痛苦都受尽。

深锁闺阁中,好似犯罪人,

教育没受,经济莫管,到如今,

反动政府不过问,一切自由都送尽。

大家武装起来,参加革命斗争,

要不这样,永远做奴隶。

——录自《商城革命歌谣选·控诉篇》

工农兵联合起来

1

工人苦,天天忙做工,受尽剥削年年穷,

做牛做马受尽虐待好伤情,好伤情!

2

农人苦,四季忙种田,被地主吸尽了血汗,

无饭吃又无衣穿,无衣穿!

3

士兵①苦,别妻又离娘,替军阀当枪又当炮,

挨打挨骂缺粮饷,缺粮饷!

①士兵:指国民党军队士兵。

4

工农兵,联合起来,把反动政权彻底来破坏,

赶快建立苏维埃,苏维埃!

——录自《商城革命歌谣选·革命篇》

革命歌

奴隶辗转地狱间,做工似牛马,日日受熬煎。
豪绅和地主,剥削最凶残,
社会不平等,彻底要推翻。
掀起大暴动,轰轰烈烈干一番。
我们工农兵,同一条路线,举镰铲,拿刀枪,
杀杀杀,杀它个旧世界人仰马翻。
红光照天下,奴隶锁链断,
跟着共产党,革命永向前。

——录自《商城革命歌谣选·革命篇》

革命潮流歌

《歌谣选》题作《革命潮流歌》。"歌谣稿"存两首,一失题(改称《革命运动高潮起》),一题作《革命高潮起》(下操歌),两本词多异。《歌谣选》当采编自《革命运动高潮起》。

革命潮流①高潮起,工农兵士②大联合。
共产党领导③闹革命,这是我们新使命。
不怕死,不爱钱,踏着血迹④向前进。
努力斗争齐斗争⑤,军阀、帝国主义消灭尽。

①潮流:《革命运动高潮起》作"运动"。

②兵士:《革命运动高潮起》作"士兵"。

③领导:《革命运动高潮起》作"领导我们"。

④踏着血迹:《革命运动高潮起》作"冲锋陷阵"。

⑤此句:《革命运动高潮起》作"努力努力再努力,斗争斗争再斗争"。

——录自《商城革命歌谣选·革命篇》

打倒劣绅歌

1

劣绅多贪婪,勾结刮民官,
胡乱派杂款,从中吞黑钱。
吃酒下馆子,过瘾抽大烟。
没事窑子逛,麻将搓几圈。
吃吃喝喝玩玩乐乐罪恶实滔天!

2

可怜俺穷人,整年被欺压,
没有吃和穿,还得把款拿。
钱若出慢了,派人把你抓。
抓到役保处,打了还要罚。
穷人赶快联合起来齐把劣绅打!

——录自《商城革命歌谣选·控诉篇》

反动派不打不低头

（山歌）

《歌谣卷》题作《反动派不打不低头》(山歌)，《歌谣选》题作《反动派不打不低头》。

桐子不打不冒油，枇杷①不打不成球，
树丫②不打不成林，反动派不打不低头。

  ①枇杷：据《歌谣选》改，原误作"枇粑"。
  ②树丫：据《歌谣选》改，原误作"树桠"。
  《歌谣卷》 叶光富演唱 叶照青搜集
    1967年2月采录于伏山乡
    ——录自《中国歌谣集成河南商城县卷·时政歌》

老财不除世不平

《歌谣卷》、《歌谣选》题同。

天上云多天不明，水里鳖多水不清，
城墙不倒路不通①，老财不除世不平。

  ①不通：《歌谣选》作"难行"。
  《歌谣卷》 叶光富演唱 叶照青搜集
    1967年2月采录于伏山乡
    ——录自《中国歌谣集成河南商城县卷·时政歌》

帝国主义要推翻

《资料初》题作《帝国主义要推翻》,《民歌卷》题作《帝国主义我们要推翻》。《民歌卷》只有第一段,前两句与《资料初》同,后两句异。《资料初》两段意乏关联,疑是两首歌词混在一起。

1

帝国主义我们要推翻,有①了共产党穷人不为难。

共产党领导咱拿枪闹革命,打日本赶蒋匪人人冲上前。②

①有:《资料初》作"实行"。

②此两句:《资料初》作"共产党成了功帝国都不□,到那时夺政权人人都有功。"

2

当兵莫当军阀兵,军阀兵无粮饷又要打人。

我们红四军粮饷多得①很,打一仗胜一仗人人都有名。

①得:编者改,《资料初》作"的"。

按:此段《民歌卷》无。

《资料初》 余弟五唱

《民歌卷》 商城文化馆存

——录自《商城民间音乐资料(初辑)·革命歌曲》

打倒日本强盗

日本三岛,巴掌大小,

小人小头脑,小国小枪炮,比较灵巧。

真好笑,竟然要做亚东的主人,逞世界英豪。

瞧,出兵东三省,瓜分中国开始了,

奉张吓跑,老蒋也吓倒,

同时中国反动统治势力不保。

瞧,打的打,闹的闹,哭的哭,笑的笑,

无产阶级革命者,赶快团结好,

还是要打倒军阀,打倒日本强盗。

  按:九一八事变后,中共鄂豫皖中央分局、中共鄂豫皖省委发出宣言和通告,号召苏区军民行动起来,为抗击日本侵略者而斗争。为配合抗日宣传,随红日剧团调往鄂豫皖省里的王霁初组织并参与新剧团创作、演出一批抗日节目,《打倒日本强盗》即为1931年底或1932年初在分局和省委驻地新集演出的活报剧中的一段词。据程启文回忆,该剧为王霁初创作。

        ——录自《商城革命歌谣选·革命篇》

反动派与白匪士兵吵嘴
（小放牛调）

《民歌卷》题作《反动派与白匪士兵吵嘴》（小放牛调对

唱),《民歌集》、《歌谣卷》题作《反动派与白匪士兵吵嘴》(小放牛调),《歌谣选》题作《反动派与白匪士兵吵嘴歌》。《歌谣卷》、《歌谣选》每段分作两段,每段五句。

1

(劣绅)①劣绅②开口问,副爷③老总们,
自从我去年搬你到如今,
实指望拼命替我们打,
谁知道你④光吃不动身。
(白军)⑤士兵⑥把口开,不怪我迟挨,
谁不知红军势力多厉⑦害!
何况那山路不好走,
这件事总得慢慢来。

①(劣绅):《歌谣卷》、《歌谣选》无,后各段同,不再出校释。

②劣绅:《民歌卷》、《歌谣选》作"反动"。

③爷:《民歌卷》误作"节"。

④你:《民歌卷》、《民歌集》加括号作衬词,《歌谣卷》无。

⑤(白军):《歌谣卷》、《歌谣选》无,后各段同,不再出校释。

⑥士兵:《歌谣卷》作"白军"。

⑦厉:《民歌卷》误作"励"。

2

（劣绅）这样慢慢来，咋能等得过？

可知道众位天天要吃喝？

怕的是打不了共产党，

反转来砸破①了我们的锅！

（白军）砸了你②的锅，我们吃什么？

这些时你胆子谁壮着？

我们托枪城上坐，

你们在家抱着小老婆。

　　①破：《歌谣卷》无。

　　②你：《歌谣卷》作"你们"。

3

（劣绅）抱着小老婆，那是说笑话，

为你们筹给养天天不归家。

东边刮尽又到西边刮，

只刮得①穷人泪巴巴。

（白军）穷人他有啥？你们反刮他？

难道说穷人个个都该杀？

我们应该只向你们要，

为什么腰里的银钱②一个不肯花？

　　①得：《民歌卷》、《歌谣卷》、《歌谣选》作"的"。

　　②钱：《歌谣卷》作"元"。

4

（劣绅）腰里哪有钱,早已干大①干,

七拼八凑才把你们搬。

副爷们要不再给我们干,

里外里都叫我②无处伸冤。

（白军）你们有啥冤？全是胡扯蛋！

你将我们当做小使③一般。

花④几个臭钱就叫我们死,

打下了⑤天下让你们抽大烟！

  ①大：《歌谣卷》《歌谣选》作"打"。

  ②我：《民歌集》作"我们",衍一"们"字。

  ③小使：《歌谣卷》作"小厮"。

  ④花：《民歌卷》误作"化"。

  ⑤了：《歌谣卷》作"的"。

5

（劣绅）说什么抽大烟,那是瞎胡谈。

难道说当兵的不该去打仗？

依我说长枪烟枪都一样,

吹什么牛皮抬什么杠①！

（白军）谁跟你抬杠②？哪个不打仗？

就是打仗也是我们自主张。

借我们派款你们落多少？

不说③真情话,反来把屁放！

①②杠:《民歌卷》、《歌谣选》误作"扛"。

③说:《民歌卷》、《歌谣选》作"说句"。

6

(劣绅)副爷莫生气,说话要讲理,

我为你们①刮尽了地皮。

不肯打仗反②说我们没出息,

难道说你们专来拿大的!

(白军)这话讲不通,真是笨蛋虫!

如今的事情就是要糊弄③。

你们是穷人④的天老子,

当兵的非⑤做你们的活祖宗!

①们:《歌谣卷》无。

②反:《歌谣卷》无。

③糊弄:《民歌卷》、《歌谣卷》、《歌谣选》均误作"胡弄"。

糊弄:将就、敷衍、哄骗的意思。

④穷人:《歌谣卷》作"群众"。

⑤非:一定的意思。这里作肯定用,不作否定用。

7

(劣绅)副爷莫骂人,说话要留神,

小心着贵军名声不好听!

你们说是厚脸把地方啃,

倒像①是有点胆怯怕红军。

(白军)谁不怕红军?你不怕红军?

你要不怕为什么还要搬我们?

要知道我们也是一条命,

卖给你几块钱实在不甘心!

  ①像:《歌谣卷》作"象"。

8

(劣绅)甘心不甘心,怕死莫当兵,

头戴①金箍帽就不能怕牺牲。

怕牺牲就不该营盘②混,

难道说扛枪的只能吓百姓?

(白军)放你娘的屁!你不是好东西!

不是为穷所迫谁个来当③兵?

我们究竟是谁派的?

发鬼迷做鬼梦钻你娘的瘟!

  ①戴:编者改,《民歌集》误作"载",《民歌卷》、《歌谣卷》、《歌谣选》误作"带"。

  ②营盘:《歌谣卷》作"在营盘"。

  ③谁个来当:《民歌集》误作"谁来当个"。

9

(劣绅)这是什么话?开口就乱骂,

怪不得说白军个个土匪化!

要不是有点怕红军,

看起来除了老天就数你们大!

(白军)骂你就骂你,你①把我怎么的?

反动派都是王八坏东西！

老子怕红军有什么丑？

哪像②你怕土匪出你娘的气！

　　①你：《歌谣卷》无。

　　②哪像：《民歌卷》、《歌谣选》作"那象"，《歌谣卷》作"哪象"。

10

(劣绅)出你娘的气,怎么①能这样说？

　我找你们长官去交涉。

不怕你不肯把红军打,

听你的话音句句带赤化。

(白军)让你找长官,那事也无②妨,

哪怕你说老子是共产党！

我这支③枪就是要④为自由平等放,

早就要崩⑤那些兵虫吃兵饷。

　　①么：《歌谣卷》无。

　　②无：《歌谣卷》作"不"。

　　③支：《歌谣卷》无。

　　④要：《歌谣选》无。

　　⑤崩：编者改，《民歌卷》、《民歌集》、《歌谣卷》、《歌谣选》作"嘣"。

11

(劣绅)胆敢出狂言,你这还得了！

告诉上面准叫你挨刀。

倘若让你上火线,

这支①枪保不住②准向红军缴③。

(白军)莫再开臭口,谁是我对头?

实对你讲共产党本④为穷人来奋斗。

早晚被你们逼不过,

说不定老子也要走这条路!

  ①支:据《民歌卷》、《歌谣选》改,《民歌集》作"杆",《歌谣卷》作"枝"。

  ②住:《歌谣卷》作"准"。

  ③缴:《歌谣选》作"交"。

  ④本:据《民歌卷》、《歌谣卷》、《歌谣选》补,《民歌集》脱。

  12

(劣绅)想走这条路,岂不是笑谈?

听说红军不怕死也不爱钱。

像①你们既怕死来②又爱财,

你投他们连资格③边也不沾。

(白军)你不必担④心,老子是穷人,

那红军本是穷人的救星。

咱们穷人的⑤血都为穷人洒,

老子这颗脑袋就为穷人拼。

  ①像:《民歌卷》、《歌谣卷》、《歌谣选》作"象"。

  ②来:据《民歌卷》、《歌谣卷》、《歌谣选》补,《民歌集》脱。

③资格:《歌谣卷》作"资格的"。

④担:《民歌卷》、《歌谣卷》作"耽"。

⑤咱们穷人的:《歌谣卷》、《歌谣选》作"咱们的穷人"。

13

(劣绅)要拼就拼吧,莫要说空话,

我代表反动派挨了你半天骂。

这段歌赶快唱给白色士兵①听,

好让他们投奔红军哗变②打天下!

①白色士兵:据《民歌卷》、《歌谣选》改,《歌谣卷》作"白色",《民歌集》作"白军"。

②哗:《民歌卷》误作"华"。

《民歌卷》 商城文化馆供稿

《民歌集》 佚名演唱 文化馆供稿

《歌谣卷》 商城县人民文化馆民歌资料

1957年采录于城关镇

——录自《商城民间歌曲集·小调》。

白军叹(一)

(兵变歌)

《歌谣选》题作《白军叹》(兵变歌)。题后序数(一)为编者加。

1

叫声农友拢面来，你来听我说开怀，

〔我的农友啊〕替富人卖命实在划不来。

2

拉丁老娘双泪流，妻子拉着不松手，

〔我的农友啊〕小孩急得直碰头。

3

当兵当了两年半，上头发了两块钱，

〔我的农友啊〕买双袜子都赊欠。

4

吃的粗茶和淡饭，衣服破得稀巴烂，

〔我的农友啊〕倒有多寒碜①。

①碜：编者改，《歌谣选》作"惨"。"碜"商城音 can，故押韵。

5

官长个个黑心肝，吃喝嫖赌样样全，

〔我的农友啊〕外带抽大烟。

6

连长排长更野蛮，不打仗说你通"共产"，

〔我的农友啊〕不枪毙也要挨皮鞭。

7

白军里外不是人，倒不如弃暗投明归红军，

〔我的农友啊〕咱们一家人。

——录自《商城革命歌谣选·控诉篇》

下编：辑录　商城革命歌谣辑录

白军叹（二）

《资料初》题作《佚名》。题为编者改。

1

一心想混人上人，没得法子去当兵，三岁孩娃把别人。

2

妻子扯到不放手，老娘急得①直②碰头。

①得：编者改，《资料初》作"的"。

②直：编者改，《资料初》作"只"。

3

一进营盘把名报，外带站岗还放哨。

4

到了炎天如烤火，到了冬天如刀割。

5

去年还发廿块钱，今年没把一文钱，鞋袜都赊欠。

按：此歌当为七言三句体，每三句一段，中间三段似各少一句。内容亦不完整，推想应为截录前半部分。

汪明友唱

——录自《商城民间音乐资料（初辑）·革命歌曲》

459

致白军士兵歌

1

人间痛苦数白军,受的痛苦说不尽,士兵呀你可伤心?
〔伤心!伤心!〕我说来两泪纷纷。

2

在家土豪多凶狠,缺吃少穿活不成,只逼得无处安身。
〔安身!安身!〕无奈何当了壮丁。

按:陈培仁《战地宣传》(载《大别山烽火》)仅录两段。

——录自《大别山烽火·战地宣传》

瓦解敌军歌

《红军时期歌曲选》、《歌谣选》题同。

1

一月里来梅花香,官长们天天打麻将,
花姑娘房里双抬酒,够我们弟兄①三年的粮。

① 弟兄:《红军时期歌曲选》作"兄弟们"。《歌谣选》改得是:第一,既称"我们","兄弟"就不必再带"们",第九段"我们弟兄"同此;第二,《红军时期歌曲选》"兄弟"、"弟兄"称呼不统一,《歌谣选》予以统一。

2

二月里来兰草花开,官长们搂着姨太太,

一双丝袜七八块①,弟兄们②穿的是破草③鞋。

　　①块:指元角分的元,"七八块"即七八元钱。

　　②弟兄们:《红军时期歌曲选》作"兄弟们",第十一段"弟兄们"同此。

　　③草:《红军时期歌曲选》作"旧"。

3

三月里来杨柳青①,小厨房的伙食爱坏人,

弟兄们一天三餐黄米饭,几月吃不到一次荤②。

　　①杨柳青:《红军时期歌曲选》作"杨柳儿清"。

　　②荤:《歌谣选》误作"膟"。

4

四月里来油菜花儿黄,官长们逼我们加入国民党,

乱七八糟照了一张相,一个月扣他妈的三分大洋。

5

五月里来石榴花儿香,蒋介石弄了一个法西斯党,

哪个敢讲把日抗,立斩头颅命遭殃。

6

六月里来开差汗满头,翻山越岭无劲头,

精疲力尽不敢掉队,泪珠伴着汗珠流。

7

七月里来秋风凉,好容易发了个六成饷,

七扣八扣东扣西扣,三个月发他妈的两块大洋。

  8

八月里来泪满腮,升不了官①发不了财,

蒋介石卖了我的命,上火线替他们来把枪子挨②。

  ①官:《红军时期歌曲选》"官了"。

  ②来把枪子挨:《红军时期歌曲选》作"当炮灰"。《歌谣选》

改,当为押韵。

  9

九月里来恨难平,日本兵占了东三省,

蒋介石一枪不让我们放,逼我们弟兄来打自己人。

  10

十月里来北风吹,冻手冻脚挖堑壕,

官长们张口骂"混蛋",动不动鞭子身上抽。

  11

十一月里来恨难忘,官长们逼我们上战场,

弟兄们在前他在后,个个都拿小手枪。

  12

十二月里来大雪飘,为了谁来把命拼,

弟兄们要想找出路,掉转枪口当红军。

——录自《商城革命歌谣选·控诉篇》

铁树总有一日会开花

《歌谣卷》、《歌谣选》题同。

红旗总有一日山顶插,老蒋总有一日受惩罚,
革命总有一日得胜利,穷人总有一日能当家,
铁树总有一日会开花。

《歌谣卷》 叶光富演唱 叶照青搜集
1967年2月采录于伏山乡
——录自《中国歌谣集成河南商城县卷·时政歌》

我的地,我的天

我的地,我的天,我的河来我的山,
我的命运我掌管,我的江山我主权。
下头要到水晶宫,上头要到天际边,
土豪劣绅敢瞪眼,我就送他上西天。

——录自《商城革命歌谣选·革命篇》

冲锋战斗在革命最前线

《模范宣传队》失题。题为编者加。

我们是党员,我们是团员,

我们不怕死,我们不怕难,

冲锋战斗在革命最前线……

  按:夏立之《模范宣传队》仅录五句。

      ——录自《大别山烽火·模范宣传队》

心字头上一把刀

《歌谣卷》、《歌谣选》题同。

心字头上一把刀,穷人世代受煎熬。

"忍"到何时能出头?干柴只待烈火烧。

烈火一烧冲九霄。

  《歌谣卷》 孔淑清演唱 叶照青搜集

    1968年8月采录于伏山乡

    ——录自《中国歌谣集成河南商城县卷·时政歌》。

革命鲜花用血浇

 (山歌)

《歌谣卷》题作《革命鲜花用血浇》(山歌),《歌谣选》题作《革命鲜花用血浇》。

一腔怒火一把刀,杀敌哪怕把头抛!
红色政权靠枪打,革命鲜花用血浇。

  《歌谣卷》　叶光富演唱　叶照青搜集
    1967年2月采录于伏山乡
    ——录自《中国歌谣集成河南商城县卷·时政歌》

豁出命来闹翻身

（山歌）

《歌谣卷》题作《豁出命来闹翻身》（山歌），《歌谣选》题作《豁出命来闹翻身》。

吞了秤砣铁了心,豁出命来闹翻身。
今生死了转下世,二十年后又成人,
照旧去杀白匪军。

  《歌谣卷》　叶光富演唱　叶照青搜集
    1967年2月采录于伏山乡
    ——录自《中国歌谣集成河南商城县卷·时政歌》

为闹革命上山来

"歌谣稿"原稿题作《红军歌谣》。题为"歌谣稿"征编者改。

青山流水陡石崖,为闹革命上山来。

要与敌人拼到底,誓死保卫苏维埃。

——录自商城革命歌谣征编稿

一颗红心染不白

（花鼓唱）

顶天立地穷大爷,大山压顶不变节。

任你白旗遮天地,一颗红心染不白!

叶光富演唱　叶照青搜集　1967年2月采录于伏山乡

——录自《中国歌谣集成河南商城县卷·时政歌》

霜打树头根不死

（山歌）

莫看腊月寒霜降,风前梧桐叶子黄,

霜打树头根不死,待到来年发青桩。

叶光富演唱　叶照青搜集　1967年2月采录于伏山乡

——录自《中国歌谣集成河南商城县卷·时政歌》

莫笑我这酒一盅

（山歌）

莫笑我这酒一盅,不怕白匪来围攻。

白旗虽盖这块地,地白血红总是红!

叶光富演唱　叶照青搜集　1967年2月采录于伏山乡

——录自《中国歌谣集成河南商城县卷·时政歌》

刀枪林里出好汉

（山歌）

织布机里出绸缎,炭火窑里出青砖,
铁匠炉里出犁铧,刀枪林里出好汉。

叶光富演唱　叶照青搜集　1967年2月采录于伏山乡

——录自《中国歌谣集成河南商城县卷·时政歌》

革命成功永不忘

《歌谣选》题作《革命成功永不忘》,《革命的堡垒》失题。

干稻草,软又黄,"金丝被",盖身上,革命成功永不忘。

按:刘德海《革命的堡垒——三乡苏维埃》(载《大别山烽火》)载:"我们乡苏维埃的几个干部一般不在乡苏维埃办公室开会,更不在办公室和自己家里睡觉。张家的牛棚、李家的碾房、河坎旁、山沟里、树林中,到处是我们的歇宿地方。……冷天,我们不管睡在哪里,都是把一捆稻草往地上一铺,就行了,有时干脆钻到草垛里睡。……那时,流传着这么一个小调……"1930年春,五区三乡苏维埃成立,刘德海当选为三乡苏维埃土地委员。据此,此歌在1930年春即已传唱。

——录自《商城革命歌谣选·革命篇》

烈士歌

（苏武牧羊调）

《歌谣卷》题作《烈士歌》(苏武牧羊调),《歌谣选》题作《烈士歌》。

死难烈士们①,自从起革命②,哪管死和生。
除军阀,杀豪绅③,总是为穷人。
冲锋又陷阵,团体要结紧④,
打得敌人落花流水无处逃生。

①此句:《歌谣选》作"死难烈士真光明"。
②此句:《歌谣选》作"自从共产党起革命"。
③此句:《歌谣选》"杀豪绅"后有"打倒一切反动派"一句。
④此句:《歌谣选》作"战斗把命拼"。

《歌谣卷》 李寿域演唱 王凤林搜集
1989年8月采录于苏仙石街
——录自《中国歌谣集成河南商城县卷·时政歌》

你知天上哪星明

你知天上哪星明？中国出了什么人？
什么人北上打日本？什么人卖国当子孙？
天上北斗星最明，中国出了毛泽东，
红军北上打日本，蒋介石卖国当子孙。

叶光富演唱　叶照青搜集　1967年2月采录于伏山乡
——录自《中国歌谣集成河南商城县卷·时政歌》

李玉莲迈大步

《民歌卷》《民歌集》题同。《民歌集》词录至第一段女唱止，后遗漏。此歌采用传统民歌"五更"写法，但前加引歌，后加尾歌，又与传统民歌"五更"写法有别。

（男）李玉莲迈大步走进绣房，见贤妻坐床上。
提起来参军事，提起来心中慌，
一不言二不语，闷闷结愁肠。

按：此段编者参考《信阳民歌》录《李玉莲迈大步》改。原词女唱，讲妻对郎参军"无主张"，但通篇全是妻劝郎参军，怎能是"无主张"？与后矛盾甚明。原词如下：

李玉莲迈大步走进了奴厢房，
提起来参军事，小奴家无主张，

提起来心中慌,闷闷愁肠挂心膛,

一不言二不语,倒在牙床上。

1

(女)一更里点点小银灯,进绣房见丈夫,脸面带愁容。

问丈夫啥事情,快对小奴家说分明。

万不是小奴家,惹你把气生?

(男)尊一声我的贤妻,此①话告诉你,

俺二人不久长,快要②两分离。

二爹妈来动员③,叫俺参加八路军,

俺要是④不参加,对不起中国人。

① 此:疑为"实"之误。后"此"同。

② 快要:编者改,《民歌卷》作"快快"。

③ 来动员:编者改,《民歌卷》作"换脑筋",词不达意。

④ 要是:编者改,《民歌卷》作"要若是"。

2

(女)二更里又要把话提,提起来参军事,小奴家也同意。

提起来这事情,小奴家心欢喜①,

你要是参军去,全家都光荣②。

(男)尊一声我的贤妻,此话告诉你,

爬雪山过③草地,经过二万五千里,

当八路受的苦,一点不瞒你④。

当八路受的苦,苦话无处提⑤。

① 心欢喜:编者改,《民歌卷》作"心里也高兴"。

②都光荣：编者改，《民歌卷》作"光荣的"。第五段"都光荣"同。

③过：编者改，《民歌卷》作"走"。

④此句：据《信阳民歌》改；《民歌卷》作"一气（我就）不满意"，疑记录者未辨歌者发音误记——"点"记着"气"，"瞒你"记着"满意"，或是歌者误唱。

⑤此句：编者根据第三段句式调整，《民歌卷》置在"爬雪山"句前，后句作"苦话无处提"。

3

（女）三更里月亮照中堂，进绣房见丈夫，又来把话讲。
当八路受的苦，小奴家里也自由①；
当八路受的苦，为的是穷人。
（男）尊一声我的②贤妻，此话告诉你，
俺有心参军事，舍不得贤妻你。③
（女）男子汉说这话，也是没出息④！
（男）你思思你想想，面前没得小儿郎；
将后来没儿郎，莫怨你的郎。
（女）小奴今年才过一十九，再过⑤三五年，花景在后头。
你要是不抗日⑥，二人在家耍着玩，
将后来亡了国，要儿是枉然！

①此句：意同下句，由己推及所有穷人，但表达不够贴切。"家里"连读。

②的：编者补。

③此句：句后，《歌谣卷》有"俺要真是嫌了你，俺要抗义八年里"两句，意在发誓，相当于说：俺要嫌弃你，就死在战场上，莫怨俺没给你留下孩子！但词不达意，多余（与下面话重复），且八年（实指抗战）怎能预知？故编者删。

④没出息：编者改，《民歌卷》作"太无理"。

⑤过：编者改，《民歌卷》作"过的"。

⑥日：《民歌卷》误作"义"。

按：此段第二、三女唱为插节，《信阳民歌》分作三小节，与此异。

4

（女）四更里月亮正正西，进绣房劝丈夫，劝①你莫生气。

屋里屋外不要你管，千斤担子不要你担。

你在前方立了功，请假再回还。

（男）尊一声我的②贤妻，此话③告诉你，

堂楼上二爹妈，交给贤妻你。

屋里屋外你要管，千斤担子你要担；

我在前方立了功，请假将你看④。

①劝：编者补。

②的：编者补。

③话：编者改，《民歌卷》作"事"。

④将你看：编者改，《民歌卷》作"回家来看看"。

5

（女）五更里月亮落在西，进绣房劝丈夫，劝郎莫生气。

你打仗我学习,相互多鼓励①。

对群众讲②话,一定要和气。

(男)尊一声我的贤妻,此话告诉你,

你说这话对,也是真学习③。

为④群众,为⑤国家,为⑥咱们做好事,

俺要是参军去,全家都光荣。

  ①此句:编者补。

  ②讲:编者改,《民歌卷》作"几句"。

  ③习:编者改,《民歌卷》作"的"。

  ④⑤⑥为:编者改,《民歌卷》作"替"。

(女)送郎送到大湖坡,思想到几句话,我对哥来①学。

你打仗我生产,家里事情不要你管。

打走了日寇②,二人再团圆。

  ①来:编者补。

  ②日寇:编者改,《民歌卷》作"反动派"。

  《民歌卷》 朱前龙、芮祚国唱 张德光、刘宏奎记谱

  《民歌集》 朱前龙唱 芮祚国、张德光、刘宏奎记谱

——《商城县民歌集·小调》

打罢日本再把庙修

（花鼓唱）

白龙马,站山头,眼看古庙无人修。

前面还少三路瓦,后面还少一条沟,菩萨爷爷在外头。
菩萨爷爷也遭难,打罢日本再把庙修。

张仲达演唱　叶照青搜集　1968年8月采录于城关镇

——录自《中国歌谣集成河南商城县卷·时政歌》

日本鬼子都杀光

《歌谣卷》、《歌谣选》题同。

1

红缨枪,一丈长,大家拿着打东洋。
先打头,后打腿,一枪一个日本鬼。

2

月姥姥,跟我走,趁着夜里①好下手。
你一刀,我一枪,日本鬼子都杀光。

①夜里:《歌谣选》作"黑夜"。

3

月亮牙,尖又尖,中国人不要做汉奸。
卖同胞,卖江山,死了不能见祖先。

《歌谣卷》　葛定慈演唱　杨琼搜集
1962年采录于城关镇

——录自《中国歌谣集成河南商城县卷·时政歌》

抗日小调

1

月亮一出照楼梢①,大炮轰炸卢②沟桥,日本鬼又上来了。

　　①梢:编者改,《资料初》误作"稍"。

　　②卢:编者改,《资料初》作"芦"。

2

南京上海都失陷,马上又攻河南,同胞们快起来干。

3

日本强盗真野蛮,杀人放火又强①奸,亡国奴实在可怜。

　　①强:编者改,原误作"抢"。

4

不分工农兵学商,大家一齐来救亡,打日本团结①力量。

　　①团结:编者改,《资料初》作"不废"。

5

关外同胞三千万,朝天每日做牛羊,受尽了……

　　按:原文第三句残。

6

大炮轰打南京城,骨堆成山血成河,日本鬼比禽兽恶①。

　　①比禽兽恶:编者改,《资料初》作"禽兽不如"。

7

日本鬼子真贪心,想把中国一口吞,抢财产又杀百姓。

8

百姓各处去逃难,无穿无吃真可怜,丢家产骨肉分散。

何戴宾唱

——录自《商城民间音乐资料(初辑)·革命歌曲》

月光照正东

《资料初》题作《大别山小唱》。题为编者改。"歌谣稿"存《月儿高正中》一首,歌意与《资料初》同,词句多异。《资料初》注"此歌是唱者作于1949年刘邓大军南下",知为熊大本作,故从《资料初》,不出校释。

月光照正东,星光照满天。

有小姐坐房中,思想好心酸,实在真可怜!

(白)小姑娘,你可怜啥子喃?

可恨国民党,杀人不眨眼,

不管那年老的和那些美少年,杀死几千万。

(白)小姑娘,你家几口人喃?

家有人□口,跑掉小奴家咱。

蒋匪军着把火烧了俺庄院,整整烧一天。

(白)小姑娘,你二老呢?

二老年纪衰,跑也跑不动,

活啦啦的烧死在那个火坑,想起了我心里痛。

（白）小姑娘,你哥嫂呢?

也有哥和嫂,也有兄和弟,

跑至在山顶上遇到了蒋匪军,死在机关枪中。

（白）小姑娘,你咋跑了呀?

小奴家年纪小,跑也跑不动,

跑至在山洼里遇见了蒋匪军,强①奸了女花容。

①强:编者改,《资料初》误作"抢"。

（白）小姑娘,你不受辱了呀!

受辱在眼前,报仇在后边,

参加了八路军1643团②,做了女宣传。

②八路军1643团:番号误,虽为虚拟,但不当四位数,"歌谣稿"作"八路军十三团"。八路军当为解放军,或沿袭旧称为八路军。

（白）小姑娘,你宣传啥喃?

宣传八路军,共同打敌人,

毛主席下命令,连杀带冲锋③,把那蒋匪消灭干净。

③此句:据"歌谣稿"补齐,《资料初》"杀带冲"三字不可辨认。

说走就要走,同志莫留咱,

杀不尽那蒋匪军仇恨报不完,永远不回大别山。

《资料初》　熊大本唱

"歌谣稿"　雷纪英提供　1987年10月

——录自《商城民间音乐资料(二辑)·革命歌曲》

月儿渐渐高

"歌谣稿"存两首,一题作《穷人调》(四),为余集乡提供本(简称"余本"),一题作《穷人调》,为冯店乡提供本(简称"冯本"),两本词同。题为编者改。

1

月儿渐渐高,风吹杨柳飘,小娇人坐绣房①,心中好苦恼。

①房:编者改,余本,冯本作"楼"。穷人家不可能住楼。

2

苦恼我的郎,死得真冤枉,国民党打①大炮,掉在郎身上。

①打:据余本,冯本作"摔"。

3

有心去报仇,脚小难得走,手拿郎相①片,两眼泪汪汪②。

①相:编者改,余本,冯本作"像"。

②此句:据余本,冯本作"两颊径下流"。

4

有心去投河,上有二公婆,怀抱小娇儿,交给哪①一个?

①哪:编者改,余本,冯本作"那"。

5

家有姐和妹,参加妇女会,纳①鞋底做鞋帮②,欢迎共产党。

①纳:编者改,余本,冯本作"拉"。

②帮:编者改,余本,冯本作"邦"。

6

军队真正好,给我们把仇报,怀抱小娇儿,快乐①又逍遥。

①乐:据余本,冯本作"落"。

7

军队喜洋洋,快把鞋拔上,磨刺刀擦钢枪,去打美国狼。

按:"手拿郎相片",似不符合主人身份。冯本注:"系126师来我乡剿匪教唱的革命歌曲。"此歌产生和传唱的时间可能远比教唱时间要早,姑列入解放战争时期。

余本　余集乡党史办公室征集　1987年8月

冯本　徐建国搜集整理　冯店乡供稿　1987年5月2日

——录自商城革命歌谣征编稿

歌唱苏区创建（49 首）

共产党啊赶快来

《歌谣卷》、《歌谣选》题同。

今也等,明也等,眼睛巴巴望亲人①。
共产党啊赶快来,打②走白匪救穷人。

①此句:《歌谣选》作"望穿秋水等亲人"。
②打:《歌谣选》作"赶"。

《歌谣卷》 罗宝善演唱 乔克仁搜集
原载《河南日报》1979 年 12 月 25 日
——录自《中国歌谣集成河南商城县卷·时政歌》

共产党一来天就亮

《歌谣卷》、《歌谣选》题同。

黄秧田里等雨降,豆腐缸里等点浆,
劳苦大众求解放,单盼恩人共产党。

共产党一来天就亮。

《歌谣卷》 叶光富演唱 叶照青搜集

1967年2月采录于伏山乡

——录自《中国歌谣集成河南商城县卷·歌颂篇》

雄鸡一叫大天光

1

雄鸡一叫大天光,山窝里来了共产党。

打富济贫为穷人,男女老少喜洋洋。

〔哎哟哟〕开天辟地第一桩。

2

高山松柏青又青,共产党暴动建红军。

专为穷人打天下,一夜换了新乾坤。

〔哎哟哟〕穷人翻身作主人。

——录自《商城革命歌谣选·歌颂篇》

快跟董必武闹翻身

《歌谣卷》、《歌谣选》题同。

佃农没田种,种田是佃农。

租课①好似千条绳,捆住我穷人。

要自由,要平等,快跟董必武闹翻身。

①课:据《歌谣选》改,《歌谣卷》作"稞"。

《歌谣卷》 孔淑清演唱　叶照青搜集

1968年8月采录于伏山乡

——录自《中国歌谣集成河南商城县卷·时政歌》

英雄来到鄂豫皖

《歌谣卷》、《歌谣选》题同。

金银出在大别山,英雄来到鄂豫皖。
董必武,郑位三,组织人民把身翻。

按:《歌谣卷》题注:"此歌传唱略有异同。如叶光富演唱、叶照青采录的一首,其中第三句、第四句为'董必武领导俺闹革命,山区从此亮了天'。"

《歌谣卷》 罗宝善演唱　乔克仁搜集

原载《河南日报》1979年12月25日

——录自《中国歌谣集成河南商城县卷·时政歌》

英雄遍布鄂豫皖

（山歌）

《歌谣卷》题作《英雄遍布鄂豫皖》(山歌),《歌谣选》题作《英雄遍布鄂豫皖》。

龙出深潭虎下山,英雄遍布鄂豫皖。
有心革命不怕死,死也跟着徐向前,
打不败蒋匪①不回还!

①蒋匪:《歌谣选》作"白匪"。

《歌谣卷》 张仲达演唱 叶照青搜集

1968年8月采录于城关镇

——录自《中国歌谣集成河南商城县卷·时政歌》

鄂豫皖边区暴动歌

《歌谣卷》题作《鄂豫皖边区暴动歌》,《歌谣选》题作《鄂豫皖边区齐暴动》。

1

正月里打雷响满山,共产党一来亮了天。
劳苦大众齐唤起,吃人的世道要掀翻。
大别山下烈火烧,董必武是咱播火员①。

①此句:编者改,《歌谣卷》作"播火人是咱毛委员",《歌谣选》作"播火人是董必武"。《歌谣选》是,但不押韵,故改。

2

一道道闪电裂长空,鄂豫皖边区齐暴动。
消灭白匪和民团,向那反动派猛进攻。

武装起义求解放,红军的大旗舞东风。

3

拨开那乌云太阳升,革命根据地好欢腾。

土豪劣绅被打倒,工农翻身做①主人。

一心跟着共产党,高举刀枪向前进!

①做:编者改,《歌谣卷》《歌谣选》作"作"。

《歌谣卷》 樊云程演唱 叶照青搜集

1977年5月采录于城关镇

——录自《中国歌谣集成河南商城县卷·时政歌》

十月暴动歌

1

正月里来正月正,先锋队一改是红军,四乡起农民。

2

二月里来二月平,五洋的钢炮领一根,去打白色军。

3

三月里来三月三,五洋的钢炮领一杆,四乡去发展。

4

四月里来四月八,五洋的钢炮给一架,去打王金牙①。

①王金牙:编者改,"歌谣稿"作"王金亚"。王继亚绰号王金牙,"歌谣稿"要么"金"字误,要么"亚"字误。

5

五月里来是端阳,共产党发展到舞阳,回来打武昌。

6

六月里来是炎天,共产党打仗汗不干,天天上火线。

7

七月里来秋风凉,籼稻糯稻收满仓,土劣哭一场。

8

八月里来是中秋,共产党发展到武州,回来得光州。

按:此歌当为十段,后两段缺。

丰集乡搜集　1987年8月

——录自商城革命歌谣征编稿

暴动歌

1

暴动!暴动!仇恨填满胸,一声号令下,声威震长空。

2

暴动!暴动!工农打先锋,拿起刀和枪,一同去进攻。

3

暴动!暴动!哪怕白匪凶,豁出一条命,勇敢向前冲。

4

暴动!暴动!刀山敢攀登,同心求解放,消灭帝官封。

5

暴动!暴动!天下的工农,再不做牛马,要做主人翁。

6

暴动！暴动！跟着共产党，前仆后有继，革命定成功。

——录自《商城革命歌谣选·革命篇》

穷人盼

中华民国十八年，麦秋两季收不全，
劣绅土豪卖贵粮，斗米就要十几串。
每斗只有九升半，斗师①又添二百钱，
光棍②一见心中恼，眼子③一见胆气寒。
这里穷人无路走，要想活命难上难。
哪知盼来了共产党，老营扎在斑竹园。
宣传群众扛枪杆，拉起红军赤卫团，
地主交出房和地，土豪经济要收完。
你要反抗不老实，也有法子把你办：
十冬腊月三九天，扒掉皮袄夏布穿，
高头浇上两瓢水，底下再用扇子扇，
问他认罪不认罪，看他舒坦不舒坦。

①斗师：指专为财主掌斗量米的人。

②光棍：指比较机灵的人。

③眼子：指比较老实的人。

按：1929年5月6日商城起义，5月9日各路起义队伍会师斑竹园，成立红三十二师。5月10日，中共商罗麻特别区委在斑竹园文昌宫召开工作会议，决定迅速扩大红军队伍，开展游击战争,发展农民协会和农民赤卫队,武装保卫起义成果,建立临时办事处和区乡农民委员会,代行工农革命政权,广泛开展打土豪,分粮食,实行土地革命。10月,在丁家埠和吴家店成立一区、二区苏维埃政府,一块以南溪、斑竹园和吴家店为中心,纵横六七十里地的工农武装割据区域至此形成。

——录自《商城革命歌谣选·革命篇》

同庆赤城苏维埃

《歌谣卷》、《歌谣选》题同。

千年铁树把花开,家家张灯又结彩。
众人共唱《国际歌》,双双铁壁举起来。
同庆赤城苏维埃。

《歌谣卷》 叶光灿演唱 乔克仁搜集
1957年采录于城关镇
——录自《中国歌谣集成河南商城县卷·时政歌》

苏维埃我们的政府

1

斧头专劈硬实柴,红军专打反动派,
豪绅地主威风倒,苏维埃政权建起来。

2

苏维埃我们的政府,解除了大家的痛苦,
为我工农谋幸福,我们都要来拥护。
——录自《商城革命歌谣选·歌颂篇》

穷人拥护苏维埃

《歌谣卷》、《歌谣选》题同。

太阳一出照高台,蜜蜂朝王午时来。
劣绅喜欢走衙门,穷人拥护苏维埃。
《歌谣卷》 叶光灿演唱 乔克仁搜集
1957年采录于城关镇
——录自《中国歌谣集成河南商城县卷·时政歌》

建立赤色苏俄

砸碎封建枷锁,掀翻反动老窝,
推倒黑暗社会,建立赤色苏俄。
张仲达演唱 叶照青搜集 1968年8月采录于城关镇
——录自《中国歌谣集成河南商城县卷·时政歌》

里外罗城闹革命

原题作《时政歌》(一)。题为编者改。

里罗城,外罗城,里外罗城闹革命,
打土豪,分田地,苏维埃政权握得紧,
劳苦大众翻了身。

　　刘世巨搜集

——录自《商城民歌》

如今建立乡政权

《固始县革命史》失题。题为编者加。

　　1
过去穷人没掌权,大年三十把篓掂,
篓里搁了一个碗,拖棍逃荒到外边,
半夜三更转回还。
　　2
如今建立乡政权,团团圆圆过好年,
打倒土豪分田地,穷人翻身笑开颜,
幸福日子在后边。

　　按:1929年12月18日,商城县四区五乡苏维埃政府在商东二道河(今属河南固始)成立。五乡苏维埃《固始县革命史》亦称二道河乡苏维埃,为固始第一个苏维埃政权。五乡苏维埃成立后,组织农民打土豪,农民当家做主,歌唱此歌。

——录自《固始县革命史》

工农大众把身翻

"歌谣稿"失题,题为"歌谣稿"征编者加。

大别山,雾弥漫,劳苦农民受饥寒。
打土豪,分田地,杀劣绅,掌政权,
工农大众把身翻①。

①把身翻:"歌谣稿"征编者改,"歌谣稿"作"要共产"。

——录自商城革命歌谣征编稿

山歌越唱越开怀

山歌越唱越开怀,东山唱到西山来,
大别山里闹革命,工农群众都起来。
打倒土豪和劣绅,田地房屋分回来,
苏维埃之花遍地开,红旗漫卷过山来。

——录自《商城革命歌谣选·歌颂篇》

齐心建设鄂豫皖

（锣鼓唱）

工农人穷志不短,三座大山要掀翻。

打倒万恶老封建,齐心建设鄂豫皖。

张仲达演唱　叶照青搜集　1968年8月采录于城关镇

——录自《中国歌谣集成河南商城县卷·时政歌》

鄂豫皖苏区发展了

大别山,生得妙,南有长江流,北有淮河靠,

西有平汉路,东有津浦道,

纵横千余里,物产更丰饶。

呀！这是什么地方？鄂豫皖苏区发展了。

——录自《商城革命歌谣选·歌颂篇》

红旗插遍大别山

（锣鼓唱）

革命力量大发展,红旗插遍大别山。

工农政府建立起,土地革命把身翻。

罗宝善演唱　乔克仁搜集

原载《河南日报》1979年12月25日

——录自《中国歌谣集成河南商城县卷·时政歌》

扬眉吐气做主人

《歌谣卷》、《歌谣选》题同。

以前穷人不算人,当牛做马受苦刑;
如今建立苏维埃,扬眉吐气做主人。

  《歌谣卷》 樊云程演唱 乔克仁搜集
   1960 年采录于城关镇
    ——录自《中国歌谣集成河南商城县卷·时政歌》

如今妇女真风流

《歌谣卷》、《歌谣选》题同。歌词当改自《放足歌》,但表达的意思变了。

如今妇女真风流,走路踢破大石头。
去掉裹脚放天足,好似洋船水中游。
跟着共产党闹自由。

  《歌谣卷》 陶秀田演唱 叶照青搜集
   1968 年 7 月采录于丰集乡
    ——录自《中国歌谣集成河南商城县卷·时政歌》

千年的铁树开了花

万年的冰河开了冻,千年的铁树开了花。
工农群众是一家,大家齐心有办法。
地主豪绅,封建迷信都打倒,
土地还家,同心保田保国家。
谁敢破坏苏维埃,我们坚决打倒他!

——录自《商城革命歌谣选·歌颂篇》

苏区处处见太阳

红军红马红缨枪,闹革命离不开共产党。
千里马儿识路长,红军处处打胜仗。
山南海北飘红旗,苏区处处见太阳。

——录自《商城革命歌谣选·歌颂篇》

快到苏区来

《红军时期歌曲选》题作《红军向西征》,《歌谣选》题作《快到苏区来》。

胡琴拉起来,唱唱苏维埃,
苏区大下人人爱,同胞们快到苏区来,

发你土地证给你优待。

——录自《商城革命歌谣选·歌颂篇》

慰问伤员歌

1
苏区真是好,苏区真是好,
慰问伤员的妇女真不少,担着礼品都来瞧。

2
炸米花生糖,鸡鸭鱼肉和食粮,
还有文娱队,进行吹拉弹唱。

3
慰问红军同志们,你们负伤为的是咱穷人,
我们心不忍,带来薄礼慰问品。

4
伤员笑哈哈,无产阶级是一家,
亲爱的姐妹们,你们莫要把钱花。

5
叫声同志们,在此养病莫操家里心。
一切家务事,都有我们来担承。

6
后方多困难,少衣缺食短油盐,
这样来照顾,我们心不安。

7

叫声同志们,等你们伤好后再去杀敌人,

消灭反动派,我们好翻身。

8

亲爱的姐妹们,你们的情义我们记心中,

等待伤好后,多为人民立新功。

——录自《商城革命歌谣选·歌颂篇》

四季军歌

1

春季里来正是艳阳天,桃花红,李花白,百鸟闹声喧。

青的山,绿的水,美景真可羡。

千般红紫斗芳艳,日暖柳含烟。

白色军队真正是土匪,他与土劣乱烧毁,

乱七和八糟,耀武又扬威,我们工农个个吃亏。

2

夏季里来处处菱荷香,满空中,烈日照,真正热难当。

乳燕飞,黄鹂鸣,耀眼榴花放。

日长人困读书堂,开窗纳晚凉。

边关千里震耳金鼓响,杀尽了白军我们有荣光,

得自由得平等痛苦都解放,全世界为一家个个心欢畅。

3

秋季里来丹桂花儿开,芙蓉香,菊花放,牛女渡银桥。

金风起,寒风冷,明月当空照。

玉人何处吹洞箫,山映水昭昭①。

帝国主义居心何残忍,夺我市场杀我人,

工会②要成立农民要齐心,反动土劣一并杀尽。

  ①昭昭:据底本改,《歌谣选》作"澡澡",误。

  ②工会:底本作"农会"。《歌谣选》此处兼顾"工农"。

4

冬季里来腊梅花儿开,满空中,飘瑞雪,遍地玉楼台。

北风寒,草木凋,独有青松在。

明月魂梦亲①人来,铁甲冷难挨。

大家努力肃清反动派,捉一个杀一个除了这祸害,

夺取了那政权由我来主宰,处处建立苏维埃,人共乐开怀。

  ①亲:据底本改,《歌谣选》作"美"。

"歌谣稿" 李寿域提供 易淑学整理 方志才审

    1987年5月

——录自《商城革命歌谣选·革命篇》

紧握枪杆莫偷闲

《歌谣选》题作《报名当红军》。题为编者改。

1

说从前,道从前,穷人日子似黄连,

三天锅里不见米,两天灶里不冒烟,

地主老财如虎狼,逼得穷人命归天。

2

说今天,道今天,你拿斧子我拿镰,

工农群众齐革命,打倒土豪见青天,

当家做主分田地,人民生活乐无边。

3

乐无边,不懈战,白匪还在山那边,

要想永远坐天下,紧握枪杆莫偷闲。

有志男儿当红军,红色江山万万年。

——录自《商城革命歌谣选·革命篇》

动员起来上前线

《红军时期歌曲选》、《歌谣选》题同。

赤卫军和少年先锋队员,

紧急动员起来呀,武装起来上前线。

坚决保卫苏维埃,粉碎敌人进攻,

勇敢坚决团结一致,为了保障革命利益,

整连整营整团整师,全体加入红军去。

——录自《商城革命歌谣选·革命篇》

欢送战士上前方

鼓声咚咚,红旗飘扬。战士啊,好英勇!

我们在此立正敬礼,唱歌来欢送。

祝你们到前方去,消灭敌人大逞威风!

祝你们到前方去,消灭敌人大逞威风!

瞄准了,放!放!放!英勇冲锋,冲!冲!冲!

杀敌人,杀!杀!杀!革命胜利乐融融。

——录自《商城革命歌谣选·革命篇》

红军三大任务歌

《红军时期歌曲选》、《歌谣选》题同。

1

红军三大任务:打倒帝国主义,

铲除封建势力,实行土地革命。

要建立起工农政权,坚决斗争革命到底。

2

红军纪律重要,战士必须牢记。

反动豪绅财产,一切没收归公。

人人要做①调查工作,绝对禁止私人没收。

①要做:《红军时期歌曲选》作"需要。"

3

保障最后胜利,服从团体纪律。

军事组织系统,丝毫不能忽视。

一切命令坚决执行,必须完成各种任务。

4

发动群众斗争,言语态度和平。

宣传红军主张,扩大政治影响。

不拿群众一针一线,做一完善红军战士。

——录自《商城革命歌谣选·革命篇》

红军纪律歌

红军纪律最严明,行动听命令,不得胡乱行。

打土豪,分田地,要归公。

买卖要公平,工农的东西,不可拿分文。

讲话要和气,开口不骂人,

无产阶级,劳动群众,个个都相亲。

出发与宿营,样样要记清:

上门板,捆铺草,房子扫干净;

借物要送还,损失要赔银;

便溺找厕所,不搜俘虏身。

三大纪律八项注意,大家照此行。

——录自《商城革命歌谣选·革命篇》

练兵歌

"歌谣稿"题作《军队土地革命歌》。题为编者改。

土地革命已经①成功了,方知今日练兵最为高。
请看俄国军械多灵巧,若不革命国家不能保。
共产练兵个个如钢刀,一心要杀那些狗强盗。
第一当兵都是要达到,其余同志费心又费劳。
第二队来队长为主要,严守命令一心做事好。
第三枪械自己要擦好,临阵之时开②枪多灵巧。
第四衣服洁净为紧要,若不洁净同志多耻笑。
第五队来同志和气好,同营吃饭切莫想争吵。
第六临阵奋勇向前跑,若要退却党纪不能饶。
第七不怕弹雨和枪炮,消灭军阀红军③逞英豪。
第八军纪我们要遵好,烟酒嫖赌一概都取消。
第九自己也要④操心好,如不操心同志多耻笑。
第十上述件件要做到,一心消灭蒋冯二强盗。
但愿同志个个好同胞,革命成功太平乐逍遥。

①经:编者据句式补。

②开:编者改,《歌谣稿》作"发"。

③红军:编者改,《歌谣稿》作"共党"。

④也要:编者据句式补。

按:倒数第二句前删"自从□洲德国占去了,屡都说我们中国好"。

贾新若供稿　谢明生整理　1987年5月
——录自商城革命歌谣征编稿

兵操歌

哥哥弟弟手相招,大家来做兵体操。
年纪不嫌小,军①旗一面飘呀飘。
锣鼓咚咚敲,军官拿着指挥刀。
口令一声叫,一齐②放枪炮。
一操二练再三操,操得身体好,将来打仗是英豪。

　　①军:编者改,"歌谣稿"作"国",搜集者误写,那时还没有国旗。

　　②一齐:编者改,"歌谣稿"作"小兵"。

——录自商城革命歌谣征编稿

青年战士之歌

《红军时期歌曲选》、《歌谣选》题同。

青年战士气昂昂,好比那东方初升的太阳。
不怕牺牲英勇杀敌如猛虎,冲锋陷阵勇往直前谁敢挡。
我们人人站在前线上,我们是青年先锋的战士,

我们要加①入共产青年团,遵守纪律服从命令要坚决,军事政治文化娱乐要学习,我们要做将来的主人。

①加:据《红军时期歌曲选》补,《歌谣选》脱。

——录自《商城革命歌谣选·革命篇》

少年先锋队队歌

1

走上前去啊,曙光在前头!

同志们,奋斗!用我们的刺刀和枪炮,开自己的路!

稳着脚步,高举着少先队的旗帜,勇敢向前!

我们是工人和农民的少年先锋队!

我们是工人和农民的少年先锋队!

2

想我们受过多少奴隶的痛苦,我可怜的青年,

不知陷在地狱中,阴沉的黑暗的传统,

锁住了我们的思想。快觉醒吧,冲破黑暗!

我们是工人和农民的少年先锋队!

我们是工人和农民的少年先锋队!

3

通红的炉火,烤尽了我们的血汗!

劳动者创造的财富,被他们强占!

可是我们从这中间,锻炼出许多战斗员。

这就是工人和农民的少年先锋队!
这就是工人和农民的少年先锋队!

   4

看我们高举鲜红的旗帜,同志们,快来! 快来!
我们努力建设劳农共和国!
劳动者做①世界的主人翁,人类才能走入大同。
战斗啊,工人和农民的少年前锋队!
战斗啊,工人和农民的少年先锋队!

  ①做:编者改,《歌谣选》作"作"。

——录自《商城革命歌谣选·革命篇》

童子团团歌

年轻小兄弟,十分有威风,
好个童子团,革命精神好像①小泉涌。
童子团,好英勇! 童子团,好英勇!
团结工农子弟百百千千万万,
一行战线中,我是哥哥做先锋。
来! 来! 来! 大家向前冲!
咚! 咚! 咚! 一战就成功!
哪怕敌人再猖狂,看明朝,世界革命祝大同。

  ①像:编者改,《歌谣选》作"象"。

——录自《商城革命歌谣选·革命篇》

童子团歌

《歌谣选》题作《童子团歌》,《童子团》作"童子团歌",虽未名而实已名。

斧头镰刀大红旗,劳动儿童团结起。
放哨又站岗,送信更积极。
苏区儿童团,天下数第一。
前进路上打先锋,革命到底志不移。

按:李永海《童子团》(载《商城革命史资料》第四辑)载:"一九三〇年五月,乡少共书记易付忠和妇女会主席余树珍召开儿童和妇女工作会议……会后,我们村的童子团在黄山头金家湾的稻场上召开大会,传达乡少共书记的指示。开会前由李永荣教唱童子团歌。歌词是……"则此歌在1930年5月前即已传唱。

——录自《商城革命歌谣选·革命篇》

花伞词

《歌谣选》、《红色儿童团》题同。

你会唱,我会玩,来了一班童子团。
我说这话你不信,个个扛着大红棍。

刀匪团匪往里进,一棍两棍赶干净。

按:郭献瑞《红色儿童团》(载中共商城县委会编《大别山烽火》)载:"县里成立了儿童团大队,东西南北四条街分了四个中队。每个儿童团员脖子上戴着一条鲜艳的红领带,手臂上戴着一个红袖章,袖章上印着'全世界无产者联合起来'的字样,每个人肩上扛着一杆红缨枪。昨天还是些淘气的孩子,今天就变成了威风凛凛的儿童团员……人民群众非常喜爱我们,还把我们编成歌唱,有一首《花伞词》这样唱道:'你会唱,我会玩……'"

——录自《商城革命歌谣选·革命篇》

儿童团

大刀红缨枪,拦路站岗。盘查来往人,验明证章。形①迹可疑的,扣留我方。英雄儿童团,美名传扬。

①形:编者改,《歌谣选》作"行"。

——录自《商城革命歌谣选·革命篇》

站岗歌

《歌谣选》题作《站岗歌》,采自"歌谣稿"录《最可恨敌人心》(站岗歌)。

最可恨,敌人心,设诡计,暗地侵。

黑夜风大雨又深,周围世界要警惕[①],

莫等敌人扑上身,站岗时要小心。

①此句:"歌谣稿"作"旧世界里精神要十分"。

"歌谣稿" 郑协兵唱 易淑学整理 方志才审核

1987年7月7日

——录自《商城革命歌谣选·革命篇》

盘查哨

《盘查哨》为小话剧,沿用作歌题。

(合)天亮七点半,北风阵阵寒,

盘查哨里去站岗,把好这一关。

(白)小小红棍三尺三,日日夜夜扛在肩。

别看它的本领小,苏区治安它来管。

(哨岗)叔叔请站住,你是哪部分?

从哪来到哪去,干些什么事情?

(红军)小朋友你是听,我是红四军,

从后方上前方,去打蒋匪军。

(哨岗)叔叔你请听,我们有责任,

政府叫不管谁,盘查要认真。

(红军)小朋友你是听,你们的好精神,

我表示下决心,打败蒋匪兵。
(合)前方杀敌人,后方干革命,
前后方一条心,国家才太平。

　　按:此为小话剧《盘查哨》前半场歌词。小话剧表演儿童团员小侯(10岁)、小红(11岁)这天跟赤卫队长到盘查哨站岗,先遇到一个红军叔叔,按照苏维埃政府规定,他俩照例问红军叔叔要证明信,进行"盘查"。红军叔叔夸奖他俩说:"这是你们的责任,我还要向你们学习呢!"红军走后,一人鬼鬼祟祟地走过来,引起他俩注意。这人自称到山里采药,队长发现路条不对,是坏人。坏人看他俩是小孩,就想用钱买通,放他过去。他俩说:"不行!这是糖衣裹着的炮弹,打不中我们!"最后,三人将这坏人押送苏维埃。《盘查哨》注:"演出时间:一九三二年。演出地点:大别山区,鄂豫皖三省边陲。"

　　熊家作略记　汪岗乡党史办公室整理　1987年7月15日
——录自商城革命歌谣征编稿

工人俱乐部之歌

俱乐部,真热闹,兄弟姊妹都来到,
或讲故事或看报,或奏琴笛或吹箫。
奴隶们,出笼牢,精神振奋歌声高,
重锤打出新世界,响锣开出光明道。

——录自《商城革命歌谣选·革命篇》

读读文化课

"歌谣稿"题作《民谣》,《鄂豫皖苏区教育史》题作《革命真快活》。题为编者改。

读读文化课,看看列宁报,

唱唱革命歌,觉悟大提高①。

①此句:《鄂豫皖苏区教育史》作"人人真快活"。

——录自商城革命歌谣征编稿

劝学歌

1

莫打鼓来莫敲锣,听我唱个劝学歌,学友们,细听着。

2

求学时代有几年,光阴一去不复返,空过了后悔也枉然。

3

莫说不学也能行,认真学习知识增,若不信看看他人。

4

赶快专心求学问,从此切莫空消停,旧脑筋换新脑筋。

5

课堂之上莫分心,眼看黑板仔细听,听讲课总要认真。

6

提笔写字要端正,一笔一画①慢慢行,勤学苦练功夫深。

①画:编者改,《歌谣选》作"划"。

7

读书要把字认清,同音字儿多得很,写错了见笑于人。

8

对于学友多交心,互相帮助多讨论,取长补短共同前进。

9

学习之时莫喧哗,开会积极把言发,各项运动都参加。

10

现在革命正高潮,学好本领上战场,共同奋斗求解放。

——录自《商城革命歌谣选·革命篇》

四季读书歌

(双玉美郎调)

《歌谣卷》题作《四季读书歌》(双玉美郎调),《歌谣选》题作《四季读书歌》。

1

春季里读书天气和,好同学,理论就是革命舵。
看看列宁报,唱唱战斗歌。
理论好哇觉悟高,胜利有把握。

2

夏季里读书天气长,好时光,认真学习最应当。
赶走帝国主义,消灭蒋匪帮。

为穷人啦①大②翻身,政权有保障。

①啦:《歌谣选》作"呀"。

②大:《歌谣选》作"得"。

3

秋季里读书好时候,乐悠悠,我们穷人出了头。
田地大家有,吃穿都不愁。
要保卫呀鄂豫皖,工农得自由。

4

冬季里读书雪满天,正农闲,学习操练不怕寒,
交流好经验,技术要钻研。
消灭尽呀反动派,永做战斗员。

《歌谣卷》　叶光富演唱　叶照青搜集

1967年2月采录于伏山乡

——录自《中国歌谣集成河南商城县卷·时政歌》

贫民夜校灯火亮

《歌谣卷》题作《贫民夜校灯火亮》,《歌谣选》题作《贫农夜校灯光亮》。

贫民①夜校灯火亮,穷苦大众上学堂。
打开心头千年锁,唤起工农举刀枪。
冲破地狱求解放。

①民:《歌谣选》作"农"。

《歌谣卷》 张仲达演唱 叶照青搜集
1968年8月采录于城关镇
——录自《中国歌谣集成河南商城县卷·时政歌》

列宁学校歌

1
共产主义新,学校叫"列宁",
青年姐妹穷苦儿童个个都欢迎。
大家要读书,大家须革命,
手拉手儿向前进,前进莫留停。
求学切莫误了好光阴,上课要留心,
学习列宁主义,做将来的主人。
做主人,要各尽所能。

2
我们小学生,将来要革命,
工农专政处处建"列宁"。
黑暗的社会,教育不平等,
只教资产子弟们,那有穷人的份。
工农暴动建设新政权,红旗竖如林。
培养儿童是根本,但愿革命早完成。
早完成,我们青年才有前程。

——录自《商城革命歌谣选·革命篇》

商城革命诗词联语辑录

【校释说明】

辑录的诗词联语主要是土地革命战争和抗日战争时期商城的革命诗词联语,包括外地为商城抗日宣传创作的新诗和编订的联语,反映抗战内容,不是革命者的作品,也酌情辑录,以资参考,其他不在辑录范围。

诗词联语按体裁分类,诗词按作者编次,联语又分为土地革命联语和抗日联语两类,按门类编次,诗词和土地革命联语兼顾作者和创作时间。

诗词和土地革命联语主要辑录于《商城文史资料》《踏歌商城》(杨琼编著)、《商城革命史》和《皖西苏区文化史》等书刊。烈士诗词多出自访谈资料,不能完全认定是否原作。

抗日联语选自陆军第八十四军编《抗日联语》和忠烈祠楹联挽联。

杨琼《抗日联语选录》编者按:"1942年莫树杰将军奉命率国民革命军陆军第八十四军移防大别山战略要地,军部驻扎商城。是年12月,莫将军指示该军政治部印发《抗日联语》90副,商城县政府迅即翻印并广为宣传,各界纷纷于元旦、春节书写张贴,以联述怀。

这些联语记录了当时悲壮的时代和民族的心声,洋溢着战斗的激情,是历史的见证之一。今据档案资料整理抄录。"①《抗日联语》先以《抗日联语选编》(简称《联语选》)选44联刊载在《商城文史资料》第一辑,后92联编为《抗日联语选录》(简称《联语录》)收进《踏歌商城》出版。

编者按说90联,实为92联。跟说"诗三百篇"、"唐诗三百首"一样,90亦举其整数。然若为实数,则"汤泉池民众救亡室门联"首可排除,一者此联早在1938年即有,二者91联皆泛指,独此联专指,似亦不合体例,不为八十四军所编甚明。又《抗日联语选编》说"据档案资料和耆老口碑,辑录整理"②,则知联语不必尽为档案资料所载,间有耆老口碑联辑入。惜无原档案资料参校,不能尽明,姑仍按《联语录》编次。

忠烈祠楹联挽联亦系杨琼收集,先以《商城抗日忠烈祠》、《商城楹联辑注》两文刊载在《商城文史资料》第二、四辑,后对《商城抗日忠烈祠》进行修改,删掉机关学校等所献挽联,更名《心香一炷祭英灵——拜谒陆军第八十四军忠烈祠》收进《踏歌商城》出版。

校释仍依照《商城革命歌谣辑录》体例。

---

① 杨琼编著:《踏歌商城》,中国文化出版社2006年5月第1版,第195页。
② 中国人民政治协商委员会河南省商城县委员会编:《商城文史资料》(一九八九年三月)第一辑,第73页。

诗词

醉太平
王霁初

《党忠诚的文化战士——王霁初》失题。词牌为编者加。

飞絮缤纷,乱舞春情。一夜北风造成,琼楼玉宇新。 内患不清,外侮日增。萧萧袅袅沾身,化万缕愁痕。

按:罗高松、桂诗新《党忠诚的文化战士——王霁初》(载《商城英烈》)载:"二十一岁时,王霁初在南开中学毕业。风华正茂的王霁初,曾几次跑到东北伯父那里报考大学,因数学基础不好,或其他原因,未能录取。这时,日本人已侵占东北三省,对此,王霁初出于爱国之心,经常写诗作文,寄托了他对民族危亡的无限感慨:'飞絮缤纷,乱舞春情……'。"

——录自《商城英烈·党忠诚的文化战士——王霁初》

鹧鸪天·剪发有感
王霁初

《忆胞兄王霁初》题作《鹧鸪天》剪发有感,《皖西苏区文化史》题作《鹧鸪天》有感。题为编者改。

刬①却还生恨万千,低昂随我过人檐。英雄昔日羞摇狗,名士于今尽掠蝉。　蓄何德!雉何愆!头颅虽将共时迁。从头白雪埋尘②土,竟化青龙飞上天。

①刬:编者改,《忆胞兄王霁初》作"划",《皖西苏区文化史》从之,当为"刬"之误。

②尘:编者改,《忆胞兄王霁初》作"尖",当为"尘"之误。

按:王心惠《忆胞兄王霁初》(载《鄂豫皖苏区文化史料选编》)载:"大哥性情开朗,豪放不羁,年轻时蓄的有辫子,辛亥革命时把辫子剪了,他对此事写了首《鹧鸪天》剪发有感。"王心惠自注:"两首词,在我大哥所写的《双桐吟榭词稿》中,该稿由我次子易原符保存。"注文所说"两首词",即本首和下首《过长春有感》。

——录自《鄂豫皖苏区文化史料选编·忆胞兄王霁初》

过长春有感

王霁初

《忆胞兄王霁初》题作"过长春有感",虽未加书名号,但实为诗题;《皖西苏区文化史》失题。

日持利剑俄持钺,破剪满洲①成南北。
无边衰草弄腥膻,尚带当年鏖②战血。
莺花转向扶桑国,风雪来自圣彼得。

长春至此已无春,底事长春名尚说!

①洲:编者改,《忆胞兄王霁初》《皖西苏区文化史》误作"州"。

②鏖:编者改,《忆胞兄王霁初》《皖西苏区文化史》误作"廛"。

按:王心惠《忆胞兄王霁初》(载《鄂豫皖苏区文化史料选编》)载:"我大哥在南开读书时,正值清末民初,内有军阀肆虐,外有帝国主义压迫,政局混乱,民怨沸腾,这时他有满腔忧愤,他没有考取大学之后,便去东北谋职,在经过长春时写的过长春有感的一词中,就表现了他对日俄战事后东北国土,被日俄势力划分的中国国土长春痛心……"

——录自《鄂豫皖苏区文化史料选编·忆胞兄王霁初》

咏菊

詹谷堂

生来傲骨迈王侯,压倒群英占晚秋。

最是名花怜知己,不嫌冷淡几经秋。

按:詹谷堂(1883—1929),学名生堡,商城南溪(今属安徽金寨)人。大革命时期加入中国共产党。1929年5月6日参加商城起义,后任商城县临时办事处负责人。1929年8月在反"鄂豫会剿"中被捕牺牲。

——录自《金寨县志·文化·文学艺术》

卜算子·民国十年在武汉喜见董必武同志
詹谷堂

束发读书时,着意爱梅洁。一任漫天风雪飞,怒放花称浥。
结识陆放翁,千载知音客。傲骨遒姿更扬眉,堪笑群芳歇。

——录自(《金寨县志·文化·文学艺术》

无题
詹谷堂

展板失题。题为编者加。

茫茫四海起战争,苍生何日见生平。
大江一片狂浪起,斩尽妖魔济众生。

——录自商城县革命烈士陵园2009年展板

风雷
漆禹原

《商城起义》失题。题为编者加。

一夜风雷扫,多年孽障消。
工农揭竿起,雪恨有今朝。

按:写于1929年5月商城起义时。漆禹原(1898—

1931），字先畇，号良卿，商城斑竹园河东塝（今属安徽金寨）人。1925年冬加入中国共产党。1929年5月参加商城起义。任红三十二师政治部主任、红一军组织部长、红四军组织部长。1931年11月在光山白雀园以"反革命"、"第三党"罪被错杀。

——录自《商城起义·有关人物简介·漆禹原》

壬午冬倭寇陷城感时二首

宋海泉

民国《商城县志》题作《壬午冬倭寇陷城感时二首》；《商城文史资料》（第三辑）、《踏歌商城》题作《商城第二次沦陷感时二首》，误。壬戌冬袭用农历，商城第二次沦陷在壬午年冬月二十九日（公元1943年1月5日）。

一

昨宵炮火声声近，破晓军民混乱过。
同难冰霜鸡犬傍，共怜幼稺马牛驮。
移时巨寇营新垒，何日流氓复旧寨①？
惨淡风云无觅处，荒郊泪洒枉蹉跎。

①此句：《商城文史资料》（第三辑）、《踏歌商城》"氓"误作"亡"，"寨"误作"窝"，《诗画商城·峥嵘岁月》引用未核校亦随误。

二

数声鼓角引长鲸，回首惊看烈火明。

三载练军竟夕去,满城庐舍一朝倾。

人民破产身犹在,屋宇成灰儿戍①征。

萧瑟深知庾信感,暮年家园两关情。

①戍:《商城文史资料》(第三辑)、杨琼《踏歌商城》误作"成",《诗画商城·峥嵘岁月》引用未核校亦随误。

按:宋海泉,清末民国时商城县文教界知名人士。著有《海泉诗集》。

——录自民国《商城县志·艺文志·沁香诗草及名人诗稿》

祝穉琴喆嗣殉国（二首）

武承谟

民国《商城县志》题作《祝穉琴喆嗣殉国》;《商城文史资料》(第三辑)题作《祝新民淞沪抗日殉国》,误。

一

壮士冲冠胆气豪,投身军政习戎韬。

满腔义愤锋能犯,一点孤忠浪不淘。

仇敌①衅开淞沪乱,妖氛怒激海天高。

枪林弹雨成仁日,赢得芳名万古标。

①仇敌:《商城文史资料》(第三辑)误作"倭寇"。

二

浩气英风塞天地,挥戈攘臂敢争先。

长虹日贯冲霄上,细石山衔誓海填。

老泪且抒千古恨,孤忠甘效一身捐。
健儿像绘麒麟阁,梓里增光众口传。

　　按:祝新民,祝稷琴之子,商城人。1935年清华大学毕业,留学美国,后回国,任学兵队教员。1937年8月18日在淞沪战场牺牲,时年24岁。武承谟(1854—1940),字述之,商城北关人。著有《述志诗草》四卷。

——录自民国《商城县志·艺文志·沁香诗草及名人诗稿》

王积昌挽歌

《张泽易同志的回忆》只言挽歌。题为编者加。

水仍在流,风仍在吹,
你也在寂寞地安睡。
岂知洪亮的声音仍在耳边,
我们竟永别了!
你是年轻而有为,
一生尽为民族解放而劳瘁。
在故都,在山东,冒着千难万险,
工作又工作,毫不气馁。
回到商城,你的故乡,
正期待你的才能发挥,
而流水吞没了你。

救亡道上少了伙伴,

同志们洒下了热泪。

朋友,安睡吧!

我们千百万争自由的人们,

定要完成你的遗志,

把敌人的侵略迷梦,

重重打碎,重重打碎!

  按:《张泽易同志的回忆》(一九八四年九月二十一日)载:"纪念七七抗战一周年,我和王积昌拜访七十七军的一个团,因该团死了一个人,挽联很多。后王积昌下河洗澡被淹死,王的挽歌就是这个团里人写的。"据此,挽歌作者为七十七军某团。《商城学生战时服务团的组成及其影响》(杭建华执笔)载:"五十一军一一四师六八〇团为烈士作了挽歌,'抗演二队'为这首挽歌谱了曲。"杭文所据之一是张泽易《一曲吊故人——王积昌同志逝世四十周年祭》(一九八四年七月十八日),此文未见到,不知与《张泽易同志的回忆》所说是否一致。

  ——录自《丰碑(第十四辑)·商城学生战时服务团的组成及其影响(附件3)》

国旗飘在雅雀尖

臧克家

二寸照片,

留下了一角大别山，
留下了大别山的顶峰——
挺秀的雅雀尖①。
三个人影簇拥在山巅，
一张地图牵着六只眼，
身边的草木在风前低头，
一面国旗飘起了青天。
树影笼着十个士兵，
深草吞没了半截腿胫。
刺刀冷亮，钢盔乌青，
瞪着一双双决死的眼睛。
这一张平凡的照片，
包藏的故事可不平凡，
追溯这个故事的诞生，
要把时光倒流上两年。
那时候，正在保卫大武汉，
那时候，正血战在大别山，
那时候，这一支常胜的铁军，
奉令把守这天险——雅雀尖，
他们战过台儿庄，
他们战过娘子关，
他们战过琉璃河，
于今又来战大别山。

雅雀尖镇着商麻公路,
雅雀尖镇着武汉外围的门户。
正可以作个尺子,用它的高,
去量它在军事上的重要。
这一师:两个旅,三个团,
用机枪,用大炮,
用血肉,用勇敢,
作了它铁的防卫线,
在敌人的炮弹下,
斗大的石头飞上天,
在敌人的炮弹下,
人马纷纷滚下了山岩。
多少弟兄昏倒在地下,
毒气在山上散做云烟。
下了叶家集,
下了商城,
荻洲师团,
凭一股锐气要攻下这天险;
一道严峻的命令,
下给这一师人,
死,也要守住雅雀尖!
战况到了紧张的高度,
指挥所从山腰移上了山巅,

这表示了一个决心，
像一张弓把弦拉满。
向著一张地图滴心血，
师长同他的参谋人员，
一回他又立起身来，
望远镜中把眼光射远，
电话铃声叫他说话，
一个团长向他求援，
他说阵地已经动摇，
一团弟兄战死了一半。
"士兵死了，排连长上去，
排连长死了，拿营长去填，
看准你的表，两个钟头，
我把援兵送到你的跟前。"
没有兵力给他增援，
给他送去的是国旗一面，
另外附了一个命令，
那是悲痛的祭文一篇：
"有阵地，有你，
阵地陷落，你要死！
锦绣的国旗一面，
这是军人最光荣的金棺。"
这时候，炮火密得分不开响声，

炮弹落在他左边右边。

惊飞的石子像雨点,

纷纷打在他的身间,

枪弹穿响了头顶的树叶,

敌兵已经冲到了山前。

特务连里十个决死队,

一个命令跑下了山。

他用完了所有的兵,

而且,把他们放在必死的当中。

头顶上悬起了同样的国旗,

他从容地在听候著电话的铃声。

  附记:大别山战役,××师奉令扼守雅雀尖,师长黄樵松氏,预作国旗七面,(二旅长,三团长,另外一面是他自己的)在战局危急时,即以国旗分赠,示不成功则成仁之决心。雅雀尖敌将冲上时,师长令敢死队十人冲下山头后,即于树间将国旗悬起,预备作光荣之牺牲,置诸死地而后生,敌人终不得逞。当时在雅雀尖留有二寸照片,至今犹存,敢死队十名,生还者七人,该师以"雅雀尖七勇士"呼之。

二十九年二月

①雅雀尖:即鸦雀尖,位于商城县达权店镇许冲村。

  按:1938年9月20日至10月23日,中国军队继富金山阻击战后,在商城达权店、经扶沙窝一线组织武汉会战大别山北麓战区一场大规模的阻击战。10月10日至13日,日军"主力二千余,附炮多门,与敌机联合行动",并施放毒瓦斯和烟幕弹,三面围攻鸦雀尖,发誓要拿下鸦雀尖这一战略要地。战斗激烈时,二十七师指挥所从山腰移到山头,师长黄樵松和参谋人员昼夜围看地图,指挥作战。"我官兵口鼻流血,前仆后继"(以上一九三八年十月十五日《新华日报·中央社麻城十四日电》),"突起用白刃肉搏,反复争夺"(一九三八年十月十三日《新华日报·中央社麻城十二日电》),阵地失而复得数次。

——录自《国旗飘在雅雀尖》

我们这十四个

臧克家

我们这十四个,
扯起"文化工作团"的旗帜,
在战地上,
呼吸着弹药的气息。
脚踏着火热的大地,
头顶着七月的太阳,
汗水的淫雨,
渍烂了我们的衣裳。
太阳炙黑了
我们的脸,
我们的胳膊;

也炼硬了我们的骨头,

注射一身战斗的力量。

热风

煽烈了心头的火焰,

暴风

使我们记起了仇怨,

甘心忍受一切磨炼,

忘不了谁加给我们的苦难。

睡在星光下,

睡在土地上,

我们十四个,

身子同着心

紧紧地靠拢着。

蚊虫吸我们的血,

泥土吸我们的汗,

霉气刺着我们的鼻孔,

白血球同着病菌剧战。

工作连结着我们这一群,

自由正义在耳边呼喊,

敌人的手

刻刻在推动我们向前。

凭一张口,

凭一双手,

手下的铁笔，

是我们的武器。

我们工作着

从白昼到黑天，

把心血，把大汗，

灌注每一刻的时间，

我们在苦斗里

拉紧了生命的弓弦。

灯火熬肿了眼皮，

笔杆在手中打颤，

挥一挥拳头把瞌睡驱走，

"敌人的炮火永不知疲倦！"

我们这十四个，

说着不同的语言，

多样的气质，

像气候有温暖，

有的生长在峨嵋山前，

有的来自江河两岸，

有的是中原的儿女，

有的家依傍着东岳泰山。

在太平年代里，

我们也许终生不相识，

像天上的星斗，

各人守着自己的圈子。

现在,

救亡的热情,

一色的思想,

炮火把我们唤到了前方,

"生死同心!"

一齐指着青天起誓,

在患难中

磨练我们钢铁的友谊。

我们走过平原,

在上面播下文化的种籽,

我们穿进深山,

挥动起拓荒的手臂。

旗面上点满了日月的辉光,

在艰苦的道上起落着脚步,

我们是一群海燕,

烽烟是时代的风雨。

  1938年8月27日于商城。时六安战事正急,耳边机枪成串,我军正演习也。

——录自《抗敌青年军团·我们这十四个》

联语

土地革命联语

家门

与工农群众同携手,和资产阶级作对头。

　　按:李梯云自撰春联,1926年春节贴于沙堰李家铺家门。

　　——录自《商城文史资料(第一辑)·商城英烈遗联选萃》

合作社

家家同乐共产,户户拥护红军。

　　按:杨醒生为四区苏维埃同乐合作社撰。同乐合作社为四区苏维埃经济组织。

　　——录自《商城文史资料(第四辑)·商城楹联辑注》

会议

斧头劈开新世界,镰刀割断旧乾坤。

按：为1929年12月27日商城县苏维埃政府成立大会撰。

——录自《商城文史资料（第四辑）·商城楹联辑注》

红军初暴动①，应教②普天赤化；政权新建立③，喜④看遍地红花。

①此句：《金寨县志》《皖西苏区文化史》作"赤帝本威灵"。

②教：《皖西苏区文化史》作"将"。

③此句：《金寨县志》《皖西苏区文化史》作"红军初暴动"。

③喜：《金寨县志》《皖西苏区文化史》作"试"

按：詹谷堂为1929年5月7日在南溪召开庆祝商城起义成功大会撰。《皖西苏区文化史》《金寨县志》载此联贴于南溪火神庙大门，与杨琼《商城英烈遗联选萃》载詹甫堂联（见下）贴于南溪火神庙大门异。

——录自《商城革命史》

赤帝本威灵，看革命浪潮毁灭旧世界；红花开满地，喜无产阶级掌握新政权。

按：詹甫堂（詹谷堂兄）为1929年5月7日在南溪召开庆祝商城起义成功大会撰。杨琼《商城英烈遗联选萃》载此联贴于南溪火神庙大门，以志庆贺。

斑竹满园，制来数杆长枪维持共产；红花遍地，训练三军大队保障民权。

按：詹谷堂为1929年5月9日在斑竹园召开红三十二师

成立大会撰。

——以上录自《商城文史资料(第一辑)·商城英烈遗联选萃》

齐同恶魔斗争,不惜流遍赤血;莫被敌人软化,定要痛饮黄龙。

按:《皖西苏区文化史》说为李梯云为1929年商城起义不久在禅堂庙成立白沙河区苏维埃撰。商城1929年10月才在丁家埠、吴家店成立一区、二区苏维埃,难不成此前已成立白沙河区苏维埃?姑录此备存。

——录自《皖西苏区文化史·文化艺术·对联》

抗日联语

政界

革除腐败生活,提起蓬勃精神。

发扬救国道德,提高服务精神。

捐除私见私欲,一秉至公至诚。

吃苦耐劳迅速准确,细心服务负责实行。

笃实勤劳以身作则,谦和诚挚推己及人。

犯难率躬诚而无我,先忧后乐公而忘私。

摈绝私图为民族奋斗,牺牲小我求国家生存。

军界

实行建军建国,培养良兵良民。
争取沦区民众,发展敌后战争。
提高前方士气,瓦解敌人军心。
训练即是作战,治兵原为保民。
加强必胜信念,提高苦战精神。
争取民心提高士气,发展敌后瓦解伪军。
艰苦勤劳官兵一体,坚强团结军民同心。
转守为攻转败为胜,因物利用因地制宜。
合力合心秉至诚相亲爱,若手若足共患难同死生。
为国事而牺牲乃忠臣品格,与士兵同甘苦是大将风徽。

学校

实施抗战教育,培养建国人才。
培养抗敌干部,造就救国人才。
十年生聚十年教训,长期准备长期抗战。
急起直追及时奋迅,埋头苦干自力更生。
培育英才振兴中国,驱除狂寇光复山河。
忍辱色羞埋头苦干,复仇雪耻自力更生。

工厂

加紧战时生产,流畅后方资源。

伤兵医院

爱兵如子,观病犹亲。
精忠报国,热心除倭。
驱倭真好汉,杀敌是英雄。

理发店

报国献身增光面目,复仇雪耻无愧须眉①。
  ①无愧须眉:据《联语选》改,《联语录》作"无须发眉"疑误。
贯彻始终勿为两面,捐除私利莫惜一毛。
倭寇不除有何颜面,国仇未报负此头颅。

浴堂

不逐倭奴终身含垢,未雪国耻满面蒙污。
杀敌矢众心热汤沸沸,驱倭坚此念朝气蓬蓬。
洗中华二百年含垢蒙污,还我自由真面目;涤汉族四亿民奇羞深耻,都为解放献身心。

纸笔店

投笔从戎方称志士,上马杀敌不愧书生。

纸版书籍①记建国事业,笔花墨濡写抗战文章。

　　①籍:据《联语选》改,《联语录》作"载"疑误。

文字足驱倭,笔杆当以枪杆用;宣传能歼敌,纸弹原同炮弹看。

伞店

众人同擎顶天好汉,万人共仰抗日英雄。

冒暑冲寒三百日临危受①命,披风戴雨四亿民犯难率躬。

操节持身所许以栋梁自见,肩危任重挺然立天地之间。

　　①受:编者改,《联语录》作"授"。

帽店

汉族簪缨同心救国,中华弹冠合力驱倭。

勿作奸邪戴虎以帽,莫为傀儡沐猴而冠。

鞋店

足之蹈之奔往前线,剑及履及赶上战场。

守任哨岗人人脚踏实地,保卫领土个个赶上战场。

要合力要同心整齐步调，不动摇不妥协立定脚跟。

金银首饰店

愈战愈强万众苦磨如琢玉，亦辉亦灿十年精炼等锻金。
骨格坚贞百战琢磨成劲旅，精神焕发万人锻炼作雄狮。

香烟店

咀郁含辛味同尝胆，振颓起敝功足流芳。
尽瘁鞠躬借此竭殚思虑，宜劳为国与君奋发精神。

照相馆

一霎留名盍求诸己，千秋顾影无愧尔躬。
耻重辱深表表复仇像貌，邦危寇亟堂堂报国身材。

冶铁店

百炼中华全民成铁汉，长期抗战大地是洪炉。
敌寇似煤灰渐烧渐尽，我军如钢铁越打越强。

按：《联语选》作"打铁店"。

豆腐店

午夜弥勤担当艰巨,长年刻苦磨炼精英。

正楷端模是良民规范,冰清玉洁有廉吏精神。

裱褙店

古色古香莫再增补,新型新截渐已创生。

面目一新全仗裱修手段,河山再造相看顿复版图。

  按:《联语选》未录此类。

小食店

试味同尝胆,驱倭等割鸡。

抗敌结同心有似出锅热气,留名争报国共闻扑鼻奇香。

杀敌驱倭投箸而起,复仇雪耻每饭不忘。

酒楼

玉盏金觥祝抗战胜利,眉飞色舞颂民族中兴。

於将杯酒筹谋排除国难,共出搏拳身手打倒倭奴。

看祖饯杯倾,共祝赴敌从军怒驱胡马;待凯旋歌唱,笑对清樽明月痛饮黄龙。

茶庄

解醉醒眠唤起全民自觉,沁脾清肺岂容大地胡腥。

彻底清醒,一碗香茶,猛记起国仇身耻;从头觉悟,半瓯畅话,好劝君杀敌除倭。

按:《联语选》未录此类,两联归入"酒楼"。

旅馆

今夜望门投宿,明早万里从军。

共起逐倭奴,好安乐田园团圆骨肉①;相看收失地,待抚绥离散保护行商。

①肉:编者改,《联语录》误作"内"。

戏台

教子劝夫精忠报国,勤王骂贼热血除奸。

笑他傀儡衣冠下台不易,看我网罗埋伏奸敌何难。

居家房门

纾难毁家捐输战费,从军服役赶出倭奴。

洁正奉公勿图身利,毁家纾难莫敛私财。

同心协力抗御外侮，节衣缩食捍卫国家。

一日谋家须晓来源不易，长期抗敌[①]应将信念坚持。

[①]敌：《联语选》作"战"。

打倒小东洋，好伸张世界和平，人类正义；复兴大中国，共争取主权独立，领土完全。

国有深仇，当学夫差三呼，日日不忘湔雪念；敌犹未灭，应效范蠡百谏[①]，人人俱起抗争心。

[①]谏：《联语选》作"炼"。

正厅

细省日常生活行为，应使内心无丝毫愧疚；贡献一切精神物质，好教国力得大量补充。

时时勿小节逾闲，要知陋口初萌，即此便为行状玷；处处以大端自见，一秉至诚无息，从头好奠治平基。

儿童妇[①]女尽服役从军，坚持此全面动员长期作战；祖父子孙共驱倭杀敌，争取我国家独立民族生存。

[①]妇：据《联语选》改，《联语录》作"娟"。

俭而不费节而不靡[①]，处处吃苦耐劳，紧记国家艰难困扰；忠以教儿义以教女，念念复仇雪耻，争取民族胜利光明。

[①]靡：《联语选》作"縻"。

建立民族精神，坚韧不拔，贞固不移，以完成非常事业；提高国家观念，团结无分，忠诚无二，好加强必胜信念。

加强战时军事教育财政交通以至家庭生活团体行为,彻底作革新准备;唤起全国民众士兵儿童妇女更及乡党缙绅耆贤父老,一齐同抗战动员。

按:《联语选》未录此类,第三至五联归入"居家房门"。

会客室

相见以诚勿谈客套,当前大难少说私情。

敌寇方张与客要筹抗战策,倭奴未灭会谈宁及稻粱[①]谋。

歼敌好筹谋抵掌畅谈天下事,驱倭凭画策当头猛省艰危时。

①粱:《联语选》、《联语录》误作"梁"。

按:《联语选》未录此类,第三联归入"居家房门"。

厨房

儿曹莫谓食无鱼,应晓当头国难;主妇勿糜厨下米,须知节手战时。

柴米酒烟茶,件件珍存,一勺当如二勺用;油盐糖酱醋,般般节约,今天留作明天资。

鼎鼐好调和,即兹薪米持家,事事是饷需经纪;油盐凭节约,岂仅肥甘适口,在在关国计民生。

按:《联语选》未录此类,第一联归入"家居房门"。

春联

白日①高歌春回大地,黄龙痛饮光复山河。
杯饮屠苏中华更始,声喧爆竹民族新生。
晓起开门蓬蓬朝气,春光启宇灼灼新年。
饼鼓饧箫②共祝收回失地,光天化日行看光复沦区。

①日:据《联语选》改,《联语录》误作"白"。
②箫:据《联语选》改,《联语录》误作"萧"。

户户抽丁社鼓响如战鼓,家家驱寇桃符新似兵符。

按:《联语选》未录此类,第一、二、四联归入"家居房门"。

汤泉池民众救亡室门联

在此抗战期间,各人站在各人的岗位,扭紧头毛,切实奋斗;赶走鬼子以后,大家看着大家的功绩,敞开襟怀,鼓舞欢腾。

按:单亚柏《汤泉池民众救亡室》载横批为"我们万众一心,冒着敌人的炮火前进"。

——以上录自《踏歌商城·抗日联语选录》

忠烈祠

万里赴戎机,与诸君出死入生,相期日月重光,燕然勒石;千

秋隆祀典,念先烈成仁取义,永飘乾坤正气,民族雄风。

按:莫树杰(八十四军军长)为忠烈祠堂撰书,悬挂于祠堂中门。忠烈祠位于商城县东南郊半个店,占地40亩,由牌坊、纪念堂、墓地三部分构成,是陆军第八十四军移防大别山区,军部驻扎在商城县城期间,为殓葬自1937年粤桂北上以来抗日诸战役万余名殉国将士散厝各地的遗骸而建的。1942年奠基,1943年7月7日举行落成典礼。

中原方板荡,山水仰高风。

按:陆廷选(八十四军副军长)为忠烈祠中山亭撰题。

几支残骨虽留此地,一腔热血尽洒沙场。

按:何佛清(八十四军政治总队队长)为忠烈祠西草亭撰书。

忠烈祠挽联

鄂北抗敌,豫南驰援,报国任牺牲,百战勋名应不朽;泅水长流,商山特峙,建碑留纪念,三军笳鼓共含悲。

按:商城商会为忠烈祠撰。

奋斗驱倭奴,抵抗侵略,矢志在成仁,但教浩气长存,古哲先烈同一辙;捐躯卫祖国,不做顺民,临难齐赴义,留得馨香拜祷,商山泅水共千秋。

按:商城县志馆长张莘农为忠烈祠撰。

粤桂陈师,鄂豫驰援,百战矢精忠,与张许南雷比烈;铭功建碑,纪念立祠,千秋留正气,同日星河岳争光。

> 按:商城清末优贡台庭和为忠烈祠撰。
>
> ——以上录自《商城文史资料(第二辑)·商城抗日忠烈祠》

抗战救民精神不死,杀身报国浩气长存。

> 按:商城县中学为忠烈祠撰。

大别山麓追悼英魂,啼鸟落花都成泪;豫南境内悲伤先烈,行云停月几忘生。

> 按:商城县小学为忠烈祠撰。

抗战近八年,凶焰全销,诸君牺牲无遗恨;建碑阅三月,英明永泐,千秋凭吊有余哀。

> 按:商城教育会为忠烈祠撰。
>
> ——以上录自《商城文史资料(第四辑)·商城楹联辑注》

附挽联

君等为真理正义,惨遭国贼屠杀,秦淮当时传噩耗;吾侪愿同仇敌忾,誓将血债血还,商山此日悼英魂。

> 按:李觉非为南京死难学生陈履绎等撰。李觉非、周霁风《火红年代峥嵘岁月——记创建在大别山的鄂豫公学》载,1949年4月1日,南京警备司令部向请愿的学生开枪,打死陈履绎等二人,打伤百余人。消息传到商城,鄂豫公学学生举行追悼会,撰写诗文挽联,悼唁烈士。
>
> ——录自《鄂豫公学校史·回忆录·火红年代峥嵘岁月》

为革命事业三十年，忠心不渝；求人民解放千百战，斗志弥坚。

按：此为南京雨花台张祖谅将军墓联。

——录自《商城文史资料（第四辑）·商城楹联辑注》

附录：主要参考书目

出版物

《鄂豫皖革命根据地》（第一至四册），《鄂豫皖革命根据地》编委会编，河南人民出版社1990年9月第1版。

《鄂豫皖革命根据地史》，中共河南省委党史研究室、中共安徽省委党史研究室编，安徽人民出版社1998年12月第1版。

《豫南革命史》，董雷、刘心铭主编，河南人民出版社1991年5月第1版。

《新县革命史》，新县文管会、河南大学编写组编，河南人民出版社1985年9月第1版。

《红安县革命史》，红安县革命史编写办公室编著，武汉大学出版社1987年9月第1版。

《商城革命史》，中共商城县委党史资料征编委员会编，河南人民出版社1988年9月第1版。

《金寨县革命史》，《金寨县革命史》编委会编，安徽人民出版社1991年3月第1版。

《固始县革命史》，中共固始县委党史资料征编委员会编，河南人民出版社，1991年6月第1版。

《光山县革命史》，中共光山县委党史工作委员会著，河南人民出版社1993年10月第1版。

《中共商城县历史大事记》，中共商城县委党史资料征编委员会编，河南大学出版社1993年8月第1版。

《踏歌商城》，杨琼编著，中国文化出版社2006年5月第1版。

《安徽革命回忆录》，安徽省文学艺术工作者联合会编，安徽人民出版社1959年9月第1版。

《大别山烽火》，中共商城县委会编，河南人民出版社1981年2月第1版。

《金寨红色经典故事》，台运行编著，中共党史出版社2018年6月第1版。

《河南通志》（顺治十七年修）。

《河南通志》（康熙三十四年修）。

《河南省志》（新闻报刊志·广播电视志），河南省地方史志编纂委员会编纂，河南人民出版社1994年8月第1版。

《河南省志》（文化志·档案志），河南省地方史志编纂委员会编纂，河南人民出版社1994年11月第1版。

《光州志》（乾隆三十五年修），高兆煌总修。

《商城县志》（嘉靖三十年修），万炯修，张应辰纂，中州古籍出版社1999年9月第1版（影印）。

《商城县志》（顺治十六年修），高材纂辑，黄卷编著，中州古籍出版社1999年9月第1版（影印）。

《商城县志》（康熙二十九年修、乾隆间续修），许全学纂修，中州古籍出版社1999年9月第1版（影印）。

《商城县志》(嘉庆八年修),武开吉纂修,中州古籍出版社1999年9月第1版(影印)。

《商城县志》(民国三十六年修),商城县县志馆纂修,中州古籍出版社1999年9月第1版(影印)。

《商城县志》,商城县志编纂委员会编,中州古籍出版社1991年3月第1版。

《明清进士题名碑录索引》,朱保炯、谢沛霖编,上海古籍出版社1979年10月第1版。

《中国历史纪年表》,方诗铭编著,上海书店出版社2013年4月第1版,2015年11月第4次印刷。

《四川老根据地革命歌选》,四川省文化局音乐工作组编,四川人民出版社1956年10月第1版。

《音乐舞蹈史诗东方红歌曲集》,音乐舞蹈史诗《东方红》导演团编,人民音乐出版社1977年6月第1版。

《八月桂花遍地开》(江西民歌五首),人民音乐出版社1979年1月第1版。

《中国民歌》第一卷,文化部文学艺术研究院音乐研究所编,上海文艺出版社1980年11月第1版。

《中国民歌》第二卷,中国艺术研究院音乐研究所编,上海文艺出版社1982年5月第1版。

《中国民歌》第三卷,文化部文学艺术研究院音乐研究所编,上海文艺出版社1982年9月第1版。

《中国民歌》第四卷,文化部文学艺术研究院音乐研究所编,上海文艺出版社1985年7月第1版。

《中国民间歌曲集成·安徽卷》,《中国民间歌曲集成》全国编辑委员会编,人民音乐出版社1988年12月第1版。

《中国民间歌曲集成·河南卷》,《中国民间歌曲集成》全国编辑委员会、《中国民间歌曲集成·河南卷》编辑委员会,中国ISBN中心1997年12月第1版。

《中国民间歌曲集成·安徽卷》,《中国民间歌曲集成》全国编辑委员会、《中国民间歌曲集成·安徽卷》编辑委员会,中国ISBN中心2004年11月第1版。

《红安革命歌谣选》红安县革命史编写领导小组办公组编,武汉大学出版社1986年2月第1版。

《信阳民歌》,信阳市非物质文化遗产保护中心编,河南大学出版社2010年3月第1版。

《商城县民间歌曲集》,杨允琪、刘宏奎主编,长江少年儿童出版社2014年11月第1版。

《麻城革命歌谣》,李敏、陈建宪主编,华中师范大学出版社2015年4月第1版。

《民间歌曲概论》,宋大能编著,人民音乐出版社1979年4月第1版。

《独幕剧选》(第二册),北京大学、北京师范大学、北京师范学院中文系中国现代文学教研室主编,上海教育出版社1979年11月第1版。

《中国音乐词典》(续编),中国艺术研究院音乐研究所《中国音乐词典》编辑部编,人民音乐出版社1992年6月第1版。

《诗画商城·瑰丽歌舞》,杨允琪著,长江文艺出版社2015年11月第1版。

《诗画商城·历代吟咏》,杨允琪、杨琼编著,长江文艺出版社2015年11月第1版。

《鄂豫皖苏区教育史》,霍文达、王如、刘卫东著(据版权页),安徽人民出版社1988年3月第1版。

《毛泽东同志论教育工作》,人民教育出版社编,人民教育出版社1992年11月第1版。

《抗敌青年军团》,中共河南省委党史工作委员会编,河南人民出版社1990年7月第1版。

《星火燎原》季刊(1982年第1期),星火燎原编辑部编,战士出版社出版。

《星火燎原》双月刊(1984年第1期总第18期),星火燎原编辑部编,战士出版社出版。

《音乐研究》(2007年第2期总第125期),音乐研究编辑部编,人民音乐出版社出版。

内部资料

《丰碑》第二辑,中共信阳地委党史资料征编委员会编。

《丰碑》(一九八五年四月)第七辑,中共信阳地委党史资料征编委员会编。

《丰碑》(一九八五年五月)第八辑,中共信阳地委党史资料征编委员会编。

《丰碑》(一九八六年五月)第十二辑,中共信阳地委党史资料征编委员会编。

《丰碑》(一九八六年九月)第十三辑,中共信阳地委党史资料征编委员会编。

《丰碑》(一九八七年一月)第十四辑,中共信阳地委党史资料征编委员会编。

《商城革命史资料》(一九八五年九月)第一辑,中共商城县委党史资料征编委员会编。

《商城革命史资料》(一九八六年十月)第二辑,中共商城县委党史资料征编委员会编。

《商城革命史资料》(一九八九年三月)第四辑,中共商城县委党史资料征编委员会编。

《商城革命史资料》(一九九一年六月)第五辑,中共商城县委党史资料征编委员会编。

《商城革命史资料》(二〇一一年十月)第六辑,中共商城县委党史地方志研究室编。

《商城英烈》(一九八六年八月),河南省商城县民政局、中共商城县委党史资料征编委员会编。

《商城县革命史稿》,杭建华编著。

《鄂豫皖苏区文化史料选编》(一九九一年三月),河南省革命文化史料征编室编。

《鄂豫皖苏区革命文化史略》(一九九六年十月),鄂豫皖苏区革命文化史料征集协作组编。

《皖西苏区文化史》(一九九七年十一月),安徽省文化厅革命文化史料征编室、安徽省六安行署文化局编印。

《音乐舞蹈史诗东方红歌曲集》(一九六四年十月),音乐舞蹈史诗《东方红》导演团编。

《商城民间音乐资料》(一九五六年十二月)初辑,商城县人民文化馆编。

《商城民间音乐资料》(一九五七年四月)二辑,商城县人民文化馆编。

《商城县民歌集》(一九八二年十月)第一卷,商城县人民文化馆选编。

《中国歌谣集成河南商城县卷:歌谣》(一九九〇年三月),商城县民间文学集成编委会编。

《商城革命歌谣选》(一九九一年三月),中共商城县委党史

资料征编委员会编。

《商城戏曲志》,商城县文化局编。

《商城县教育志》,商城县教育志编纂委员会编。

《鄂豫公学校史·回忆录》,鄂豫公学校史编委会编。

《商城文史资料》(一九八八年三月)第一辑,中国人民政治协商会议河南省商城县委员会编。

《商城文史资料》(一九九一年十月)第二辑,中国人民政治协商会议河南省商城县委员会编。

《商城文史资料》(一九九五年二月)第三辑,中国人民政治协商会议河南省商城县委员会编。

《商城文史资料》(一九八八年十二月)第四辑,中国人民政治协商会议河南省商城县委员会编。

《金寨文史》(二〇〇四年九月)一至十辑合订本,中国人民政治协商会议安徽省金寨县委员会编。

《红色记忆(新县政协文史资料第六辑)》(二〇一〇年十月),政协新县委员会编。

编后记

"红色商城"丛书是中共商城县委、商城县人民政府组织编撰的反映商城红色历史的大型丛书。《文化》是该丛书第一辑中的一卷。

《文化》分上、下编两编。上编为专论,介绍商城革命文艺、报刊、出版、教育、宣传等文化事业和文化现象产生的背景、发展的过程、代表性人物和作品、占据的地位、产生的作用和影响等。下编为辑录,收录224首商城革命歌谣和14首诗词、110联联语,并进行校释。

自商城县委、县政府2020年9月正式启动"红色商城"丛书编撰工作,特别是2021年1月调整丛书编撰工作体制机制以来,《文化》分卷进入紧张、有序的编撰环节。我们首先拟订了编撰提纲,用一个月的时间进行考察和整理资料。4月开始编写,6月底形成初稿。7月至10月中旬,用三个半月的时间进行全面补充修订,形成评审稿。评审后,又用三个半月时间进行修订,2022年2月中旬报经丛书主编审订。

本书上编由杨允琪撰写,下编由杨允琪、丁伟共同编校,其中题释和按语部分由杨允琪撰写。丁伟还负责全书引用资料校对和图片编选。"红色商城"丛书主编涂健歌、廖家福同志多次听取本书编撰情况汇报,给予

很多指导；廖家福同志还审读了全稿，提出许多宝贵意见，包括一些结论性表述、语言表述、错别字等，我们都吸收采纳了。

中共信阳市委党史研究室、信阳市"红色商城"丛书评审组的领导、专家对本书提出的意见，我们予以充分采纳。河南人民出版社的刘晶莹女士对本书作了认真修改。商城县的领导、专家和"红色商城"丛书编辑部的成员对本书提出了许多建设性的意见。在此深表谢意！

感谢中共商城县委书记胡培刚同志为"红色商城"丛书作序，政协商城县委员会党组副书记、副主席廖家福同志为本书作序！

本书采用了涂白松、廖煜、柯大全、鲍云、蔡大为、李波等同志的摄影图片，杨琼同志生前提供的图片，张长立同志的油画图片，河南博物院、鄂豫皖革命纪念馆、商城县文物管理局、商城县档案局、商城县革命历史纪念馆、金寨县革命博物馆等单位提供的图片。在此一并致谢！

我们尽管做出了很多努力和探索，但限于自身的学识、水平，尤其过去这方面的研究和积累不够，本书错误、疏漏之处一定很多，热诚欢迎各位领导、专家、学者和广大读者批评指正。

编著者
2022 年 9 月 20 日

"红色商城"丛书主编

涂健歌　1978年生,河南沈丘人。大学学历,中共党员。2002年7月参加工作。历任中共信阳市委办公室副主任科员、主任科员,驻村第一书记,市委常委办公室副主任、副处级督查专员(主持常委办工作),市委派驻光山县脱贫攻坚巡查督导组组长,中共商城县委常委、县委办公室主任。现任中共商城县委常委、常务副县长。

廖家福　1969年生,河南商城人。大学本科学历,中共党员。1989年9月参加工作。林业工程师。历任商城县林业技术推广站副站长,商城县林业局办公室负责人,河南省国有商城黄柏山林场(河南黄柏山国家森林公园管理处)党委副书记、副场长(副主任),党委副书记、场长(主任)。现任政协商城县委员会党组副书记、副主席。

《文化》编著

杨允琪 1962年生,河南商城人。河南省作家协会、音乐家协会会员。历任乡党委书记、县文化局局长、县委党史地方志研究室主任。主编"诗画商城"丛书、"中国民间文化艺术之乡商城丛书"、《风展红旗如画——纪念商城起义九十周年革命史图集》、《商城起义暨商城革命历史纪念馆》,著有《瑰丽歌舞》、《锦绣山水》、《洗心园集》等。

丁 伟 1988年生,河南淮滨人。江西师范学院毕业。与人共同主编有《商城导游词》(研学卷)、《教学课程》(研学卷)。